自治総研叢書 36

公務員制度改革という時代

佐藤英善 編著

敬文堂

『公務員制度改革という時代』

はしがき

　わが国の国家公務員制度は、戦後当初の成立以来幾多の改革やその取組が行われてきたが、1990年代後半（平成10年代）に入ると、公務員制度全般にわたる制度の見直しが検討されることとなる。当時の国内外の政治経済環境の変化に伴う時代的課題に取り組むにふさわしい資質の公務員の採用・養成制度や適正な人事評価制度の構築、内閣の人事管理機能の強化など中央人事行政機関のあり方、「政官関係」の見直しなど、検討すべき課題が山積していたからである。さらにそれに輪をかけたのは、当時多発した幹部公務員の不祥事（旧大蔵省幹部の接待汚職事件〈1998（平成10）年発覚〉、外務省機密費流用事件〈2001（平成13）年〉発覚）などに対する国民の厳しい批判に早急に対応する必要に迫られたからでもあった。

　その後、公務員制度改革は、幾つもの改正法案が浮上し、そのいくつかは成立し、また、いくつかは潰え去るなど紆余曲折を経てきたが、2014（平成26）年4月に成立した国家公務員法改正法が現行法となっている（本稿執筆時点の2017〈平成29〉年8月末）。

　この改正法は、議論のあった公務員の労働基本権のあり方については、見直すことを断念し、その制約を維持したまま、内閣の人事機能の強化を進め、それと関連して中央人事行政機関として戦後70年余もその重要な役割を果たしてきた人事院の権限や事務を大きく縮減して、その機能に大きな変化をもたらすこととなった。内閣人事局の新設、幹部人事の一元管理に関する仕組みの導入、人事院の権限に属した級別定数の設定や研修などの権限に変更が加えられたからである。

　ところで、現行法に至るわが国の国家公務員制度改革は、微温的改革はそれまでもあったが、本格的な改革が浮上するのは橋本内閣が6大改革を提言し、その一環をなす中央省庁再編を検討する目的で1996（平成8）年11月に

設置した行政改革会議（1996〈平成8〉～98〈平成10〉年）から始まると言われ、爾来、実に15年以上もの長きにわたって議論され、幾多の変遷を経て今日に至っている。そしてこの時期に、難題であった労働基本権問題も含め想起し得る公務員制度改革の課題が殆ど浮上し、その課題への対応にその時々の政権が悪戦苦闘した時期であった。その成果を評価するには、なお、時間を要し、後世の判断に委ねざるを得ないが、この時期が公務員制度改革の怒濤の時期にあったことは間違いない。後世の人々は、この時期を『公務員制度改革という時代』と呼びならわすこととなるかもしれない。本書の題名を『公務員制度改革という時代』と銘打った次第である。

この間、公益財団法人地方自治総合研究所（以下、当研究所）は、公務員制度研究会において、浮上する公務員制度改革の課題を取り上げ、時には専門の研究者や改革に直接携わっている公務員のみなさんの協力を得ながら、精力的に研究を進めてきた。その成果の一端が本書である。

本書は、研究会メンバー、テーマにより招聘した多くの研究者や関係行政機関（人事院、内閣府、総務省、旧自治省など）の公務員のみなさんの報告のうち、それを論稿として当研究所の月刊誌『自治総研』に掲載したものを編集したものである。ただ、紙幅の関係で一部割愛したものもある。また、第1章は、法律時報に掲載されたものであるが、この研究会での報告を契機に執筆されたものであることから、本書に収載した。

それゆえ本書は、必ずしもすべての論点を網羅しているものではなく、また、体系的なものともなっていない。その時々の公務員制度改革の主要論点を論じたものと御考え頂けると幸いである。そして各論稿の論旨は、すべて執筆者の責任において書かれており、論稿間の意見の調整は行っていない。ただ、執筆者の問題意識の基底に共通しているのは、公務員制度の改革を国民の目線でとらえ、また、働く公務員の立場も念頭におきながら論じていることである。

なお、本書の各論稿は、掲載するにあたり誤りや誤字脱字の訂正など最小限の校正にとどめており、したがって論旨や法令等の引用は執筆時点のもの

であることをお許しいただきたい。

　この機会に快くご協力いただいた多くの研究者や公務員のみなさんに感謝の意を述べさせていただきたい。

　ところで必ずしも体系的でもない本書をひもとく読者の便宜を考慮すると、各論稿の位置づけと執筆の背景を簡単に解説しておく必要がありそうである。本書の論稿が対象にしている公務員制度改革の時期を本書の構成のように大きく三段階に分けて簡単に解説しておきたい。

第1期　公務員制度改革大綱—公務員制度調査会と行政改革会議
　1996（平成8）年、橋本首相は、行政、財政、社会保障、経済、金融システムに教育を加えた六つの改革の必要性を説き、行政改革会議はその実現のための一翼を担う会議として1996（平成8）年11月18日に発足した。
　同会議は、会長を首相が務め、委員は官僚OBを排除し、財界や学界の有識者および当時設置されていた行政改革委員会（規制緩和、情報公開などを担当）や地方分権推進委員会の委員長も委員に加えた13名で構成され、その布陣にも内閣のなみなみならぬ改革の決意が横溢していた。
　行政改革会議は、1997（平成9）年12月に最終報告をまとめ、縦割り行政を改革するための①中央省庁の再編（当時の22省庁を1府12省庁へ）、②内閣府を創設して内閣の機能強化、③エージェンシー（独立行政法人）制度を導入して行政の効率化を図る構想を示していた。このうち中央省庁の再編は、翌1998（平成10）年6月に中央省庁等改革基本法が成立し、2001（平成13）年1月1府12省体制が発足している。
　公務員制度改革については、行政改革会議から、しばらくぶりに再開した公務員制度調査会（1997（平成9）年5月19日発足）に検討が委ねられ、同調査会は、1999（平成11）年3月16日最終答申（「公務員制度改革の基本方向に関する答申」）を内閣へ提出した（当時、筆者もその委員に任ぜられ、議論の渦中にあった）。この答申は公務員制度全般にわたる改革の論点

と改革の方向性を示したものであったが、その改革姿勢は漸進的、換言すれば「おだやか」なものであったことから、時の政権の意に染まなかったのか、この答申の方針は採用されず、「新行政改革大綱」(2000〈平成12〉年12月1日閣議決定〈森内閣〉)によって「抜本的改革」の方針へと軌道修正された。

2001（平成13）年4月、森内閣を引き継いだ小泉内閣は、派閥に依拠せず国民的人気を背景に登場した従来にない政治スタイルの首相であり、歴代内閣が経済回復と構造改革の両立（橋本内閣）、経済再生（小渕内閣）をスローガンにしてきたのに対して、小泉首相は「構造改革なくして景気回復なし」として各分野の構造改革を説き、新自由主義経済論にもとづく構造改革を標榜する竹中平蔵を経済財政政策担当大臣として起用するなど、その構造改革への決意はなみなみならぬものであった。その後、小泉内閣の構造改革は、郵政をはじめとした各種の国営事業の民営化、市場原理の行政分野への導入、各分野における規制緩和などが行われることとなる。公務員制度の改革もこの流れの中で小さな政府をめざして、公共サービスの見直し、人員や給与予算の削減、人事院による公務員制度にかかわる各種の「規制」の緩和へ向かうこととなる。

小泉内閣は、公務員制度の改革については、「公務員制度改革大綱」(2001〈平成13〉年12月25日閣議決定）を策定して、今後の公務員制度改革の基本方向を示し、2003（平成15）年中に「国家公務員法」の改正案を国会へ提出する目標を掲げていた。

大綱は、公務員の労働基本権制約政策は維持したまま人事院の権限を縮小し、内閣および各府省の人事管理権限の拡大、「信賞必罰」による能力・実績主義人事制度（能力等級制度）の導入、キャリア制度は維持、天下りについては人事院の事前規制を廃止して大臣承認制度と行為規制への移行などを盛り込んでおり、一部の論者から時代に逆行する改革内容とか「官僚」に有利な「御手盛り改革」などと批判されていた。

公務員の労働基本権の見直しが大きな課題として浮上してきたのも小泉内閣の時代であった。大綱などによる政府の公務員制度改革（とくに労働基本

権制約を維持したままでの改革）について、連合・連合官公部門連絡会が、日本政府を結社の自由違反としてILOに提訴（2002〈平成14〉年2月26日）、ILOが労働側の主張を認め、日本の現行の公務員制度は、87、98号条約に違反するとして、大綱による改革を見直すよう勧告（同年11月21日）されたことや反対運動の高まりなどによって、その後法案提出は実現せず、政府・自民党の大綱にもとづく公務員制度改革は大きな暗礁に乗り上げていた。

そこで政府（小泉内閣）は、公務員制度改革大綱にもとづく改正法案の提出を見送り、さしあたり現行制度の下で、当時大きな問題となっていた再就職（「天下り」）のあり方などへの対応のため適切な退職管理のあり方や人事評価の試行等について重点的に取り上げて対応する方針を閣議決定した（「今後の行政改革の方針」2004〈平成16〉年12月24日）。さらに政府は、「行政改革の重要方針」を閣議決定（2005〈平成17〉年12月24日）、①国家公務員の5年間5％以上の定員削減、②給与の官民比較方法の見直し、③市場化テスト等による「総人件費改革の実行計画」策定などを掲げた。公務員制度改革の頓挫を受けて、政府は、行政改革の力点を行政サービスの縮小と公務員人件費の削減などに置く「小さな政府」作りに向かっていったのである。

しかし、この方針にもとづいて、能力・実績主義による人事管理の徹底、再就職に関する規制を盛り込んだ国家公務員法の改正法案（「国家公務員法等の一部を改正する法律」〈平成19年法律第108号〉）が成立するのは、2007（平成19）年6月、第1次安倍内閣になってからであった。

この時期の公務員制度改革の問題点は、公務員制度調査会の公務員制度改革に関する広範囲にわたる重要な提言を時の政権は意に染まぬとして無視し、行政（官僚）主導の公務員制度改革を強引に推し進めようとして「公務員制度改革大綱」を策定し、制度改正の基本方針としたことである。そこには憲法の基本原理との関係などに考慮を払う問題意識は殆ど見られなかった。

第1章「公務員制度の基本理念と改革大綱の問題点―国民主権国家における統治機構と公務員制度改革―」は、このような大綱の問題性を憲法の基本理念などに照らしながら検討する。

第2章「中央人事行政機関論」は、大綱の中央人事行政機関構想を分析・批判し、その本来のあるべき姿を論じている。

　第3章「政治任用」は、現実には「官高政低」となっている政治・行政運営は、憲法の描く本来の姿ではないことを念頭に置きながら、大綱が描く「政官関係」の問題点を検討し、そのあり方を「政治任用」に焦点をあわせて検討する。

　第4章「天下り再考」は、つねに問題となり国民の信頼を大きく損ねることとなる「天下り」（公務員の再就職）問題に大綱はいかに対応せんとしているか、そして公務員の再就職のあり方とそのチェックの仕組みはどうあるべきかなどを論じている。

　第5章「公務員の労働基本権問題再訪」は、この時期に新自由主義的発想にもとづき民営化、公共サービスの「アウトソーシング」などがますます拡大することとなることから、公務員の労使関係を規律する法規の見直しが必然化してくる状況の中で、忘れられがちな公務員の労働基本権問題を地方公務員の争議行為の剥奪・制限に焦点をあわせて再検討する。

　第6章「ドイツ公務員制度の動向—ラウフバーン、給与・賃金制度を中心として—」は、ドイツの公務員制度の改革の動向を紹介したものであるが、ドイツでは官吏と被用者（非官吏）によって公共サービスの提供が行われ、その法的規制には相違があることから、わが国における公共サービスのアウトソーシングの状況を考えるとドイツにおけるその規律の仕方は、十分検討に値する。

　第7章「韓国における公務員団体協約締結権の仕組みと運用状況」は、韓国では、2006年に公務員労働組合に協約締結権が付与されたが、その経緯やその後の運用状況を紹介したもので、今後のわが国の労働基本権問題の検討に大いに資すると思われる。

　第2期　国家公務員制度改革基本法
　小泉内閣を引き継いだ安倍第1次内閣は、2007（平成19）年4月24日、①

能力・実績主義にもとづく人事管理の推進、②再就職規制の強化、③パッケージとして改革を進めるための「国家公務員制度改革基本法」の制定、④労働基本権について専門調査会設置、などの方針を盛り込んだ「公務員制度改革について」を閣議決定した。この趣旨の一部を盛り込んだ改正法として成立したのが平成19年改正法（平成19年法律第百八号、2007〈平成19〉年7月6日公布）である。同改正法は、人事評価制度の導入、職制上の段階を基礎とした任用制度の整備、それに伴う職階法の廃止、再就職規制を事後規制型へ改革、再就職あっせん禁止などを内容とした重要な改正である。

　ところで、この19年改正法は、現行〈当時〉制度の下での、当面の改革に過ぎないことから、政府は、同改正法の制定に際し、今後公務員制度の総合的な改革を推進する必要があると考え、前述したように改革の基本方針や具体化の目標時期などを定めた法律を制定することを閣議決定しているが（「公務員制度改革について」〈平成19年4月24日〉）、これを受けて、福田内閣時代にその政府案が示され自由民主党、公明党、民主党の合意による修正を経て成立したのが、その後の公務員制度改革の基本となっている「国家公務員制度改革基本法」（平成20年法律第68号。2008年6月6日成立、同13日公布。以下改革基本法と略）である。同法は、公務員制度改革の基本理念、基本方針、改革すべき項目と目標時期などを掲げているが、その具体化のためには別途法的措置を講じることとなっている（井田敦彦「国家公務員制度改革の経緯と論点」『調査と情報—ISSUE BRIEF—』(812) 2014. 2. 6参照）。

　改革基本法は、まず、制定の目的、基本理念および基本方針を定め（第1条）、議院内閣制下の国家公務員の役割、人材の登用・育成方法、能力・実績にもとづく適正な評価、全体の奉仕者としての職業倫理など7項目の基本理念を掲げ（第2条）、この基本理念それぞれを具体化する方策が5条〜11条に規定され、第3章において「国家公務員制度改革推進本部の設置」が定められている。

　国家公務員制度改革推進本部は、改革基本法の具体化のために、「公務員制度改革に係わる工程表」（2009〈平成21〉年2月3日。麻生内閣）を決定

し、以後の改革の重要なアジェンダを示した。この工程表は、①級別定数管理、任用、研修、試験の企画立案等の人事院の権限を内閣人事・行政管理局へ移管、②内閣人事・行政管理局設置のため国家公務員法改正案を2009年通常国会へ提出することなどを盛り込んでいたが、③協約締結権付与については明記していなかった。

2009（平成21）年になると総選挙で公務員に労働基本権を付与することをマニフェストに掲げた民主党が圧勝して、同年9月16日民主党鳩山内閣が発足し、公務員制度改革をめぐる政治状況は一変することとなる。

この間、改革基本法および工程表を前提にした、内閣人事局設置を盛り込んだ国家公務員法改正案が、2009～2011（平成21～23）年の間に、自民党政府（麻生内閣）、そして政権交代後の民主党政府（鳩山内閣、管内閣）と、三度にわたって国会に提出されたが、この間の政権交代や民主党政権の混乱、東日本大震災などでいずれも廃案となっている。

第8章「公務員制度改革に係る『工程表』と決定に至る経過について—内閣人事・行政管理局（仮称）への機能移管を中心に—」は、この工程表決定に至るまでの経過を詳細に紹介・分析し、公務員制度改革の背景や動向、さらにその問題点を明らかにしている。

第9章「政官関係と公務員制度改革」は、改革基本法にもとづく法的措置に盛り込まれている「政官関係」について、憲法・関係法規の原則に照らしながら、内閣総理大臣と内閣との関係、内閣と大臣との関係などを確認した上で、現実の「政官関係」の問題性を指摘し、英国の例などを参考にしながら、そのあるべき姿を提言する。

第3期　国家公務員法等改正法案の国会上程

この間の公務員制度改革論議の中で、長らく問題意識としては共有されながら、手付かずに放置されてきた難題であった公務員の労働基本権問題が、この時期に改革課題として浮上してきた。そして本格的な検討が行われて法案化の段階にまで至り、労働基本権見直しをマニフェストに掲げた民主党政

権への交代もあってようやくその具体化が実現するかと期待されたが、残念ながらそれが潰え去ったのもこの時期の公務員制度改革の特徴である。

　公務員の労働基本権のあり方についての検討が浮上してくるのは、2001（平成13）年12月の「公務員制度改革大綱」が公務員の労働基本権については「現行の制約を維持するとの方針」を示したことへの反発であり、前述したように労働側が、ILOに提訴し、2002（平成14年）11月、ILO理事会において、結社の自由委員会の「〈日本〉政府は、…公務員の労働基本権に対する現行の制約を維持するとの考えを再考すべきである。」とする報告書が採択されたことなどが大きな契機となっていると考えられる。

　そして公務員の労働基本権問題が本格的に検討されるようになるのは、2007（平成19）年10月の「行政改革推進本部専門調査会」報告（「公務員の労働基本権のあり方について」）あたりからである。同報告は、責任ある労使関係の構築が求められるとして、公務員の労働基本権の見直しを示唆していたからである。その後、2008（平成20）年2月「公務員制度の総合的な改革に関する懇談会報告」は、前述の「専門調査会」報告を尊重すると表明し、2008（平成20）年6月制定の「国家公務員法改革基本法」12条は、「自律的労使関係制度を措置する」ことを明記した。

　その後、労働基本権問題は、2008（平成20）年10月以降、国家公務員制度改革推進本部に設置された「労使関係制度検討委員会」を舞台にして検討が重ねられ、2009年12月同委員会が報告書をまとめて協約締結権を付与する場合の3パターンを示し、争議権や消防職員の団結権については別途検討するとの考え方を提言した。この提言は政府の審議会として公式にはじめて協約締結権付与を前提とした自律的労使関係制度の具体的制度設計を提示したものである

　そして2011（平成23）年4月5日公務員制度改革推進本部は、①幹部人事の一元管理や退職管理の適正化、②内閣人事局の設置、③非現業公務員に協約締結権付与、人事院の勧告制度廃止、④公務員庁設置などを盛り込んだ「国家公務員制度改革基本法等に基く改革の『全体像』」を決定した。関連し

て総務省は「地方公務員の労使関係制度に係る基本的な考え方」を公表している。

このような経緯を経て自律的労使関係制度の措置を盛り込んだ法案を含む国家公務員制度改革関連4法案が、民主党の管内閣時代の2011（平成23）年6月に国会へ提出されたのである。①国家公務員法等の一部を改正する法案、②国家公務員の労働関係に関する法律案、③公務員庁設置法案、④国家公務員法等の一部を改正する法律等の施行に伴う関係法律の整備等に関する法律案である。これらの法案は、争議権付与は今後の課題とした上で、自律的労使関係制度を措置するため制限つきながら非現業国家公務員に労働協約締結権を付与すること、戦後相対的に独立した行政機関として公務員制度の運用に大きな役割を果たしてきた人事院の、たとえば級別定数管理権限を新設する公務員庁へ移管して内閣総理大臣が設定・改訂することとし、公平審査などその他の人事院の機能はこれも新設の人事公正委員会へ移管して人事院は廃止するなど、大きな制度改正をもたらすものであった。しかし、翌（2012）年の衆議院解散によって4法案は審議（審査）未了・廃案となり、公務員の労働基本権制約の見直しの具体化は、幻となったのである。ただ、これらの法案と同時に国家公務員の給与を平均7.8％削減する臨時特例法案がセットで提出されていたが、この法案は民主・自民・公明3党の議員立法により、人事院勧告による給与改定実施も含めた特例法案として成立している。

なお、地方公務員の労使関係についても、2012（平成24）年11月15日「地方公務員労働関係法案」が国会に提出されたが、衆議院解散で廃案となっている。

第10章「公務員制度改革関連法案と人事行政組織の再編」は、この4法案によって自律的労使関係制度が導入されることを前提として構想されていた人事行政機関の内容、それに伴う人事院の廃止など人事行政組織再編の内容と問題点を分析する。

第11章「公務における勤務条件決定システムの転換—その意義と課題—」

は、公務員の労働基本権制約の問題が見直され、自律的労使関係制度としてはじめて法案として構想されたことの意義と内容を紹介しその問題点を検討する。

　第12章「公務員制度改革と幹部職員の一元管理」の論じるところは、次の通りである。2009（平成21）年3月に麻生内閣は改正法案（21年法案）を国会へ提出したが、衆議院解散を控えて殆ど審議されることもなく廃案となり、政権交代後の2011年4月に改革基本法にもとづき国家公務員制度改革推進本部が公務員改革の「全体像」を決定、それを受けて管内閣の時に関連4法案が策定されるが、これらの法案やその後の改正法案のなかで共通して取り上げられていた課題の一つが「幹部職員の一元管理」である。本章は、これらの改正案の一元管理構想の内容・手続（適格性審査、幹部候補者名簿、幹部職員への任用、任免協議等）、育成過程などを検討し、幹部一元管理論の登場した経緯、理論的課題などを検討している。

　第13章「『地方公務員の労働関係に関する法律案』の内容と課題」は、国家公務員の労働基本権の見直しを内容とする4法案が国会に提出されたことと連動して、かねて準備中であった「地方公務員の自律的労使関係制度を措置するため」の地方公務員法改正法案と地方公務員労働関係法案が、2012（平成24）年11月15日に国会へ提出された（実際はその後の衆議院解散によって廃案の運命をたどる）ことを受けて、その法案策定の経緯、制度的理論的問題点を詳細に検討する。

　第14章「2014年の国家公務員法制度改革関連法について」の論旨は、以下の点にある。国家公務員法が2014（平成26）年に3つの法律により改正を受けそれが現行国家公務員法となっているが、その間国家公務員法の改正案は、平成19年、21年、22年、23年（改正4法案）と構想され、そのうち成立した法案は平成19年法案だけである。しかし、廃案となった法案を含めこれらの法案の内容の一部は現行法へ継承されているものもあり、それ故、各法案の内容の相違、継承して成立した部分など、改革基本法成立後構想された改革法案の内容の比較検討は重要であり、その検討をふまえて最終的に現行法と

なる平成26年法の内容の紹介と検討を行っている。

　第15章「国家公務員制度改革をめぐる動向―1990年代半ばから基本法案成立まで―」は、国家公務員制度改革の経緯を行政改革会議（1996〈平成8〉年11月）から改革基本法制定（2008〈平成20〉年5月）にいたるまでの経緯、政治的背景などを、ジャーナリストの視点で鋭く分析している。

　第16章「『失われた15年』となる公務員制度改革―民主党政権下の公務員制度改革をめぐる動向を中心として―」は、公務員制度改革のこの激動の15年を改革の渦中にあった筆者ならではの目線で分析して問題点を析出し、この時期を「失われた15年」と断じている。

　このように本書は、公務員制度改革が激動の時期にあった十数年間の間に浮上した公務員制度改革にかかわる主要な課題や論点を取り上げ論じている。これらの課題や論点は、あるものは実現しあるものは潰え去った。何が実現し何が実現しなかったのか、それを把握するのは時間の経過に伴って困難になってくる。労働基本権問題がそうであるように、潰え去った法案の内容の中には、重要な論点を含んでいるものも多い。今後の公務員制度改革のためにも、これらを歴史の波間に消え去らす訳にはゆかない。本書が、国家公務員制度の運用や今後の公務員制度改革のためにいささかなりとも裨益することができれば、執筆者一同、これに勝る喜びはない。

以上

　最後に、膨大な頁数の発刊を引き受けていただき、長期間、編集・校正等煩瑣な出版作業に労をいとわずご協力いただいた敬文堂社長竹内基雄氏に、心から感謝の意を表したい。

　2017年9月

編著者　佐藤　英善

〈目　次〉

はしがき（ⅰ）

第1期　公務員制度改革大綱
――公務員制度調査会と行政改革会議

第1章　公務員制度の基本理念と改革大綱の問題点
　　　　――国民主権国家における統治構造と公務員制度改革――
　　　　　　　　　　　　　　　　　　　　　　　　　佐藤　英善…3

1　公務員制度改革の経緯と改革課題（3）
2　公務員制度改革大綱の特徴（7）
3　国民主権および統治構造と公務員制度改革（13）
4　客観的科学的人事行政と「新人事制度」（21）
5　公務員制度改革と労働基本権（26）

第2章　中央人事行政機関論……………………稲葉　馨…30
　はじめに（30）
1　公務員制度調査会・行政改革会議における中央人事行政機関論（33）
2　中央人事行政機関の組織法的位置付け（41）

第3章　政治任用………………………………武藤　博己…53
　はじめに（53）
1　公務員の分類―特別職と一般職（54）
2　公務員制度調査会における政治任用の議論（55）
3　行政改革会議における政治任用の議論（60）
4　戦前における自由任用（64）
5　政治任用の考え方（70）

第4章　天下り再考 …………………………… 西尾　　隆…78

はじめに（78）
1　概念とイメージの差（80）
2　類型と実態（84）
3　問題・展望・処方（91）
おわりに（96）

第5章　公務員の労働基本権問題再訪 ……………… 清水　　敏…101

はじめに（101）
1　公共的サーヴィスの提供者および従事者の多元化（101）
2　労働基本権制約の論理の見直し（102）
3　国際労働基準と労働基本権制約の論理（106）
まとめにかえて（111）

第6章　ドイツ公務員制度の動向
　　　　——ラウフバーン、給与・賃金制度を中心として——
　　　　 ………………………………………………… 奈良間　貴洋…113

1　ドイツの二元的公務員制度（113）
2　ドイツ公務員制度改革をめぐる近年の動向（115）
3　公務労働協約（119）
4　連邦制改革と官吏法改正（125）
5　まとめ（131）

第7章　韓国における公務員団体協約締結権の仕組みと
　　　　運用状況 ……………………………………… 申　　龍徹…136

はじめに（136）
1　公務員労使関係の管轄及び労働組合の設立（137）

2　公務員労使関係の基本的仕組み（141）
3　団体協約の交渉過程（2006～2007）（150）
4　公務員労使関係の専門家の育成プログラム（156）
5　公務員労使交渉の論点（160）
6　関連法令の改正動向（166）
おわりに―労使関係の先進化に向けて（170）

第2期　国家公務員制度改革基本法

第8章　公務員制度改革に係る「工程表」と決定に至る経過について
――内閣人事・行政管理局（仮称）への機能移管を中心に――
………………………………………………………上林　陽治…175

はじめに（175）
1　「公務員制度の総合的な改革に関する懇談会」報告　2008年1月31日（176）
2　国家公務員制度改革基本法・政府原案の閣議決定　2008年4月4日（176）
3　与野党修正合意と修正国家公務員制度改革基本法の成立・施行　2008年6月13日（177）
4　国家公務員制度改革推進本部事務局等の発足　2008年7月11日（179）
5　国家公務員制度改革推進本部顧問会議・報告　2008年11月14日（180）
6　第2回国家公務員制度改革推進本部「公務員制度改革の今後の進め方」　2008年12月2日（184）
7　行政管理局、人事院の機能移管をめぐって　2009年1月（185）
8　公務員制度改革に係る「工程表」の決定　2009年2月3日（188）
9　公務員制度改革に係る各事項の実施スケジュール（189）
10　法改正等における論点（191）

おわりに（193）

〈表〉 公務員制度改革主要項目の変遷推移（「懇談会」から「工程表」まで）（196）

第9章　政官関係と公務員制度改革 ………………武藤　博己…207

はじめに（207）
1　憲法・法律の規定（207）
2　現実の政官関係（211）
3　改革案について（216）

おわりに―若干のコメント（227）

第3期　国家公務員法等改正法案の国会上程

第10章　公務員制度改革関連法案と人事行政組織の再編
………………………………………………………稲葉　馨…235

はじめに（235）
1　再編前における人事行政組織の概要（236）
2　自律的労使関係制度の導入と「使用者機関」論（241）
3　公務員制度改革関連法案による組織再編（250）
4　若干の検討（257）

第11章　公務における勤務条件決定システムの転換
――その意義と課題―― ………………………清水　敏…266

はじめに（266）
1　勤務条件決定システムの転換（267）
2　団体交渉権の保障（270）
3　労働協約締結権（277）
4　不当労働行為（282）

5　労働争議の調整（284）

結びにかえて——労働基本権確立への展望（288）

第12章　公務員制度改革と幹部職員の一元管理
………………………………………………………武藤　博己…292

はじめに（292）

1　国家公務員制度改革基本法（292）

2　国家公務員法等の一部を改正する法律案（296）

3　若干の考察（318）

おわりに（329）

第13章　「地方公務員の労働関係に関する法律案」の内容と課題………………………………小川　正…338

はじめに（338）

1　地方公務員労働関係法案の基本的な位置づけ（339）

2　地方公務員労働関係法案と労組法（340）

3　地方公共団体の当局（342）

4　団結権（344）

5　団体交渉（351）

6　団体協約の承認（353）

7　不当労働行為制度の導入（359）

8　労働紛争調整制度（あっせん、調停、仲裁）（367）

9　その他（372）

10　まとめ（377）

第14章　2014年の国家公務員制度改革関連法について
………………………………………………………稲葉　馨…392

1　国家公務員制度改革関連法制定までの経緯（392）

2 「26年法」(国家公務員制度改革関連法)の概要 (397)
3 「26年法」の分析・検討 (409)
4 むすびにかえて (430)

第15章 国家公務員制度改革をめぐる動向
――1990年代半ばから基本法案成立まで――
……………………………………………………鎌田　司…436

はじめに―なぜ公務員制度改革か (436)
1 1990年代半ば以後の公務員制度改革の動き (437)
2 「安倍改革」と「福田改革」(442)
3 国家公務員制度改革基本法 (444)
まとめ (451)

第16章 「失われた15年」となる公務員制度改革
――民主党政権下の公務員制度改革をめぐる動向を中心として――
……………………………………………………岩岬　修…454

1 公務員制度改革は「失われた15年」(454)
2 第174回通常国会での国公法等改正法案の提出と廃案 (457)
3 国家公務員制度改革関連4法案の国会提出と廃案に至る経過 (461)
4 まとめに代えて (469)

第1期　公務員制度改革大綱
——公務員制度調査会と行政改革会議

第1章　公務員制度の基本理念と改革大綱の問題点
――国民主権国家における統治構造と公務員制度改革――

佐藤　英善

1　公務員制度改革の経緯と改革課題

(1) 改革の経緯

　本章で検討する公務員制度改革は、2000年12月1日に閣議決定された「行政改革大綱」に由来し、2001年1月に実施された中央省庁再編と車の両輪をなす改革と位置づけられている。公務員制度が、あらゆる行政の基盤的性格を持つと解されるなら、公務員制度のあり方は、中央省庁再編との車の両輪どころか、時代的課題に対応し得るような新たな政治・行政システムを構築するために進められてきた一連の行政改革の原動力をなし、その成否の帰趨を制するものとさえ言い得よう。

　これを受けて内閣官房に行政改革推進事務局公務員制度等改革推進室設置（2001年1月）、同年3月「公務員制度改革の大枠」（政府全体の調整方針としての改革の基本的方向を示したもの）が示され、同6月には政府の行政改革推進本部（本部長：内閣総理大臣）において改革のグランドデザイン「公務員制度改革の基本設計」が決定された。

　その後検討が重ねられ、2001年12月25日に閣議決定されたのが「公務員制度改革大綱」であり、この大綱に沿った改革の具体的内容（たとえば「行政職に関する新人事制度の原案（第二次）」）が公にされるなど法案化の作業が進められ、翌年の3月中には公務員制度改革関連法案として閣議決定され国会に上程される運びであった。

　しかし、2003年1月中旬段階で法案化は暗礁に乗り上げ、マスコミは「通

第1期 公務員制度改革大綱——公務員制度調査会と行政改革会議

常国会への提出困難」(毎日新聞2003年1月12日)と報道していた。大綱をベースにした今回の改革の目玉である「能力等級制度」をめぐり評価の基準、方法などに関する具体化・法案化が難航していたこと、「公務員の天下り抑制策」の具体化が進んでいなかったこと、人事に関する省庁の権限強化のあり方をめぐる行革事務局と人事院の対立などさらに検討あるいは調整すべき事項があったからである(読売新聞2002年11月25日)。さらに連合は、2002年2月26日、日本政府を相手として、大綱は手続・内容の両面で結社の自由の原則を侵しており、ILO第87、98号両条約に明示されている国際労働基準に沿った公務員制度改革を行うことを日本政府に勧告するよう国際労働機構(ILO)結社の自由委員会へ提訴したが、これを受けてILOが同年11月、大綱の改善を求める勧告を出したことも大きく影響していたと考えられる(この点についての政府の考え方について「結社の自由委員会 政府追加情報」〈2003年3月〉参照。この間の経緯について連合官公部門連絡会「公務員制度改革に関するILO勧告とその解説」〈2003年1月〉)。

　この間自民党は、公務員制度改革委員会を設け(2003年2月3日初会合)、野中広務元幹事長を委員長に起用して事態の打開に乗り出したが(焦点は、天下り規制、能力本位の新人事制度、公務員の労働基本権問題と報道されていた)、依然大きな進展はみられず、当初予定した今次の通常国会への法案提出は困難かと思われた。

　ところがここへきて(本稿執筆時点の2003年3月末)、行政改革推進事務局は、この間の各府省、法制局など関係機関等の意見等を睨みながら、今次公務員制度改革の主要論点(「公務員制度改革関連法律案の主要論点の整理について」)および改革の基幹をなす二法律案(説明資料　資料1「国家公務員法の一部を改正する法律案関係」、資料2「一般職及び一般職の職員の能力等級制に関する法律案関係」)を示して自民党・野中委員会に説明、了承を得たとされている(2003年3月28日)。早速、この原案を「非公式」に各府省など関係機関に提示し、4月1日までに意見を求め、それらを考慮しながら、所要の手直しを経て法制局の審査に付し、早ければ4月中、遅くと

第1章　公務員制度の基本理念と改革大綱の問題点

も5月連休明けぐらいには閣議決定、今国会上程の予定と事態は急展開してきた。ただ、連合（官公部門連絡会）など労働側は、改革の内容（とりわけ労働基本権制約下での労働条件決定に係わる人事権の使用者側への集中、代償機能への影響など）および原案策定過程手続などに関して異論を唱え対決姿勢を強めていた。

（2）改革の必要性と改革課題

たしかに公務員制度の改革は、今日不可避的な時代的課題である。財務省の金融・証券行政、厚生労働省の薬事行政、農林水産省の畜産・農産物行政、あるいは経済産業省の原発をめぐる安全管理行政などにおける行政運営の混乱、政策不在、政策形成・対応能力の低下、セクショナリズム（省益中心主義）等を露呈し行政の機能不全をもたらしていたからである。これらは、一方で行政組織・行政運営のあり方の問題であると同時に、行政を担うにふさわしい優れた資質を有する人材を民間企業との競争関係の中で公務員としていかに採用し養成していくか（改革課題1――優れた人材の確保と養成〈採用、養成、登用制度改革〉）、公務員にいかに高い志とやる気をもって公務に邁進させることができるのか（改革課題2――年功的、閉鎖的な人事管理制度や特権意識と結びついたキャリアシステムの改革）、省益ではなく国民全体の利益のために公務を遂行させるにはどうすべきかなど（改革課題3――国民不在のセクショナリズムをなくすための人事管理のあり方）、公務員制度のあり方を抜本的に改革する必要性を広く示すこととなった。

旧大蔵、旧厚生、外務各省等において多発した幹部公務員の一連の不祥事、多くの省庁に見られる目に余る天下りなどは、現行公務員制度に伴う閉鎖性、特権性、不透明性、人事管理の不合理性、服務規律の欠如（改革課題4――閉鎖性、特権性、セクショナリズム、天下りへの対応）などを如実に示しており、改めて公務員制度における服務規律など内部的統制のあり方（改革課題5――服務規律のあり方）と同時に公務員制度の民主的統制のあり方（改革課題6――公務員制度の民主的統制〈政官関係、民主的コントロールと政

第 1 期　公務員制度改革大綱——公務員制度調査会と行政改革会議

治的中立性、公務員制度運用の企画立案・人事管理をめぐる中央人事機関のあり方〉）など公務員制度の検討の必要性を痛感させるものである。

　今日、各府省を超えた総合行政、高度な専門性や国際性を背景にした行政が求められているにもかかわらず、それに相応するような公務員の採用、養成、昇任昇格、処遇が行われているか、このような観点を考慮し得る公務員制度となっているか、などについても検討の必要がある。国・地方関係の見なおし、すなわち分権型社会の形成との関連で、公務員制度のあり方に影響する点は無いかなどの検討も要請されよう（改革課題 7 ——公務員制度改革の現代的課題）。

　公務員制度に関して現在求められている改革は、以上のような公務員制度の抱える課題や国民の厳しい批判に正面から応えるものでなければならない。問題は、今回の改革は、このような改革課題に十分応え得るものであるかである。

　公務員制度改革の必要性については、力点の置き方、観点の相違はあるにしても、公務員制度に関する各種研究会報告・答申等でも指摘されてきたところである（総務庁「人事管理施策のあり方に関する研究会」報告〈1996年12月〉、人事院「新たな時代の公務員人事管理を考える研究会」報告〈1998年 3 月〉、総務庁「公務員制度調査会」基本答申〈1999年 3 月〉）。注目すべきは、人事院も2002年 8 月に行われた「人事院の報告と勧告」の別紙 3 において、「公務員制度改革が向かうべき方向について」言及していることである。

（3）公務員制度改革大綱の改革の視点と内容

　今回の改革の内容は、①「公務員制度改革大綱」（以下大綱と略）、②「行政職に関する新人事制度の原案（二次）」（以下新人事制度と略）に示されているが、その後②については大きな手直しが行われてきていることから、自民党・野中委員会への説明資料③（前述）やこの間事務当局が、関係機関への説明資料として作成した文書等を参照しなければならない。

　これらの資料をもとに、まず、大綱等により制度改正に向けて示されてい

た改革の視点を前提にした上で、2003年3月末時点でその具体化に向けて関係機関に提示されている改革内容（以下「改革内容」という）を整理してみると、以下の4点になると思われる。第一は、政策立案・実施機能の強化に資する人事管理の枠組みの実現と透明性を確保した上で機動的・効率的な行政運営を遂行できる制度の整備の観点から構想されている「中央人事機関のあり方の見直し」、第二は、能力主義に基づく納得性の高い人事制度の整備にかかわる「能力等級制を基礎とした新人事制度の構築」、第三は、国民からの批判に対する責任ある対応として「適正な服務管理」、第四は、労働基本権の制約に代わる相応の措置の確保であるが、この点については、現行の制約を維持するとしている。それ故、本章では、この4点を中心に検討する。

2 公務員制度改革大綱の特徴

（1）内容上の特徴

今回の公務員制度改革は、村松岐夫教授も指摘するように、最終的に「政府活動の質を高めることを目指している」ものであることは疑いないが、いかなる「基礎的思想」に基づいた改革なのか、何を目的として改革を行おうとしているのか、必ずしも明確ではない。村松教授は「改革案の当事者の思想は、政治主導の政府システムの形成であるようにも読めるし、能力を基準とした昇進制度の確立であるようにも読める。」（以上「公務員制度改革―調査する官僚制に向けて」『都市問題研究』55巻1号4頁）と感想を述べる。改革の目的は、おそらく両者であろうが、政治主導については、官僚側から見て、ある程度譲歩はしたものの、行政側の橋頭堡に踏み込まれていない程度の改革にとどめ得たと考えられる（内閣総理大臣の重要施策に関する基本的方針その他の案件の閣議への発議権〈内閣法4条2項〉、副大臣制度〈国家行政組織法16条、国家公務員法2条3項7号―特別職〉、大臣・長官政務官制度〈国家行政組織法17条、特別職―国家公務員法2条3項7号の2〉、内閣機能の強化―内閣官房副長官補〈内閣法16条〉、内閣広報官・情報官〈同17・18条〉等。いずれも1999（平成11）年改正。新たな「政策調整システム

の運用指針」〈閣議決定、2000〈平成12〉年5月30日〉など)、公務員制度の改革において、各主任大臣の人事管理権による能力に応じた機動的人事管理の確保を媒介にして、よく言えば各府省間の競争による「官僚制」の生き残りと再生を図るとともに、各府省の「指定幹部職員」(一般職としての事務次官、局長、審議官等の現行の指定職。大綱・新人事制度などで使用されていた「上級公務員」という用語は、野中委員会への説明段階の資料では「指定幹部職員」へ変わった)による公務員の掌握、ひいては府省ごとの行政の掌握を可能にする仕組みづくりとも読める(「省益中心主義」、セクショナリズムの温存の可能性)。各主任大臣が、実質的に「指定幹部職員」についてさえその人事権を行使できるか、心もとないからである。

　それでもいくつかの特徴を指摘することはできる。第一は、第二・第三ともかかわるが、戦後50年を経て形成されてきた公務員制度に対する考え方や運用原則を大きく変えようとする点である。公務員制度は、国民主権を基底に置いて、国民に対して公務の民主的かつ能率的な運営を保障するため、公務員が公正・中立かつ能率的な職務遂行にあたるために必要な仕組みを設定することを目的としている。この公務員制度の「民主制」と「公正・中立性」は、現行憲法規範上の原則である。民主制は、国民主権の原理(前文、15条1項、73条4号)から由来し、政治と行政との関係(政官関係)、公務員制度の民主的コントロールの問題として登場する(以上の点についてはさしあたり、辻清明「戦後の統治構造と官僚制」『新版日本官僚制の研究』242頁以下参照)。「公正・中立性」は、憲法15条に定められた全体の奉仕者性から派生し、全体の奉仕者である公務員が、特定の利害や政治的影響を受けることなく、不偏不党な立場で効率的な公務の遂行を行うことを要請する憲法上の原則である。公務の能率的あるいは効率的運営は、憲法に明記されているわけではないが、租税財源など公財政や物的人的資源を効率的に活用すべきは、公行政の国民に対する責任であり、公務員制度との関連では、近代的公務員制度の構成要素となっている科学的人事行政の考え方に関連する。これらのことを実現し保障するため、わが国では、戦後独立した行政機関とし

第1章　公務員制度の基本理念と改革大綱の問題点

ての人事院が設置され、公務員の人事管理の公正・中立性確保に必要な基準の設定（採用、身分保障、政治的行為の制限に関する基準等）、採用試験、研修、営利企業への再就職規制等を行ってきた。さらに、人事院は、人事管理の専門機関として、人事管理や人事行政に関する専門的調査研究を行い、公務員制度の企画・立案、客観的かつ公平な公務員の人事管理に大きな役割を果たしてきた。公務員に対する不利益処分の公平審理や勤務条件に関する措置要求など、公務員の身分保障や権利救済に関する事項もその職務となっている。また、人事院は、給与その他の勤務条件に関する勧告など、労働基本権制約の代償機能の責任も負っている。

　今回の改革は、このような戦後形成されてきた公務員制度に関わる憲法上の基本理念や基本原則に少なからぬ影響を与える改革である。

　第二に、今回の改革は、政治と行政の関係に大きな関心が払われ、後に取り上げるように改革原案の作成プロセスにおいても、改正内容においても従来の政治と行政の力関係（政官関係）を「政治主導」型に変えようとしていることである。国民を直接代表する政治が、内閣を媒介にして、その主導（政治主導）によって公務員制度に対して「民主的コントロール」を行使できる仕組みに変えようというのである。憲法の定める国会の「国権の最高機関性」（憲法41条）や内閣制度（同65条以下）からすれば、行政運営は憲法上政治優位が建前となっているが、現実の運用は「官高政低」となっていた。それを実質的な政治優位を実現し得るような制度に改正しようというのが、橋本内閣時代の行政改革会議の内閣強化の考え方であり、この趣旨を公務員制度に対しても及ぼしてゆこうというのである。今回の公務員制度改革の中で、この点と深く係わるのが、公務員制度上の各種の企画立案、基準設定権等を内閣総理大臣が握り、主任大臣が人事管理権者となって、人事について大きな権限を行使できることとしている点である。従来、公務員の全体の奉仕者性（憲法15条）、公権力を行使する公務員の役割・性格などから、公務員の「公正・中立性」（政治的行為の制限との関係で表現するときは「政治的中立性」ということになる）が公務員制度の中核的基本原理の一つとされ

てきた。このことを確保するため、独立した行政機関としての人事院が、第三者的専門機関として、公務員の人事管理の公正・中立性確保に必要な基準（たとえば、採用、研修、身分保障、政治的行為の制限、営利企業への再就職規制）を設定し、チェックする役割を担ってきた。大綱等ではこの点に関してこれまで人事院が有していた幾つかの権限を内閣総理大臣や主任大臣に移すこととなっていることから、特に公務員の「公平・中立性」のあり方に大きな影響を与える可能性がある。今後、具体的な基準作りや運用次第では、「民主的コントロール」と「公正・中立性」両者のバランスのあり方が大きな課題となろう。「公平・中立性」とかかわる公務員の身分を守る仕組みとなっていた人事院の位置づけ・役割にも影響を与える。それ故、政治と行政（政官関係）の基本的関係、運用のルールの基本的あり方について、憲法規範を前提にして検討しておくことが不可欠である。

　第三は、英国などヨーロッパ諸国で導入され一定の成果を挙げてきたNPM（New Public Management）の考え方や手法を公務員制度の中に取り入れんとするもので、いわば従来の公務員制度を支えてきた考え方（大げさに言えば、哲学）を変えるものである。従来、わが国の人事行政や人事管理は、行政組織における職務・権限・責任（官職）を中心に行われてきたが、NPMの発想は、個々人をベースにして、個々人の能力、個々人の成果を公務の基本に置く考え方である。単純化していえば、組織原理の基本に民間におけると同様に個々人を据え、能力のあるなしによって処遇に差をつけてやる気を引き出し、個々人の活力を組織全体の活力に結びつけていくという発想である。今回の改正の「目玉」となっている「能力等級制」がそれを象徴している。今日、新たな時代的課題に対応しながら、従来以上に効率的かつ効果的に行政サービスを国民に提供できるような行政運営を確保していくために、公務員の人事管理のあり方を見直す必要性は大きく、今回それに対応するための選択肢の一つとして「能力等級制」が提起きれたことは注目に値する。

　しかし、英国などで導入され一定の成果を挙げているNPMは、このよう

な発想を具体化しその実を挙げるための多様な手立てを講じている。専門化集団による制度設計の詳細な検討、明確な組織目標の設定、専門的な人事管理者の配置、能力評価のシステム（外部の専門機関などへの委託などを含め）などであり（英国における公務員制度改革については、佐藤英善「英国における行政管理・公務員制度改革の動向」『新井隆一先生古希記念・行政法と租税法の課題と展望』127頁以下参照）、わが国の今回の改正は、果たして今後そのような手立てまでをきちんと講じ得るか、それが成否の帰趨を制することとなる。

（2）改革プロセスの特徴—旧態依然の新「政策調整システム」の運用

公務員制度改革のプロセスにも問題がある。今回の公務員制度改革は、森内閣時代に、いわゆる「橋本六大行革」構想の具体化の一環として着手された。その際政府の意思決定や政策形成過程において、かねてより「官高政低」が問題とされてきたこともあって、これも一連の「橋本行革」として新たな政策調整システム（「政策調整システムの運用指針」〈平成12年5月30日閣議決定〉）が創設され、今回の公務員制度改革はその適用第一号であった。すなわち、まず内閣官房行政改革推進事務局で改革原案を策定・公表し、関係省庁との協議を経て改革原案を具体化していくという新たな手順とプロセスで進められてきた。まず、「公務員制度改革の大枠」（平成13年3月）が内閣官房で立案・公表され、それを受けて政府の行政改革推進本部が「公務員制度改革の基本設計」（同6月）を決定し、2001（平成13）年12月25日「公務員制度改革大綱」が閣議決定されたのである。

この一連のプロセスは、新政策調整システムに基づくものであるから、「官高政低」型の政策形成システムを打破し本来の「政高官低」型、すなわち憲法の定める議院内閣制を前提にした真の「政治主導」（「首相を中心とする内閣主導」）型によるものと思われた。真の「政治主導」は、また、単にある政策決定を政治がすればよいというものではない。決定される政策の中身が調査研究や専門家の検討を十分経ているか、その決定プロセスは国民に

公開されているかなど、合理的客観的なものである必要がある。しかし、実態は必ずしもそうとは言えそうにもない。むしろ残念ながらその運用は旧態依然の感が強い。今回の改革原案の策定作業は、内閣官房行政改革推進事務局と自民党行政改革本部が中心になって進められ、「政高官低」あるいは本来の「政治主導」の要をなす総理大臣・官房長官・行政改革担当大臣のリーダーシップが発揮された形跡はかなり希薄である。政党政治、官僚それぞれの生の利害が、改革の内容に大きな影を落としている。公務員制度の専門的検討機関であった公務員制度調査会がその道に通じた専門家を集め多くの時間をかけて検討した答申をすでに公にしていたにもかかわらず、それらをほとんど顧みることもせず、むしろそれをあえて無視する形で今回の改革原案は策定され、その後も行政外の専門家の意見を公式に徴した形跡もなさそうである。また、歴史的検証や制度・技術的検討に不可欠な公務員制度の調査研究機能を持つ人事院の研究成果や知見も、当初はほとんど活用することはなかったことなどがその証左である。

　公務員制度改革が、「真に国民本位の行政を実現するため」（大綱）や「正に国民が望む行政、国民にとって真に必要な行政は何かという観点から制度設計が求められている」（同）というのであれば、国民各層の意見を広く徴すべきは当然であるが、閣議決定に持ち込むための原案さえ、関係各省庁や労働側など利害関係者への提示はなされたが（2003年3月末段階）、事前に国民一般やマスコミに公表された気配がない。国民のための公務員制度改革であるはずにもかかわらず、主権者である国民各層は改革検討プロセスの埒外に置かれているのである。今日これほど国民の参加、情報公開、意思決定過程の透明性（行政手続法1条）が問われ、その実現が21世紀型行政を形成する課題であることが国内だけでなく国際的常識であるにもかかわらず、今回の公務員制度改革のプロセスは、国民的観点から見ても、国際的常識から見ても、あまりにも旧態依然の手法であり、21世紀を語り得る政策決定プロセスとは評し得ない。

　以上のような問題意識から、われわれは大綱路線が示している公務員制度

改革の内容を、公務員制度の本質あるいは基本を規定している憲法規範を念頭において検討する必要があると考える。

3　国民主権および統治構造と公務員制度改革

(1) 検討の観点——国民主権および統治構造と公務員制度

公務員制度の本質や基本的性格が憲法で規定されていることから、ここでは公務員制度改革大綱を先に提示した改革課題1～7を念頭に置きながら、国民主権、統治構造、民主的統制、公務員の権利（労働条件の決定、それを支える労働基本権との関係に限定して取り上げる）など公務員制度を規定する憲法上の関係規定に照らして憲法規範適合性の観点から検討する。

まず、憲法は、公務員の選定・罷免は、国民固有の権利であり（15条1項）、公務員は全体の奉仕者であって一部の奉仕者ではないとし（同2項）、法律の定める基準に従い公務員制度に関する事務は内閣が掌理する（同73条4号。同条は、「官吏」となっているが、英文はthe civil service）と規定する。これが公務員制度と国民主権との関係や公務員制度に対する国会による民主的統制のあり方の基本を定める憲法規範上の原則である。

他方、行政権は内閣に属し（同65条）、内閣は行政権の行使について国会に対し連帯して責任を負うこととなっている（66条3項）。さらに内閣法は、「内閣は、国民主権の理念にの（っとって）、……職権を行（い）」（1条。1999〈平成11〉年改正）、「……行政権の行使について、全国民を代表する議員からなる国会に対し連帯して責任を負う」（同2項）と定める。また内閣は、国会議員の中から国会の議決で指名された（憲法67条1項）内閣の「首長たる」（同66条1項）内閣総理大臣、過半数は国会議員の中から選ばれる（同68条）国務大臣によって構成される。そして国会（衆議院）は内閣不信任決議権を有している（同69条）。このように政治と行政の接点は、内閣を舞台にして設定され、憲法規範上は、国権の最高機関である国会（政治）が内閣（行政＝行政の統括主体）に優位するシステムとなっている。

しかし、政策立案能力や専門性への対応能力の優位、継続性の維持の必要

性などにより、行政運営は行政側にイニシアティブを握られ、あるいは政治側が自己の利益を確保するために行政側を味方につけ、逆に各省庁は省益確保のために政治と連携（族議員）するなどのプロセスで、行政主導を許してきたのが現実であった。いわゆる「官高政低」型の政治・行政である。

この「官高政低」型の政治・行政の運用を「政治主導」型、すなわち「政高官低」型に変えようというのが橋本内閣以来一貫して進められてきた政治・行政改革の課題の一つであった。その総仕上げにあたるのが、行政を具体的に支える公務員制度における政治主導システムの構築であり、今回の公務員制度改革である。

たしかに国民主権国家を基本理念とするわが国の憲法の下においては、政治や行政は、国民を直接代表し、国権の最高機関でもある国会が主導して行われるのが基本であることは言うまでもない。公務員制度においてもこの理念が貫徹されることが望ましい。しかし、この政治主導は、公務員制度との関係では、他の憲法の基本原則、すなわち公務員制度の本質的部分を構成している公務員の全体の奉仕者性（中立公平性）との調和が要請されるのである。問題は、今回の公務員制度改革は、この憲法規範上の枠組みを揺るがすことにならないかである。

（2）政官関係と中央人事行政機関の再編
①再編の内容
（ⅰ）中央人事行政機関の再編

〈内閣総理大臣と人事院の関係・相互の役割〉　今回の改革案は、「政府全体として適切な人事・組織マネジメントの実現」（大綱）という観点から、一貫して「中央人事行政機関の在り方の抜本的見直し」が大きな改革課題の一つとなっている。その特徴は、内閣総理大臣（場合によっては内閣。当初は内閣と書かれていたものが、説明資料段階では内閣総理大臣となったものが多い）あるいは各省大臣（任命権者）いずれとの関係でも、人事院の権限縮小をはかろうとしている点にある。

第1章　公務員制度の基本理念と改革大綱の問題点

「現在の人事行政については、人事院に広範に委任されているが、……行政運営に責任を有する内閣の側で、主体的に責任を持って人事行政に取り組むことができる体制を構築する……。」(以下、前掲説明資料)とする。そして人事院については、「人事行政の公正の確保及び職員の利益の保護のためにふさわしい機能」に集中し、ア政治的行為の制限や労働基本権の制限に関わること、イその他、「公務の民主的かつ能率的な運営」と「職員の利益の保護」が衝突する場合で、特に高い独立性を有する機関が裁量により両者を調整し、「人事行政の公正の確保」を図る必要がある場合における給与勧告等の機能、準立法的機能及び準司法的機能を、人事院の機能として整理するとしている。その結果、人事院の所掌事務は、前掲の任務を達成するに必要な事務に縮減される。

これに対し内閣総理大臣については、「公務の民主的かつ能率的な運営の確保」のため、人事行政について積極的な役割を果たすこととし、人事院の機能に係る事項として整理されたもの以外について事務の実施を担うとともに、各行政機関が行う人事管理に関する事務の統一保持上必要な機能を担うとする。その結果、総理大臣の所掌事務は、従来の所掌事務に、新たにア能力等級制、イ採用試験、任免、ウ能率の根本基準及び能率増進計画、エ服務などが加わることとなる。

〈人事行政に関する企画立案・基準設定の主体〉　前述の人事院と内閣総理大臣の機能のあり方についての考え方を踏まえ、委任命令の形式は、「人事行政の公正の確保及び職員の利益の保護」の観点から、人事院規則により定めることが適当であると考えられる事項以外は、内閣総理大臣（あるいは内閣）が企画立案を行うこととし、その場合の委任命令の形式は、原則として政令によるとして、委任命令の形式を人事院規則から政令に大幅に移すことが構想されている。ここで言う「人事行政の公正の確保」についての人事院の役割は極めて限定的である。「『公務の民主的かつ能率的な運営』と『職員の利益の保護』が衝突する場合で、特に高い独立性を有する機関が裁量により両者を調整し『人事行政の公正の確保』を図る必要がある場合における

第1期　公務員制度改革大綱――公務員制度調査会と行政改革会議

給与勧告等の機能、準立法的機能及び準司法的機能を、人事院の機能として整理する。」（説明資料）としているからである。それ故、特に高い独立性を有する人事院の規則で定められるのは、政治的行為、分限・懲戒、保障・不利益処分審査、職員団体等に関する事項であり、試験、任免、能力等級制、その評価手続、研修等の多くは政令事項となる。

　問題は、公務員の全体の奉仕者性（中立公平性）との関係である。中立公平性は、採用試験、任用、研修、身分保障それぞれの節目で任命権者以外の第三者機関などによるチェックによって確保されるべきであるが、その多くが当事者である任命権者側の定める政令事項となることの問題性である。「勤務条件に関する事項」についても、類型的に区別し人事院規則で定める場合のほか政令で定めることとしている。もしそうであれば、これまで人事院が果たしてきた労働基本権制約に伴う代償措置に代わり得るなんらかの措置を講じる必要はないかなど問題が多い。

　〈内閣総理大臣から人事院に対する要請制度の創設〉　改革案の特徴の一つとなつているのは、「公務の能率的な運営を確保する観点から、内閣総理大臣が人事院に対して必要な措置をとるべきことを要請することができる……。」とする制度の創設である。内閣総理大臣の権限とされた事項について自らその権限を行使するだけでなく、人事院の権限となっている事項（人事院規則事項等）に対しても、内閣総理大臣が人事院に対して各種の要請ができることとなるのである。内閣総理大臣が人事管理の企画立案、統一的人事制度の運用に責任を持つことを目指す今回の改革案の「思想」からすれば、このような要請を総理大臣ができるようにしておきたいと考えるのは自然の成り行きかもしれない。しかし、問題はそう単純ではない。改革案は、人事院に内閣に対する意見の申出制度があるから、逆に内閣総理大臣にもそのような制度があって然るべきとの考え方のようであるが、それは人事院の専門的第三者機関という性格を全く理解していない発想である。現行の人事院のこの申出制度（国公法23条）は、専門的第三者機関として、専門的調査研究を背景にした知見に基づく意見の申出なのである。その性格・役割の故に内

閣だけでなく国会に対しても意見の申出ができることとなっているのであり、それゆえその申出については内閣のみならず国会もそれを重く受け止め尊重してきた制度であると考えられる。

しかし、この総理大臣の人事院に対する要請制度には、その合理性や客観性を確保するに必要な専門的知見や客観的調査などを背景にした要請となり得るための制度的裏づけがない。それゆえ内閣総理大臣の「政治主導」確立を目指すあまり、専門的知見や客観的調査抜きの「政治的判断」で人事院に対する要請が出され、また、人事管理の運用基準が策定されはしないかとの危惧が浮上する。

(ⅱ) 各任命権者の人事管理責任の明確化

任命権者が主体的に責任ある人事管理を行い、機動的かつ効率的な行政運営ができるようにするため、任命権の帰属する範囲を見直し、原則として内閣を構成する各省大臣を任命権者とする。その反面として職員の任用、服務等に係る中央人事行政機関（人事院）の事前の承認制度等については、任命権者の人事管理の責任を明確にする観点から、原則として廃止する。人事院の級別定数規制廃止（それに代わって等級別人員枠が設定されるが、この点については人事院も国会・内閣に意見の申出ができる）、指定幹部職員（当初の案では上級幹部職員となっていた）の任用（この点については、内閣で任用すべきだとの意見も強く、なんらかの修正がなされる可能性があるが、恐らく実質的任用権限を各省大臣にした上で、名簿を内閣へ上げて形式的に内閣が承認を行うということに落ち着く可能性が高い——引用者）と給与の決定（年俸制を構想）、営利企業、特殊法人等への再就職承認制度（国民の関心も強いだけに、この点も流動的である。これも恐らく内閣の形式的チェックを加えることで決着されそうである——引用者。その後「閣僚承認」が復活と報道されている〈読売新聞５月10日〉）などが各省大臣へ移るなどの点がその例である。その結果セクショナリズム、省益中心型行政運営の解消が公務員制度改革の国民的課題であったにもかかわらず、各省庁が判断する「能力ある人材確保」が優先されたのである。セクショナリズムや省益中

心主義を解消するための決定的な方策もなんら示されていない。公務員全体の人材の有効な活用や公務員制度の特権的側面の払拭を考えるなら、全体の数パーセントを占めるに過ぎないキャリア制度の見直し（21世紀臨調提言は、廃止して新システム構築を提言している）が必要であり、各省庁のセクショナリズムの解消を本気で目指すのであれば、公務員の一括採用の検討などこそ行われるべきであると思う。もしそれが人事管理等の面から難しいのであれば、省庁中心採用から省庁をグループ化してプール採用を行い、一定年限の経験を経て適性に応じて各省庁に分散させて行く方式などもあり得るのである。

②政官関係の基本的関係

大綱を前提にした一連の改革案の描く中央人事行政機関の見直しや各省大臣の人事管理権の強化は、明らかに「政治主導」による公務員制度の運用を目指している。この点と関連するが、今回の改革案は、公務員の「公正・中立性」への関心は少ないというのが村松教授の感想（前掲引用論文）であるが、筆者は、政治と行政の無原則な関係の形成だと言いたい。それは以下に述べるような各原則の相互のあり方などを考慮もしない原理なき「政治主導」だからである。

ところで政治と行政（「政・官」）の関係は、憲法規範上、「分離の原則」、「統制の原則」、「協働の原則」によって規律されていると考えられる（同趣旨「公務員制度改革に関する緊急提言」（新しい日本をつくる国民会議。平成14年5月20日）。そして公務員制度において政治に対する「抑制の原則」として「全体の奉仕者」の理念（「公務員の中立公正性の原則」）があるのである。

「分離の原則」は、国民主権国家における主権の発動（政治的価値判断）と執行（その事前準備・執行）の分離である（国民主権、国民主権の国会による発動〈憲法前文〉、国会の国権の最高機関性〈憲法41条〉、行政権の内閣への帰属〈憲法65条、内閣法1条〉など）。

「統制の原則」（＝政の優位、民主的コントロール）は、行政を政治がコン

トロールする原則であり（国会＝国権の最高機関、唯一の立法機関〈憲法41条〉、内閣総理大臣の任命〈同67条〉、内閣不信任議決〈同69条〉、国会の国政調査権〈同62条〉、内閣の国会に対する連帯責任〈同66条3項〉）、公務員制度の編成が法律によることとされていることである（同73条4号）。

「協働の原則」は、「政と官」の協働関係を要請し、それは両者の結節点を構成する内閣を舞台にして確保される仕組みとなっている。行政組織はこのようにして編成された内閣を頂点として編成され、その行政運営を担う人的組織が公務員制度である。

③政官関係の調整—中立公平性の原則

このようにして「政官」関係は、「政治主導」で運用される制度となっているが、現実は逆転していた。行政側の政策立案能力の優位、行政の継続性の主張、あるいは運用（たとえば事務次官会議の議を経ない案件は、閣議の場へ持ち出せなかったことなどであるが、この点はすでに解消された）などによってである。その後、内閣法1条を改正して、「内閣は国民主権の理念に（のっとり）（この部分は1999〈平成11〉年改正追加）、……（その）職権を行う」ことを謳うとともに、「……行政権の行使について、全国民を代表する議員からなる国会に対し連帯して責任を負う。」（同2項。本項全文追加）と明記した上で、内閣総理大臣の閣議への発議権を法定し（同4条2項。1999〈平成11〉年）、併せて副大臣（国家行政組織法16条）・大臣政務官制度（同17条）などによって、「政治主導」体制は拡大してきた。今回の公務員制度改革は、総理大臣および主任大臣の権限を強化することになることから、公務員制度にかかわる領域においても「政治主導」体制はほぼ確立することになる。しかし、指定幹部職員の任命権者の具体的権限行使の実効性が疑わしい上に、各省大臣の人事権は指定幹部職員にとどめ、その他の職員の人事権を「官僚」側が握ることによって、官僚側はその本丸は確保している。それ故この点に関しては各省庁の上級幹部職員の任用について、内閣の承認制（現行では、報告・了承）にするなど、さらに「政治主導」を一貫させるべきであるように思われる。この点が逆に官僚側の譲れない一線のようで、今

第1期　公務員制度改革大綱——公務員制度調査会と行政改革会議

後の動向に注目しなければならない。

　しかし問題は、「政治主導」が行き過ぎないよう、いかに抑制するかであり、その「抑制の原則」が公務員の「全体の奉仕者性」から由来する「中立公平性」である。公務員の「政治活動」に関しては、従来どおり人事院の所掌事務として残ることとなったのは当然であるが、中立公平性は、政治的目的を持って行われる政治的行為が規制対象である「政治活動」の制約のみによって確保されるわけではない。公務員の全体の奉仕者性（中立公平性）の概念はもっと広い。特定の利害や政治的影響を受けることなく、不偏不党の立場で職務を遂行することを要請している概念だからである。それ故、この中立公平性は、採用試験、任用、研修、身分保障、退職などの公務員制度のあらゆるレベル・時点で、しかも中立的第三者機関によってチェックされ確保されなければならない。立案当事者は、公務員の中立公平性を確保するため、政令等で「服務の根本基準」を定めるので問題ないとの認識かもしれない。しかし、「政治主導」を推進する当事者が、それをチェックする基準を自ら策定し、しかも第三者によるチェックシステムも持たないというのは問題である。法律で基本的な部分を定め、その詳細な運用基準の策定と事後チェックについては、中立的機関に委ねるのが合理的であろう。真の「政治主導」を確立するためにこそ、このことが重要なのである。公務員の中立公平性の問題は、すでに採用からはじまり、研修の内容、服務、再就職（天下り）と関わってくることも看過されている。今回の改革は、これらの基本的部分をほぼ政治の側で掌握し、政治の影響から公務員の「中立公正」な職務の遂行を防御する仕組みを欠くこととなる恐れがある。

④中央人事行政機関のあり方—第三者機関の重要性

　公務員制度は、主権者である国民に対して、公務の民主的かつ能率的な提供を保障し、公務員が中立公正な立場に立って、その職務遂行に当たるに必要な枠組み、義務、責任、保障制度などを設定することを目的としている。そしてこの中立公平性は、全体の奉仕者である公務員が、特定の利害・政治的影響に左右されることなく、不偏不党な立場に立って、効率的に職務の遂

行が行える枠組みを設定するための憲法規範上の原則である。それゆえ公務員の全体の奉仕者性（中立公平性）のあり方やその根本基準などを設定しチェックする作用について、政治と行政の磁場となっている内閣や政治に本籍を置く内閣総理大臣・各省大臣が行使するのは、理論的に矛盾することとなる。

公務員の全体の奉仕者性の確保の観点からも、近代的公務員制度の歴史的（スポイルズ・システム〈猟官制〉からメリット・システム〈成績主義〉へ）制度技術的要請（客観的科学的人事行政の追求）に応えるためにも、また公務員の権利保障の観点からも、中立第三者機関、人事の専門的機関が必要となるのはそのためである。

4　客観的科学的人事行政と「新人事制度」

（1）能力等級制の導入

〈現行制度——職階制、代替的運用〉　現行国家公務員法（1947〈昭和22〉年）は、人事制度の基本として職階制を採用し（国公法29〜32条）、その具体化法として国家公務員の職階制に関する法律（1950〈昭和25〉年）が制定されていた（2007年廃止）。その基本とするところは、①官職を職務の種類および複雑と責任の度に応じて分類整理し（国公法29条2項）、それをいずれかの職級に格付け（同法31条）、②同一の職級に属する官職には同一の資格要件を必要とするとともに、かつ③当該官職（同一の職級）に就いている者には同一の幅の俸給を支給するとする点にある（以上同法29条2、3項。職階法3条4号定義参照）。そしてその立案（同法29条2項）、実施とその責任（職階法4条1号）を人事制度の専門的第三者機関である人事院としたことは、メリットシステム（成績主義）を中心とした客観的科学的人事行政の確立を目指した戦後の公務員制度改革の流れに沿うものであった（なお、科学的人事行政については、辻清明『公務員制の研究』第1章「現代官吏制度の展開と科学的人事行政」9頁以下参照）。

しかし、職階制は、わが国においてはなじみのなかったこともあって直ちにその実施をするには至らず（その理由等を知るには辻清明『新版日本官僚

制の研究』291頁)、「実施することができるものから、逐次これを実施する」(国公法30条1項)こととし、その実施まで給与法の定める職務分類(等級、号俸、格付け等)が代替的に用いられてきた(国公法29条5項)。

〈能力等級制の仕組み〉　能力等級制では、複雑、困難および責任の度が同程度の官職は、職務種類ごとに、その職務遂行能力がおおむね共通していることに着目し、職務遂行能力を、官職および職員の共通の等級の基準として用いる。官職を能力等級に分類し、および職員の能力等級を決定するための基準として、能力等級ごとに、標準的な官職および標準的な官職の職務遂行能力(標準職務遂行能力)を設定する。そして能力等級制を採用試験及び任免、給与、研修その他の職員に関する人事行政運営の基本にしようというのである(「国家公務員法の一部を改正する法律案」30条。以下改正案と略)。

能力等級制は法律で定められるが(改正案29条)、以下の点を確認しておく必要がある。①公務の能率的運営を図る観点からの制度化であるから(人事院の任務・所掌事務との切り分け)、内閣総理大臣が所掌し(一般職及び一般職の能力等級制に関する法律案3条。以下能力等級制法案)、執行のための下位規範への委任形式は政令となっている(同16条)。②能力等級制において定められ、官職の分類基準や採用試験および任免(昇任、降任および転任)の基準(任命が予定される官職が分類されている能力等級の標準職務遂行能力等が判断基準。改正案58条、58条の2)として機能し、給与制度の前提(改正案66条「職員は、能力等級制において決定された能力等級について給与準則の定める俸給額が支給される。」)となる標準職務遂行能力は総理大臣が定める。③現行の級別定数問題と係わるが、「官職の分類は、予算で定める能力等級ごとの定数に係る制限の範囲内で、任命権者が行(い)。」(能力等級制法案8条)、職員の能力等級の決定は、任命権者が行う(同9条)。各省庁大臣から出てきた等級ごと人員数を含む予算を内閣で政府予算としてとりまとめ国会に提出して予算が決定されればそれが人員枠となる。この点について人事院は、国会および内閣に対し意見を申し出ることができる(同15条)。

第 1 章　公務員制度の基本理念と改革大綱の問題点

〈能力等級制の修正〉　当初（大綱段階）は、能力・職責・業績に応じ貢献度を反映した給与を決める「能力給」中心型の導入を図り、公務員の意識を変えようとの狙いから、職務と切り離して、人に着目した純粋な能力等級制度が構想されていた。現実的運用の難しさや制度設計との関係からであろうか、説明資料段階（3月末時点）以降検討されている能力等級制は、官職と関連させたものとなっている。その根幹は、（ア）官職をその標準職務（標準職務遂行能力）によって分類すること、（イ）職員の能力を標準職務遂行能力を基準として決定することになっているからである。そしてこの制度に基づいて支払われる給与については、官職を分類して級の格付けを行うという側面や、職員の能力等級の決定は、個々の職員の能力によるのではなく、就任した官職の格付によることになっている法案の規定ぶりに着目すると、結果的には「職務給」型というべきものになっている。「能力等級制法案」において、「新たに能力等級表の適用を受ける職員となった者」（10条）、「昇格〈昇任〉された職員」（11条）あるいは「降格〈降任〉された職員」（12条）の能力等級は、いずれも「任命された官職が分類されている能力等級とする」と規定されているように、職員の能力等級の決定は、個々の職員の能力によるのではなく、任命された官職の格付けによってなされる仕組みとなっており、実質的には「職務給」型となっているからである。マスコミも早い段階で「公務員能力給」、「等級の簡素化」見送りと報道していた（読売新聞・2003年2月19日）。報道に言う「等級の簡素化」とは、当初は、等級を大刻みにして、格付けの裁量幅を広げるために8等級を構想していたが、能力等級制への円滑な移行を図るため、能力等級の等級数については現行制度との連続性を確保するとしている点を指している（例　行政職（一）については11等級に設定。以上説明資料）。なお、能力等級制は、「年俸制」が想定されている指定幹部職員については適用しない。

（2）能力等級制の問題点—管理運営事項論と勤務条件問題

能力等級導入のねらいは、個々の公務員の能力を適切に評価して能力に

応じた適材適所の人事管理を行うとともに、それにふさわしい処遇を行ってやる気をおこさせること、現行の硬直した人事管理制度を改善することなどにあると思われる（ただ、山本隆司教授は、現行制度との関係で「どこが「新」しいのか。」との疑問を提示されている。「公務員制度改革大綱の分析（行政法学の観点から）『ジュリスト』2002年7月1日号51頁以下）。その趣旨そのものには異論はない。しかし、考慮しなければならないのは、第一に、政官関係の調整原理である公務員の中立公平性確保の観点や、客観的科学的人事行政（メリットシステム〈成績主義〉を中心にした）の確保の観点からみて、専門的第三者機関である人事院の役割を余りにも軽視していること、第二に「公務員の労働基本権の制約については、今後もこれに代わる相応の措置を確保しつつ、現行の制約を維持することとする。」（大綱2頁）としながら、公務員の労働基本権制約の代償措置についての配慮が必ずしも十分ではない点である。第二の点について言えば、能力等級制に係わる「標準的な官職」、「標準職務遂行能力」、「能力等級表の種類、適用範囲および等級構成」、「任命権者が行う官職の能力等級への分類」、「能力等級ごとの定数」（現行の級別定数）、「勤務成績の評定」、これらの「給与との関連」等は、勤務条件に関係する点はないかである。その理解の仕方によっては現行の公務員の労働基本権制約の合憲性を支えている代償措置を大きく揺るがしかねないからである。

　そして能力等級制の企画立案・実施そのものが管理運営事項であることは否定し得ないが、能力等級制は、採用、昇任・降任の基準となり、給与と密接にかかわる標準職務遂行能力の設定、級別定数などは、勤務条件の一部を構成するか、少なくとも密接にかかわるものが多い。給与との関連で言えば、能力等級表の種類（分類）は、俸給表の種類（分類）と一致し、能力等級がそのまま給与等級となり、能力等級ごとに俸給月額が定められることとなるなど、職員の給与決定の基礎となっており、重要な勤務条件であると考えられる（後掲の全農林警職法事件最高裁判決は、勤務条件を給与のほか、身分、任免、服務等と広くとらえている）。

第1章　公務員制度の基本理念と改革大綱の問題点

　級別定数問題については、現行では、俸給表の級別定数は各省庁ごとに定められることとなっており、その定数設定・改定は、各省庁にまたがる基準となることや勤務条件に関わるとの考え方などから専門的第三者機関である人事院の権限となっていると解される（給与法8条1項）。この件は公務員制度調査会でも検討され、一方で「人事管理に関する事項」であり権限を内閣総理大臣に移管すべきとの意見もあったが、他方、級別定数は給与の官民比較に不可欠であり、労働基本権制約の代償措置である人事院勧告と一体不可分であるとの見解も強く主張されたことから、「所管を変更すべきとの結論は得られ（ず）……。」、「労働基本権制約との関連を始め、専門的な検討が必要である……。」（公務員制度調査会「意見」1997〈平成9〉・11・11「新たな時代の公務員制度を目指して」127頁）とされた事項であったことに留意すべきである。たしかに現行の級別定数と比較して弾力的運用が可能になるが、しかし、各省庁間の調整は可能か、客観的合理的な運用が可能かなど問題も多い。

　〈能力等級・能力基準の設定主体および下位法令への委任形式と労働条件〉　能力等級制の基本は法律で定めるが、能力等級制の実施とその責任は内閣総理大臣が負い、「能力等級法」の実施のために必要な下位法令への委任形式は政令となっている（3条、16条）。また、「官職の分類は、予算で定める能力等級ごとの定数に係わる制限の範囲内で、任命権者が行う。」（同8条）こととなっているなど、能力等級制度の基準設定、運用の多くは内閣、総理大臣、任命権者側が握る仕組みとなっている。そしてこのような能力等級制の内容の決定は、勤務条件ではなく「管理運営事項」であるとの前提に立っているようであり、能力基準や能力評価の手続は、勤務条件ではなく「勤務条件を決定する際のプロセスにおける基準・手続」であるから、政令で定めることが許されると解している。立案当事者は、全農林警職法事件最高裁判決（最大判昭48・4・25刑集27巻4号547頁）の「使用者としての政府に対するいかなる範囲の決定権を委任するかは、まさに国会みずからが立法をもって定めるべき労働政策の問題である。」（553頁）との部分を拠り

どころにして、「管理運営事項」論を導き出し、あるいは勤務条件に関する事項はすべて人事院規則で制定すべきとの指摘は当たらず、立法判断により、委任すべき下位規範の種類を判断すべきと解しているようである。しかし、委任形式について言えば、この部分に続く判旨を読めば明確なように、非現業の公務員の勤務条件は、国会において定めるのが原則であり、法律によって政府に決定権が委ねられていない事項について、政府を相手にして争議行為を行うのは「的はずれであって正常なものとはいいがた（い）」と述べているのであって、委任形式について判示しているわけではない。むしろ、同判決の労働基本権制約の代償措置論からすれば、勤務条件に関する事項について下位規範に委任する場合は、代償機関としての機能を行使することのできる人事院の規則に委任すべしと解する方が自然である。

5　公務員制度改革と労働基本権

（1）公務員制度改革の労使関係への影響

　国家公務員の労働条件の決定システムは、二つのタイプに分けられる（本稿執筆時点）。国家公務員法の労働条件決定システムが適用されるグループ（グループ1）と特定独立行政法人等の労働関係に関する法律（特独労法）の労働条件決定システムが適用されるグループ（グループ2）である。いずれも争議権は禁止されている（国公法98条2項、特独労法17条）。（なお、このグループ2に関しては、その後関係法律の改正がある。とくに2014〈平成26〉年の「独立行政法人通則法の一部改正・施行に伴う関係法律の整備に関する法律」によって法律の適用関係が大きく変化している）。

　今次の公務員制度改革は、両グループの労働条件決定システムに共通した影響を与える問題と、それぞれのグループ固有の問題を抱えることとなった。共通の問題は多々あるが、とくに問題となるのは、新人事制度は、前節で述べたように人事管理権者（内閣総理大臣、各省庁大臣）の「人事管理権」を強化し使用者性を大きく高めた反面、職員団体側へのその「代償措置」は必ずしも十分講じられていない。たしかに個々の職員との関係では、新評価制

度をめぐる評価者と職員の面接、評価のフィードバック、苦情処理制度の整備、公平審査の充実・強化などについては一定の配慮がなされているが、職員団体との関係ではなんら対応措置が講じられていないからである。団体交渉は、個別的な案件の処理ではなく、統一的基準を設定するために行われるものであることを考えると、この点の対応措置もないなど、問題が多い。その上に労働基本権制約の代償措置についての配慮が十分なされていないというのではその問題性は増幅する。

（２）労働基本権制約の代償措置

　グループ１と係わるのが、労働基本権制約の代償措置と新人事制度との関係である。このグループは、職員団体（職員組合）の結成が認められ（国公法108条の２）、「（当該団体の）管理・運営事項」を除いた給与、勤務時間等の勤務条件につき団体交渉できるが、法的拘束力を有する団体協約締結は認められず（国公108条の５）、争議権は禁止されている。国公法上は、職員の勤務条件について、勤務条件詳細法定主義を採用するか、勤務条件枠組法定主義（枠組みだけ法定し詳細は団体交渉で決定する）を採用するか、いずれも可能であるが、現行法では前者が採用され、法律あるいは人事院規則によって勤務条件が詳細に定められている。このグループの労働基本権制約の代償措置として位置づけられているのが、人事院の機能である。全農林警職法事件最高裁判決の言う代償措置論は、勤務条件法定主義、身分保障、人事院の権能および人事院勧告制度、行政措置要求等を並列的に並べて論じている部分もあるが、そのまとめに当たる判決理由一の（三）において、勤務条件法定主義、身分保障のほか、「適切な代償措置が講ぜられている」（同557頁）としていることから、代償措置の核心をなしているのは中央人事機関としての人事院の諸機能である（この点につき、稲葉馨「人事院の『代償』機能論について」『法学』66巻3号参照）。岸・天野両裁判官の追加補足意見においても、勤務条件法定主義、身分保障と「適切な代償措置」は区別されて、いわゆる画餅論が論じられている（同580〜1頁）。その人事院の機能の中で

代償措置の中核をなすのが、勤務条件に関する規則制定と人事院勧告制度であり、勤務条件に関する事項について政令事項としたり、人事院勧告を行うに当たり官民の給与比較を行う場合の重要なツールである級別定数の決定(この点につき、西村美香「公務員制度改革と労働基本権問題」『都市問題研究』55巻1号50頁以下)が人事院の手から離れることとなれば、代償措置としての人事院勧告の機能は大きく低下することは間違いない。労働基本権制約の合憲性を維持するに不可欠な代償措置が揺らぐこととなれば、また改めて労働基本権制約の合憲性が問われることとなろう。

(3) 国営関係企業への適用問題

グループ2について言えば、当初、能力等級制を国有林野、特定独法、日本郵政公社職員に適用することは話題となっていなかった。現行では職階制については、給与体系等の労働条件であることから、協約締結権を有する現業、特定独法、郵政公社(当時。以下、同じ)には適用されていない。しかし、能力等級制は、国家公務員一般職を通じて広く適用される基本的な人事管理の枠組みであるとか、管理運営事項であって勤務条件ではないとの立案当事者の論理からすると、林野、特定独法、郵政公社の職員に適用しないことは矛盾することとなる。その故にか、能力等級制は、基本的に国有林野、特定独法、郵政公社各職員に対しても、適用されるとの考えが浮上してきた。これまでグループ2(国営関係)においては、能力等級制の職務分類の基準、級別区分表、その適用範囲等は、労働協約により定めてきたとされる。仮に、グループ2に対して、能力等級制を適用するとなると、現行の労働協約締結のあり方に重大な影響(侵害)を及ぼしかねない。

(4) 勤務条件と管理運営事項

ところでグループ1に関する労働基本権制約の代償措置問題、グループ2に係わる能力等級制の適用問題、いずれの問題にも根底で共通している問題点は、立案当事者が、立法によって相応の措置を講じれば足りる(立法政策

第1章 公務員制度の基本理念と改革大綱の問題点

の問題）とか、管理運営事項であるとの認識から発想していることである。この点に関し簡単に結論的考え方を述べておきたい。

能力等級制をめぐって、立法政策であれ管理運営事項であれ、それを論じる場合は、「憲法28条の労働基本権の保障は公務員に対しても及（び）」（前掲全農林警職法事件最高裁判決551頁）、その制約が合憲であるためには代償措置が講ぜられている必要があると言うのであるから、この論理との整合性の範囲内で、立法政策も管理運営事項も解釈されなければならない。すなわち憲法適合性の観点からである。もともと管理運営事項といい、あるいは勤務条件といっても双方ともその典型的事項はあったとしても、両者間のグレーゾーンは必ず存在する（現実に日本政府は、ILOに対し、「ある具体的な事項が管理運営事項であっても、それによって影響を受ける労働条件については、団体交渉の対象とすることができる。」と説明している（「団結権および団体交渉権についての原則の適用に関する条約」〈第98号条約〉2001年日本政府年次報告）。国営企業職員および特定独立行政法人職員については、「昇職、降職、転職、休職、先任権及び懲戒の基準に関する事項」は団交事項とされている〈国営企業等労働関係法8条〉）。それを憲法の下位法である国公法108条の5第3項だけを形式的根拠にして、管理運営事項は、勤務条件ではなく、交渉の対象にならないというのでは、法解釈の下剋上になりかねない。能力等級制の企画立案レベルから具体的実施の段階をにらんで、管理運営事項が勤務条件とどのように係わるか検証してみる必要がある。

注
（1）参照文献は、本文引用以外は紙幅の関係で省略させていただいた。
　　なお、大綱が公表された段階で、大綱について検討したものとして、さしあたり、「特集　公務員制度改革」（『ジュリスト』（1226号）2002・7・1）の鼎談および各論文、「特集　これからの公務員制度」（『都市問題研究』55（1）2003・1）の各論文が参考になる。
（2）本稿は、同じ題名で法律時報75巻5号、7号および8号（以上2003年）に掲載されたものである。

第2章　中央人事行政機関論

稲葉　馨

はじめに

　人事行政が、その公務運営上の「基盤行政」としての性格（その意味での「統治的性格」）を理由として、あるいはその「制度の面を重視して」"公務員制度"とも呼ばれるとすれば、公務員制度の研究は、人事行政の研究であるともいえよう。本章は、この人事行政の内容そのものではないが、それと密接に関連する人事行政組織について、とくに、いわゆる中央人事行政機関に焦点をあてて、以下のような視点から考察を加えようとするものである。

①2つの「中央人事行政機関」

　ここで「中央人事行政機関」とは、いうまでもなく、国家公務員法（昭和22年法律第120号。以下、「国公法」とする）第2章のタイトルに用いられている「中央人事行政機関」、すなわち人事院と（中央人事行政機関としての）内閣総理大臣を指す。国公法が、なぜ人事院と内閣総理大臣のみをもって「中央人事行政機関」と呼んでいるのかは、必ずしも明確ではない。「中央」とは「地方」に対する意味であり、「人事行政機関」とは「人事行政を専掌する行政機関」を指すとの理解も見られるが、その論者も認めるとおり、内閣総理大臣をもって人事行政の「専掌」機関とみなすことはできないであろう。むしろ、「政府全体の立場」において「人事行政を統一的に処理するための」機関というほどの意味で「中央人事行政機関」という言葉が用いられているように思われる。

　ところで、国公法第2章の表題が「中央人事行政機関」となったのは、1965年の同法改正（昭和40年法律第69号）によってである。改正前は、

「第2章　人事院」とされていて、先のような意味での「中央人事行政機関」に実質上該当するのは、（内閣を別にすると）人事院のみであったといえる。人事院は、1948年12月の国公法第一次改正（昭和23年法律第222号）により、改正前の同法附則第2条第1項によって設置されていた臨時人事委員会を改組・発展する形で、同法の「完全な実施を確保し、その目的を達成するため」に設けられたものである。しかし、その誕生から1965年改正に至るまで、人事院は、幾度となく「解体の危機」に見舞われた。占領体制の見直しを行った政令改正諮問のための委員会による「行政制度の改革に関する答申」（1951年8月14日）、独立後のわが国にふさわしい行政制度等のあり方について検討した行政審議会（第一次）の「行政制度の改革に関する答申」（1953年9月11日）、さらには、それを引き継いだ（第三次）行政審議会の1956年2月23日答申が、いずれも人事院の廃止を打ち出したことは、当時における人事院に対する反発の強さを物語るものといえよう。他方、公務員制度調査会答申（1955年11月15日）・（第四次）行政審議会答申（1959年1月22日）・（第一次）臨時行政調査会答申（1964年9月）では、「人事院」の名こそ残されるものの、総理府人事局ないし内閣府総務庁人事局にその権限の一部を移管するという《人事院縮小案》が提示された。そして、再三再四、人事院をターゲットとする「国家公務員法の一部を改正する法律案」が国会に提出されたのである。1956年までの法案が、基本的に前述の人事院廃止案に呼応して、人事院を総理府の外局たる国家人事委員会に改めるというものであったのに対し、1960年から1963年まで6度にわたって提出された法案は、ILO87号条約（結社の自由および団結権の保護に関する条約）の批准に伴う政府における人事管理の責任体制確立問題を背景とし、人事院自体は存置するものの、別に総理府人事局を設けて、そこに従来人事院が有していた権限を（大幅に）移管するというものであった。

　先の1965年国公法改正は、以上のような経緯を経て行われたものである。これによって人事院と並んで「中央人事行政機関」とされた内閣総理大臣の事務部局として、同改正法附則第4条による総理府設置法改正で、総理府に

第1期　公務員制度改革大綱——公務員制度調査会と行政改革会議

新たに人事局が置かれ、国家公務員制度の調査・研究・企画、各行政機関の人事管理方針・計画等の総合調整、人事院の所掌に属するものを除く一般職国家公務員の能率・厚生・服務その他の人事行政、そして国家公務員の退職手当などに関する事務を担当することとなった。従前の人事院改廃の動向に比べ、「人事院の地位や権限が従来のものとほとんど変っていない」ともいえる改正で、「人事院としてはほぼ最良の結果と言えるものに、この改正問題を終わらせることができた(9)」のである。

②本章の課題

以上のような「激動の20年の歴史を経て、人事院はようやく日本に定着することができた。これ以降、人事院の改組問題は大きな政治問題としては浮上していない」といわれている。この認識は、それが表明された1990年時点では、基本的に妥当なものといえるが、この間においても、人事院の権限移管（縮小）という形では議論があった。例えば、1982年7月30日の（第二次）臨時行政調査会第三次答申（基本答申）において、「総合管理機能」強化のため、総理府人事局・行政管理庁等の事務・権限を統合して総合管理庁（国務大臣を長とする総理府外局）を設置し、従前の総理府人事局の事務・行政管理庁の事務・特殊法人職員の人事管理方針等の調整などの（新たに実施すべき）事務のほか、「現行の人事院の事務のうち行政の執行責任を有する内閣総理大臣が所掌することが適当と考えられる事務」等を所掌するとの提案がなされた。しかし、この提案を受けて1984年7月1日に発足した総務庁は、従前の行政管理庁と総理府本府に属する人事局・恩給局・統計局・青少年対策本部等とを統合したもので、これへの人事院権限の一部移管は実現しなかった。

ところが、1996年11月に行政改革会議が発足し、まるでその後を追うようにして翌年4月に公務員制度調査会が設置されるに及び、新たに、人事院改革（権限縮小）論が現実味をおびることとなった。行政改革会議では、内閣機能の強化・中央省庁再編との関連で中央人事行政機関のあり方が問題とされるとともに、組織改革と組織を支える「人」の問題とは不即不離の関係に

あるとの観点から、公務員制度の改革が議論され、その「専門的調査機関」である公務員制度調査会に対し、検討の依頼・要請がなされたからである。

そこで、以下、本論においては、この両審議会における中央人事行政機関をめぐる議論について検討を加えることとしたい。その際、先に見たこれまでの歴史的経緯を踏まえ、2つの「中央人事行政機関」である人事院と内閣総理大臣、より具体的には、人事院と総務庁（人事局）との間の綱引きに注目する。また、当該議論にも垣間見ることができる、組織法上の論点についても検討を加え、あわせて、2001年1月にスタートする再編後の新たな内閣府・中央省庁体制の下で、「中央人事行政機関」の組織法的な位置づけがどのようになっているか、という点にも触れてみたい。

1 公務員制度調査会・行政改革会議における中央人事行政機関論

（1）公務員制度調査会における中央人事行政機関論
①公務員制度調査会「答申」

公務員制度調査会（1997年4月1日〜2002年3月31日）は、その最初の答申である「公務員制度改革の基本方向に関する答申」（1999年3月16日。以下、「答申」と呼ぶ）において、「人事行政の在り方」に関する「基本的考え方」を、次のように示している。

（人事管理の柔軟化）

「各省庁の行政課題への機動的な対応」を可能にしていくために、「行政の組織・運営の弾力化とともに、人事管理についても、行政の執行責任を担う各任命権者が責任をもって柔軟に行っていく必要があり、このような観点から中央人事行政機関（内閣総理大臣及び人事院）の各任命権者に対する人事管理上の権限や規制についても引き続き見直していく必要がある。」
（中央人事行政機関の役割）

「各省庁における柔軟かつ多様な人事管理を可能とするに当たっては、

第1期　公務員制度改革大綱——公務員制度調査会と行政改革会議

その運用が政府全体の方針と齟齬をきたさないよう、また、人事行政の中立・公正性を損なうことがないよう、中央人事行政機関（内閣総理大臣及び人事院）が責任を持ってその役割を果たしていくことが必要である。

また、中央人事行政機関は、多様な人事システムの整備について、必要に応じて、聞かれた形で十分な意見交換をすべきである。」

いうまでもなく、国家行政機関としての人事行政機関は、中央人事行政機関（人事院・内閣総理大臣）およびそれらの補助機関だけに限られるわけではない。地方公務員法（昭和25年法律第261号）が、その「第2章　人事機関」として「任命権者」（第6条）および「人事委員会又は公平委員会」をあげていることからも窺えるように、国レベルの人事行政機関（公務員の任用・勤務条件・分限・懲戒・服務・研修・勤務評定・福利・利益保護などの人事を所掌する行政機関）のひとつ（一類型）として、任命権者（国家公務員法第55条）を逸することはできない。むしろ、直接に公務員と向き合って個別の人事管理（人材の誘致・配置・育成・処遇など）を行うのは、基本的に「各省各庁の長」などの任命権者である。上記の「基本的考え方」は、この第一線の人事（管理）行政機関の自立性を高めるために、中央人事行政機関（とりわけ人事院）による規制・統制の緩和（個別承認の基準化や事前チェックから事後チェックへの切り換えなど）を求めているわけである。そして、それを前提として、各中央人事行政機関が、それぞれの役割を果たすとともに、お互いの意思疎通をはかるべきであるとしている。

ここに、いわば国家人事行政機関の三角構造のあり方が示されている。「人事院の各省庁に対する規制を緩和する」との方針は、すでに、公務員制度の見直しのため「新たな調査審議体制」の整備（「新公務員制度審議会（仮称）」の設置）を求めた（第3次）臨時行政改革推進審議会の1993年10月27日「最終答申」が、「公務員制度の見直しに当たっては、その〔人事院の——稲葉注〕事務を見直し、行政の管理・運営の一環として処理すべき事務について、各省庁に権能を付与していく必要がある」として、明示していた

ものである。公務員制度調査会の「答申」は、この線上にあるものといえるが、「規制」緩和等の《埋め合わせ》をはかるかのように、「中央人事行政機関の機能の充実」にも言及することを忘れてはいない。「内閣総理大臣は、政府部内における人事管理の統一保持について、また、人事院は、中立公正な人事行政の確保と職員の利益保護等について、それぞれ責任を持って執行すべきであり、そのために必要な機能の充実を図るべきである」と。ただ、人事院による「規制」の緩和の観点から内閣総理大臣と人事院との関係を見る限りでは、各省庁の（決定）権限の拡大に伴って、内閣総理大臣の（統一保持）権限の重要性が増大するため、人事院の（「規制」）権限の縮小の裏で、中央人事行政機関としての内閣総理大臣の役割が強化されるという見方も成り立ち得る点に留意する必要があろう。

②公務員制度調査会「意見」

中央人事行政機関である人事院・内閣総理大臣と「個別の人事管理を行う各任命権者」との関係については、行政改革会議から早期検討の要請を受けて（同会議・1997年9月3日「中間報告」参照）、内閣機能強化と省庁再編に密接に関連する、中央人事行政機関の機能分担の見直し・人材の一括管理システムおよび内閣官房等の人材確保システムについて緊急に意見のとりまとめを行った、公務員制度調査会「意見」（1997年11月11日）が、3者の機能分担のあり方という視点から、「答申」よりも一層鮮明な考え方を表明していた。

同「意見」は、まず「人事院の機能」について、「行政執行に責任を有する政府が行うべき事務との整理を行うとともに、規制の緩和を図る」一方、「中立第三者機関としての人事院が担うべき、人事行政の公正の確保及び労働基本権制約の代償措置に関する機能」は「充実を図ることが重要である」としている。次いで、内閣総理大臣については、公務意識の徹底・人材育成などに係る「総合的・計画的な人事管理」および人事管理の今日的な重要課題（男女共同参画・官民等の人事交流・能力評価など）に関する「統一的な方針を定めるなど、全体として整合性のとれた人事行政を責任を持って進め

ていく」ための「総合調整機能等の充実」が求められるとしている。そして「各任命権者の人事管理機能」について、その「人事管理に関する責任を明確化するとともに、行政運営に即応した、機動的かつ弾力的な人事管理を実現し、また、人事行政を簡素効率化する」ため、人事院による各任命権者の人事管理に対する「規制」の緩和（個別承認の基準化や事後的なチェックでの代替等）を求めている。⁽¹⁴⁾

　ここでは、「規制」緩和（任命権者の権限強化）との関連だけでなく、「行政執行に責任を有する政府」との関係が語られている点で、内閣総理大臣の権限との関係でも「人事院の機能」の見直しが示唆されていたといえよう。したがって、人事院の機能の「充実」も、「中立第三者機関」にふさわしい機能（「公正の確保」と「代償措置」に関する機能）への《純化》を意味していたように思われる。

（2）行政改革会議における中央人事行政機関論
①行政改革会議「最終報告」

　行政改革会議は、公務員制度調査会の「意見」を踏まえ、その「最終報告」（1997年12月3日）において、「中央人事行政機関の機能分担」に言及し、人事院のあり方について次のように述べていた。

> 「人事院は、労働基本権制約の代償措置としての『人事行政の公正の確保及び職員の利益保護』のためにふさわしい機能に集中し、その実効的な遂行を目指すことが重要である。このため、本来、行政執行に責任を有する政府が行うべき機能（個別の人事運用や組織運営にかかわる事項など）との整理を行うとともに、各任命権者による人事管理をより弾力的なものとする等人事院による統制の緩和を進めることも重要である。」

　これは、基本的に、上記の公務員制度調査会「意見」に示された人事院の機能純化論を踏襲するものといえる。しかし、仔細に両者を比較すると、看

過することのできない相違点があることに気づく。すなわち、行政改革会議「最終報告」は、人事院にふさわしい機能を「人事行政の公正の確保及び職員の利益保護」としているが、いずれも「労働基本権の代償措置としての」という限定を付している。これに対し公務員制度調査会「意見」では、人事院は「人事行政の公正の確保及び労働基本権制約の代償措置に関する機能」を担うものとされている。後者においては、「人事行政の公正の確保」機能は、少なくとも、「労働基本権制約の代償措置」にとどまらない意味をもっているのである。行政改革会議においては、公務員制度調査会よりも踏みこんだ人事院の権限縮小論が説かれていたといえよう。

行政改革会議「最終報告」における人事院権限縮小論の基礎にある発想は、おおよそ、次のようなものであろう。ひとつは、同会議のメインテーマである、内閣の機能強化・内閣総理大臣の指導性強化の観点から、「中央人事行政機関としての内閣総理大臣の機能」についても、「その任務、権限をより総合的なものとし」、パワーアップを図ろうとする考え方である。もうひとつは、人事院の存在意義を「労働基本権の制約」との係わりに限定して捉えようとする考え方である。同「最終報告」が、「<u>現行の労働基本権制約の現状を前提とする限り</u>、公正な人事行政の推進及び職員の利益保護の観点から、政府が行う人事管理に対し適切なチェック、勧告、意見具申を行うとともに、人事行政の公正性、中立性の確保のための基準の設定を行う中立第三者機関としての人事院の役割は重要である」（下線、稲葉）と述べていることが、それを雄弁に物語っている。

②人事院見解と総務庁見解

行政改革会議は、1996年11月28日に第１回の会合をもってスタートし、翌年５月１日の第11回会議で議論の「中間整理」を行った後に、５月から６月にかけて各省庁からのヒアリングにのぞんだ。中央人事行政機関にかかわる問題については、第18回会議（1997年６月18日）での人事院ヒアリング、１週間後の第19回会議（６月25日）における総務庁ヒアリングでとりあげられ、両者の見解が示された。[15]

第1期　公務員制度改革大綱——公務員制度調査会と行政改革会議

（a）人事院見解

　人事院は、「各省、総務庁人事局との関係等中央人事行政機関のありかたについて、どう考えるか」という質問項目に対し、次のように答えている。

　「人事院は、現行公務員制度を支える基本理念である公正性の確保及び労働基本権制約の代償性を果たすことを基本的な使命とする中立・専門的な中央人事行政機関として設置されている。このため、人事院は、各省庁が採用・昇進・給与決定等の人事権を行使する際の基準を明らかにするとともに、時代の変化に適応しつつ各省庁の人事管理が適切に行われるよう、公務員人事管理の基本的な枠組みを設定している。」（具体的には、採用試験の実施等、各省庁合同研修の実施、営利企業への就職制限制度における審査、職員の不服申立ての審査等、給与・勤務時間・任用制度等についての国会・内閣に対する勧告・意見の申出、国家公務員法・給与法等の適用に係る給与・勤務時間等の勤務条件・任免・服務等に関する基準の設定と維持など）。これに対し、「中央人事行政機関としての内閣総理大臣の任務は、基本的には、国家公務員法等の法律及び人事院が定める基準の下で、各省庁の大臣がそれぞれの職員について行う人事管理に関する方針、計画等について統一保持上必要な総合調整を行うこと及び使用者としての立場からの能率、厚生、服務等に関する事務とされている。

　なお、総務庁設置法により、総務庁は、特別職国家公務員の給与制度に関する事務、国家公務員の退職手当に関する事務等もつかさどることとされている。」

　要するに、人事院は、その「第三者機関」・「専門・中立的機関」としての性格を強調し、その機能は「各省庁の人事管理に関わる総合調整を基本的役割とする内閣総理大臣（総務庁人事局）とは自ずと異なるもの」で、

「その立場の違いに応じて役割分担がなされている」として(16)、現状維持を主張したといえよう。

(ｂ）総務庁見解

これに対し、総務庁は、「行政改革との関連で公務員制度の改革についてどう考えるか。また、人事院も含めた中央人事行政機関の在り方をどう考えるか」という質問項目の後者の点について、「中央人事行政機関（内閣総理大臣（人事局）及び人事院）の在り方については、使用者としての人事管理に関する総合調整機能を一層発揮する観点から、その役割分担の見直しが必要である」と回答し、次のような説明を加えている。

「今後、行政及び公務員をめぐる諸情勢の変化の下、国民の信頼確保、行政の総合性の確保、公務の活性化等の観点から、政府一体となった人事管理を推進していくことが従来にも増して重要となる。また、新たな中央省庁体制の下では、人事管理面から行政の総合性を確保することの必要性も更に高まるものと考える。

このため、中央人事行政機関（内閣総理大臣（人事局）と人事院）の役割分担についても見直しを行い、国家公務員の使用者としての人事管理に関する総合調整機能の一層の発揮を図っていく必要があると考える。その際、累次の臨調・行革審答申でも指摘されているように、人事院の機能を公務員の中立・公正の維持や労働基本権制約の代償の確保を担う中立的機関としてふさわしいものに整理・合理化し、内閣総理大臣（人事局）と人事院の権限関係を整理すべきである。」

このように、総務庁は、中央人事行政機関としての内閣総理大臣と人事院との役割分担のあり方を、「使用者としての立場」と「中立的立場」という対比で捉え(17)、人事院の機能純化による権限縮小論を積極的に主張したのである。

（3）小　括

　以上、この間、行政改革会議および公務員制度調査会で論じられ、まとめられた中央人事行政機関のあり方に関する見解を、公務員制度調査会「答申」を起点として、おおむね、そこから遡る形で一瞥した。

　人事院側の主張を別にすれば、この間、一貫して人事院の権限縮小論が説かれてきた。ただし、この権限縮小論は、2つの系統に分かれる。ひとつは、先に見た機能純化論の立場からのものであり、もうひとつは、「規制」（統制）緩和論の立場からのものである。行政改革会議「最終報告」までは、この両者が説かれていたが、公務員制度調査会「答申」に至って、基本的に、規制緩和論に収斂したように見える。このことは、行政改革会議「最終報告」が、「専門的調査機関である公務員制度調査会において早期に具体的成果を得るべく」同調査会に対して「基本的な課題と検討の方向」を示すものであっただけに、重要な意味をもっているように思われる。同「答申」は、その「性格」について、自ら、「中央省庁等改革等の進展に対応する」とともに、「速やかな対応が求められる諸課題を中心に、改革の基本方向をとりまとめたもの」と述べているが、少なくとも、人事院の機能純化による権限縮小を、そのような課題に含まれるものとはみなしていないことになる。[18]

　人事院にふさわしい機能・役割をめぐっては、人事院自らが述べる、人事管理における「公正性の確保」と「労働基本権制約の代償」機能にそれを求める見解が定着しており、公務員制度調査会のみならず総務庁も同様な理解を示している。したがって、これら三者間における人事院の機能純化をめぐる論議は、現に人事院が担っている事務・権限が、そのような機能・役割にふさわしいものであるか否かという点をめぐる、評価のあり方に関するものといえよう。

　これに対し、行政改革会議「最終報告」は、異色である。先に指摘したように、人事院にふさわしい機能・役割を、労働基本権制約の代償機能のみに限定して捉えているように見えるからである。たしかに、そこで「労働基本権制約の代償措置」としてあげられている「人事行政の公正の確保及び職員

の利益保護」は、国公法第3条第2項が人事院のつかさどる事務として明記しているものである。しかし、同項では「人事行政の公正の確保及び職員の利益の保護<u>等</u>に関する事務」（下線、稲葉）とされている点は措くとしても、そこで例示されている「給与その他の勤務条件の改善及び人事行政の改善に関する勧告、職階制、試験及び任免、給与、研修、分限、懲戒、苦情の処理、職務に係る倫理の保持」のすべてを、「労働基本権制約の代償措置」として位置付けることは困難であろう。むしろ、人事院は、「人事行政の政治的中立性、科学的人事管理の遂行のため」の「独立」機関であるとともに、「公務員の労働基本権制限に対する代償措置を行使する機関としても重要な地位を占めている[19]」というのが、これまでの共通の理解であったといって過言ではない。先述のような行政改革会議「最終報告」の読み方が正しいとすれば、同会議は、人事院の基本的性格を（一部）変更する企図を有していたということになろう[20]。

2　中央人事行政機関の組織法的位置付け

（1）人事院

　人事院は、「内閣の所轄のもとに置かれ（国公法3条）、人事官3人をもって組織される（国公法4条）。人事院は、形式的には、内閣の補助部局として位置付けられ、国家行政組織法の適用を受けないが、実質的にみれば、それは、行政委員会である」とされている[21]。ここでは、この指摘を念頭に置いて、若干の付言を行うこととする。

①行政委員会としての人事院

（a）人事院の名と格

　まず、人事院の前身である臨時人事委員会を含め、少なくとも第二次大戦後においては、行政委員会について「委員会」という名称が用いられるのが通例であるにもかかわらず、なぜ人事院は「院」と称しているのか、そのことに組織法上なんらかの意味があるのか、という疑問が生ずる。

　「人事院」という名称は、既に、1947年8月30日、第1回国会に提出さ

れた国家公務員法案で用いられていたものであるが、その元となったフーバー草案の起草過程で、フーバー顧問団の一員であるマッコイが提示した「ナショナル・パーソナル・オーソリティ」設置案にさかのぼるようである。マッコイは、それを「権威ある人事行政機関とするため、従来合議制機関に一般に使われていた『委員会（Committee）』の語を、臨時にあまり重要ではないことを審議する、行政官庁を補佐するための機関の名称として嫌い、それと区別する意味で、Authorityの語を使っていた」とされ、日本側の立案作業関係者である行政調査部の公務員部員が、その訳として「院」の語をあてたということである(22)。当時の先例として「院」を用いる例として、「いずれも省に準ずる格の高い行政機関」である鉄道院・国勢院・企画院・逓信院があり、また、会計検査院や大審院・控訴院などもあって、「当時の政府関係者は『National Personnel Authority』を相当高く評価して『人事院』という訳語を付与した」といわれている(23)。

　そこで、そのような「権威」や「格」は、名称という象徴的なものに止まるのか、それとも組織法上にも表現されているのか、という点が問題となる。憲法上の機関である会計検査院は措くとして、現存する他の行政委員会と人事院とを比較した場合、前者が、「内閣の統轄の下における行政機関」として国家行政組織法の適用を受け、総理府・各省の外局として置かれているのに対し、後者は、先の説明のとおり、「内閣の所轄の下に」置かれ、国家行政組織法の適用を受けない。人事院の設置について定めた国公法第1次改正は、国家行政組織法（昭和23年法律第120号）の制定とほぼ時を同じくしていた。人事院に国家行政組織法の適用がないということは、その組織基準が直接適用されないというだけではなく、中央省庁全体の組織管理を担当する機関、具体的には行政管理庁（2000年時点では、総務庁）の統制を受けない（人事院は、「その内部機構」を自ら管理する〔国公法4条4項〕）ことをも意味している(24)。また、人事院は、他の行政委員会のような、内閣府・省委員会という構成をとっておらず、いわば内閣直轄の機関といえる。その意味で、他の行政委員会とは、組織法上、事務

配分の系統を異にしているといえよう。

（b）合議制機関としての人事院

先の説明のとおり、人事院は、人事官3人をもって組織される「合議制」の機関そのものを指し、その点で、会計検査院が「3人の検査官を以て構成する検査官会議と事務総局を以てこれを組織する」と定められている（会計検査院法第2条）のとは、異なるとされている。[25]

もっとも、人事院の「内部機構」（国公法4条4項）とは「補助部門」としての事務機構を指すものと解され、その他、国公法には第14条のように、「一部、事務総局をも含んだ概念として人事院をとらえている規定も見受けられ」るとされている。[26]この点からすると、同法は、狭義の人事院（人事官3人の合議体）と広義の人事院（補助部門をも含む）との2つの人事院概念を用いていることになろう。

②人事院と内閣との関係

かつて、人事院と内閣との関係をめぐる組織法上の問題として論じられたのは、主に、人事院の「独立性」に係る憲法問題であった。[27]人事院が、単に「内閣に」ではなく、また、内閣の「所属」や「管理」下でもなく、「内閣の所轄の下に」置かれるとされたのは、まさに、人事院の内閣に対する「独立性」を示すためであったといわれている。[28]ここでは、すでに決着ずみの問題と思われる上記の憲法問題以外の論点として、[29]人事院は内閣の補助部局か否かという問題に触れておきたい。

国公法第3条第1項が「内閣の所轄の下に人事院を置く」としている意味および「内閣官房の外、内閣に、別に法律の定めるところにより、必要な機関を置き、内閣の事務を助けしめることができる」という内閣法（昭和22年法律第5号）第12条第4項の解釈、すなわち、この「別」の「法律」に国公法も該当し、人事院が「内閣の事務を助け」るため（内閣に置かれる）「必要な機関」に含まれるのか否かという点をめぐっては、見解が分かれている。

ひとつの理解は、人事院は内閣法第12条第4項とは無関係で、名実ともに、内閣の補助部局ではないというものである――第1説。[30]もうひとつの理解は、

第1期　公務員制度改革大綱──公務員制度調査会と行政改革会議

従来一般にとられてきたもので、人事院は同条項にいう「機関」に当たるとする見解である。ただし、この見解は、さらに二分され、先に引用した説明のように、その「独立性」ゆえに実質的には内閣補助部局（補佐機関）とはいいがたいとするもの──第2説（形式説）と、とくに形式・実質を区別しないで人事院を内閣補助部局（機関）とする説──第3説（実質説）とがある。
(31)

　先の1965年国公法改正以前において、同法第3条第1項が、内閣の事務について定める日本国憲法第73条第4号と同様に、「国家公務員に関する事務を掌理するため」内閣の所轄の下に人事院を置くとしていた点などからすると、第3説にもあながち理由がないわけではない。しかし、人事院に現行法上与えられている権限を見ると、いわゆる「準司法的作用」・「準立法的作用」をはじめとして、自己完結的権限が少なくなく、しかも、職権行使の独立性が保障されているため、少なくとも実質的にみて、これをもって内閣を補佐（補助）するものと見ることは困難であると思われる。他方、「内閣の所轄の下に人事院を置く」という規定の主眼は、必ずしも「内閣……に置く」ことを否定する点にあるのではなく、1948年国公法改正以前の（臨時）人事委員会のように「内閣総理大臣の所轄の下に」置くことを否定する点にあった。言い換えると、「各省大臣としての内閣総理大臣の下部機構である総理庁よりも、内閣自体に置くほうが適当であるから」上記改正によって「内閣に移管された」とされている。第2説は、このような経緯を踏まえた解釈であると評することができる。ただ、人事院の制度が定着を見た今日の段階において、このような経緯を視野の外に置いて考えるならば、形式的にせよ、内閣官房と同様な「内閣補助部局」という「カテゴリーのもとに人事院を置くのは疑問」であり、端的に第1説の立場をとることもできるように思われる。

　③中央省庁再編と人事院

　行政改革会議の「最終報告」に沿って制定された中央省庁等改革基本法は、その第49条において「中央人事行政機関の機能の分担の見直しの基本方

針等」を定め、人事院については「人事行政の公正の確保及び職員の利益の保護のためにふさわしい機能に集中する」との方針を示す一方で、内閣総理大臣については、「各行政機関が行う国家公務員等の人事管理に関する事務の統一保持上必要な機能を担う」ものとして、その「総合調整機能の充実を図る」ことを要求していた（第1項）。これは、先に見た「最終報告」の表現を受け継いだものであるが、人事院の機能に関する部分において、「労働基本権の代償措置としての」という限定句は置かれていない。いずれにせよ、人事院の組織法上の位置付けやその内部組織の在り方に触れるようなものではない。

はたして、その後、同法に基づいて、内閣法改正をはじめとする関連法案や諸改革のための「基本的計画」の骨子を示した1999年1月26日の中央省庁等改革推進本部決定「中央省庁等改革に係る大綱」、および、それを踏まえて中央省庁等改革関連法律案の関連措置等をとりまとめた同年4月27日の同本部決定「中央省庁等改革の推進に関する方針」においても、人事院に関しては、指定職俸給表の適用を受ける職員の号俸格付けの見直しや「規制の緩和」といった形での権限縮小論が提示されるにとどまっている。そして、その後に公布された、いわゆる中央省庁等改革関連17法律のひとつである「中央省庁等改革のための国の行政組織関係法律の整備等に関する法律」（平成11年法律第102号）第34条の「国家公務員法の一部改正」も、特別職のカタログ（第2条第3項）および任命権者に関する規定（国公法第55条）のみに関わり、人事院自体には何ら手がつけられていない。

（2）内閣総理大臣とその事務部局

他方、中央人事行政機関としての内閣総理大臣およびその事務部局については、中央省庁再編によって組織法上の改編が加えられることとなった。

①内閣総理大臣

そもそも中央人事行政機関としての内閣総理大臣とは、どのような地位におけるものであろうか。従来、内閣総理大臣には、主に3つの地位があると

されてきた。内閣の首長たる地位、総理府の事務を分担管理する主任の大臣たる地位、そして内閣官房等の内閣補助部局の事項に係る「主任の大臣」たる地位である。⁽³⁸⁾1965年の国公法改正が、「使用者である政府を代表する機関——人事・労務担当機関——を強化することを目的として内閣総理大臣を中央人事行政機関とし」たとされている点からすると、そこでいう内閣総理大臣は、内閣の首長としてのそれを指すとも解し得ないではない。しかし、中央人事行政機関としての内閣総理大臣は、「行政事務を分担管理する主任の大臣」すなわち総理府の長たる内閣総理大臣である。このことは、同改正法附則第4条によって総理府設置法の一部が改正され、総理府の「任務」として「人事行政に関する事務」が付加されるとともに、その「所掌事務」として、新たに、「各行政機関が行う国家公務員等の人事管理に関する方針、計画等に関し、その統一保持上必要な総合調整を行うこと」が定められたこと、また、先に述べたように（はじめに①）、内閣総理大臣の事務部局として、総理府に人事局が新設されたことを見れば、容易に理解できよう。1984年の総務庁発足後は、この事務部局が、総理府の外局である総務庁の人事局となった。

2000年の中央省庁再編によって、基本的に総理府本府は内閣府に、総務庁は総務省に引き継がれることとなる。総務省の長は総務大臣であって、内閣総理大臣とはされていない。他方、内閣府の長は内閣総理大臣である（内閣府設置法第6条第1項）ため、内閣府・総務省との関係において、改めて中央人事行政機関としての内閣総理大臣の地位が問われざるを得ない（以下については、初出論文のままにしてあるが、後に見解を変更しているので、本書の第14章注（30）および対応する本文を参照のこと）。

この点について、関係規定の定め方は決して明確とはいえない。しかし、ヒントとなる規定が皆無というわけではない。「国家公務員法（昭和22年法律第120号）第2章に規定する中央人事行政機関たる内閣総理大臣の所掌する事務について、<u>内閣総理大臣を補佐すること</u>」（下線、稲葉）を総務省の所掌事務にあげている同省設置法第4条第2号の規定が、それである。そこでは、総務庁設置法第4条第2号・3号が、国公法第18条の2により内閣総

理大臣が「つかさどる」こととされている、職員の能率・厚生・服務等に関する事務および各行政機関の人事管理に関する方針等につき「その統一保持上必要な総合調整に関する事務」(以下、前者を「能率等関係事務」、後者を「総合調整事務」と呼ぶ)自体を「行うこと」を同庁の所掌事務としていたのとは、明らかに異なる定め方がなされている。したがって、中央人事行政機関としての内閣総理大臣の事務につき、府・省レベルにおけるその第一次的(直接的)な受け皿を求めるならば、内閣府ということにならざるを得ないであろう。しかし、問題は、それを具体的に明示する規定が内閣府設置法には見られないことである。

　内閣府は、「内閣の重要政策に関する内閣の事務を助ける」ことを第一の任務として「内閣に」置かれる(内閣府設置法第3条第1項)ものであるが、「内閣補助事務」のみならず「分担管理事務」をも担う二面性を持った機関である(41)。これを、内閣府の所掌事務規定に即して見ると、「行政各部の施策の統一を図るために必要となる企画及び立案並びに総合調整に関する事務」は内閣補助事務に位置付けられている(同法第3条第1項および第4条第1項・2項)。他方、分担管理事務の性質を総括的に述べることは困難であるが、比較的一般的な意味をもっていると思われるものとしては、「国として行うべき事務」や「内閣総理大臣が政府全体の見地から管理することがふさわしい行政事務」(同法第3条第2項)といったものをあげることができる。先の「能率等関係事務」をもって、後者の「行政事務」に属するとみなすことはできようが、内閣府の分担管理事務を列挙する内閣府設置法第4条第3項には、そのような事務を具体的に明示している規定は見当たらない。あえて、あげるとすれば、「前各号に掲げるもののほか、法律(法律に基づく命令を含む。)に基づき内閣府に属させられた事務」という同項第60号が、法律上、内閣総理大臣が担うこととされている分担管理事務は「内閣府に属させられた事務」を意味するとの解釈を施した上で、かろうじて該当しうることとなろうか。

　もっとも、そのような理解は、「能率等関係事務」が分担管理事務に属す

ることを前提とするものであった。以上の立論が成り立つとすると、むしろ、内閣府設置法の所掌事務規定との関連で注目すべきは、先のような同法の関係規定により、「総合調整事務」が、内閣補助事務と位置付けられることとなる点である。すなわち、少なくとも「総合調整事務」を「つかさどる」中央人事行政機関としての内閣総理大臣は、従来のような分担管理大臣としてのそれではないと言わざるを得ず、その意味で、中央人事行政機関としての内閣総理大臣の組織法上の位置付けに変更が加えられたこととなろう。

②内閣総理大臣の事務部局

2000年の中央省庁再編後において、それまで総理府人事局ないし総務庁人事局が、中央人事行政機関としての内閣総理大臣の事務部局とされてきたのと同様な意味で、そのような事務部局となるのは、いかなる機関であろうか。

前述のように、総務省自体が内閣総理大臣を「補佐」することとされており、同省内において、この「補佐」事務を「つかさどる」事務部局として、人事・恩給局、より具体的には公務員高齢対策課及び総務課がある（総務省組織令〔平成12年政令第246号〕第4条第2号、第28条第2号・4号、第29条第2号）。しかし、この「補佐」事務に係る主任の大臣は、総務大臣であり、人事・恩給局は、少なくとも直接的には、そのような総務大臣の事務部局となろう。
(42)

このように見ると、内閣総理大臣直属の事務部局が存在するといえるか否かが、あらためて問題とならざるを得ない。この点については、内閣府自体の所掌事務規定がそうであったように、内閣府本府に置かれる内部部局等の所掌事務規定においても、先の「能率等関係事務」なり「総合調整事務」を具体的に明記している条項を見出すことはできない（事情は、内閣府に置かれる外局の所掌事務規定においても同様である）。そこで、試論的に、先に内閣府設置法の所掌事務規定の中から、中央人事行政機関たる内閣総理大臣の所掌事務に対応する規定をあえて抽出したのと同様な観点から、内閣府本府に置かれる内部部局等の所掌事務規定を読むとすれば、「前各号に掲げるもののほか、内閣府の所掌事務で他の所掌に属しないものに関すること」を

つかさどる内閣府大臣官房、および内閣の重要政策に関し「行政各部の施策の統一を図るために必要となる企画及び立案並びに総合調整に関すること」を「分掌」する（局長級の）「政策統括官」（必置）が、内閣総理大臣直属の事務部局（ないし職）ということに、少なくとも形式上は、なり得るのではないかと思われる。

注
（1）辻清明『公務員制の研究』東京大学出版会、1991年、2〜3頁［初出は、1957年］。辻は、特定の行政分野ではなく「すべての分野における公務の円滑にして公正な運営を確保するところに、人事行政のもつ重大な使命と役割」があり、その意味で「人事行政には、他の行政とちがって高度の統治的性格が含まれている」ため、「人事行政に通常の用語法で慣れている行政という名称を与えることは、必ずしも適当とはいえない」としている。
（2）人事行政研究会＝地方公務員行政研究会『公務員』ぎょうせい、1985年、18頁。
（3）浅井清『新版・国家公務員法精義』学陽書房、1970年、73頁。
（4）岡部史郎『行政管理』有斐閣、1967年、390頁。
（5）「まず、再三にわたる給与改訂の勧告によって、その都度苦境に立たされた政府は、人事院の独立性と強大な権限が三権分立と議院内閣制の建前を犯すものであるため、政府の人事行政に責任が保てないといいだした。また各省に陣取る高級官僚も、人事院が、各省の実情を無視して、画一的で直訳的ではん雑な施策を、人員や経費の面を考慮もせずにつぎつぎに打ち出し、徒らに事務量と機構の厖大化を招いて節約や簡素化の方針に逆行するのはもとより、人事行政が形式主義に堕して弾力性を失ったと主張する。〔中略〕一般公務員たちも、その政治活動や労働権が制限されたことへの反感から、すでにその設置の当初より非難してはいたが、制限の代償たるべき勧告が無視されがちだし、不利益処分の救済も不十分なのに、情実人事などは一向に改まらないというわけでその無用論にますます確信の度を加えるのみであった」佐藤竺「人事院の法的地位」『自治研究』4（2）1958・2、35〜36頁）。
（6）もっとも、人事院廃止案も、それにかえて一定の審議機関や総理府外局としての人事委員会を設置するという構想が示されている点からすると、実質的には、人事院が（相当に）縮小された形で存置されるものと見ることもできる。
（7）以上については、さしあたり、渡辺保男「日本の公務員制」辻清明編『行政学講座第2巻・行政の歴史』東京大学出版会、1976年、133頁以下、人事院編『人事行政五十年の歩み』1998年、79頁、184頁以下、鹿児島重治・森園幸男・北村勇『逐条国家公務員法』学陽書房、1988年、91頁以下、川村祐三「中央人事行

第1期　公務員制度改革大綱——公務員制度調査会と行政改革会議

　　政機関に関する『行政改革』論の系譜」『行財政研究』(17) 1993・6、37頁以下を参照。
（8）渡辺前掲注（7）139頁。
（9）松並潤「人事行政機関の設立（2・完）」『法学論叢』128（1）1990・10、72頁。
（10）松並前掲注（9）72頁。
（11）公務員制度調査会設置の経緯については、人事院前掲注（7）828頁を参照。
（12）鹿児島ほか前掲注（7）88頁。ちなみに、「人事院の職員」との関係では、人事院総裁が任命権者とされているが、以下の考察では、「任命権者」として府・省・外局の長（「各省各庁の長」）を念頭に置くこととする。
（13）答申は、さらに、「各省庁内部においても、行政執行の現場により近い機関において責任をもって人事管理を行っていくという観点が重要である」としている。
（14）「意見」は、以上のような「機能分担見直しに関する基本的考え方」を基礎にして、「行政運営の首脳部の号俸格付け」・「級別定数の設定、管理」・「研修の実施」・「本省庁課長等の官職への任用に関する審査、選考等」・「行㈠9級以上の職務の級等への昇格」を具体的な見直しの対象としているが、これらは、研修の実施を新たに内閣総理大臣の所管に加える点を除き、いずれも人事院の権限（縮小）に関するものである。
（15）以上については、行政改革会議事務局OB会編『21世紀の日本の行政』行政管理研究センター、1998年、目次・237頁・322頁以下・329～330頁を参照。
（16）以上、人事院『行政改革会議提出資料（平成9年6月18日）』9～11頁。
（17）以上、総務庁『行政改革会議ヒアリング資料（平成9年6月25日）』5頁。
（18）行政改革会議「最終報告」および中央省庁等改革基本法（平成10年法律第103号）を受けて、関係法令制定の方針など具体的改革プログラムを提示した1999年4月27日の中央省庁等改革推進本部決定「中央省庁等改革の推進に関する方針」においても、「中央人事行政機関の機能等人事行政の在り方」については、中央人事行政機関としての内閣総理大臣に係る総合調整機能の充実と人事院による「規制の緩和等」（指定職俸給表適用職員の号俸決定・行政職俸給表㈠9級以上への昇格について）があげられているだけである。
（19）塩野宏『行政法Ⅲ〈第一版〉』有斐閣、1995年、193頁。
（20）なお、「最終報告」にある「人事院は、労働基本権制約の代償措置としての『人事行政の公正の確保及び職員の利益保護』のためにふさわしい機能に集中」すべきとする文言は、1997年8月21日の第27回会議（集中審議第4日）に提出された「別紙17、公務員制度の改革について（審議参考資料）」に盛り込まれており、同会議「中間報告」（同年9月3日）および「最終報告」は、これを採り入れたものである。
（21）塩野前掲注（19）193頁。
（22）松並前掲注（9）53頁。

(23) 鹿児島ほか前掲注（7）90頁。
(24) 定員管理についても同様であるが、その点も含め、とくに、浅井前掲注（3）76頁、佐藤功＝鶴海良一郎『公務員法』日本評論社、1954年、96頁参照。
(25) 浅井前掲注（3）74頁、鹿児島ほか前掲注（7）116頁。会計検査院法第2条に対し、批判的考究をなすものとして、森田寛二「『機関』の概念、そして会計検査院法2条の問題性」『会計検査研究』(17) 1998・3、39頁以下参照。
(26) 鹿児島ほか前掲注（7）116頁。
(27) とくに、「いわゆる準司法的作用」を除く人事院の職務（準立法作用・積極的行政作用）について、憲法65条の「精神に適合するかどうか相当に疑わしい」とする有力な見解（宮沢俊義『コンメンタール日本国憲法』日本評論社、1955年、494頁）があったことが想起されよう。
(28) 浅井清『改正国家公務員法』労働文化社、1948年、33頁（「内局の場合には『所属』と謂い、外局の場合には『管理』と謂う例であったが、最近、従来の外局よりも、もっと独立性の高い部局が現れるに到って、これを『所轄』と謂う語で表すように成った。人事院は、最高度の独立性を有するものであるから、『内閣の所轄の下に』と謂ったのである。」）、鹿児島ほか前掲注（7）101頁。
(29) さしあたり、鵜飼信成『公務員法〔新版〕』有斐閣、1980年、319頁以下を参照。
(30) 森田寛二「国家行政組織法と内閣府設置法㈠」『自治研究』75 (10) 1999・10、79頁。人事行政研究会ほか前掲注（2）70頁も同趣旨か。これに対し、藤田宙靖『行政組織法』良書普及会、1994年、115頁は、「人事院は、内閣におかれるわけではない」としている点からすると、本説に属するように見えるが、人事院を内閣の「補助部局」のひとつとして論じているため、本説に属するものとして整理することは困難であろう。
(31) 第2説（形式説）をとると思われるものとして、芝池義一「内閣」『法学論叢』124 (3-4) 1989・197頁、岡部・前掲注（4）104頁（また、林修三「内閣の組織と運営」田中二郎ほか編『行政法講座第4巻』有斐閣、1965年、48頁、鹿児島ほか前掲注（7）101頁もこの趣旨か）、第3説（実質説）に属するものとして、田中二郎『新版行政法中巻〔全訂第2版〕』弘文堂、1976年、67頁、佐藤功『行政組織法〔新版・増補〕』有斐閣、1985年（もっとも、そこでの叙述は簡単であり、佐藤＝鶴海前掲注（24）94〜99頁の説明からは、第2説の立場をとっているようにも解することができる）などがある。
(32) 1965年の改正により「国家公務員に関する事務を掌理するため」という文言が削除されたことは、人事院のそのような任務を否定するためではなく、「中央人事行政機関」として新たに定められた内閣総理大臣にも通ずる任務であるため、当該文言を削除して、端的に、両者の具体的な役割分担を明らかにする趣旨に出たものと思われる。
(33) さらに、人事院規則と政令との関係については、一般に、両者は「所掌範囲

第1期　公務員制度改革大綱——公務員制度調査会と行政改革会議

　　　を異にする」ため、「互いに競合しない」とされている（鵜飼前掲注（29）330頁、園部逸夫監修・栗田久喜＝柳克樹編『国家公務員法・地方公務員法』青林書院、1997年、65頁）。
(34)　森田前掲注（30）9頁。
(35)　浅井前掲注（28）33頁。また、浅井前掲注（3）10頁、76頁をも参照。
(36)　塩野前掲注（19）55頁。
(37)　この場合、人事院は、主任の国務大臣を擁さない点で特殊な性格をもった行政各部（のひとつ）ということになろうが、人事院には、国会・内閣に対して直接に、関係法令の制定改廃に関する意見を申し出る権限や給与等に関し報告・勧告を行う権限が認められ、また、予算についても、内閣に対して「人事院の経費の要求書」を提出する仕組みとなっているなど、特別の考慮が払われているため、主任の国務大臣を持たないとしても、特段の支障はないものと思われる。
(38)　塩野前掲注（19）50頁以下。
(39)　鹿児島ほか前掲注（7）219頁。
(40)　鹿児島ほか前掲注（7）221頁、鵜飼前掲注（29）342頁、浅井前掲注（3）135頁など。
(41)　小森敏也ほか「中央省庁等改革関連17法律の概要」『時の法令』(1665) 1999・11・15、18頁、稲葉馨「『行政』の任務・機能と国家行政組織改革」『公法研究』(62) 2000年、40頁以下を参照。
(42)　行政改革会議「最終報告」は、総務省を「内閣及び内閣総理大臣の補佐・支援体制の一環として設置し、行政の基本的な制度の管理運営を担うほか、同省にふさわしい機能を担う」としていたが、そのような総務省の位置付けは、その後の法制化の過程で変容し、そのような位置付けとの関係でかろうじて残ったのが、「中央人事行政機関たる内閣総理大臣」を「補佐する」という「人事管理機能」である、とされている（今村都南雄「省庁再編構想の屈折」『法学新報』107 (1・2) 2000年、10頁・18頁）。すくなくとも「総合調整事務」については、「中央人事行政機関としての内閣総理大臣の組織法上の位置付けに変更が加えられた」という本稿の分析が当を得ているとすると、まさに、総務省は、「内閣補助事務」に係る内閣総理大臣の「補佐」機関という一面を持つこととなろう。

第3章　政治任用

武藤　博己

はじめに

　財団法人・地方自治総合研究所（執筆当時）では、1997年5月に設置された公務員制度調査会の審議と並行して、21世紀の望ましい政治行政システムの基礎となる公務員制度について、調査研究を行ってきた。このうち本章は、政治任用について検討する。

　ところで、なぜ政治任用が問題とされてきたのであろうか。端的に言って、日本の政治行政システムは行政主導と批判されてきたが、民主主義の建前からいえば、国民の代表である政治家が政策づくりの上でリーダーシップを発揮する政治主導でなければならない。政治主導を実現する方法として、政治任用は不可欠な仕組みである。しかし、日本の現実はそうなっていないため、政治主導を実現する方法を検討しなければならないことになる。

　なお、本章における政治任用とは、任用されるものが政治家であるか行政官であるかあるいは民間人であるかにかかわらず、内閣総理大臣あるいは国務大臣などの政治職によって、行政府の特定の職に任命されることを指すことにしたい。その際、特定の専門知識の所有が任用の基準として用いられるか否かは問わない。ただし、内閣総理大臣あるいは国務大臣などの任命者がその職を去る場合には、政治任用されたものも随伴してその職を去ることが原則となる。すなわち、身分保障がないのである。その意味では、内閣総理大臣に任命され、内閣総理大臣がその座を去るときには国務大臣も去ることになるので、国務大臣は政治任用となる。また、内閣法制局長官や内閣官房副長官は、逆に政権交替があってもとどまることが多いが、それは次の政権

第1期　公務員制度改革大綱——公務員制度調査会と行政改革会議

担当者に継続して任命されているのであって、その職を去らなくてよいということを意味しているわけではない。

こうした意味では、まず政治任用の職がどのように考えられているかをまず検討することにしたい。

1　公務員の分類—特別職と一般職

政治任用とかかわる概念として特別職があるが、現在の制度における公務員の中の特別職と一般職の概念を確認しておきたい。公務員は国・自治体を問わず、特別職と一般職に分けられている。国の場合でみると、特別職としては、立法府に属する国会議員（約750人）、国会議員の秘書（約2,300人）、国会職員（約4,100人）、司法府に属する裁判官（約2,900人）、裁判官秘書官（約20人）、裁判所職員（約22,000人）、行政府に属する内閣総理大臣等の政治家・行政職員（約330人）、そして自衛官を含む防衛庁職員（約297,000人）であり、特別職の合計は326,000人となっている。一般職としては、非現業職員（約511,000人）と四現業職員（約319,000人）であり、一般職の合計は830,000人となっている。(1)

ここで特別職はどのような基準で一般職と分けられているかを考えてみると、第1に、政治的な職として分類されるものとして、内閣総理大臣（国家公務員法2条3項1号）、国務大臣（同2号）、内閣法制局長官（同4号）、内閣官房副長官（同5号）、内閣総理大臣補佐官（同6号）、政務次官（同7号）、「内閣総理大臣秘書官（3人以内）及びその他の秘書官（国務大臣又は特別職たる機関の長の各々につき1人）」（同8号）、国会議員等すなわち「就任について選挙によることを必要とし、あるいは国会の両院又は一院の議決又は同意によることを必要とする職員」（同9号）、国会議員の秘書（同15号）、が考えられる。ただし、第9号については、衆参両院の事務総長や審議会の委員を含むと考えられるため、すべてを政治的な職とはいい難い。

第2に、政治職ではないが、三権分立の建前から行政府の一般職以外のものとして、司法府の職員としては、裁判官及びその他の裁判所職員（同13

号）があり、また立法府の職員としては、国会職員（同14号）がある。

　第３に、これら以外で、一般職として位置づけるのが困難な職として、人事官及び検査官（同３号）、「宮内庁長官、侍従長、皇太后宮大夫、東宮大夫、式部官長及び侍従次長並びに法律又は人事院規則で指定する宮内庁のその他の職員」（同10号）、「特命全権大使、特命全権公使、特派大使、政府代表、全権委員、政府代表又は全権委員の代理並びに特派大使、政府代表又は全権委員の顧問及び随員」（同11号）、日本ユネスコ国内委員会の委員（同11の２号）、日本学士院会員（同12号）、日本学術会議会員（同12の２号）、防衛庁の職員（同16号）がある(2)。ただし、これらの中には、政治的な職として位置づけることが適切な職も含まれているが、政権交替とともにその職を去ることが義務づけられているわけではないので、政治任用とはいえない。

　このように特別職に含まれる職をみてみると、政治的な職、立法府の職員、司法府の職員、防衛庁を含むその他の多様な職員や会員が含まれ、そこにおける共通性は一般職ではないということしか思いつかない。逆に言えば、こうした分類は何の意味もないのではなかろうか。むしろ、これらの分類が意味を持つのは適用する俸給表が異なることだとすれば、俸給表の名称をそのまま用いることの方が無意味な分類をするより有意義ではないだろうか。また、大きな分類が必要だとすれば、政治任用職とそれ以外の一般職とするのが明快な分類ではないだろうか。

2　公務員制度調査会における政治任用の議論

　次に政治任用を考えるにあたり、公務員制度調査会の答申では、政治任用がどのようにとらえられているのかをみてみよう。答申では、まず「総論」で、「公務員制度の基本的性格」、「公務員制度改革の必要性」、「公務員制度改革の課題」、「改革の検討に当たっての視点」の４点が述べられているが、政治任用に関する記述はない。政治任用について触れている部分は、「各論」の１の「多様で質の高い人材の確保」の部分である。しかし、そこにおける「基本的考え方」では触れられていないが、「具体的改革方策」の一つ

として、「政治的任用」がある。そこでは、「内閣官房における内閣総理大臣補佐官等の内閣総理大臣を直接補佐するスタッフについては、内閣総理大臣の判断により、弾力的に任用する仕組みを整備すべきである」と述べられている。答申における政治任用に関する記述はこれですべてである。

　政治任用に関する記述がこれだけであるということは、公務員制度を考える上で、政治任用は例外であるという基本認識が強く感じられる。たとえば、公務員制度の基本的性格として、「現行の公務員制度においては、行政に常に求められる専門性、中立性、能率性、継続・安定性を確保するため、その基本的な枠組みとして、能力の実証に基づく任用、職務への専念と政治的中立を基本とする服務規律、適切な勤務条件の保障等を定めている」とし、「これらは、我が国のみならず、先進諸国において職業公務員に関する基本的な枠組みとして歴史的に確立してきたものであり、民主主義の下における公務員の職務の特性に由来するものとして今後とも維持されるべきものである」と述べられている。この中で公務員制度に求められるとされる「専門性、中立性、能率性、継続・安定性」という性格の中には、政治任用の要素を見いだすことはできない。しかも、「民主主義の下における公務員の職務の特性に由来するものとして今後とも維持されるべきものである」と明言している。民主主義を引き合いに出すならば、本章の冒頭で、述べたような政治主導に対する問題意識があるべきであるが、公務員制度調査会にはそのような問題意識が存在しなかったと考えてよいだろう。

　しかし、公務員制度調査会では、まったく議論がなかったわけではない。行政改革会議から検討の要請を受けた公務員制度に関する問題について、政治任用が深く関わっていたからである。すなわち、行政改革会議の中間報告（1997〈平成9〉年9月3日）を踏まえ、内閣機能強化及び省庁再編に密接に関連する、①中央人事行政機関の機能分担の見直し、②新たな人材の一括管理システム、③内閣官房、内閣府の人材確保システムの3課題について、小委員会を設置して検討することとなり（1997〈平成9〉年9月8日、公務員制度調査会会長決定）、この小委員会の場で議論が行われ、政治任用につ

第3章 政治任用

いては、③内閣官房等の人材確保システムに関連して、議論されたのである。

論点整理（公務員制度調査会第6回会議〈平成9年10月28日〉資料）

［一般論］
① 内閣機能の強化はどこへ行くのか。何でも内閣府に持っていくのはどうか。内閣と各省庁の緊張関係を持たせるべき。
② 内閣機能を強化すべきでないという意見は伝統的にある。
③ 日米包括経済協議などを契機に、国益というものに各省が従ってもらう必要性は高まっている。
④ 各省庁が強いのは、役人が大臣をコントロールしているから。内閣または総理の権限強化は、これを排除する趣旨。総理の権限強化は、民主的コントロールの要請にもかなっている。

［個別人事の運用］
⑤ 内閣は調整機能の発揮をためらった時期があったが、今はそうでもない。内閣3室（内政、外政、安保）の創設によるポスト増をやったが、今はポストが固定化しておりこの排除が問題。室長や内閣審議官クラスの総合調整力の評価を厳しくして、できない役所からはもう取らないようにすべき。
⑥ 総合調整は人による。内閣がこの人を欲しいということができなければならない。
⑦ 内閣ポストの固定化対策は、だめなら（出身省庁を）変えるというのではなく、もともとオープンにしておく必要がある。

［人事情報の一元化］
⑧ 内閣機能の強化に関しては、人事情報の一元化がされていないという問題がある。人事情報の一元化が内閣の人事面での機能強化につながる。

［政治任用］
⑨ 内閣総理大臣補佐官は総理大臣の特命事項などを担当するスタッフであり、政治験として総理大臣が適任者を選ぶものであるから、制度的に任用を縛るのは不適当。
⑩ 内閣が仕事をしやすくするために人材を集めるという観点に立てば、政治的任用を行い、処遇も弾力化してよいと思う。ただし省庁出身の者が各省庁に戻る場合に、例えば次官待遇の者がそのまま事務次官になれるということにはならないので、アメリカの4年任期の大統領と違い、1、2年で政権が変わる現状では、政治的任用された者の身分はどうなるのかという問題が残る。

議論の内容については、枠1のような意見が「論点整理」に記されている。このうち、①と②は内閣機能の強化に反対する意見であり、③と④は賛成意

見である。⑤～⑩も基本的には賛成意見である。

⑤は内閣官房3室の出向省庁が固定化していることを批判する意見であり、⑥は内閣側の主導性が必要という意見である。⑦は固定化しないように、そもそもオープンにしておくべきだという意見である。⑧は人事情報の一元化が必要という意見である。⑨は政治任用に対してたとえば、級別定数などの制約は不適当だという意見であり、⑩は政治任用された者が政権交替で退任する場合の身分の保障が必要だという意見である。最後の⑩については、だからといって政治任用に反対という意見ではないと思われる。

このような意見を踏まえて、次のような答申がまとめられた。

小委員会答申（平成9年11月11日）

Ⅲ　内閣官房等の人材確保システムについて
1．内閣官房等における人材確保の在り方

　　現在の内閣官房においては、閣議事項の整理等のほか、行政各部の施策に関するその統一保持上必要な総合調整等を行うため、内閣官房長官の下、内閣内政審議室、内閣外政審議室、内閣安全保障室を始めとする6室で構成され、ほかに内閣総理大臣補佐官等が置かれており、現在、内閣官房の幹部の大半は各省庁からの出向人事となっている。

　　各省庁からの内閣官房への人材登用については、特定の利害関係にない省庁からの起用、幅広い視野を持った人材、当該ポストに見合った知識、経験、能力といった点を考慮しつつ、各省庁との協議の上行われているが、結果として、各省庁からの出向ポストの固定化、出向元省庁の人事ローテーションに合わせた人材登用となっている等の問題点が指摘されている。

　　我が国の将来の国家機能のあるべき姿を考えるとき、国政を総理する高度の統治・政治の作用として、内閣の主導性がいかんなく発揮されるような組織体制が求められており、そのためには、内閣及び内閣総理大臣の補佐・支援体制の強化を図ることが不可欠である。

　　このような観点から、内閣官房等の人材確保についても、出向ポストの固定化や出向元省庁の人事に合わせた人材登用等を排除し、内閣及び内閣総理大臣のイニシアティブによる人材確保システムを整備する必要がある。

　　当小委員会においては、行政改革会議での内閣機能強化のための組織の在り方についての議論が続いていることにかんがみ、当面、現行の内閣官房における人材確保についての機能を前提とした上で、更にその強化・拡充が図

られるべきものとして、具体的に必要と考えられる方策を示すこととした。
２．具体的方策
　(1)　内閣のイニシアティブによる人材登用
　　　内閣主導の人材登用に資するため、内閣及び内閣総理大臣は、Ⅱ３(2)〔Ⅱ：新たな人材の一括管理システムについて、３：具体的方策、(2)：幹部職員承認等に関する政府における総合調整〕に基づき整備される本省庁幹部職員等の人材情報データベースから情報提供を受けるとともに、特に内閣官房等の要員として適当であると判断した人材を積極的に登用できることとし、そのための方針を定めることとする。
　　　なお、運用に当たっては、派遣・出向元となる省庁と十分な意思疎通を図るとともに、固定化や持ち回り人事等にならないようにする必要がある。
　(2)　内外からの優れた人材の登用（新たな任期付任用制度）
　　　行政の内外から優れた人材を登用することは、政府取り分け内閣官房等にとって極めて重要であり、そのための手段として、人材情報の活用や官民交流方策の適切な活用等に加え、外部から専門的知識を有する人材をスタッフ職として登用する場合に、給与面等の処遇について十分な対応を行うため、新たな任期付任用制度の導入を検討すべきである。
　　　特に、民間から人材を登用する場合には、任期が終了した後の復帰が保証されるような仕組みとすることが重要である。
３．今後の課題
　　行政の外部から優れた人材を登用するための制度としては、上記のほか、内閣総理大臣補佐官等のスタッフ職については、特別職の活用等により対処することも考えられる。また、内閣官房の機動的・弾力的な運営を図るためには、秘書官等の任用が柔軟に行えることとしておくことが望ましい。
　　なお、検討に当たっては、メリット・システム（成績主義）を基本とする公務員制度との調和についても留意すべきである。
　　このほか、内閣総理大臣の直轄事務、特定分野における継続的な総合調整事務などを担う機関における共同採用、共同研修などを検討する。
　　また、一般に総合調整事務に携わる職員については、実体行政についての経験の必要性などを踏まえ、人事交流などの方策について検討する。
　　これらは、現時点で考えられるものであるが、いずれも内閣官房及び内閣府の組織・機能の在り方と密接に関連するものであり、まずは組織の在り方の議論に即して検討が行われることが適当であることから、今後の検討課題とすべきである。

　この答申には、論点整理であげられていたような内閣機能の強化に反対する意見は採り上げられていないものの、提言の内容については積極性が感じ

第1期　公務員制度改革大綱——公務員制度調査会と行政改革会議

られない。すなわち、ここでの「具体的方策」としての提案を整理すると、①人材情報データベース、②内閣官房に適した人材の積極的な登用を可能とさせる方針の策定、③新たな任期付任用制度の導入の検討、④任期が終了した際の復帰保証の仕組み、の4点であるが、①は除いて、②については方針の内容としてどのようなことが考えられるのか、③についてはどのようなポストにそれを用いるのか、現在行われている民間からの出向制度とどのように異なるのか、④については具体的にどのようにするのか、などの具体的な制度設計が見えてこない。

　以上のように、公務員制度調査会の議論・答申から新しい政治任用の形を捉えることは困難であることがわかる。むしろ、公務員制度調査会に問題を投げかけた行政改革会議の方が、政治任用について積極的であると感じられる。したがって、次に行政改革会議の議論を検討してみることにしたい。

3　行政改革会議における政治任用の議論

　行政改革会議は、1997（平成9）年9月3日に中間報告を出しているが、その中で、「内閣官房は内閣総理大臣から直接選ばれた（政治的任用）スタッフによって基本的に運営されるべきものとする」と明確に述べられているように、政治任用に対する評価が公務員制度調査会とは基本的に異なっているように思われる。この原則は、公務員制度を論じたところでも再び同じ文言が用いられ、それに続いて「その際、行政の内外から優れた人材を登用する人事ルールを確立するとともに、各省庁からの派遣・出向についても、派遣・出向元の固定化や各省の定例的人事への依存を排除する必要がある」と現状の問題点を指摘している。

　とりわけ公務員制度の改革については、「関連制度をふまえた幅広い検討が必要であり、専門的調査機関である公務員制度調査会で早期に具体的成果を得べく、当会議は、同調査会に対し、基本的な課題と検討の方向を提示することとする」とされ、これが上に述べた公務員制度調査会の小委員会として検討されたわけである。

第 3 章　政治任用

行政改革会議、『中間報告』（平成 9 年 9 月 3 日）

Ⅱ　内閣機能の強化
2．具体的措置
(3) 内閣及び内閣総理大臣の補佐・支援体制の強化
　② 内閣官房
　　ⅱ) 「内閣官房」は内閣総理大臣により直接選ばれた（政治的任用）スタッフによって基本的に運営されるべきものとする。
　　　○ 行政の内外から優れた人材を登用する人事ルールを確立する。各省庁からの派遣・出向についても、派遣・出向元の固定化や各省の定例的人事への依存を排除する。
　　　○ 「内閣官房」の定数管理を柔軟なものとし、必要に応じ内閣審議官等について内閣総理大臣の自由裁量で相当数を任用する。
　　　○ 情報機能・危機管理機能等の専門性の高い分野に関する人材については、在任期間の長期化を考える。
　　ⅲ) 内閣総理大臣補佐官など、内閣総理大臣の直接スタッフ体制を充実する。
　　　○ 内閣総理大臣補佐官の数を増やすとともに、有効な活動を行い得るよう、その執務環境や補助者等の体制を整備する。
　　　○ 秘書官については、現在の派遣元省庁の固定化を排除するとともに、現在のように内閣法で定数を定めることは廃止する。
　　ⅳ)「内閣官房」の組織は、現行の 5 室にこだわらず、時の内閣総理大臣の意向に沿った柔軟かつ弾力的な運営を可能とする。
　　ⅶ) 内閣及び内閣総理大臣の指導性が国民に的確に認識され、内政・外政に関する政策が国民の間で広く理解されるようにするため、広報機能を強化する。
　　　○ 広報に関する専門的知識・技術をもち、国際的なセンスをもった人材を登用する。広報官の政治的任用も考慮する。

Ⅴ　公務員制度
2．主要な改革の視点と方向
(3) 内閣官房、内閣府の人材確保システムの確立
　　内閣官房等政府全体の立場から企画立案、総合調整を行う機関の職員については、人物本位で優秀な人材を登用するルールを確立することが必要である。
　　○ 内閣官房は、内閣総理大臣により直接選ばれた（政治的任用）スタッフによって基本的に運営されるべきものである。その際、行政の内外か

第1期　公務員制度改革大綱——公務員制度調査会と行政改革会議

> ら優れた人材を登用する人事ルールを確立するとともに、各省庁からの派遣・出向についても、派遣・出向元の固定化や各省の定例的人事への依存を排除する必要がある。

　この後、行政改革会議は公務員制度調査会小委員会の答申を受けて、1997（平成9）年12月に最終報告を提出した。この中では、内閣官房の組織のあり方として、「内閣官房は、内閣総理大臣により直接選ばれた（政治的任用）スタッフによって基本的に運営されるべきものとする」と中間報告と同じ文言を記している。それに続いて「そのため、行政の内外から優れた人材を登用するルールを確立する。また、各省庁からの派遣・出向についても、派遣・出向元の固定化や各省の定例的人事への依存を排除する」と述べているが、この点についても中間報告と同じである。

　中間報告と異なっている点は、公務員制度調査会の小委員会の報告を受けて、書き加えた部分である。すなわち、「公務員制度調査会の意見では、外部から専門的知識を有する人材を登用する場合に、処遇面を配慮して新たな任期付任用制度の導入を検討すべきであること、その際、任期が終了した後の復帰が保証されるような仕組みとすることが重要であることなどが指摘されており、具体的な検討をさらに進めるべきである」と述べていることである。公務員制度調査会の小委員会で約半年にわたって検討してきたことであるが、わずかにこれだけの文言が最終報告への影響である。「具体的な検討をさらに進めるべきである」と最後につけ加えられているように、公務員制度調査会の提言に具体性が見えないと感じたのは、筆者だけではないようである。

行政改革会議、『最終報告』（平成9年12月3日）

Ⅱ　内閣機能の強化
4．内閣及び内閣総理大臣の補佐・支援体制の強化
　⑵　内閣官房
　　⑥　広報機能
　　　内閣及び内閣総理大臣の指導性が国民に的確に認識され、内政・外政

に関する政策が国民の間で広く理解されるようにするため、広報機能を強化する。
　　　このため、戦略性、機動性、専門性及び国際性を重視し、企画機能を強化する。また、広報に関する専門的知識・技術をもち、国際的なセンスをもった人材を登用する。内閣広報官の政治的任用も考慮する。
　⑦　組織の在り方
　　ア　行政の内外からの優れた人材の登用
　　　　内閣官房は、内閣総理大臣により直接選ばれた（政治的任用）スタッフによって基本的に運営されるべきものとする。そのため、行政の内外から優れた人材を登用するルールを確立する。また、各省庁からの派遣・出向についても、派遣・出向元の固定化や各省の定例的人事への依存を排除する。
　　　　また、内閣官房等における指定職の給与上の格付けについては、内閣において適切に決定するものとする。
　　　　あわせて、内閣官房の定数管理を柔軟なものとし、必要に応じ内閣審議官等について内閣総理大臣の自由裁量で相当数を任用する。
　　　　なお、情報機能、危機管理機能等の専門性の高い分野に関する人材については、在任期間の長期化を図る。

Ｖ　公務員制度の改革
２．主要な改革の視点と方向
　(3)　内閣官房、内閣府の人材確保システムの確立
　　　内閣官房等政府全体の立場から企画立案、総合調整を行う機関の職員については、人物本位で優秀な人材を登用するルールを確立することが必要である。
　①　内閣官房は、内閣総理大臣により直接選ばれた（政治的任用）スタッフによって基本的に運営されるべきものである。その際、行政の内外から優れた人材を登用し、処遇するための人事ルールを確立するとともに、各省庁からの派遣・出向についても、派遣・出向元の固定化や各省の定例的人事への依存を排除する必要がある。
　②　公務員制度調査会の意見では、外部から専門的知識を有する人材を登用する場合に、処遇面を配慮して新たな任期付任用制度の導入を検討すべきであること、その際、任期が終了した後の復帰が保証されるような仕組みとすることが重要であることなどが指摘されており、具体的な検討をさらに進めるべきである。
　③　秘書官については、派遣元省庁の固定化を排除するとともに、内閣法で定数を定めることを廃止する。

④　内閣府の部局についても、それぞれの特性を踏まえつつ、民間や学界を含め広く優秀な人材を集めることが必要である。

4　戦前における自由任用

　公務員制度調査会と行政改革会議における政治任用の考え方を見てきたが、内閣官房における政治任用の一部を扱っているにすぎないことが明らかである。そこで、政治任用をもっと広くとらえて、戦前の日本における政治任用の問題を概観しておきたい。

　戦前において、こうした政治任用が問題とされた契機は、1898（明治31）年6月に成立した大隈内閣の下で、勅任官に政党人が登用されたことである。1893（明治26）年の文官任用令は、親任官（大臣級）と勅任官（次官・局長級）を自由任用としていたため、大隈内閣は勅任官級のポストに政党人を登用した。しかし、超然主義を信奉してきた山縣がそれに反発して、わずか5ヶ月の大隈内閣を継いで、自ら第二次山縣内閣を成立させ、翌1899（明治32）年3月に文官任用令の改正を行った。すなわち、原則として自由任用だった勅任官についても、奏任官としての経験や文官高等試験の合格者に限定するなど、一定の資格を設けて、政党人が官僚勢力の中に浸透することを防ぐ手段を講じた。

　その後、1906（明治39）年の第一次西園寺内閣において、内相に就任した原敬は、山縣系の情実人事で固められた内務省の主要局長等を自派の人脈で固め、山縣系勢力を排除し、政友会勢力の浸透をはかろうとした。また知事6名、事務官30余名を休職にして、政友会勢力の拡張をねらった。

　しかしながら、山縣系官僚勢力は西園寺内閣の倒閣をはかり、1908（明治41）年に第二次桂内閣の樹立に成功し、山懸系官僚を中心とした官僚内閣を成立させた。この第二次桂内閣も議会対策のため政友会と妥協し、第二次西園寺内閣の成立を約束した。

　1911（明治44）年に成立した第二次西園寺内閣でも原は内相として入閣し、

政友会勢力の浸透をはかる人事を行った。それに対して、1912（大正1）年12月に成立した第三次桂内閣では、法制局長官、内閣書記官長、警視総監、各省次官、主要局長の更迭が行われ、しかも警視総監人事は憲政擁護運動への弾圧を予測させたため、憲政擁護運動が高まり、わずか50日で総辞職を余儀なくされた。

1913（大正2）年2月に成立した第一次山本内閣は、山本自身は政友会ではなかったものの、多くの閣僚を政友会から登用し、政友会の主義に沿って政権運営が進められた。その一つが文官任用令の改正であり、行政整理である。前者については、勅任官の任用資格として、「文官高等試験に合格し、一年以上勅任文官の職にあった者または奏任文官として二年以上高等官三等の職にあった者」、「文官高等試験合格の資格を持たず二年以上勅任文官の職にあった者または奏任文官として二年以上高等官三等の職にあった者で高等試験委員の詮衡を経た者」とされ、勅任官の任用基準を緩和させた。原は局長級に対しても自由任用を主張したが、結局、自由任用の範囲は、各省次官、内閣書記官長、法制局長官、警視総監、貴族院書記官長、衆議院書記官長、警保局長、各省勅任参事官とされた。また後者については、600名を超える官吏減員を実現させ、しかも山縣系官僚の牙城ともいえる枢密院に対して顧問官4名減員を実現させた。しかし、その山本内閣もシーメンス事件を契機として総辞職を余儀なくされた。

続いて1914（大正3）年に成立した第二次大隈内閣は、地方官の大規模な更迭を実施し、また自由任用の職として参政官および副参政官を設置したものの、各省次官、警視総監、警保局長、貴族院書記官長、衆議院書記官長、各省参事官を自由任用からはずした。大隈のこうした活動は、政友会に対抗する政党勢力の伸張をはかろうとして、政友会勢力の排除をねらったものではなく、むしろ官僚勢力からの巻き返しにのせられたものであり、その延長上に対外的な膨張政策へと走っていく素地をつくることになってしまった。

続く寺内内閣は、山縣の意向をうけた長州閥として官僚内閣を形成したが、米騒動により総辞職し、その危機を回避する切り札として原が登場した。

第1期　公務員制度改革大綱——公務員制度調査会と行政改革会議

　1918（大正7）年9月に成立した原内閣は、陸相、海相、外相を除くすべての閣僚を政友会から起用した本格的なあるいは純粋な政党内閣として知られている。原は、山縣系官僚の拠点となっていた貴族院を分裂させ、その与党化をはかり、また同様に山縣系官僚の拠点となっていた郡制を廃止した。さらに、総選挙に圧勝した1920（大正9）年5月に、内閣改造と同時に文官任用令の改正を行い、拓務局長官、各省次官、勅任参事官、内務省警保局長、警視総監、貴族院書記官長、衆議院書記官長等についての任用資格を緩和して、自由任用とした。すなわち、1913（大正2）年のレベルまで自由任用を拡大し、高級官僚への政党人の登用に門戸を開いた。しかし、原はその後、現職総理として初めて暗殺による非業の死をとげることになったが、政党政治の混乱を一時的にもたらす原因となり、その後しばらく中間内閣が続くことになる。

　原に続く本格的な政党内閣の出現は、1924（大正13）年6月に成立した加藤（高明）内閣である。同年5月の総選挙で、憲政会、立憲政友会、革新倶楽部のいわゆる護憲三派が勝利し、その第一党の党首が政権を担当するという政党内閣の誕生は日本の内閣史上で初めてであった。加藤内閣は同年8月、各省官制通則の改正を行い、政務次官と参与官を設置して自由任用とし、それぞれを任命した。野党からは批判を受けたが、与党多数派の賛成で強行した。同時に、各省次官と参事官を自由任用からはずした。参事官については、同年12月に廃止された。

　この後、1932（昭和7）年の挙国一致内閣といわれた斉藤実内閣にいたるまで、約8年間にわたり政党内閣的慣行が続けられた。そこで、その間の一内閣であった1927（昭和2）年4月に成立した田中義一内閣の場合をみてみたい（雨宮、1981、pp.154-167）。田中は、原内閣の陸相や第二次山本内閣の陸相などを経て、1925（大正14）年に立憲政友会の総裁に迎えられた。田中自身は長州出身の陸軍軍人で、山縣系官僚の1人であり、政党人としての経歴はほとんどなかったが、政友会内部に選挙に勝てる国民的な人気を博する総裁候補者がいなかったため、田中が総裁として迎えられた。田中は、大

命降下の3ヶ月前に作成した「田中メモ」の当初案をほぼ踏襲して、**表1**のような閣僚を選出した。政友会の党員が圧倒的に多いことがわかるが、その中でも平沼──鈴木系が多いと指摘されている。

表1　田中内閣閣僚表

ポスト	氏　名	党員	議席	元大臣	田中メモ
首相	田中義一	○	貴	第二次山本内閣陸相	
外務	田中義一	○	貴	〃　〃	井上準之助
内務	鈴木喜三郎	○	貴	清浦内閣司法大臣	鈴木喜三郎
大蔵	高橋是清	○	衆(1)	護憲三派内閣農相	中橋、山本(悌)
陸軍	白川義則	―	―		宇垣一成
海軍	岡田啓介	―	―		岡田啓介
文部	三土忠造	○	衆(6)	高橋内閣書記官長	三土
司法	原嘉道		貴		花井、原
逓信	望月圭介	○	衆(8)	―	川原茂輔
鉄道	小川平吉	○	衆(8)	護憲三派内閣法相	小川平吉
農林	山本悌二郎	○	衆(7)		望月圭介
商工	中橋徳五郎	○	衆(4)	高橋内閣文相	山本(悌)

(　)内は当選回数

内閣四役

内閣書記官長	鳩山一郎	衆(5)	前田米蔵
法制局長官	前田米蔵	衆(4)	松本
警視総監	宮田光雄	貴	嶋田、沢田手麿
警保局長	山岡万之助	(司法省官僚)	沢田手麿
			満鉄総裁・山本(条)

(出典：雨宮、1981、155頁)

また、政務次官と参与官については、**表2**のごとくであるが、閣僚レベルでの人事に対する不満が党内に生じてきたため、それに対応した方向で決定された。すなわち、閣僚レベルの人事からわかる内閣の主流は、鈴木、原、鳩山、山岡などの政友会の中では新しい勢力であり、それに対する旧来からの政友派から不満がふきだしたのである。結果として、22ポストの中では、旧革新倶楽部系7名、帰り新参の同好会系5名、旧中正会1名と6割を占めることになった。

第1期　公務員制度改革大綱──公務員制度調査会と行政改革会議

　さらに、内務省人事については、内相・鈴木──警保局長・山岡のラインで1927（昭和2）年から1928年にかけて、知事、部長の更迭、大異動が行われた。その数は30にも及んだといわれ、「内務省の司法省化」「地方官の政党化」と指摘された。

表2　田中内閣の政務次官・参与官

	政務次官			参与官		
	氏　名	選挙区	系統	氏　名	選挙区	
外務	森　　　恪	栃木(2)		槙原　悦二郎	長野(3)	革新倶楽部
内務	武藤　金吉	群馬(7)		加藤　久米四郎	三重(2)	同好会系
大蔵	大口　喜二	愛知(4)	革新倶楽部	山口　義一	大阪(2)	
陸軍	竹内　友治郎	山梨(1)		高草　美代蔵	岡山(2)	革新倶楽部
海軍	内田　信也	茨城(1)		松本　君平	静岡(4)	革新倶楽部
司法	浜田　国松	三重(7)	革新倶楽部	黒住　成章	北海道(2)	
文部	山崎　達之輔	福岡(1)	中正倶楽部	安藤　正純	東京(2)	
農林	東　　　武	北海道(5)		砂田　重政	愛媛(3)	革新倶楽部
商工	吉植　庄一郎	千葉(7)	同好会系	牧野　良三	岐阜(2)	同好会系
逓信	秋月　清	徳島(4)	革新倶楽部	向井　倭雛	長野(2)	同好会系
鉄道	上埜　安太郎	富山(9)	同好会系	志賀　和多利	岩手(2)	

（　）内は当選回数

　このような動きが斉藤内閣まで続くが、その斉藤内閣の時の1932（昭和7）年9月に文官分限令の改正が行われ、官吏の身分保障が強化された。すなわち、休職事由の一つである刑事事件に関し告訴または告発されたときという事項が、起訴されたときに変更され、また「官庁事務ノ都合ニ依リ必要ナルトキ」休職を命じる際には、高等官は文官高等分限委員会、判任官は文官普通分限委員会の諮問を経ることが必要となった。この文官高等分限委員会は、内閣総理大臣の監督に属し、会長1名、委員7名で構成され、会長には内閣総理大臣、委員には枢密顧問官、大審院長、会計検査院長、行政裁判所長官、および文官分限令の適用を受ける勅任文官3名とされた。

　さらにその後、近衛内閣のときに、統制経済の進展に対応して産業、金融、通商貿易の分野に民間人を登用するためとして、1941（昭和16）年1月4日に文官分限令の改正が行われた。すなわち、高等文官試験に合格していなく

ても「勅任文官詮衡委員会」の詮衡を経て任用することができることとされた。この勅任文官詮衡委員会は、内閣総理大臣の監督に服し、会長1名、委員6名で、会長は内閣総理大臣、委員は内閣書記官長、法制局長官、各省次官2名、文官任用令第2条の規定により任用された勅任文官2名とされた。同時に、奏任文官の任用基準も緩和され、3年以上奏任官であった技術官や教官を高等試験委員の詮衡により任用できることや、判任官からの奏任文官への登用もさらに拡がった。その2日後に、さらに文官分限令の改正が行われ、「官庁事務ノ都合ニ依リ必要ナルトキ」休職を命じるときには、文官分限委員会の諮問を要するという規定が削除された。その理由としては、初期の目的を違し、官吏が身分の保障に慣れて安逸に堕するおそれがあるからとされた。しかしながら、すでに時遅く、戦時行政に深く陥っており、これらの改正の効果はほとんどみられなかったという。

　以上にみてきた戦前の自由任用については、大正中期頃までの動きとして、山縣系官僚と政党との対立図式と考えられるが、それ以降は政党と政党との対立に官僚派も分かれて組み込まれたという図式がみられるようである。いずれにしても、官僚的な情実人事に対して、政党的な情実人事の対立と呼んでもよいだろう。そこでの政治的配分の対象となるポストは、比較的少なく、大臣ポストの他に、内閣書記官長、法制局長官、貴族院書記官長、衆議院書記官長、内務省警保局長、警視総監などの特定ポスト、政務次官、参与官などの各省ポスト、大臣秘書官などの大臣付属ポストに限られていた。ただし、内務大臣――警保局長、警視総監に連なるものとして、地方官である知事や部長あるいは警察ポストなどに及んだ場合には、相当数のポストが政党人事の対象とされたことは事実であろう。しかしながら、これらの政治任用は、広い意味で政治的リーダーシップを発揮するためと言えても、政策的リーダーシップを発揮するためとは言い難いのではなかろうか。その理由として、1924（大正13）年に設置された政務次官の所掌事務をみてみると、「大臣ヲ佐ケ政務ニ参画シ帝国議会トノ交渉事項ヲ掌理ス」とされ、また参与官も「大臣ノ命ヲ承ケ帝国議会トノ交渉事項ソノ他ノ政務ニ参与ス」とされて

いることから、その中心的な役割は議会対策であったと考えられる。また、1914（大正3）年に設置された参政官についても、「大臣ヲ佐ケ帝国議会トノ交渉事項ヲ掌理ス」とされ、副参政官も「大臣ノ命ヲ承ケ帝国議会トノ交渉事項ヲ掌理ス」とされていたことから、同様の趣旨であったと考えられる。

さて、戦後の体制について触れておくならば、1947（昭和22）年10月に成立した国家公務員法において、政治任用は大臣や秘書官のほか、政務次官と事務次官とされたが、とりわけ事務次官については、1924（大正13）年に政務次官が新設された後、事務次官はずっと政治任用からはずされていたことを考慮すると、参与官を設けなかったことを考慮しても、重大な変更であったと考えられる。ところが、1948（昭和23）年11月の改正法では、事務次官の政治任用が削除され、大臣の政務を補佐するという意味では政務次官のみとなった。そしてこの体制が、今日まで続いている。

5　政治任用の考え方

政治任用は冒頭でも述べたように、行政の政治的中立性を維持しつつ、政治主導を補強するための仕組みである。政治の側に十分な能力があれば、行政官の側で政治を補佐する必要はないが、日本の政治は長期間にわたって行政による政策に依存してきたため、政治の側に主導権を発揮する能力がないといってよい。このまま行政に依存する体制を続けるのであれば、特別に政治を補佐する必要はなく、行政が政治を兼ねていればよく、政治は形式的に政治として体面を保てばよい。

しかしながら、そうした行政依存の結果、行政が独自な利益を追求したり、社会の変化に対応しないまま旧態依然とした政策を続けるなどの様々な問題が噴出してきた。すなわち、国民の必要を満たすべき政治行政システムが十分に機能しないために、国民は不要な負担を強いられるのみならず、必要なサービスさえも十分に提供されないという状況が生じている。

だが、政治主導になれば、これらの問題がすべて解決されるということを意味するわけではない。もっと深刻な事態が生じるかもしれない。しかし、

そうした事態は国民から政治責任を問われることになり、結果として政権交替につながっていく。これが民主主義と選挙の関係であり、大正期の「憲政の常道」である。

　ところが行政主導の場合には、政権が交替しても、同様な政策が続けられることになる。1993年以降の大きな政治転換にもかかわらず、同様な政策が続けられ、結果として1993年以前の状態に戻っていることは、行政主導であることと深くかかわっているのではないだろうか。

　したがって、政治任用を強化するということは、政権党の政策を、それが良かれ悪しかれ、強力に推進する体制をつくり出すことであり、その結果として、政治の責任を明確にすることを意味している。ここで重要なことは、国民が政治の責任を判断できる能力を有していることであり、その判断結果を選挙を通じて表明できることである。国民が依然として地元利益還元型の政治に満足しているならば、それが日本全体にとっていかに不公平であろうとも、選挙において過半数を占める限り、政権は維持される。しかし、国民が拒否すれば、政権の交替がもたらされる。

　もう一つ重要なことは、対抗する政治勢力の側で、問題を解決することのできる政策形成の能力を有していることである。政権にあるものがその政策で失敗すれば、対抗する政治勢力が新たに政権の座につき、新しい政策を展開することが求められる。しかしながら、その政策が必ず成功するとは限らない。ある場合には、さらにひどい失敗をもたらす可能性もある。そうした二重の失敗を重ねないためには、政策の競合が必要であり、政策の競合によって政策の質は高まっていく。このような意味において、対抗する政治勢力が政策形成という分野で互いに競争し、それぞれの政策の質を高めていくことが求められているといえよう。このような政治の機能を高めるためには、政治自体に大きな改革が必要である。すなわち、対抗する政党のそれぞれに政策スタッフを強化する必要があり、個々の政治家の政策能力を高めることが必要であり、議会における政策論議を可能とさせる十分な仕組みが必要であり、そして社会のあらゆるところに政策とその結果を判断できる能力が多

元的に存在する必要がある。その意味では、対抗する政治勢力による政策の質の競争という政治の機能を発現させる多様な仕組みがまず前提となり、それを側面から支えるものとして、政治任用の仕組みがあるといえる。

　このような議論を前提にして政治任用を考えるとき、もっとも重要なポストは内閣総理大臣である。国権の最高機関が指名できるのは内閣総理大臣のみであるから、内閣総理大臣を補佐することがまず必要である。内閣および国務大臣は、国会との関係でいえば、内閣総理大臣を補佐するメカニズムである。したがって、内閣の構成員である国務大臣は、内閣総理大臣が任命し、任意に罷免できる制度となっている。

　次に、内閣の構成員である国務大臣は、分担して各省の行政を担当する。ただし、分担管理制は憲法レベルの制度ではなく、内閣法・国家行政組織法レベルの制度であり、現在の官僚法学における分担管理の解釈、すなわち国務大臣は分担管理する省庁が担当する分野以外の行政事務に介入することができないという解釈は、憲法レベルの内閣の連帯責任と矛盾する可能性が高い。ここでは、行政事務を分担しない大臣の存在や複数の省庁を分担する大臣の存在が許されていることから、便宜的に分担するものと考えておく。なお、連帯責任を負う国務大臣は、たとえ分担しない省庁であろうとも、そこの行政事務について内閣の連帯責任を果たせない事態が生じたときには、介入することが必要であるが、一般職の公務員については、各省で採用されている以上、他の省庁の行政事務に関与できないという解釈は成り立つであろう。

　行政事務を分担した国務大臣は、内閣の方針に従って各省を指導することになるが、各省の行政事務は広範にわたるため、大臣の補佐機構が不可欠となる。そのため、政務次官がおかれているが、新たな制度として、副大臣および政務官がおかれることになった。

　また、政治が政策を主導していないこと、したがって行政が政策を主導しているという現実を考慮したものと考えられるが、次官・局長の人事は閣議の了解事項となっている。しかし、現実には次官・局長人事に内閣が介入す

ることが困難となっており、制度の趣旨に即した運用が伴っていないといえる。そのため、少なくとも、制度の趣旨に沿うよう、実質的に閣議でかかわる必要がある。むしろ、政策責任を明確にするという観点から、積極的に政治任用とすることが必要であろう。なぜなら、現実の政治運営において、局長級は政策の方向性や予算に対して責任

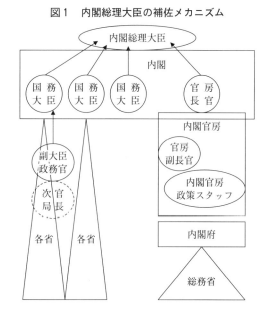

図1 内閣総理大臣の補佐メカニズム

を負っており、きわめて政治的に活動しているからである。

　内閣総理大臣を補佐するという意味では、内閣官房長官につながる内閣の補佐機構も重要である。すなわち、官房長官を長とする内閣官房であり、そこには2名の内閣官房副長官が政治任用として置かれている。ひとりは政治家から、もうひとりは生涯職公務員（官僚）から任命されているが、どちらも政治任用と位置づけられている。また、新しい制度としては、内閣官房5室の室長も政治任用とされた。現在はこれら5室長ならびにその職員は、各省からの出向人事であるが、公務員制度調査会の答申でも指摘されているように、固定化の傾向がみられる。

　内閣官房の所掌事務は、「閣議事項の整理その他内閣の庶務、閣議に係る重要事項に関する総合調整その他行政各部の施策に関するその統一保持上必要な総合調整及び内閣の重要政策に関する情報の収集調査に関する事務を掌る」（内閣法12条2項）ことであり、「前項の外、内閣官房は、政令の定めるところにより、内閣の事務を助ける」（同3項）ことである。この条文から、

第 1 期　公務員制度改革大綱——公務員制度調査会と行政改革会議

　内閣官房は、閣議事項の整理、内閣の庶務、重要事項に関する総合調整、重要政策に関する情報収集などを分掌し、分担管理の対象となる一般的な行政事務を分担することはない。すなわち、各省の上に位置する内閣としての仕事に専念しているといえる。とするならば、各省からの出向者よりも、逆に各省の行政事務にかかわらない人材によって構成されることの方がその機能を向上させることができるのではないだろうか。少なくとも、各省からの出向者ですべてを占めることは避ける必要があろう。また、内閣官房の仕事は、政権を支えるという意味ではきわめて重要であることから、半数以上のスタッフを政治任用とすることが望ましいのではないだろうか。
　政治任用がもっとも大規模かつ広範に実施されているのがアメリカである。大統領の交替に際し、数百名の連邦職員が更迭され、大統領を勝利へと導いた様々な活動が評価され、空いたポストに任命される。最初の任期を全うする頃には1,000名を超える入れ替えがあり、2 期 8 年では数千名にのぼると言われている。このことは、国民が選択した大統領が、多数派の国民を連邦政府内のポストに任命し、大統領の政策を実施していくということになるため、多数派による政治としての民主主義の観念に一致する。それを政党組織と選挙活動への貢献を中心に組み立てたジャクソン大統領の名前から、ジャクソニアン・デモクラシーといわれるようになった。また、選挙で勝利したものに戦利品（spoils）としての官職が配分されることから、猟官制（spoils system）ともいわれている。ただし、19世紀の仕組みが続いているわけではなく、1883年のペンドルトン法を契機とする成績主義（merit system）との併用が今日のアメリカの姿である。とはいえ、上に述べたような、日本とは規模の異なる政治任用が行われていることは事実である。
　アメリカの政治任用について深く言及する余裕はないが、小池洋次によれば、そのメリットとデメリットについて、次のように整理されている。（小池、1999、159-162頁）

> アメリカ型政治任用のメリットとデメリット
>
> ○メリット
> 1．民間の頭脳や識見、経験を活用できる。
> 2．政策の変更が容易になる。
> 3．政策決定のスピードが増す。
> 4．官の情報が民間に流れ、蓄積される。
> 5．政策決定に幅広い層が関与し、国民の政治参加意識も高まる。
> 6．政策決定の透明性が高まり、腐敗も起こりにくくなる。
> 7．学界の知的活動もより実践的になる。
> 8．政策の質が向上し、スピードが速まることで、政策形成の国際競争力が高まる。
>
> ○デメリット
> 1．政策の継続性が失われやすい。
> 2．猟官運動が激化する。
> 3．秘密の漏洩の問題がある。
> 4．特定のグループの思惑によって政策が形成され、決定される可能性がある。

 ここで指摘されているメリットについては、これらが実現されれば基本的に反対するものはいないのではないだろうか。もっとも、政策情報を独占している官僚機構にとっては、競争市場に置かれることになるため、反対するものもいると思われるが、有能な人々はむしろ歓迎するのではないだろうか。
 問題はデメリットである。ここでも若干の議論をしておく必要があろう。第1に、政策の継続性であるが、選挙の公約とそれに対する責任という仕組みを充実させることによって、政権交替の前に政策の継続性に対する判断が可能となる。有権者は何が継続され、何が新しくなるのかについての公約という情報が与えられれば、その点も含めて判断し、投票することになろう。しかし、この政策の継続性という問題は、今日の日本では現政権が進めた政策を現政権が変更するという継続性のない事態が通常化しており、政権交替があるかないかにかかわらない問題でもあると思われる。
 第2に、猟官運動が激化するというデメリットであるが、大正期の政党間による猟官運動の激化と類似した問題である。アメリカでも、19世紀末に大

統領に選ばれたガーフィールドは、官職の配分に関する不満から暗殺された。しかしながら、当時の行政はまだ素人行政の時代であり、だれでも猟官運動を行えば官職に就くことが可能であったと考えられるが、今日の複雑化した行政では政策にかかわる一定の専門能力が不可欠である。その意味では、猟官運動を心配しなければならないほどに政策の専門家が増えることはむしろ望ましいと考えられる。問題は、政策の専門性を見抜く政策に関する能力が任命者側にないことではないだろうか。

　第3に、秘密の漏洩の問題であるが、スパイなどの個人的な情報漏洩の問題は別として、公開できる情報と公開できない情報は、情報公開法の実施とそれに伴う判例の蓄積によって、解決されるものと考えられる。むしろ問題は、公開できるにもかかわらず秘密扱いすることにある。たとえば、防衛庁の汚職事件や警察の不祥事など、防衛や警察といった秘密情報が当然といった考え方が前提にあるため、外部からのチェックが効かず、気づいたときには非常識きわまりない事態が生じている。公開できない情報が存在することは誰も否定しないが、むしろそうした公開できない情報の管理を厳格にすることによって解決できよう。

　第4に、特定のグループ利益が優先される政策の可能性という問題であるが、多くの政策が多かれ少なかれ特定のグループ利益を優先していることを認識する必要がある。問題は、それが明らかにされていないことであり、あらゆる政策がすべての国民に利益を配分するかのように宣伝されることである。しかしながら、この点についても、政策の専門家が多元的に存在するようになれば、特定の政策がどのようなグループ利益を優先するかの分析能力も高まることになり、そうした政策と優先的利益の関係が明らかにされれば、公約と同様に、国民の判断の対象となろう。

注
（1）数字は、平成9年度予算定員による。
（2）1999年当時の国家公務法2条3項各号の分類による。

第 3 章　政治任用

参考文献

雨宮昭一「第二六代田中（義）内閣――憲政常道体制初期における政治反動」林・辻1981②所収

小池洋次『政策形成の日米比較』中央公論社、1999

シルバーマン著、武藤・新川・小池・西尾・辻訳『比較官僚制成立史』三嶺書房、1999

戦前期官僚制研究会編、秦郁彦『戦前期日本官僚制の制度・組織・人事』東京大学出版会、1981

辻清明編『行政学講座2　行政の歴史』東京大学出版会、1976

西尾勝『行政学の基礎概念』東京大学出版会、1990

林茂・辻清明編『日本内閣史録2』第一法規、1981①

林茂・辻清明編『日本内閣史録3』第一法規、1981②

升味準之輔『日本政党史論第4巻』東京大学出版会、1968

松下圭一『政治・行政の考え方』岩波書店、1998

三谷太一郎『日本政党政治の形成』東京大学出版会、1967

武藤博己「政治指導強め官僚制の改革へ」『朝日新聞』1994年1月7日付「論壇」

渡辺保男「日本の公務員制」辻1976所収

第4章　天下り再考

西尾　　隆

はじめに

　本章では、ようやく改革論議が始まった公務員制度の一課題・断面として官僚の「天下り」慣行を取り上げ、その概念・実態・功罪を検討した上で、この問題多い制度を是正していくための手順を探ってみたい。

　天下りをめぐる議論では、所与と思われている事柄のいくつかについて再確認をしておく必要がある。第1に、天下りの概念を明確にし、いくつかの類型に分けて論ずる必要がある。たとえば、審査を受けて公表された公式の天下りケースの背後に、人事院の審査対象にならない（したがって表面化しない）再就職が多数あることを認識し、改革論議としていずれに注目すべきかを確認しておかなければ、議論は焦点を見失うことになる。あるいは、公務員個人の実力と職業選択の自由に基づく正当な「再就職」があることも事実であり、問題性の多い天下り慣行から区別しておかなければ、公務員と市民の間で無用な摩擦・誤解・トラブルが絶えないであろう。

　第2に、天下りの問題点・弊害を具体的に列挙しておく必要がある。天下りが繰り返されることにより失われる経済的価値、阻害される行政機能、侵食される正義などを具体的に特定することなしに議論を進めるならば、改革は不毛で方向性のないものとなる。この確認作業は同時に、必要悪としての天下り機能の確認とも重なってくるはずである。

　第3に、天下り慣行が他の公務員制度・行政制度とどのように関連しているかを検証しておくことが不可欠である。戦後半世紀の間に、さまざまな行政制度が「システム」として良かれ悪しかれ定着し、相互依存・相互補完の

有機的関係を築いてきた。いわば一つの生きた制度に成長してきた天下り慣行を変更することが、他のどのような制度にどのような影響を及ぼすかを考慮に入れることなく改革を行うならば、そこには無益と危険の双方が同居する。

　第4に、天下りの是正を超えたより一般的な制度のあり方として、公務員、特にキャリア官僚にどの程度の特権を認めるべきか、現在におけるその社会的許容度を確認し、かつ将来的な許容度の変化についても見通しをもつことが必要である。かつて男性が女性にはない多くの特権を有し、また長男が次男以下に対して特権を有していたように、公務員もいくつかの特権を享受してきた。ただし、それらは特定の社会や時代の課題によく応えたかもしれない。特定集団の特権性を考える場合、今後の社会が進んでいく方向について一定のビジョンを持っていることが重要である。

　これらの課題はどれをとっても小さくない研究テーマであり、とくに第3、第4の課題に関してはこの小論で十分扱えるとも思われない。同時に、実践的な処方に関してはさらに見通しがつけにくい。天下り問題の解決は行革の中で最も困難な課題ではないかと思われるからである。世論の厳しい批判はあっても、これをどのような考え方と手順と費用をもってなくしていくかについて、学界・官界のどこにも明確な回答・アイデアは見出せない。極論すれば、天下りこそは日本の行政の風土・土壌・文化に根ざした「生ける制度」（したがって死を恐れ、投薬や手術にひどく抵抗する制度）であり、裏からいえば、行政と社会、官界と業界の間の恒常的な交換・取引・共生関係を純化させた形態とさえいいうる。

　そして政治社会においては、かつてウェルドンが指摘したごとく、科学や数学のように問題を「解決」することが常に能なのではなく、むしろこれに向き合い、対処を試み、場合によっては迂回し、脇に置き、時には無視するような柔軟な対応も求められる。近年流行の行政の企業的見方からすれば、制度運営の面で「天下り禁止」措置のコストは予想外に高く、「可能性の技術」として根絶は必ずしも妥当な選択肢でないのかもしれない。

第1期　公務員制度改革大綱——公務員制度調査会と行政改革会議

　筆者は現時点において、この問題に明確な判断を下ぜずにいるし、確かな処方をもっているわけでもない。しかし最低限、天下り実態の透明度をできるだけ上げること、そして公務員と市民が現実を直視し、当面の公務員制度改革の重要課題として取り上げるか否かを判断することが肝要であり、本章ではその判断のための一素材を提供できればと思う。

　以下、議論の順序として、まず天下りの概念とイメージを明らかにし、続いて類型と実態を検討し、さらにその問題点と処方を21世紀への展望の中から探っていきたい。

1　概念とイメージの差

　そもそも天下りとは何か。官僚がよく「天下りといわずに、再就職といってほしい」などとこぼすように、現象として見れば天下りは「公務員の退職後の再就職」である。近年の『政治学事典』も、「一般に高級官僚などが退職後、民間企業などの役職に再就職すること」と説明している(1)。ただし、公文書で「天下り」という言葉が使われることは稀であり、使われても通常は「いわゆる天下り」といった表現をとる。そこには「五月蠅いマスコミや市民グループが悪意をもって問題にする、あの曲解されて伝えられる正当な再就職の慣行」といった当事者の声が聞こえてくるようである。

　いずれにせよ、行き先が民間企業であれ特殊法人であれ、定年前に肩叩きされて天下っていく公務員にとって、再就職は当然の権利、正当な進退、不可避の身の処し方であり、他方その世話をする官房の担当者にとっても、当然の責任、正当な職務、組織の存続に不可欠の任務という思いが一般的だといってよい。多忙をきわめる官僚にとっては組織生活が人生の大部分であり、その中で活力・意欲・安心・希望を高め、組織の秩序を維持していくために、天下りは人事管理上の不可欠の要素となっているのである。それゆえ出発点として、この当事者たる公務員と市民の間に横たわるイメージのクレバスを、客観的な事実として確認しておかなければならない。

　だが「いわゆる天下り」、すなわち市民感覚としてフェアと思われない公

務員の再就職は、次の点でリストラされた民間企業のサラリーマンの再就職などとは基本的に異なる。すなわちその違いは、「特権性」「公費性」「違法性の疑い」という3点に集約しうる。

　天下りはまず、オープンな労働市場を通してではなく、当該官庁が半ば排他的に形成してきた閉鎖的な組織環境、つまり「政策コミュニティ」内で行われる点で、特権的である。しかも、退職する職員が自由意志で再就職先を選択することは稀であり、通常「お上」たる官房から斡旋され、与えられており、市民的な権利感覚が働かない点でも特権的である。もっとも、現役時代から異動や転勤や有給休暇の消化において権利感覚が麻痺しているのが高級官僚であるともいえるし、それをいえば、この種の受動的特権性は大企業の職員にも少なからず当てはまろう。しかし程度の問題としてみれば、天下りの「特権度」が企業職員の再就職と比べて相当高いことは否めない。何よりも、民間企業はその資源を開かれたマーケットにおいて自前で調達しているのである。

　第2に、官房で人事を担当する職員は職務時間中にそれこそ正当な仕事として再就職先を開発し、探し出し、恒常的に退職者に斡旋しており、その意味で天下りには少なからぬ公費が投入されている。これについては、再就職先という資源の開発が民間企業か特殊法人・公益法人かによってその性格が変わってくる。民間企業に関しては、公務員制度調査会が1999年に提出した答申に次のようなくだりがある。

　「公務をライフワークとできるような人事システムへの転換を図るとともに、国民の厳しい批判を厳粛に受け止め、いわゆる天下りとして批判されている権限等を背景とした押し付け的な再就職のあっせんは行わないこととすべきである」[(2)]。

　同調査会はメンバー20人のうち7人が官僚OBであり、答申の記述も事務局主導という性格が強いので、この天下りの説明は実態をよく反映したものかもしれない。とはいえ、営利組織である企業がコスト計算を怠ることはありえず、一見「押し付け的」であっても、実際には許認可における手心、補

第1期　公務員制度改革大綱——公務員制度調査会と行政改革会議

助金における配慮、入札における優先、監督における黙認などが期待され、無言のうちに天下り受け入れと取引関係となっていることは否定できない。

　他方、市場メカニズムの働きにくい特殊法人・公益法人に関しては、天下りへの実質的な公費投入はより明白・大胆となる。法人設立の経緯こそさまざまだが、今や監督官庁が天下り先の資源としてカウントしない法人はありえない。不況下で企業にゆとりがなくなった現在、これら特殊法人・公益法人こそは各官庁が合法的に公費を注入できる数少ない組織となっており、退職者の再就職先を確保するための半ば「道具」と化しつつある。

　第3に、天下りには違法性の疑いがつきまとう。職員の民間企業への関与と再就職を制限している2000年当時の国家公務員法（以下、「国会法」という）第103条1～3項は以下のとおりである。

① 　職員は、商業、工業又は金融業その他営利を目的とする私企業（以下営利企業という。）を営むことを目的とする会社その他の団体の役員、顧問若しくは評議員の職を兼ね、又は自ら営利企業を営んではならない。

② 　職員は、離職後2年間は、営利企業の地位で、その離職前5年間に在職していた人事院規則で定める国の機関と密接な関係のあるものにつくことを承諾し又はついてはならない。

③ 　前二項の規定は、人事院規則の定めるところにより、所轄庁の長の申出により人事院の承認を得た場合には、これを適用しない。

なお103条9項は、再就職の承認処分につき、人事院に国会および内閣への報告義務を課している。これらの規定は、要するに民間企業への天下りは原則禁止とするが、例外の承認については人事院の判断次第であり、ただしその内容と理由はオープンにすべし、と「説明責任」を求めているのである。在職中・退職後も含め、営利企業と距離を保つべきことは、行政機関が国民から信託された多大な権限と、国民の税に基づく大きな財源を有する立場にあることから見て、それは現代行政に普遍的な原則である。とはいえ、規制の制度設計としては、接待を含む贈収賄という真っ黒な犯罪・癒着と、純白の完全隔離との間のグレーゾーンのどこかで線を引かなければならない。国

公法103条は1項で隔離の原則を示しながら、続いて離職後2年間という緩やかな条件を設定し、かつ個別ケースの審査を準立法機関たる人事院の判断に委ねていることになる。

したがって、一方ではこの規定が正しく運用されているのかへの日常的監視と、他方ではこの規定自体が適切かどうかの立法論的判断が必要となる。人事院の承認手続に関しては後述するが、立法論としてこの規定では法律の精神が実際に反映されず、とりわけ市民感覚では「天下り」以外の何ものでもない特殊法人への再就職が、国公法では規制外となっていることを問題にしないわけにはいかない。なぜなら、特殊法人設立の本来の趣旨は企業的経営になじむ一部の行政活動を「外部化」するところにあり、営利企業に近い組織体として「隔離の原則」が類推されるからである。

かくて、「いわゆる天下り」は必ずしも違法ではないが、そのうち多くは国公法の理念に照らすと違法性の疑いが濃い。違法性を実証するデータは少ないが、天下り実態の不透明さこそは市民がその違法性を疑うところの最大の理由である。改めて触れるが、人事院の「天下り白書」が扱う事例は氷山の一角にすぎず、しかもそこから海底の氷塊を連想するには一般的でないケースが多い。

以上の「特権性」「公費性」「違法性の疑い」のいずれにも、かなり主観的な判断が入る。しかし、市民がもつ「いわゆる天下り」のマイナス・イメージ自体が客観的事実である以上、天下りの検討はこの厳しい事実から出発すべきである。そこで、筆者としては以下のように天下りのコンセプトを規定した上で、議論を先に進めたい。

「天下りとは、一方で縦割り型官庁内部の人事慣行と組織運営秩序を前提とし、他方で官庁とそのサービス・規制・監督対象となる企業・団体との公式・非公式の関係を背景として、定年前に退職せざるを得ない幹部公務員が所属官庁の斡旋により再就職するところの、市民の目には不透明でアンフェアと感じられる慣行」(3)としておきたい。

2 類型と実態

　天下りを概略以上のように理解した上で、次の課題としてそのさまざまなバリエーションないし類型を明らかにし、問題点と改革の必要性を検討していきたい。

　「改革」という観点からすれば、類型論は最終的に、世間的には天下りと見られるが本来は正当で社会的弊害の少ない再就職と、違法性・社会的害悪性の強い天下り、すなわち「良い天下り」と「悪い天下り」との区分に持ち込むことが望ましい。しかし、そこに至るまでにはさまざまな価値判断・影響評価の基準を明らかにしなければならないので、さしあたり評価を加えず実態に即して類型を考えたい。

　天下りの実態分析としては、早川征一郎の研究が実証的で詳しく、かつ新しい。早川の分類は、著者によると「あくまで私の思いつきである」とのことだが、マスコミ報道などで一般化しているパターンを整理したものといえる。以下はそれに基づく分類である。[4]

Ⅰ型＝国公法103条の規定に触れるが、人事院の審査・承認を得て私企業に天下るケース。人事院の「天下り白書」に固有名詞と退職前5年間の経歴、承認理由が示され、透明度は高い。なお、続くⅡ型以下は人事院の審査・承認を得ていないもの。

Ⅱ型＝2年のインターバルを置いて私企業に天下るケース。ただし、天下った後に他に異動しないことを意味していない。他に異動する場合は、Ⅳ型、Ⅴ型に似てくる。

Ⅲ型＝在職官庁とは、比較的「密接な関係」のない営利企業にいったんは就職し、次に「本命」と見られる企業に就職するケース。ただし、人事院の審査・承認を得たものも含まれる。

Ⅳ型＝まず特殊法人や公益法人に天下り、次いで民間企業に天下るケース。「迂回組」と呼ばれる。

Ⅴ型＝特殊法人や外郭団体に天下り、それで終わるケース。「一か所滞在」

タイプ。

Ⅵ型＝民間企業から特殊法人へ、あるいは特殊法人・外郭団体間をあちこち異動するケース。「渡り鳥」「たらいまわし」タイプ。

Ⅶ型＝厳密な意味では天下りではないが、弁護士などの専門職につくケース。いわゆる「ヤメ検」など法務省・検察庁出身者に多く、弁護士資格をもって民間企業に天下る場合もある。

　さて、このうち法的な制限（人事院の審査・承認）の対象はⅠ型に限られるので、まずその実態をみておこう。最も新しいデータは1999年度の人事院『年次報告書』（公務員白書）が示している（表１）。それによれば、承認総数62件（62人）であり、前年度と比べてマイナス29件（26人）となっている。しかもピーク時の85年に320件を数えていたものが、90年には232件となり、それ以降は92年から94年にかけての横ばい状態を除き、はっきりと減少傾向を示している。その背景として、天下りに対する世論の批判もあるが、長引く不況により企業側に受け入れの余裕がなくなっていることが指摘できる。

　ここで、人事院の審査・承認の手順と基準を簡単にみておきたい。まず、人事院への承認の申請は、職員個人ではなく、離職時にその職員が所属する所管庁の長が行う。長はその職員の服務について第一義的責任を有しており、またその職員と就職先の企業との関係について承知している立場にあるため、まず就職の可否につき部内で検討した上で人事院への申請を行う。次に人事院職員課では、その職員が離職前５年間に在職していた機関および官職と就職しようとする企業との職務上の関係、就こうとする地位の職務内容等を精査し、承認か否かを決める。たとえば、その職員が当該企業に対し職務権限を有していたり、契約等で深く関係していた場合は承認しない。また、職員レベルだけでなく、所属官庁と企業の間に許認可等の権限関係がある場合も、本省庁局長以上の就職、および全職員の役員への就任は認められない（2000年当時の人事院規則14－４。現在は廃止）。

　申請に対する承認の割合に関しては、事前のやり取りがあるため、公式の申請のほぼ全件が承認されているといわれる。なお、人事院の承認を得て営

第1期　公務員制度改革大綱——公務員制度調査会と行政改革会議

表1　省庁別承認件数の推移（平成7年〜平成11年） （単位：件）

省庁＼年	平成7年	平成8年	平成9年	平成10年	平成11年
会計検査院	1	—	1	1	1
内閣官房	—	—	2	—	—
警察庁	4	3	5	5	3
宮内庁	—	—	—	1	—
総務庁	—	1	—	—	—
北海道開発庁	4	—	2	—	1
経済企画庁	1	—	—	1	—
科学技術庁	2	1	2	1	—
環境庁	1	—	1	1	—
防衛施設庁	2	1	2	1	—
法務省	2	—	—	4	—
外務省	—	—	—	—	1
大蔵省	59	27	21	10	12(1)
国税庁	6	4	7	10	8
文部省	9	15	10	7	3
厚生省	4	—	1	1	2
農林水産省	16	7	8	2	2(1)
食糧庁	1	2	1	2	3
林野庁	1	—	—	2	2
水産庁	3	1	—	1	—
通商産業省	17	17	17	10	3
資源エネルギー庁	1	1	—	—	—
特許庁	4	2	—	—	—
中小企業庁	—	—	—	1	—
運輸省	11	14	7	6	4
船員労働委員会	—	—	—	1	—
海上保安庁	10	18	2	3	3
海難審判庁	—	1	—	—	—
気象庁	—	1	—	—	—
郵政省	13	5	12	12	8
労働省	—	—	1	1	1(1)
建設省	16	13	16	7	5
自治省	1	2	—	—	—
計	190	136	119	91	62(3)

（注）（　）内の数字は、「公正な人材活用システム」による就職の承認件数を内数で示す。
出所：人事院『年次報告書』平成11年度、204頁。

利企業に就職した者が、離職後2年以内に別の地位に就こうとする場合も、改めて承認が必要となる（このため、1年度内に同一人物が2回以上承認を受ける場合があり、上述の承認件数と承認職員数が一致しない年がある）。

人事院の承認対象は「課長以上」であり、必ずしもキャリア（Ⅰ種採用）組に限らない。99年度「営利企業への就職の承認に関する年次報告書」（いわゆる「天下り白書」）をみても、62人の離職時のポストは本省庁課長クラスや地方の部長クラスが大部分で、記載がないので離職前5年間の経歴からの類推だが、キャリア組の事務官はわずかしか見当たらない。なお事務官・技官の記載はされており、ほぼ2対1の割合となっている。早川が91年から95年の「天下り白書」の検討から、次のように記している点は、90年以前も、また2000年現在もそのまま妥当するであろう。

「結論をあっさりいえば、実際に人事院の審査・承認の対象となっている『天下り』の人たちの圧倒的部分は、高級公務員ではなく、中級程度の公務員である。いいかえれば、高級公務員の『天下り』の圧倒的大部分のケースは、人事院の審査・承認の対象から外れており、別なルートで事実上、天下っている」。(5)

「天下り白書」の概要は、『公務員白書』に記載され、同時にほぼ毎年『人事院月報』でも特集が組まれる。また扱いの大小はあるにせよ、毎年新聞で報道され、「大蔵省30年連続トップ」といった見出しの記事となる。しかし、マスコミがこれを「天下り白書」と俗称することで、この数字が天下りの実態だと一般に誤解させる皮肉な結果ともなっている。人事院はあくまで現行国公法の実施機関として営利企業への再就職の審査・承認結果を公表しており、離職後2年以上の再就職、離職前5年以上の経歴に関するデータはない。そして、国の職員の退職管理に責任をもつ人事院が監視もしくはチェックの観点から、離職後2年以降のデータ、あるいは特殊法人への再就職データを集めているかといえば、そういう話は聞かないし、おそらく人事院の地位・歴史・性格からいって関知していないと考えられる。(6)

かくて、Ⅱ型からⅥ型までの類型の中にこそ、大部分の「いわゆる天下

り」の実態はあることになり、その内容を示す政府の公表データはどこにもないのである。人事院以外で、いわゆる天下りに関して調査を行い、データを公表している機関として「政府関係法人労働組合連合」がある。1993年まで『政労連天下り白書：政府関係法人における天下り官僚の実態』を刊行しているが、その後はなぜか途絶えており、最近のデータに関しては手がかりがきわめて限られている。以下は、Ⅱ型からⅥ型に関して早川の調査に基づく実態のごく一端である。(7)

　まずⅡ型（2年のインターバル後企業に再就職するタイプ）に関して、早川は特定の人物（大蔵事務次官・財務官・運輸事務次官など）を挙げて説明しているが、数・割合などは不明であり、2年あまりの空白期間どこに所属していたかも詳らかでない。Ⅲ型（腰掛け企業から本命企業への迂回タイプ）は、通産省に多く、運輸省に若干の例がある。通産省の場合、「密接な関係」とはみられない金融関係などの企業を迂回して、本命の製造業に移る場合が多い。Ⅳ型（特殊法人等を迂回して企業に再就職するタイプ）は、数として相当多いと見られ、94年の数字では、総数において大蔵省・建設省・通産省の順に多く、また迂回組の割合（迂回率）では国土庁・運輸省・通産省の順に高くなっており、平均27.2％となっている。Ⅴ型（一か所滞在タイプ）は、比較的関係業界の（したがって天下り先の）少ない法務省・外務省・労働省・人事院などに多く、離職時のポストが局長・次官クラスの場合は、特殊法人等の理事を経て理事長・会長・副総裁といった地位に上りつめる場合が少なくない。Ⅵ型（渡り鳥タイプ）は、官庁の異動で後輩に押し出されていく「トコロテン人事」に相当する天下り人事といえ、先述の政労連が明らかにしている特殊法人の役員からみると、92年の数字で、2か所目62人、3か所目21人、4か所目9人となっており、省庁別では通産省・建設省・農水省の順に多い。(8) Ⅶ型（法務・検察官僚から弁護士になるタイプ）は、ここで天下りの範疇には入れる必要はないと思われる。

　これらの諸類型の実態に関して立入った紹介・分析はできないが、人事院の審査対象とされているⅠ型とⅡ型以下を比べると、後者の数が圧倒的に多

いことは疑いない。とはいえ、その数字は霧の中である。まず、Ⅱ・Ⅲ・Ⅳ型のいずれであれ、人事院の審査対象となっていない民間企業への天下りは、たとえば過去10年間の防衛庁・自衛隊幹部の数字だけで実に756人に上っている。天下り先企業と受け入れ数は、東芝60人、三菱重工58人、三菱電機53人、川崎重工48人、NEC44人などとなっており、防衛庁と「防衛産業」との癒着関係は明白というべきである。国公法の対象外である特別職約30万人を抱える防衛庁の特殊事情はあるにせよ、自衛隊法は同様の天下り規定を置いており、それがいわば「ザル法」に過ぎないことが、98年の調達本部を舞台にした背任・汚職事件ではじめて明らかになったところである。他省庁においても、入札や規制を媒介とする同様の癒着・取引・交換関係が存在することが十分推定しうる。

特殊法人に天下るⅤ・Ⅵ型についてみると、93年版（現時点で最後）の『政労連天下り白書』によれば、調査対象とされた傘下の64特殊法人の役員数764人中52.5％に相当する414人が、国家公務員の天下り役員で占められている。64法人の総職員数は52,270であり、平均すれば1法人に817人の職員と6人の天下り役員がいる計算となる。したがって、役員以外の中間管理職ポストで特殊法人に天下る国家公務員の数ははるかに多いと考えられる。なお、職員組合の連合という政労連の性格から、同白書はもっぱら役員への天下りを調査・批判の対象としており、出向や役員以外への天下り数はここからは不明である。組合の表現を借りれば、特殊法人とは「特権官僚あいも変わらぬ優雅な天下り」が実態の「天下り天国」であり、監督官庁という一家の「世襲人事」が横行し、人材が育っても中間管理職と出向組によって「上からフタがされる」構造が存在するという。

特殊法人の役員への天下りは77年以来政府の規制対象となっており、同年12月の閣議決定で、⑴民間人の積極的登用、⑵国家公務員からの選考では広く各省庁から選考すべきこと、⑶特殊法人相互のたらい回し的異動を原則行わないこと、⑷高齢者の起用は努めて避けること、⑸役員の長期留任は原則6年を限度とすること、などの方針が出され、以後くり返し役員人事や給与

第1期 公務員制度改革大綱——公務員制度調査会と行政改革会議

の適正化の指針が示されてきた。また、特殊法人自体の整理統合が行革の争点となり、75年に113あったものが89年に92になり、さらに99年には78にまで減少している。同白書の刊行が途切れているので、この変化がどう影響しているかの詳しい検証は難しいが、99年の現役役員に関する政労連の資料をみる限り、役員への天下りの実態に変化はほとんどみられない。その意味で、人事院による審査・承認件数の減少傾向とは著しい違いがある。

さらに、98年の時点で26,380を数える（財団法人と社団法人がほぼ半々を占める）公益法人への天下りの多くも、特殊法人の場合と同様の構造が類推される。国の省庁が所管する公益法人は6,843ほどあり（それ以外は都道府県所管）、うち公務員出身の理事をもつ法人数は2,470で、その理事総数は6,338である。これらの公益法人で国から補助金・委託費を受けているものが1,042ほどあり、その金額の合計4,107億円にのぼる。なお、全公益法人の年間支出合計額は20兆円を超えている。設立年代をみると、66年以降現在まで、10年ごとの法人設立数はほぼ均一のペースで増加しており、総数で減少している特殊法人とは対照的である。(11)これらは、公益法人への天下り構図の「状況証拠」ごときものに過ぎないし、文字どおり公益の増進に貢献している法人は無数にあろう。しかし、個々の怪しげなケースを子細に調査した者の目には、監督の甘い「霞が関のけもの道」たる「公益法人に群がる寄生虫」、「労使一体となった互助会の営利追求」、「丸投げ」「錬金術」あるいは「自己増殖」といった実態さえ浮かび上がってくる。(12)天下りを超える問題に発展するのでこれ以上立入らないが、ケース・スタディによって天下りの諸類型が相互に関連・補完していることを検証できれば、天下りの全体像はよりクリアになろう。

以上、入手可能なデータから天下りの類型とその実態をふり返ってみた。省庁別の分析なども興味引かれるテーマであるが、印象づけられるのはむしろ、業務の性格上天下り先の少ない官庁にまでこの慣行が全面浸透している現実である。そして、85年の60歳定年制の施行によっても早期退職の慣行に基本的変化がなかったのと同様に、60歳を超えた官僚OBへの職場保障も行

われ続けている。ともあれ、ここまではできるだけ評価は控えてきたつもりなので、以下その問題点と処方について考えてみたい。

3 問題・展望・処方

　天下りの問題点は、先述のごとく「特権性」「公費性」「違法性の疑い」という3点に要約しうる。これを裏返せば、公務員集団の「市民性」「コスト意識」「規律」の欠如ということである。この3要素の欠如は、時代状況によっては必ずしも決定的な問題として意識されることはない。とくに戦後の復興という課題と高度経済成長という背景の下で、市民性、コスト意識、規律・倫理などよりも、職員の政策開発能力や事業の実効性が重視・優先されたのはある意味で自然な現象であった。高度経済成長に伴う所得水準の急上昇は、公務員の特権性を国民にそれと感じさせない効果をもち（むしろ公務員の方が仕事量に対し割の合わない職業だというイメージさえ生じていた）、増大する行政資源（財源）はそれでなくても低い公務員のコスト意識をいっそう弱め、こうした金銭規律の緩みは天下りや接待漬けに象徴される官民癒着への容認と結びついていた。

　しかし、世紀の変わり目を目前にして、状況は一変した。まず、経済成長そのものが期待できなくなり、むしろゼロ成長・マイナス成長をも視野に入れた制度設計・行政運営が必要となってきた。何よりも財政赤字の増大により、公共事業を筆頭として、新たな政策展開や事業の拡張よりも、既存事業の見直し・スクラップ・再編、経費の節減こそが主要課題に浮上してきた。国際的にも、今やコスト感覚はあらゆるレベルの政府と職員に突きつけられている基本条件である。この「政府の企業化」と同時並行的に、行政活動の透明性とアカウンタビリティへの要請は、「職員の市民化」（公務員の対市民規律の確立）を迫りつつある。長引く平成不況と失業率の悪化は、国民感情としても天下り慣行への許容度を低下させ、批判が強まりつつある。さらに90年代、接待汚職の続発にみられる一部公務員の倫理的破綻はこの批判に油を注ぐ結果となった。

第1期　公務員制度改革大綱——公務員制度調査会と行政改革会議

　現在のこうした変化が、はたして政府システムに根本的な変容を迫るのか否か、もしそうであるならばどのような変化が政府の内部と外部環境に生じ、またいかに改革を方向づければよいのか、21世紀のビジョン提示と制度構想が急がれるところである。なぜなら天下りの慣行は、政府と民間および第3セクターの関係（規制権限と助成を媒介とする各官庁と業界・管轄諸団体との関係）、国と自治体の関係（権限・財源の前者への集中）、政府と市民の関係（情報の落差、行政手続制度の有無、諸権利の違い）、あるいは各官庁内の人事管理システム、使いうる財源、さらに市民のもつ公務員イメージ（尊敬・信頼・期待・批判・嫉妬・嫌悪などの感情の混合物）など、政府システムの基本制度の変化によって、そのあり方が大きく影響を受け、他方、天下り実態の変化は翻って制度改革の方向づけにも影響するからである。いうなれば、天下りは現行政府システムの「ネガの基盤制度」とさえなっているのである。

　筆者は明治以降のわが国政府システムの変容を、戦前期の「抑圧型」→戦後の「自律型」→21世紀の「応答型」という発展図式で示し、それぞれの段階の職員像を「武士道精神を体現した天皇の官吏」→「省益システムの防衛に奔走する中立的公僕」→「対市民規律を自覚した対話型職員」ととらえてみた。その際、彼らの正当性の根拠は、「天皇制イデオロギー（社会からの超越性）」→「官僚機構の専門能力（市民社会からの異質性）」→「政府の応答能力（市民社会との同質性）」へと移行していく。そして、政府の基本原理・基盤制度の性格も、「集権・官治・絶対性」→「集権・官治・閉鎖性」→「分権・自治・透明性」へと変質していき、そのパラダイム・シフトの契機となるのが、戦前から戦後への変わり目では「敗戦」という自己崩壊だったとすれば、今回は「財政破綻」と「政治行政への不信」ということになろう。なお「応答型政府」は、特定のタイプの政府というよりも、社会の変化に対応して柔軟かつ不断に変質する多様な政府群としてとらえられるので、「政治的リーダーシップ」が小シフトの契機となる。[13]

　さて、現在進行中の政治行政の諸改革が、単なる疲労した制度の改善や部

品交換などではなく、鉄道の軌道を新たに敷設するようなシステム全体の改革になることは疑いない。この変化をどう表現するかについては多様な試みがなされてよいが、80年代に始まった臨調行革における3公社の民営化と規制緩和、90年代の行政手続と情報公開の制度化、地方分権改革の推進、中央省庁の再編と内閣機能の強化などが、政府制度改革の全面展開に結びつこうとしていることに異論をはさむ者はいない。そして、90年代の上記の図式に従えば、あらゆる制度が「分権・自治・透明性」および「政治のリーダーシップ」という原理に基づいて変革される必要がある。

　そこで、具体的な処方以前の問題として、天下り是正に関して次の方向が確認できる。第1に、天下り実態の透明化が不可欠かつ最も基本的な課題である。2001年の情報公開法施行に期待したいところだが、天下りやOBへの職場あっせんはもともと官房のインフォーマルな仕事である。OBや出向者を含む関係者名簿はあるには違いないが、それを公開させる何らかの個別制度を欠いては透明度は高まりそうにない。そのためには、天下りの概念を改めて明確にしなければならず、少なくとも国公法103条を改定して、人事院の審査による関与を少なくとも現行の退職後2年から5年程度に延ばすべきである。仮に審査基準はそのままでも、国会と内閣への実態報告義務を強化し、人事院がいわば淡々と調査して公開できるよう、制度を整備する必要がある。

　特殊法人や一定規模以上の公益法人への天下り・渡りに関しても、現在のように政労連のやや政治文書的な白書に依存せずとも国民が実態を知りうるよう、総務省あたりに「天下り監視」という観点から調査と報告を義務づける必要がある。また現在検討が進んでいるが、情報公開制度を早急に特殊法人にも導入すべきである。企業に株主代表訴訟があり、自治体に住民訴訟があるのに対し、国や特殊法人の職員は国民の批判からの免責度が高い。同様の訴訟制度を設けるべきだというのではなく、税という組織資源を提供している国民に対して、人と金の流れを透明化するという観点から、少なくとも特殊法人等への天下りや渡りの実態をガラス張りにするために、新しい制度

が求められる。

　第2に、「自治・分権」(自己決定・自己責任) という観点からいえば、中央省庁に集中している権限・財源を自治体に降ろし、住民に身近でコンパクトな政府レベルで監視を強めることは長期的視点から有効であろう。同時に、より広義の「権力分散」の考えに立てば、建設であれ金融であれ民間でできるものは民間に委ね、規制緩和を着実に推進し、さらに特殊法人についても機能分割や地域分割の視点に立ち、(たとえば道路公団などは) 採算性と人事の流れを個々に明らかにすべきである。組織がコンパクトになり、各組織の自律性が高まり、監視と評価の目が行き届くようになり、管理経営の責任が明確化することによって、非効率を生む天下り人事は次第に淘汰されていくことが期待できる。[14]

　実は、民間企業や団体にある「お上」依存体質の根強さこそは、天下りの大きな原因なのである。「自己決定・自己責任」の原則を強めても、結果的に天下りが続くのであれば、それは正当な再就職に近づいたものと判断すべきかもしれない。

　第3に、改革には政治のリーダーシップが不可欠である。天下り問題を含め、公務員制度の改革は早晩政治の争点になる可能性が高い。そのシナリオは次のようなものかと思われる。まず、ゼネコンや金融機関の経営破綻を機に、公共事業の発注と天下りの受け入れという交換関係が臨界点に達し、民間企業への天下り自体が急速に困難になろう。個別的ではあれ、2000年の中尾栄一建設大臣の汚職に類する事件がほかにも発覚するならば、「接待汚職」ならぬ「天下り汚職」の構図が浮き上がってこよう。情報公開法の施行は、そこで現像液の役割を果たし、癒着構図の曖昧な画像を次第に鮮明にしよう。他方、赤字財政の深刻化と財政投融資制度の改革は、いくつかの特殊法人の経営を困難にし、現在の政府の特殊法人整理合理化方針とも相まって、実質的な役員数の削減、職員の合理化、給与の削減を進めざるをえなくなるであろう。こうして天下りという「生ける制度」を育んできた「自律的政府」の苗床が、その生存に必要な栄養を供給できなくなった時、公務員制度

のあり方をどうするか、必ずや政党や政治家は改革への処方とビジョンを国民に提示することが求められる。

そこで、公務員制度調査会の答申を土台にし、たとえば現在は皆無に近いキャリア組の逆転人事を一般化させ、定年を65歳まで延長し、自発的退職者や人材バンクで再就職する者以外は、全員をスタッフ職など国の職員として抱えつづけるというのも一つのアイデアではある。そのために新たに必要となるポストは、ある計算では3,000ともいわれ、予算面でも組織運営面でも現実味はない。しかしそれは、現在天下りに付随して実質的に投下している公費より案外安いかも知れず、最終的には提案を受けた国民が判断することになろう。少なくとも現在の慣行と比べて、より透明で、よりフェアで、職員自身にとってもより不安や後ろめたさの少ない制度になる可能性はある。ただし、組織の能率・活力・一体感、職員の意欲・競争心・使命感などの面で高いコストを払うことになるかも知れない。

いずれにしても、急速な状況の悪化を念頭においてさまざまなシミュレーションをしておくのは、政府（国会、内閣、人事担当機関）の責任である。第一の課題としてあげた「透明化」の作業は、国民が求めるという以前に、政府自身が「己を知る」ために必要としているはずである。内々にではあれ、天下りに関するあらゆるデータを集め、解析し、現場感覚を動員してさまざまな改革の可能性の検討を始めれば、とうてい一組織で扱える類の問題ではないことが判明し、知恵を広く政治社会全体に求めずにはおれなくなるであろう。その時、遅ればせの情報公開は「助けを求める政府の叫び声」として聞かれるものの、どこからも親身で建設的な意見は出されないのではないか。そういう予感がするので、直ちに天下り実態の全体像を隠さず国民に公開することを政府に求めたい。特段難しいことではなく、政治のリーダーシップで内閣か総務庁（省）あたりに特命プロジェクト・チームを編成し、「天下り実態総合調査」を断行すればよいのである。

おわりに

　さて、最後に公務員制度改革をめぐる研究上の課題にも触れておきたい。
　研究者として看過しえないのは、本章の冒頭で指摘したまま十分検討できなかった論点、すなわち天下りが日本官僚制において果たしている現実的機能という問題である。天下り問題の難しさは、それ自体の害悪というよりも、それと裏腹に各官庁の人事管理において天下りが担っている正機能、積極的役割の大きさにあるとさえいうべきである。それが当事者の信念であれ、単なる神話であれ、天下りにまとわりつく「必要悪」イメージほどその是正と解決を困難にしている要因はない。
　先にも記したように、天下り慣行によってはじめて、プライドこそ高いが給料はさほど高くない官僚の意欲・安心・希望が高まり、組織としての活力・秩序・一体感が維持できるという皮肉が存在する。その必要度の高さは、一たび官庁人事の実際に触れた研究者をして、悪いからといって直ちに廃止しうる類のものでないことを理解させるに十分である。天下り批判をする文献の多くにこの認識が弱いため、官庁内部ではつい、「民間のひがみ」「公務員になれなかった者の嫉妬」「実態を知らない者の難くせ」といった受け止め方をしてしまいがちである。次の渡辺保男の記述は、天下りを必要とする職員個人の事情と社会環境との関係を、批判や評価を抜きに論じた数少ない文献といえる。
　「……高級公務員は、ある年次のうち、たとえば53、4歳で事務次官が生まれると、外局の長とか特別の場合を除き同年次の者はほとんど退職するのが慣わしであると称せよう。そこで局長や長官、あるいはその他の官職から、それまでの間に退職せざるをえなくなる。そこでほぼ50歳程度で後進に途をゆずって退職を余儀なくされる高級公務員は、第二の人生を求めなければならない。体力も気力も十分でまだまだ社会的仕事をする意欲がある。社会の側にもそれを受け容れる余地が備わっている。それに公務員の退職手当や年金のみでは、変動の激しい時代に安定した生活を営むことはむずかしい。こ

のような事情から、高級公務員の退職後の生活が始まる。この場合に所属した官庁ごとに大臣官房が主となって就職のあっせんをすることになる(15)」。

渡辺は「天下り」という表現を一切使っていないが、続いて民間企業への再就職の背景を次のように説明する。

「企業ごとに大企業の側にとれば、官庁の事情に精通した人材が欲しいし、一企業で育った人物は往々にして視野が限られているのに対し、官庁で育った人物は産業界、日本経済、国際経済等にわたる視野をもっているという期待がある。それに大企業の幹部と高級公務員とは出身社会層、教育的背景、人脈がほぼ同じであり、両者が同質的で違和感がない。さらに官庁という官僚機構を操作してきた経験は、大企業という官僚機構の運営に活用されうる、等々の考慮があると思われる(16)」。

要するに、天下りが定着してきた起因として、高級公務員の「早期退職」の慣行があげられるが、そのことを除けば、公務員自身にとっても企業にとっても「違和感のない」自然、かつ有益な制度だというわけである。そして、この実態に対する違和感のなさも、同論文が執筆された70年代半ばの段階では、かなり一般的なものであったといってよい。当時は日本が官民をあげてオイルショックの打撃を何とか乗り切った頃であるが、概して天下りの正機能が逆機能を上回り、生理が病理よりも優越していた、もしくは均衡していた、とみることができよう。

しかるに、その後気がついてみると、天下りはアンフェアな「官・業」癒着の膠のごときグロテスクな構造にまで成長していた。一方で当事者間にあった天下りの「必要悪」イメージと、他方で古くから根強い官僚制批判文献との間で、有効な対話がなされることなく、実態だけが徐々に変化し、悪化していたことになる。この間、70年代半ばから近年に至るまで、目立った制度改革がなかったためか、天下りを含めた日本の公務員制度研究は立ち遅れている。ごく最近になって上述の早川の著作や稲継裕昭の実証研究(17)ならびに97年の公務員制度調査会の設置によって、ようやく公的な検討と広範な議論が展開され始めた。

第1期　公務員制度改革大綱──公務員制度調査会と行政改革会議

とすれば、今後の研究課題として、将来ビジョンの構想提示や具体的処方の提案もさることながら、より基礎研究的なレベルで、戦後公務員制度の実質的変容過程をたどることが必要かつ有効かと思われる。

すなわち、何時いかなる道程を経て、また誰のいかなる意図をもって、天下りの実態に変化が生じていったのか。程度問題として天下りの量と質が適正な範囲を超え、市民常識で許容できる限度を逸脱していったことには、いかなる社会的背景と組織的要因があったのか。天下りの透明度にはどのような変化が見られるか、組織や人員の削減といった行革の目標設定と実態の隠蔽との間には関連があるのかないのか。組織別の比較により、一部の事業官庁から他の官庁が学習していった痕跡、さらに自治体が模倣していった形跡は見られるか否か。スキャンダルなど組織的危機とその対応はどのようなものであり、その前後に天下りの暗黙のルールに変化が生じたか否か。

いずれも困難の予想される調査テーマであるが、一見連続的・無自覚的なプロセスと見える戦後の天下り慣行定着の過程にも、おそらくいくつかの契機・段階・岐路・ターニングポイントのようなものが見出せるに違いない。過去のある時点の判断・対応とその組織的・社会的背景が明らかになるだけで、ちょうど精神病患者が過去の一こまの再現から自らの内なる問題を悟得し、急速に回復していくように、そこに天下り問題対応の勘所が潜んでいる確率は高い。仮に無意識であれ、自ら選択し決断したことは、改めて自覚的に選択し直し、再決断することが可能だからである。

すべて「生ける制度」は現実の必要に応じて注意深く「発明」され、社会に定着したものである。天下りとても本来、戦後のある時期に組織の現実と社会の要請とを勘案し、法の限界も睨みながら「発明」されたものといえる。ところが、何らかの契機にそれが別の甘い機能をもつこと、さらに工夫によっては表面化しないことが「発見」され、次第に「ネガとしての基盤制度」に成長していったとも考えられる。なおふり返れば、すべての基本となる戦後の公務員制度は、占領軍によって上から「計画」されたものであった。

「発見」→「発明」→「計画」というマンハイムによる文明の発展段階に

照らしてみれば、戦後の天下り発達史は文明退化の歩みにさえ見えてくる。しかし、仮に退化であっても、自らの歴史を理解する力は自らの歴史を形成する力に結びつく。いずれにせよ、天下りが「生ける制度」である以上、それは戦後日本行政史の一断面にほかならない。

注
（1）『改訂版現代政治学事典』ブレーン出版、1998。執筆は坂本勝。なお、「天下り」または「天降り」という言葉自体は1950年代から使われているが、『政治学事典』（平凡社、1959年）や辻清明編『岩波小辞典・政治』（初版1956年、3版75年）などでは取り上げられていない。言葉の起源に関しては、早川征一郎『国家公務員の昇進・キャリア形成』1997年、313頁以下参照。
（2）公務員制度調査会『公務員制度改革の基本方向に関する答申』1999年3月。全文は、『ジュリスト』(1158) 1999・6・15所収。なお同号は答申に対するさまざまな論評を掲載しており、筆者も答申に批判的な立場から「公務員制度改革の政治行政」を寄稿している。
（3）ここでは国家公務員を念頭に置いている、ただし同様の天下り慣行は都道府県や政令市職員にも存在し、これは多分に国の人事行政が、よかれ悪しかれ自治体のお手本となっていることによると思われる。以下の議論は自治体にも相似形としてあてはまろうが、ここでは問題を国の職員に限定して論じたい。
（4）早川前掲注（1）、第5章参照。同書ではまずⅠ型を切り離して論じているため、Ⅱ型以下タイプの番号は同書とは一つずつずれている。
（5）早川前掲注（1）、246頁。
（6）創立時の人事院に期待された「独立性」は、占領政策の落とし子というべきこの組織に「孤立化」の不安を与え、その使命と社会的承認のディレンマを克服しようとするその歴史は、組織に特異な性格を与えることになった。人事院の自己抑制は、その背後にある他省庁や政治社会からの承認に対する神経症的欲求と密接にかかわっているように思われる。拙稿「人事行政機関：歴史の相からみた人事院」人事院編『公務員行政の課題と展望』ぎょうせい、1988年所収参照。
（7）早川前掲注（1）、252頁以下参照。
（8）政府関係法人労働組合連合『政労連天下り白書』同連合、1993年、46頁。
（9）『朝日新聞』（東京）2000年2月21日付、朝刊1面トップ記事。
（10）政労連前掲注（8）、49頁。
（11）総理府編『公益法人白書平成11年版』大蔵省印刷局による。
（12）猪瀬直樹『日本国の研究』文芸春秋、1997年、第5章参照。この書のテーマは特殊法人・財政投融資・特別会計・公共事業などに及んでおり、公益法人はそれらが構成する全体システムの一要素として描かれている。

第1期　公務員制度改革大綱——公務員制度調査会と行政改革会議

(13) 拙稿「行政のアカウンタビリティとその内在化」日本行政学会編『行政と責任』（年報行政研究33）ぎょうせい、1998年所収を参照。
(14) わが国の行革の特色として、定員数・省庁の数・局の数・特殊法人の数、さらに近年の市町村合併運動も含め、うわべの数の縮減という形式が異様に重視されているが、国際的にみれば、「スモール・イズ・ビューティフル」という考えに代表されるような個別組織の規模縮小と外部化が一般的な潮流である。目につくところでの数の減少が、多くの場合、関連する公益法人の増加や調整コストの増大につながっていることにもっと留意すべきである。
(15) 渡辺保男「公務員のキャリア」辻清明他編『行政学講座4・行政と組織』東京大学出版会、1976年、199頁。なお、同論文執筆時点では定年制はしかれていなかった。
(16) 渡辺前掲注（15）、206頁。
(17) 稲継裕昭『日本の官僚人事システム』東洋経済新報社、1996年。

第5章　公務員の労働基本権問題再訪

清水　敏

はじめに

　わが国における公務員の労働基本権問題は、1970年代における一連の最高裁判決(1)によって決着し、今日ではあたかも過去の問題であるかのように扱われている感がないとはいえない。しかし、近年における公共的サーヴィスの「アウト・ソーシング」の進展にともなって、公共的サーヴィスの提供者が著しく多元化した結果、公務の労使関係を規律する公務員法の諸規定について立法論および解釈論の双方にあらたな検討課題を提起しているように見える。本章では、とくに地方公務員法上の労使関係を規律する諸規定のうち、主として争議行為の規制に焦点を当ててその課題を検討し、あわせて争議行為規制の国際基準を考察してみたい。

1　公共的サーヴィスの提供者および従事者の多元化

　総務省によって明らかにされた「市区町村における事務の外部委託の実施状況」（2004〈平成16〉年3月25日）および「都道府県・政令指定都市における事務の外部委託の実施状況」（2003〈平成15〉年4月16日）は、一般事務ならびに施設運営事務ともに、前回調査（1998〈平成10〉年4月）に比して地方公共団体における事務の外部委託が引続き急速に進展していることをうかがわせるものである。しかも近年、この外部委託を促進するための法制度的な条件整備が進んでいることも見逃せない。すなわち、PFI法の成立(2)、いわゆる「指定管理者制度」(3)の導入、および地方独立行政法人の設置がそれである。さらに2004年6月に発足した「規制改革・民間開放推進会議」は、

第1期　公務員制度改革大綱——公務員制度調査会と行政改革会議

「官需打破・民需創造」の観点から、医療、福祉、教育等の主要官製市場の改革、官業の民間開放の推進を重点的に取り組むとしている。そこでは、官業の民間開放を推進するために、行政サーヴィスの民間移管とならんで、その実現を加速させるための手段として「市場化テスト（官民競争入札）」が検討課題に掲げられている。「市場化テスト」とは、各省庁ごとに毎年民間開放が可能な「特定事業」を選定し、それを官民の競争入札にかけ、民間事業者が落札した場合には、官の職員の配置転換・民間企業への出向等を予定するものである。かつてイギリスで実施された強制競争入札制度に類似する制度とみることができよう[4]。このように行政事務等の外部委託の流れは、今後とも、止みそうにない。

外部委託は、伝統的な行政組織（以下、行政機関）によって担われてきた公共的サーヴィスが独立行政法人、事業団、民間企業、NPOおよび地域コミュニティー等の組織によって遂行されることを意味する。もはや公的サーヴィスの提供者は、行政機関に限定されず、多様な組織が公的サーヴィスの提供者として登場している。そして日々の公的サーヴィスに携わる者の多くは、いうまでもなく民間のサーヴィス提供者に雇用された民間労働者である。しかもその労働者の雇用形態も多様であり、正規従業員のほかに、パート労働者、契約社員または派遣労働者等を想定できる。こうしていまや公的サーヴィスの提供に従事する者は、公務員のみならず、民間事業者との雇用契約にもとづいて雇入れられた多様な労働者であるといえよう。この傾向は、地方公共団体において一層顕著であり、今後ともこの傾向は当分の間、継続するものと想定される。

2　労働基本権制約の論理の見直し

（1）公務員法における労働基本権制約の論理

ところで現行の公務員法は、このような環境の変化に対応することができるであろうか。従来のわが国の公務員法は、制定当時以降、概ね、次のような考え方にたって解釈および運用されてきたといえよう。すなわち、公共性

の高いサーヴィスは、公平かつ継続的に提供されるべきである。そのためには、原則として行政機関がサーヴィスのプロヴァイダーとなることが必要であり、また、サーヴィスの担い手である公務員には、特別な規律が必要とされる。具体的には、（ａ）サーヴィスの公平性および継続性を確保するために採用および昇格等についてメリット・システムを導入することおよび適切な勤務条件を保障すること（勤務条件法定主義）、（ｂ）サーヴィスの継続的な提供のために争議行為の禁止および代償措置を導入すること、そして（ｃ）サーヴィスの公平な提供を確保するための政治活動等の規制を設けることになる。

（２）公務員法における私法原理と公法原理

　以上のシステムのもとにおいて、公務員の勤務関係は、勤務条件詳細法定（条例）主義が採用されたため、雇用契約関係ではなく、任用関係として捉えられ、また労働基本権の制約とも相まって、民間労働者の雇用関係を規律する私法原理（契約原理）が入り込む余地はないと把握されてきたように見える。結果的に、わが国では雇用主体が「公」であるか「私」であるかによって、労働者の権利義務関係に大きな差が生じ、「公」と「私」間に法制度上、高い垣根が設けられることとなった。

（３）最高裁判決の論理

　このような公務員の勤務関係が「私」の労働関係と異質であることを解釈論上もっとも明確に提示したのが一連の最高裁判決であった。最高裁は、労働基本権制約の第一の論拠として、公務員が憲法上「特別な地位」にあることを挙げている。すなわち、「特別な地位」の内容は、公務員は、「全体の奉仕者」（憲法15条）たる地位にあり、また勤務条件を労使対等な立場で決定できる地位にない（同73条４号など）ことである。この結果、公務員の勤務関係に関して、いわゆる「市場原理」が入り込む余地がまったく存在しないかのような認識を示すことになる。それは、最高裁が公務員の争議行為禁止

第1期　公務員制度改革大綱——公務員制度調査会と行政改革会議

を肯定する論拠として述べている「市場の抑制力」論である。すなわち、民間労働者の争議行為に関しては「市場の抑制力」が働くのに対して、公務員の場合には「そのような市場の機能が作用する余地がないため、公務員の争議行為は場合によっては一方的に強力な圧力となり」、勤務条件の決定手続きを歪めるおそれがあるというものである。そこでは争議行為の禁止を含めて、「公」の勤務関係と「私」の勤務関係を基本的に異質なものと捉えるのであるが、かかる認識の基底には「市場原理」が機能するか否かという要素が大きく作用しているように推測できる。

　第二の論拠は、「職務の公共性」である。しかし、この「職務の公共性」の理解は、きわめて一般的・抽象的であることが特徴である。すなわち、公務員の地位にある者が担う職務は、「多かれ少なかれ」公共性を有しており、その停廃は国民生活に重大な影響を及ぼすおそれがあるとして、争議権制約を肯定することになる。そこでは、公務員が担う職務の性質とそれが停廃することによる国民・住民生活への影響がどの程度のものであるかという判断要素は、争議権制約の論拠を検討するにあたって大きな比重を占めていない。このことは、前記の公務員の憲法上の地位に関する認識が大きく影響しているといえよう。すなわち、公務員が憲法上の特別な地位にあるという認識が、争議行為禁止の是非を法的に検討するにあたって、個々の公務員の担う職務の性質を厳密に考察し、その停廃が国民または住民の生活に与える影響を精密に測定する必要性を希薄にしているといえよう。

　しかし、一連の最高裁判決が下された当時はともかく、少なくとも、昨今の公務員制度に関連して提起されている諸課題は、公務員が憲法上特別な地位に置かれていることを根拠に、民間の労使関係を支配する原理とは異質な原理が公務員関係を規律すべきであるとの認識を前提にしていると考えられない。たとえば、「市場原理」に関しては、それを何らかの形で公務の勤務関係に導入しようとする考え方が昨今の制度改革の根底にあるといわざるをえない。前述したように、「市場化テスト（官民競争入札）」の導入は、その典型である。こうして、今や、公務の勤務関係は、市場原理と無関係である

という認識は見直さなければならない段階に立ち至っているといえよう。したがって、公務の勤務関係と民間の勤務関係との間に存在した高い障壁を低くする政策こそが現在求められているものであるといえよう。

(4) 争議権制約の見直しの必要性

さて、「職務の公共性」は、最高裁判決において公務員の争議行為を禁止する支柱の一つであるが、昨今の公務におけるアウトソーシングの進行は、「職務の公共性」を公務員の争議行為否認の論拠とすることにつき、重大な疑義を発生させているように思われる。行政改革以降の一連の政策は、民営化・民間委託という手法を政策の中に積極的に位置づけるとともに、その積極的な活用を宣言した点において、従来の公務員法が依拠してきた暗黙の前提、したがって最高裁判決の前提(公務の提供者は、原則として伝統的な行政組織であるべきであり、公務従事者は公務員であるべきである)に法原理的な転換を迫っているように思われる。

この転換は、より直接的には、従来の労働基本権制約のあり方に対して見直しを迫るものといえよう。すなわち、公的サーヴィスの提供主体が伝統的な行政組織から民間の提供者に移行したとしても、当該サーヴィスの性格が変化するわけではない。当該サーヴィスは、引続き公共的な性格を持ち続けることになる。そうである以上、公的サーヴィスを提供する組織の性格が公的であろうと、私的であろうと、その公平かつ安定的な供給を確保する措置が常に考慮されなければならない。そのためには、公的サーヴィスが市場において提供されないおそれが生じた場合には、何らかの公的介入を行い、当該サーヴィスの供給を確保すべき義務が国家または地方公共団体に生ずることとなる。[5]同様に、公的サーヴィス従事者のなかに民間企業労働者がいる以上、争議行為による当該サーヴィスの停廃の虞を否定できない。したがって、ここにおいても何らかの公的介入が必要となる場合も想定できよう。

こうして、国家または地方公共団体が、公共性を有するがゆえに公的サーヴィスの継続的供給を確保する責務を果たそうとするとき、公務員の地位の

特殊性と抽象的な職務の公共性を根拠に、公務員の争議行為を規制する政策のみではもはや十分に対応できない状況が生まれつつある。新しい事態に的確に対応するためには、公務員を含めたすべての公的サーヴィス従事者を対象とする新たな争議行為の規制が模索されなければならない。その際に考慮されるべきことは、公的サーヴィスを提供する組織の法的性格にかかわりなく、当該サーヴィスの公共的な性格の精緻な考察とその停廃によって生ずる国民・住民生活への支障の程度の測定にもとづいて、当該サーヴィス従事者の争議行為に対する適切な規制を検討することではあるまいか。もっとも、わが国ではすでに労働関係調整法が存在し、周知のように、公益事業における争議行為を規制する規定を設けているが、はたしてこの規制で十分対応できるか否を含めて、総合的な検討が早急に求められているといえよう。

3 　国際労働基準と労働基本権制約の論理

　ところで公務員を含む公的サーヴィス従事者の争議行為の規制を検討するにあたって、当該サーヴィスの公共的な性格の精緻な考察とその停廃によって生ずる国民・住民生活への支障の程度の測定から直ちに規制内容が明らかになるわけではない。当該職務に対して規制をなすべきか否か、あるいは規制すべきだとした場合、いかなる規制をなすべきかは別の検討を必要とする。その際に、わが国が考慮すべき重要な要素の一つは国際労働基準であろう。いうまでもなく、ILOは、わが国の公務労働法制にこれまでも影響を及ぼしており、また広範な経済分野においてグローバル・スタンダードの導入を図ろうとする昨今の政策課題とも一致することになるからである。そこで以下においては、国際労働基準において公的サーヴィス従事者の争議行為を制約する論拠およびその範囲について簡単に考察しておきたい。

（1）ILO条約
①　ILO87条約におけるストライキ権制約の論理
　　ILO87号条約は、ストライキ権を保障する旨の明文の規定は存在しな

い。それにもかかわらず、結社の自由委員会等の監視機関は、同条約において労働者の基本的人権としてストライキ権が保障されているものと解し、それを各国政府に義務づけている。しかしこの権利は、いうまでもなく無制約であると考えられてはいない。ILOの監視機関は、従来からストライキの制限が許される場合の三つの基準を掲げてきた[6]。それは以下の通りである。

a　厳密な意味における不可欠業務（essential services—すなわち、その停廃が生命、個人の安全または健康を危険にする業務）に従事する労働者
b　国家の名において権限を行使する公務員（public servants）
c　重大な国家危機の場合で、しかも限定された期間内におけるストライキの制約

　この制約論拠のうち、わが国との関係で論じられなければならないのは（a）および（b）の論拠である。（a）の「不可欠業務」は、労働者の地位に着目した概念ではなく、労働者の従事する職務内容に関連するものである。これに対して（b）は、「国家の名において権限を行使する」という限定がついているとはいえ、「公務員という地位」に関連する概念であると解する余地がないわけではない。しかしながら、ILOの近年の関連文書を見る限り、この概念は、「国家の名において権限を行使する公務員」の職務に着目したものであり、その地位に関連する概念ではないと解せられる[7]。後述するように、ILO結社の自由委員会は、「国家の名において権限を行使する公務員」の例として司法に関連する職務を挙げているが、このことは、かかる職務の停廃が、たとえば不可欠業務とされる医療関係労働者のストライキのごとく、国民の生命、安全または健康に直ちに影響するものではないが、軍隊および警察に対するストライキ権の否認と同様に、国家機能そのものを危殆に陥れるものと捉えられていると解することができる。したがって、「国家の名において権限を行使する公務員」という概念も、公務員という地位に関連す

② **争議権を制約しうる具体的範囲**

　わが国において、公的サーヴィスの性格に着目して争議行為を規制しようとする場合、いかなるサーヴィス従事者の争議行為を規制の対象にすべきかが問題となるが、すでにILOの監視機関は、これまでに「判例」を積み重ねてきている。そこで、簡単に、ストライキを制限できる具体的範囲について、ILOの監視機関の見解を見ておきたい。ILO結社の自由委員会は、争議行為の禁止が許される労働者の具体的範囲について判断を行っているが、まず、ILO条約が団結権および団体交渉権をも制約しうるとする警察および軍隊の構成員については、ストライキ権の制限または禁止も許されるとしている。

　次に、「国家の名において権限を行使する公務員」の一例としては、司法部門において働く職員（officials）を挙げている（1706号事件、291次報告、485項）。また、「不可欠業務」に該当するものとして、病院（1985年結社の自由委員会の決定ダイジェスト409項）、電気（1307号事件、238次報告、325項）、水道（1593号事件、281次報告、268項）、電話（1532号事件、279次報告、284項）および航空管制（1985年ダイジェスト412項）が挙げられている[8]。他方、不可欠業務に該当しないものとして挙げられているのは、ラジオ・テレビ（988号および1033号事件、230次報告、370項）、造幣、印刷、アルコール、塩およびタバコ専売（1985年ダイジェスト403項）、郵便（1451号事件、268次報告、224および225項）、都市交通（1985年ダイジェスト408項）および教育（1528号事件、277次報告、285項）[9]等である。

（2）ヨーロッパ社会憲章における公務員のストライキ制限の論拠と範囲

　ヨーロッパ社会憲章[10]は、わが国の労働基本権に直接的な影響を及ぼすものではないが、わが国の公務員の労働基本権問題を検討するに当たってはグローバル・スタンダードの一つとして十分考慮すべき内容を含んでいる。簡単

にその概要を考察してみたい。

　ILO条約がストライキ権の明文の規定を欠くのに対して、ヨーロッパ社会憲章は、ストライキ権保障の明文の規定を有し、同権利を各締約国に義務づけている。すなわち同憲章6条4項は、「ストライキ権を含む団体行動の権利」を保障することを義務づけている。しかしヨーロッパ社会憲章においてもストライキ権は、当然に無制約ではない。すなわち、憲章31条は、「民主的社会における他人の権利および自由を保護するため、もしくは公共の福祉、国の安全保障、公衆衛生または道徳を保護するために必要な場合には」国内法の定めにしたがってストライキ権を制限できると定めている。この規定からあさらかなように、憲章におけるストライキ制約の論拠は、ストライキによって被る国民生活への影響を考慮したものとなっており、いわば厳密な意味の「職務の公共性」が制約の論拠となっている。

　つぎに、上記の制約論拠によって具体的にいかなる範囲においてストライキ権の制約が許されているのであろうか。憲章の規定に関して有権的解釈権限を有する「社会的権利に関するヨーロッパ委員会」によれば、すべての公務員の争議行為を禁止することは、公務員の従事する職務のすべてが前記の憲章31条に該当するとはいえないので、憲章6条4項に違反するとしている。また、31条にもとづいて争議行為を制限できる労働者として次のようなものが掲げられている。まず、不可欠業務（電気、ガスなどの供給）に従事する労働者、警察および軍隊の構成員、裁判官ならびに上級公務員（senior civil servant）である。これは、前記のILO結社の自由委員会が挙げたリストにきわめて近似しているといえよう。

（3）「地位」を根拠とする争議行為禁止と監視機関の評価

　わが国の最高裁は、公務員の憲法上の地位を公務員の争議行為を全面的に禁止する論拠としている。このような争議権否認の論拠は国際的にどのように評価されているのであろうか。この問題を考察するのに適切な素材は、ドイツの官吏のストライキ禁止に対する各条約の監視機関の見解である。

第1期　公務員制度改革大綱——公務員制度調査会と行政改革会議

　周知のように、ドイツではわが国の公務員に該当する職員のうち、官吏（ベアムテ）の勤務関係は、他の民間労働者および官吏以外の公務員（アンゲシュテルテおよびアルバイター）とは異なり、労働契約関係として把握されておらず、その争議行為も禁止されている。したがってこのような一部の公務員に対する争議行為の禁止は、ドイツが批准している各種の国際条約に違反するのではないかとの疑問が生ずることになる。これに対して、ドイツ政府は、官吏が憲法上、特別な地位に置かれていること、したがってストライキを禁止する論拠は、官吏の担う職務内容・機能ではなく、その「伝統的な法的地位・身分」であると主張してきた。ドイツ政府は、官吏のストライキ禁止の論拠が官吏の特別な「地位」であり、職務内容ではないことを明言していた。

　これに対して、ILO結社の自由委員会および専門家委員会は、官吏たる地位にある教員、郵便労働者および鉄道労働者に関して、広範な公共部門労働者をストライキ権の保障から排除するドイツの官吏ストライキ禁止措置が87号条約違反であると断じてきた。(14) また、国連の「経済、社会および文化的権利に関する委員会」は、2001年、官吏のストライキが国家に対して負っている官吏の特別な義務に違反し、職業的官吏の趣旨に反するというドイツ政府の弁明をILO条約にいう「国の行政に従事する」という文言をあまりにも無制約に解釈するものであるとして批判している。(15) 同様に、ヨーロッパ社会憲章の監視機関の一つである「社会的権利に関するヨーロッパ委員会」は、官吏のストライキの禁止が社会憲章6条4項に違反すると述べている。(16)

　このように三つの国際条約の各監視機関は、いずれも官吏のストライキを禁止する措置が労働者に保障された基本的人権を侵害するものであることを明らかにしている。これは、直接的にはドイツの官吏に対する争議行為禁止措置に対する判断であるが、同時に、労働者の従事する職務内容に関係なく、その地位または雇用主体の法的性格等を理由に争議行為を禁止することはできないという国際基準が確立していることを意味している。

まとめにかえて

　以上で述べたように、わが国では戦後、公務員の争議行為を全面・一律に禁止する政策が採用されてきたが、公務を取巻く環境の変化、とりわけ、公的サーヴィス従事者の多様化は、このような政策の見直しを迫っている。具体的には、公務員の特別な地位に着目して争議行為を全面的に禁止することから、公務員を含めた公的サーヴィス従事者の職務内容に即して争議行為を規制する方向への政策転換を求めているのではなかろうか。そしてこのような争議行為規制方法は、国際的な基準にも適合するものである。また、公的サーヴィス部門における争議行為の規制を具体的に検討するにあたっても、国際的に確立した基準は考慮に値するものと思われる。

　なお、主として争議権問題を中心に論じてきたが、公務員と民間労働者等が同一の労働組合を結成することを妨げる機能を果たしている「登録制度」の見直しは、公的サーヴィス従事者の多様化を考慮すれば、今や喫緊の課題である。公的サーヴィスに携わる者として公務員と民間労働者が同一の労働組合を結成し、当局に対しても、また民間事業者に対しても団体交渉を要求することを可能とする法的な整備も、また重要な課題であると思われる。

注
（1）全農林警職法事件・最判大昭48・4・25（刑集27巻4号547頁）、名古屋中郵事件・最判大・昭52・5・4（刑集31巻3号182頁）。
（2）「民間資金等の活用による公共施設等の整備等の促進に関する法律」（平成11年法律第117号）。
（3）地方自治法244条の2の改正によって、「公の施設」の管理は、法人その他の団体で長が指定する者（指定管理者）に行わせることが可能となった。これにより、長は、民間事業者を指定し、公の施設の管理を代行させることができる。
（4）イギリスの強制競争入札制度とEC指令について、Colin Bourn (ed.), The Transfer of Undertakings in the public sector, (Ashgate 1999)。
（5）当該サーヴィスの安定的供給を確保するための財政的配慮やサーヴィス提供に携わる労働者に対する一定水準以上の労働条件の保障等が考慮されるべきであろう。

第1期　公務員制度改革大綱──公務員制度調査会と行政改革会議

（6） Freedom of Association: Digest of Decisions and Principles of the Freedom of Association Committee of the Governing Body of ILO (4th edn., Geneva: ILO, 1996), para.536.
（7） Committee of Experts on the Application of Conventions and Recommendations, General Survey on Freedom of Association and Collective Bargaining (Geneva: ILO, 1994), para.265. この「一般報告」の解説および翻訳として、初岡昌一郎『結社の自由と団体交渉』（日本評論社、1994年）参照。
（8） Digest, para.544.
（9） Digest. para.545.
(10) ヨーロッパ社会憲章の逐条解釈について、David Harris, The European Social Charter (2nd eds., Transnational Publishers, Inc., 2000).
(11) ESCR, Conclusion XIV-1 221 (Finland).
(12) ECSR, Conclusion I 38.
(13) ESCR, Conclusion XIV-1 619 (Norway).
(14) Case No.1820 (Germany), 302nd Report of the CFA (1996), para.80.; CEACR, Individual Observation concerning Convention No.87 (Germany) (Geneva: ILO, 2001).
(15) Concluding Observation of the Committee on Economic, Social and Cultural Rights; Germany 24 Spt. 2001, E/C.12/1/Add. 68, para.22.
(16) ESCR, Conclusion I, 184-5.

第6章　ドイツ公務員制度の動向
――ラウフバーン、給与・賃金制度を中心として――

奈良間　貴洋

　昨今の日本の公務員制度改革に関する議論の中で、諸外国とりわけ欧米の公務員制度について参照されることが少なくない。ドイツについても例外ではないが、その背景として、同国が公法上の勤務・忠誠関係に立つ官吏と私法上の雇用関係にある非官吏（被用者）という二元的な公務員制度を有していること、官吏制度が「伝統的職業官吏制度の諸原則」と呼ばれる憲法上保護された特有の原理によって規律されていることのほかに、近年の公務員制度改革をめぐる動向の激しさが指摘できる。その流動的な状況の中で、ドイツ公務員制度の動向を的確に捉えることがますます重要となっている。

　本章は、特に2003年以降のドイツの公務員制度をめぐる改革の動向を、官吏と被用者に分けて概観することにより、現代のドイツ公務員制度及びその改革の理解に資することを目的としている。特に、被用者に適用されている新たな労働協約の動きと、連邦制改革の文脈における官吏法改革を中心に紹介することとしたい。[1]紙幅の都合上、論考の対象はラウフバーン制度を含む任用制度と給与・賃金制度に絞るが、その他にも勤務時間、服務、扶助給付等の重要な改正も同時並行で進んでいることを指摘しておく。

1　ドイツの二元的公務員制度

　2004年6月現在、ドイツは約460万人の公務員を抱えている（**図表1**）。これらの公務員については、周知のとおり、公法上の勤務・忠誠関係に立つ官吏（Beamte）と、私法上の労働協約によって勤務条件が定められる非官吏の二つの類型が存在する。さらに、非官吏については、職務の類型によって、職員（Angestellte）及び労働者（Arbeiter）という区別がされてきた

第1期　公務員制度改革大綱——公務員制度調査会と行政改革会議

ところであり、それぞれ適用される労働協約を異にしてきた。しかしながら、非官吏については、社会保障関係法典や公的年金保険等の適用関係において、基本的に区別がなくなり、従来から峻別の意義の希薄化が指摘されていたところである。両者は、後述する新たな労働協約において、被用者（Beschäftigte）として統一の概念の下に置かれている。

他方、官吏と被用者という区分は依然として残っているものの、私法上の労働協約に官吏の勤務条件が準用規定として採り入れられるプロセスを通じて、勤務条件については、接近現象がみられる。また、任用の実態をみても、ある職に官吏又は被用者のどちらを就けるかについて、実態と整合性を図れるような論理的な説明は難しいというのが実情となっている。官吏と被用者の区分は論理的・絶対的なものではなく、多分に歴史的事情によるものである。

それでは、官吏と被用者の区分の必要性が低下しているかといえば、そう

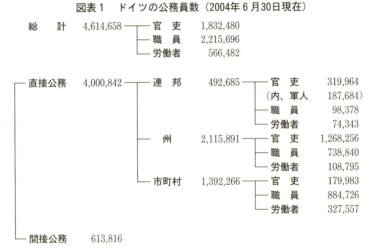

図表1　ドイツの公務員数（2004年6月30日現在）

（注）連邦鉄道財産の公務員（55,038人）を除く。
（注）直接公務とは、連邦、州又は市町村の官庁（連邦・州の各省、会計検査院、裁判所、地方財務局、税務署等）が担当する公務。間接公務とは、連邦、州又は市町村直轄の公法上の社団、施設若しくは財団（連邦雇用エージェンシー、連邦職員保険機構、ドイツ連邦銀行、職業安定所等）が担当する公務。
（出典）ドイツ官吏同盟、Zahlen Daten Fakten、2006年1月

とは速断し得ない。最近のドイツ公務員制度をめぐる議論をみても、立法者は、官吏制度の存置と統一的公務員制度の否定という決断の下に改革を進めていることがその証左である。さらに、実態上接近している勤務条件についても、官吏法と労働協約がそれぞれ別々の改革の道を歩むことで、両者の乖離といった現象も指摘されている。今後も、中長期的に存続すると思われる二元的公務員制度を前提に、改革の動向を注視していく必要があろう。

2　ドイツ公務員制度改革をめぐる近年の動向

（1）近年の改革に至る経緯

以上の理解を前提に、ドイツ公務員制度改革をめぐる近年の動向を、官吏と被用者に分けて概観する。なお、個別の改革についての詳細は別の論考に譲ることとする。

近時のドイツ公務員制度改革の歴史を振り返ると、1970年代に二元的な公務員制度の廃止を最大の論点とする大きな改革議論が行われている[2]。しかしそれ以来、ドイツの立法者は、官吏と職員・労働者の区分の廃止による公務員制度の一元化という抜本的な大改革ではなく、二元的な公務員制度を維持しつつ、大小の改正を積み重ねる道を選択してきた。その中で、近年の改革へと直接つながるプロローグとして位置づけられるのが、1997年の公勤務法改革である[3]。同改革は、官吏について、実績に基づく昇給、実績手当、実績報奨金（一時金）の新設による給与面の実績主義の強化、管理職の適性実証のための試用期間制度の導入、人事異動の弾力化などを柱としている。なお、改革実施当時の政権党は、キリスト教民主・社会同盟（CDU／CSU）であった。

その後1998年に、社会民主党（SPD）と緑の党の連立政権が成立した後も、官吏制度改革の流れが淀むことはなかった。その成果として、2002年には連邦給与構造現代化法が実施され、例えば実績給については、それまでの運用上の課題を考慮して、支給対象人員枠を拡大し、実績給の決定に当たってはチームによる成果の評価を可能とするなどの制度改正が行われた[4]。

第1期　公務員制度改革大綱——公務員制度調査会と行政改革会議

　政権交代により、公務員制度改革を含む行政改革を導くモットーは「スリムな国家」から「現代的な国家、現代的な行政」へと変遷したものの、財政上の事情を背景としたスリムで効率的な公務員制度の実現、適性実証のための管理職任用制度や実績給の導入による勤務実績のより的確な反映といったニュー・パブリック・マネージメント（NPM）を支柱とした改革の基本思想には大きな相違はなかったように思われる。

　官吏と被用者の勤務条件の接近については既に触れたところであるが、近年まで、改革の先鋒は官吏法が担ってきた実績があり、官吏に適用される規定を被用者の労働協約が取り込むという傾向があった。こうした中で、その流れを変えたとされるのが2003年1月に実現した、被用者に係る新たな労働協約作成に向けた労使合意である[5]（ただし、後述するとおり、新たな労働協約に規定された個別制度の内容は依然として官吏法に範をとったものも多い）。以下、（2）及び（3）の論述と併せて、**図表2**を参照されたい。

（2）新たな労働協約の締結

　それまでは、職員と労働者でそれぞれ異なる労働協約の適用を受けており、さらに労働者について言えば、連邦と州、市町村で労働協約を異にしていた。その上、それらを補う行政分野ごとの特別な労働協約が存在しており、全体像の概観を困難にしていた。2003年1月の労使合意により、職員と労働者に適用される統一的な公務労働協約の策定に向けた作業が始動することとなった。

　伝統的に、労働協約に係る労働組合との協議については、連邦、州及び市町村の使用者代表が歩調を一にして共同交渉という形で進められてきたが、州については使用者共同体による年次休暇給付及び年次特別給に係る労働協約の解約、労働時間延長をめぐる労使協議の紛糾といった経過を辿り、公務労働協約締結に向けた共同交渉からは途中で離脱することとなった[6]。その結果、州使用者共同体は、ヴェルディ（ver.di、統一サービス産業労働組合）など複数の労働組合との交渉を個別に行うこととなった。

第 6 章　ドイツ公務員制度の動向

図表 2　ドイツ公務員制度改革をめぐる近年の動向

	官　吏	被用者（職員、労働者）
2003年1月	ノルトライン・ヴェストファーレン州有識者委員会報告書	職員、労働者に共通の統一的な新労働協約を作成することについて労使合意
3月	年次特別給、年次休暇給付の水準決定権限を各州に分権化	
2004年3月		州使用者団体が勤務時間に係る規定を解約
9月	連邦内務大臣、ドイツ官吏同盟議長、ヴェルディ議長の三者が「公務における新しい道〜官吏法改革の基本項目〜」について合意	（その後、新労働協約に係る共同交渉から離脱。2005年に入ってから交渉再開）
2005年2月		連邦と市町村の被用者について労働協約の基本事項労使合意
4月		州について労使交渉決裂
7月	公務構造改革法案を政府決定	
9月	連邦議会総選挙 （その後、キリスト教民主・社会同盟（CDU／CSU）と社会民主党（SPD）による連立政権成立） →公務構造改革法案は審議未了廃案 　法案の再提出はされず	
10月		公務労働協約発効（連邦、市町村） （05年末よりドイツ全土でスト行動）
2006年2月		ヴェルディで組合員投票の結果、大規模ストライキの実施
5月		州の被用者について新労働協約の基本事項労使合意
9月	連邦制改革のための基本法改正法施行	
10月	官吏身分法案政府決定	
11月		州公務労働協約発効
2007年1月		新労働協約に基づく実績給の導入（連邦、州、市町村）
4月以降	官吏身分法の制定（？） 勤務法再編成法案の提出（？）	

　連邦と市町村の被用者については、2005年2月には協約の基本事項について合意が図られ、最終的な詰めの交渉を経て、同年10月より新たな「公務労働協約」（TVöD：Tarifvertrag des öffentlichen Dienstes）が適用されている。なお、公務労働協約は、単一の協約ではない。全被用者に共通の原則を定めた総論部分と、一般行政、病院、貯蓄銀行、空港、廃棄物処理等の個

117

第1期　公務員制度改革大綱——公務員制度調査会と行政改革会議

別分野ごとの各論部分からなり、それぞれ独立の労働協約である。それら全体を指して公務労働協約と呼ばれている。

また、州の被用者については、2005年から2006年にかけてドイツ全土で実施された大規模なストライキの末に、2006年5月に新労働協約締結に向けた基本合意がなされ、同年11月より連邦・市町村の公務労働協約と同様の内容を持つ労働協約（TV-L：Tarifvertrag für den öffentlichen Dienst der Länder）が適用されている。

さらに、連邦・州・市町村のそれぞれについて、別途実績給に関する労働協約が締結され、2007年1月から実績給が導入されている。

（3）官吏法改革をめぐる動向

一方、官吏法改革をめぐる動向としては、まず、2003年3月の給与に係る連邦給与法改正に言及しておく必要がある。この改正により、それまで連邦・州の官吏に統一的に規定されていた年次特別給及び年次休暇給付の水準決定権限が各州に委譲された。振り返ってみれば、これが各州への給与決定権の分権化（後述）を加速させることとなったように思われる。また、この分権化の結果、年次特別給及び年次休暇給付は各州で縮小又は廃止されることとなり、先に述べた州職員・労働者について同内容を定める労働協約の解約もそれらの官吏法の動きに準じたものである。

さて、官吏法全体に係る改革に目を転じると、2004年9月に当時歴史的とも評された労使合意が実現している。連邦内務大臣、ドイツ官吏同盟議長、ヴェルディ議長の三者による「公務における新しい道～官吏法改革の基本項目～」と題する合意文書がそれである。内容については後述するが、この合意を基にした「公務構造改革法案」は2005年7月に閣議決定をみるに至った。しかしながら、同法案は、シュレーダー政権の不信任問題と連邦議会総選挙の前倒し実施及び政権交代という政治情勢の中で、結局審議をされないまま実質的に廃案となった。

その後、連邦内務省からも法案再提出の動きがないまま、官吏法改革の灯

火が消えたわけではない。ドイツの国家体制である連邦制の改革というより大きな文脈において、連邦と州の権限分配が見直される中、官吏法についても各州への分権化という方向での改革が行われた。具体的には、給与法や扶助給付法を各州が独自に定めることとなり、今後の動向を注視する必要がある。

また、実績給の強化については、先行する形となった被用者の制度が官吏法にも採り入れられる方向で議論されており、被用者の実績給制度の成否とそれを受けた官吏法改正も今後の注目点と言えよう。

なお、この間、2003年1月にはノルトライン・ヴェストファーレン州政府によって設立された有識者委員会（委員長：ハンス・ペーター・ブル　ハンブルク大学教授）が、官吏と職員・労働者の二元的公務員制度を廃止し、私法上の雇用関係による一元的な公務員制度を創設して、原則としてスト権はじめ労働基本権を公務員に付与することを提言している(11)。この通称「ブル委員会」の提言は実現をみていないが、一つの改革提言として注目されるためここで言及しておく。

以下では、被用者に関する公務労働協約及び官吏に関する法制度改革のそれぞれの内容について概要をみていくこととする。

3　公務労働協約

（1）公務労働協約の趣旨と背景

被用者については、労働協約のうち、連邦及び市町村の被用者に適用される公務労働協約に絞って論を進めることとする。

まず、2003年1月の基本事項合意によれば、新たな労働協約の目的は、①公務の効率・効果の向上、②職務と実績に応じた処遇、③顧客・市場指向の行政、④制度の簡素化と透明性の向上、⑤実施可能な制度設計、処遇の魅力向上、⑥被用者間差別の解消、⑦官吏法からの乖離、⑧被用者に適用される統一的な労働協約システムの創設、の8点に集約されている。

これらのうち、①から④の論点は、1990年代の官吏法改革の背景にあった

第1期　公務員制度改革大綱——公務員制度調査会と行政改革会議

NPM的な方向性を端的に表しているものと言えよう。その他注目すべきは、⑦「官吏法からの乖離」である。先述のとおり、かつての職員・労働者の労働条件は官吏法に範をとって定められてきた経緯があり、他方、官吏の給与水準については、労働協約の締結状況を横目で睨みながら改定が実施されてきた。そのような中、乖離（Lösung）という概念は、被用者の労働協約システムが官吏法の束縛を緩め、表面的には独自の道を歩み始める端緒を示すものとみられている。差し当たり、官吏法からの乖離がみられる例として、後述する賃金制度の他に、兼業規制が挙げられる。それまで官吏に関する兼業規制を準用していた連邦職員労働協約（BAT）第11条相当の規定は新協約には盛り込まれず、一般的な労働法の原則によるものとされている。

　新労働協約の背景としては、職員・労働者について別々の労働協約を締結することの意義が希薄化していることに加え、公務の民営化、アウトソーシング等に伴う市場競争圧力が働いていることも見逃してはならない。各種論文でも、この背景は特に強調されているところである。[12]特に市町村レベルにおいては、市内・近郊交通、病院、廃棄物処理、エネルギー供給等の業務は、公共企業体という形で民間と競合しながら運営されている。日本においても市場化テストなど「官から民へ」を指向する動きがあるが、こうした業務の民営化・アウトソーシングの圧力はドイツにおいても近年高まっている。そのような中、特に被用者のうち現業部門に携わっている者の労働条件については、民間の従業員のそれと比較して柔軟性を欠いており、競争に勝ち残る上で不利なファクターと認識されていたようである。競争で民間企業と伍していけなければ、官で行っていた業務自体が民間に移転してしまうことになり、最終的には人員削減につながる。労働組合側にはそのような危機感があった。また、使用者側にとっても、新たな労働協約は、労働条件の在り方を見直して柔軟化することにより、公務外への業務の流出を防ぐ対抗措置の意味合いもあったものと思われる。使用者のうち、連邦についてはそもそも上記のような民間との競合業務は少ないが、**図表1**に示したとおり特に労働者は市町村に在職している者が圧倒的に多数を占めるため、市町村の利害関係

が大きく作用したものと考えられる。

　さらなる背景として、実績主義と処遇の魅力向上の必要性が指摘されよう。ドイツにおいては、日本と異なり公務員給与のマイナス改定は実施されていないが、過去に比べて賃金水準がそれほど伸びない中で、特に若い世代を公務に引きつけるために、実績主義と処遇の魅力向上が必要となっている。

（2）賃金制度の改正

　公務労働協約の内容及び論点は多岐にわたるが、ここでは、特に重要な労働条件であり、今回の労働協約で大きな改正が行われた賃金について、その概要をみていくこととする。

　従来の賃金は、基本賃金（Grundvergütung）に、地域加算額（Ortszuschlag：配偶者・子供の有無に基づき算定）及びその他の手当から構成されており、官吏の給与をモデルとした制度となっていた。

　公務労働協約では、まず基本賃金については、総論協約に定められており、連邦・市町村で別の賃金表となっているものの、基本構造及び水準は同一である（**図表3及び図表4**）。ただし、旧東ドイツ地域の水準はそれぞれ異なっている。基本構造としては、賃金等級（Entgeltgruppe）が15等級あり、号俸（Stufe）が6号俸（下位2号俸は基本給与（Grundentgelt）、上位4号俸は発展号俸（Entwicklungsstufe）と呼ばれる）まで用意されている。従来は、年齢及び勤続年数に応じた昇給を基本としていたが、新賃金表においては、1号俸から2号俸は1年、2号俸から3号俸が3年、3号俸から4号俸が6年、4号俸から5号俸は10年、5号俸から6号俸は15年と定められており、勤務実績に応じて昇給期間の短縮・延伸が行われる。

　また、1級から4級については、地域ごとあるいは行政分野ごとに追加的な労働協約を締結して等級の統合等の柔軟化を図ることが可能となっている。但し、1級の賃金額は最低水準としての規範的な効力がある。水準についてみると、1級が適用される被用者の賃金額は、従来よりも引下げられており、民間との競争に晒される現業部門・公営企業体で民間企業に対する競争力を

第1期　公務員制度改革大綱——公務員制度調査会と行政改革会議

維持できるよう配慮されている。

　これらの賃金表の制度移行に当たっては、基本的に賃金水準が従前よりも引き下げられることになっており、賃金が下がる者については現給保障をするという移行措置が定められている。

　一方、手当についての今般の目玉は実績給の導入である。これには、実績報奨金と呼ばれる一時金と、一定の期間毎月継続的に支給する実績手当がある。給与全体に占める手当の割合としては、導入時は対象となる被用者賃金総額の1％からスタートし、将来的には8％に相当する額まで漸次引上げていくこととされている。また、実績給に係る原資については、従来支給されていた臨時特別給（いわゆるクリスマス手当）と年次休暇給付を統合した上

図表3　連邦被用者の賃金表

Anlage A（Bund）

Entgelt-gruppe	Grundentgelt		Entwicklungsstufen			
	Stufe 1	Stufe 2	Stufe 3	Stufe 4	Stufe 5	Stufe 6
15	3.384	3.760	3.900	4.400	4.780	
14	3.060	3.400	3.600	3.900	4.360	
13	2.817	3.130	3.300	3.630	4.090	
12	2.520	2.800	3.200	3.550	4.000	
11	2.430	2.700	2.900	3.200	3.635	
10	2.340	2.600	2.800	3.000	3.380	
9	2.061	2.290	2.410	2.730	2.980	
8	1.926	2.140	2.240	2.330	2.430	2.493
7	1.800	2.000	2.130	2.230	2.305	2.375
6	1.764	1.960	2.060	2.155	2.220	2.285
5	1.688	1.875	1.970	2.065	2.135	2.185
4	1.602	1.780	1.900	1.970	2.040	2.081
3	1.575	1.750	1.800	1.880	1.940	1.995
2	1.449	1.610	1.660	1.710	1.820	1.935
1		1.286	1.310	1.340	1.368	1.440

※　旧東ドイツ地域は92.5％の水準

第6章　ドイツ公務員制度の動向

図表4　市町村被用者の賃金表

Anlage A (VKA)

Tabelle TVöD／VKA —Tarifgebiet West—						
Entgelt-gruppe	Grundentgelt		Entwicklungsstufen			
	Stufe 1	Stufe 2	Stufe 3	Stufe 4	Stufe 5	Stufe 6
15	3.384	3.760	3.900	4.400	4.780	5.030[1]
14	3.060	3.400	3.600	3.900	4.360	4.610
13	2.817	3.130	3.300	3.630	4.090	4.280
12	2.520	2.800	3.200	3.550	4.000	4.200
11	2.430	2.700	2.900	3.200	3.635	3.835
10	2.340	2.600	2.800	3.000	3.380	3.470
9[2]	2.061	2.290	2.410	2.730	2.980	3.180
8	1.926	2.140	2.240	2.330	2.430	2.493[3]
7	1.800[4]	2.000	2.130	2.230	2.305	2.375
6	1.764	1.960	2.060	2.155	2.220	2.285[5]
5	1.688	1.875	1.970	2.065	2.135	2.185
4	1.602[6]	1.780	1.900	1.970	2.040	2.081
3	1.575	1.750	1.800	1.880	1.940	1.995
2	1.449	1.610	1.660	1.710	1.820	1.935
1		1.286	1.310	1.340	1.368	1.440

Für Ärztinnen und Ärzte, die unter den Besonderen Teil Krankenhäuser fallen:

1)　5.100

Für Beschäftigte im Pflegedienst:

2)	E9	Stufe 3	Stufe 4	Stufe 5	Stufe 6
		2.495	2.650	2.840	3.020

3)　2.533
4)　1.850
5)　2.340
6)　1.652

※　旧東ドイツ地域は92.5％の水準からスタートし、2006年7月から94％、2007年7月から95.5％に引上げ

でトータルの水準を下げることによって捻出される。

　これら実績に基づく賃金については、先に述べた昇給期間の短縮・延伸と併せて、官吏給与制度を貫く「扶養原則」からの乖離と実績主義への転換を

123

示すものとされている。しかしながら、実績給は官吏の世界では既に1997年改革で導入されており、今回の新制度が官吏の制度をモデルにしたものであることは明白であるため、官吏法からの乖離と断定することには疑問の余地なしとしない。手当関係では、このほか家族給の見直し等が行われているが、ここでは詳述しない。

使用者側は今回の改正に至る労使交渉の中で、制度改正によって総コストは増やさないコスト中立性を一貫して主張してきた。現給保障分についての官側持ち出し分の存否は明らかでないが、基本的には今回の改正をもって人件費が恒常的に上昇もしくは低下するものではないと理解してよいであろう。

（3）改革の位置づけと今後の動向

公務労働協約においては、「官吏法からの乖離」が目的の一つとされていた。賃金については、官吏制度の扶養原則（基本法第33条第5項）に基づいた制度を作るのではなく、使用者と被用者の間の勤務実績の交換関係を前面に押し出したとされている[13]。しかしながら、一つには今回導入された実績給と類似の制度は既に官吏法の世界において導入されており、この点に限っては必ずしも乖離とは言い切れない。また、官吏法については実績給に関する労働協約と同じ内容の改正が予定されているため、被用者の賃金制度が一旦乖離したとしても、官吏法が労働協約を後追いし、再度接近することにも留意する必要がある。官吏法からの乖離はむしろ、兼業規制における官吏法の準用から一般労働法制への移行などの文脈で語られるべきものであろう。

また、被用者の労働条件を律する規範が労働協約という形を取っていることとも関係するが、今回の新労働協約をめぐる議論では賃金が前面に出ている。勤務実績に基づく賃金が導入される一方で、勤務実績に基づく任用・配置をどのようにするのかは論点として労働協約に特に盛り込まれていない。実績給の導入に伴う評価制度が整備されてきた際に、それが賃金のみならず被用者の任用やポスト配置にどう影響してくるのかも、実務的には今後の注目のポイントの一つではないかと思われる。

4　連邦制改革と官吏法改正

(1) 労使三者基本合意から公務構造改革法案まで

　被用者の公務労働協約をめぐる動きと並行して官吏法をめぐる改革も進められた。その動向について論を進めることとしたい。

　まずは、2003年の連邦内務大臣、ドイツ官吏同盟議長、ヴェルディ議長の三者による基本合意「公務における新しい道」に基づく公務構造改革法案について触れておきたい。先述のとおり、同法案は連邦議会総選挙と政権交代の影響により、事実上廃案となっている。同法案自体は連邦議会に再提出されることはなかったが、そこで企図されていた改革案のいくつかはその後の官吏法改正に引き継がれているため、ここで同法案の骨子を紹介しておく。

　一つは、ラウフバーン原則の現代化である。各官吏は、ラウフバーンと呼ばれる職業上の経路に属する職を順次昇進していくこととされており、ラウフバーンは学歴・資格によって垂直方向に高級職、上級職、中級職、単純業務職という4つのラウフバーン群に分類され、同時に、一般職、税務職など専門分野によって水平方向に分類されている。また、準備勤務及びラウフバーン試験を経て任用される正規のラウフバーンと、必要がある場合に設置できる特殊専門分野のラウフバーン（医療職、地質学職など）という区分がある。

　改革案では、例外であるべき後者に属する官吏が増加したことにより、法律条項の適用上の区別を廃止するとともに、修習内容が類似・同水準の複数のラウフバーンを一つのラウフバーンにまとめ体系の簡素化を図る内容となっていた。

　さらに注目すべきは、新たなラウフバーン法制の開発のため、連邦又は各州において新たな規定を一定期間試験的に導入し、期間経過後に当該規定の導入の可否を判断できるとする条項や、4分類のラウフバーン群から成る従来の制度とは異なる規定を設け、ラウフバーンの創設・統合を可能にする規定が盛り込まれていたことである。[14]

また、ラウフバーン制度との関係では、見習期間の終了後に任官という行政行為により身分法上の官職を付与していた従来の制度を改め、見習官吏も身分法上の官吏とすることとされていた。

　このほか、任用関係では、官吏の公務内外での流動性の強化、実績主義の強化が予定されていた。後者については、ラウフバーン群により異なっていた見習期間の3年への統一、特に実績の優れた官吏の特例的任用、終身官吏への任用に係る年齢要件（27歳）の撤廃などがその内容であった。

　もう一つの大きな柱が、実績に基づく給与制度である。法案における新たな給与体系は、ベース給与と可変の実績給から構成されることとされていた。

　ベース給与は現行の俸給に相当するものであり、課長級以下に適用される俸給表Aと課長級以上の管理職に適用されている俸給表Bを統合して、新たな俸給表の創設が予定されていた。新たな俸給表の各級の最高号俸の水準は、それまでの俸給水準よりも4％程度低い水準に設定され、実績給の財源に転用することとされていた。

　実績給の支給水準は、ベース給与の2％から8％まで4段階に分かれており、勤務実績に応じた可変の給与である。将来的には給与に占める実績給の割合をさらに拡大する計画であった。

　俸給水準の引下げによる実績給の割合の拡大というアイデアについては、2005年の人事院の給与勧告で実施された給与構造の見直しとの類似性を指摘することができよう。

　また、公務構造改革法案全体を貫く流れとして、州の立法範囲・決定権限の拡大を指摘することができる。その範囲は、先に指摘したラウフバーン制度に関する分権化に加え、個別官職の給与等級への格付け、労働市場の状況等に応じたベース給与水準の調整、兼業、人事記録、休暇制度など多岐にわたっていた。

（2）連邦制改革と官吏法改革

　公務構造改革法案の内容の一部は、その後の連邦制改革とそれを受けた官

第6章　ドイツ公務員制度の動向

吏法改革というより広い文脈の中で継承されることとなった。

連邦制改革は、連邦議会と連邦参議院（各州政府の代表）からなる「連邦制秩序の現代化に関する調査会」により検討が進められ、連邦議会総選挙後の大連立政権の下で実現をみたもので、1949年のドイツ基本法制定以来の大改革と位置づけられている。(15)この改革パッケージによる改正は、基本法の25箇条と21の連邦法に及んでいる。

議論の前提として、連邦制改革前の立法手続を連邦参議院の関与の観点から分類すると以下のとおりとなる。

① 連邦参議院から異議申立が可能な立法

② 連邦参議院の同意が必要な立法

③ 連邦が大綱的事項のみ定める立法（大綱的規定の枠組みの中で各州が立法権限を行使）

④ 競合的立法（各州にも立法権限が存するが、法状態の統一等のため必要な限りで連邦が法律に規定することができ、連邦が立法権限を行使した事項について各州は立法できない）

⑤ 単独立法（連邦、州それぞれ特定の事項について独自に法律を制定）

今般の連邦制改革の目標の一つは、立法手続の迅速化である。近年、上記②に分類される法律案の割合が増えており、特に連邦議会と連邦参議院で多数を占める政党が異なった場合、立法手続に多大な時間を要するという問題が指摘されていた。改革によって、このカテゴリーの法律の全法律に占める割合を約6割から4割以下の水準まで低下させようとするものである。二つ目の目標は、政治的責任の明確化、換言すれば民主主義の強化である。これは、上記③及び④のような連邦議会と連邦参議院の複雑な権限関係を整理するとともに、国民に直接選ばれた議会ではなく調停委員会によって法案の内容が決定されているという現状を打破しようとするものである。③の大綱的立法については、今般の改革で廃止されることとなった。このほか、業務処理の効率化・合目的化が目標として掲げられている。

官吏法との関係では、まず③のカテゴリーに含まれていた官吏法大綱法が

廃止され、そこに定められていた事項に関する立法権限は、基本的に競合的立法（上記④）へと移行することとなった。今後も、州の官吏の身分に関する基本事項については統一性を維持し、連邦・州間の官吏の異動を円滑にする必要があるため、市町村官吏を含む州官吏の身分関係については連邦法で統一的に規定されることとなった。これについては、多くの争点をはらんでおり、（3）及び（4）で紹介する。

一方で、給与及び恩給等については、連邦給与法、官吏扶助給付法という形で連邦が立法権限を行使して連邦・州・市町村で統一的な制度を維持していたが（上記④）、今後は、連邦及び各州がそれぞれの官吏について独自に立法を行うこととなった（上記⑤）。さらに、ラウフバーン制度も各州が独自に定める事項となる。これらの州への分権化が従前からの流れであることは、先の公務構造改革法案の説明で触れたとおりである。

官吏法に係る権限配分の改正についてその背景を探ってみると、人件費負担に苦しむ州の姿が浮き上がってくる。連邦財務省のデータによれば、政府支出に占める人件費の割合（2005年）は、連邦政府が10.2％、市町村が26.8％であるのに対し、州政府では37.2％にも上っている。[16]勤務実績に基づく給与・任用制度の導入に伴う分権化・柔軟化の要請といった側面のほかに、人件費負担の軽減という実際的な動機の存在は、各州における今後の制度設計にも大きく影響を及ぼすものと考えられる。先にみたとおり、年次特別給等の決定権限が州に委譲された際は、各州の動きは、同特別給等の廃止・縮小に収斂している。

（3）官吏身分法案（州官吏）

分権的な官吏制度改革の中においても、すでに指摘したとおり、各州官吏制度の統一性を一定程度確保する要請がある。これについては、改正後の基本法第74条第1項第27号が次のように定めている。

ドイツ基本法　第74条（抄）

（１）競合的立法は、以下に掲げる分野に及ぶ。
　27　州、市町村及びその他の公法上の社団の官吏並びに州の裁判官の身分上の権利及び義務（ただし、ラウフバーン、給与及び扶助給付を除く）
（２）第１項第25号及び第27号に基づく法律は、連邦参議院の同意を要する。

　この連邦の立法を具体化したものが、官吏身分法案（Beamtenstatusgesetz）であり、2006年10月下旬に閣議決定、その後連邦議会に提出され、現在審議中である（４月20日現在）。同法案の提出理由によれば、その目的は、「公勤務法に必要な統一性を保障し、特に官吏が使用者を異にして異動する場合の流動性を確保するための官吏法上の基本構造を定めること」とされている。
　その主な規定内容をみると、官吏関係成立及び終了の本質・前提条件及び法形式、勤務関係の種類、期間及び無効・取消事由、官吏の権利・義務に関する規定など、基本的に従前の官吏法大綱法の内容を継承している。両法（案）の主な相違点を挙げれば次のとおりである。まず、見習期間終了後の官吏を終身官吏に任命する際に初めて身分法上の官職を付与するという任官制度が廃止され手続が簡素化されるとともに、終身官吏への任用の際の年齢要件が撤廃された。これら２点については、（１）で紹介した公務構造改革法案において予定されていた内容に相当するものである。その他、同一州内における官吏の派遣・転任等に関する規定は削除されて各州法に委ねられるとともに、短時間勤務や兼業に関する規定についても、大幅に簡素化され、詳細は州法で規定されることとなった。
　新たな連邦法・州法体系における同法案の位置づけ及び本質的な論点については、作成に至る労使交渉で出された労使双方の主な主張を紹介することが理解に資すると思われるので、ここで紹介することとしたい。まず、労働組合側は、ドイツ官吏同盟とヴェルディの双方とも、分権化の流れの中においても、官吏身分を特徴づける基本的事項に関しては、できる限り統一的な制度を維持すべきという立場を取っている[17]。背景としては、人材の流動性の

確保の他に、分権化が州間の勤務条件引下げ競争につながるとの懸念や、逆に人材獲得競争による厚遇化により特に財政力の弱い州が人材の獲得に支障を来すとの危惧があったようである。

当然の帰結として、労働組合側は、基本法第74条第１項第27号にいう「身分上の権利及び義務」を広く解釈している。これによれば、給与法、扶助給付法、ラウフバーン法の基本原則に係るものは官吏の身分関係に影響を及ぼすため、本法案に規定すべきということになる。これに対して連邦政府側は、従来の大綱法立法権を廃止した基本法の立法者意思に鑑み、競合的立法事項については限定的に解することが求められると主張している。また、官吏法決定権限の分権化を要求した州の意思にも反するとしている。

特に、労働組合側は、官吏が使用者（連邦及び各州）を異にして異動する場合の流動性を確保するためには、ラウフバーン法上の資格・能力が連邦及び全州共通に認定されることが必要であるとしており、それは官吏の身分関係の根幹に関わるものとの認識を示している。これに対し連邦政府は、基本法がラウフバーンを明示的に競合的立法事項から除外している以上、ラウフバーンに関する規定を官吏身分法案に盛り込むことは憲法違反となるとの見解を採っている。

また、全国共通の最低給与、社会・経済の情勢に応じた給与改定の原則についても、官吏身分法案に規定すべきというのが労働組合側の主張である。ここでも、給与決定権限の分権化が各州における官吏給与引下げにつながるとの懸念が看取される。連邦政府は、ラウフバーンと同様の理由で、連邦が給与に関する統一的な規定を置いた場合の憲法上の疑義を呈している。その他、定年年齢の規定の要否も大きな争点とされた。

ここで、基本法との関係で注意しておくべき点がある。基本法第33条第５項において、官吏制度は「伝統的職業官吏制度の諸原則」を考慮して定めることとされているが、各州の立法者も当然これに拘束されることとなる。したがって、州や市町村の官吏についても、官吏給与の基本原則とされている「扶養原則」に適合した給与が保障されなければならない。その限りにお

いて、労働組合側の主張する最低給与や情勢適応の原則の必要性については、説得力に欠けることは否めない。他方で、官吏の身分法の議論に本来包含されるべき給与、ラウフバーン制度等についての決定権を各州の手に委ねることは、官吏制度の統一性の破壊に繋がるとの批判的な見解も根強い(18)。基本法上の一種の制度的保障を受けるこれらの制度について、連邦及び各州において制度内容にどの程度の差異が発生するのか、あるいは憲法上許容されるのかは、今後の注目点となろう。

（４）勤務法再編成法案（連邦官吏）

一方、連邦官吏については、連邦官史法、運邦給与法、官吏扶助給付法等の改正法を盛り込んだ勤務法再編成法案（Gesetzentwurf für das Dienstrechtsneuordnungsgesetz）の準備が進められており、今春の法案提出を目指すとされている。

同法案も、公務構造改革法案で予定していた改正内容の多くを継承している。ラウフバーン制度においては、３年間の統一的な見習期間の導入、正規のラウフバーンと特殊専門分野のラウフバーンの区分の廃止、修習内容が類似・同水準の複数のラウフバーンの統合を可能とする条項の創設等である。また、任官制度の廃止や終身官吏への任用の際の年齢要件の撤廃など、官吏身分法案と同様の措置も盛り込まれている。さらに、見習期間中の能力実証の強化や管理職官職への試験的任用の対象拡大など、任用面での実績主義の強化が図られている点も特徴的である。

同法案に包含される新たな連邦官吏法は、2008年１月１日より施行される予定となっている。

5 まとめ

2003年以降、公務員制度は、連邦制改革と基本法改正という大きな枠組みの中で大きく変動しているものの、官吏と被用者による二元的な公務員制度自体は厳然と維持されている。特に、職業官吏制度が国家行政遂行の中で重

第1期　公務員制度改革大綱——公務員制度調査会と行政改革会議

要な役割を担うとする基本法第33条の思想に関しては、幅広いコンセンサスがみられる。すなわち、公務労働協約の締結あるいは官吏法をめぐる一連の改革は、今後も中長期的に二元的な公務員制度を維持するという前提の下での改革となっている。また、最近の日本の公務員制度改革において論点の一つとなっている労働基本権の問題についても、ドイツにおいても労働組合側からの要求はあるが、変更を加えられていない。その意味で、今般の一連の改革についての過大評価には注意する必要があろう。また、この基本構造が維持されたことは、ブル委員会の提言内容とドイツの実務・学説との間に依然として相当の距離があることを物語っているように思われる。[19]他方で、職業官吏制度に関する基本法第33条をめぐる近年の議論においては、基本法改正をタブー視する風潮が薄れているとの指摘がある。[20]実際、今般の官吏法改正において、基本法第33条第5項が以下のとおり改正されている（下線部が改正による追加部分）。

　　ドイツ基本法　第33条（抄）
　（5）公勤務に関する法は、伝統的職業官吏制度の諸原則を考慮して定め、更に発展させなければならない。

　改正をめぐる議論についてはここでは詳述しないが、改正後の当該条項が、行政法学者が指摘するように1997年の公勤務法改革以降実施されてきた短時間勤務官吏制度の創設、実績に基づく給与の導入等の動きを追認するだけの余分な規定にとどまり、あるいは伝統的な官吏制度からの乖離を招く有害な規定となるのか、[21]官吏法分野におけるイノベーション[22]や具体的な制度改正へと繋がっていくのかを見極めるには、今後の動向を待つ必要がある。

　給与・賃金制度については、被用者に係る制度が扶養原則から実績主義の方向で動き出した乖離現象を指摘する向きもあるが、実際には、官吏法において先行していたものである。官吏法と被用者に係る労働協約の乖離が発生する場合でも、官吏法が被用者の制度に追従し、再び接近するという傾向が

第 6 章　ドイツ公務員制度の動向

あることにも留意する必要があろう。

　また、州・市町村官吏の給与制度の具体的設計が各州に委ねられたことにより、今後の連邦及び各州における立法動向が注目されるところである。給与制度は、かつて各州の所管とされていたところ、人材獲得競争で各州の給与引上げ競争が発生して州の財政を圧迫した結果、州の要望もあり、1970年代に連邦法で統一的に規定されるようになったという歴史がある。今般の流れは、30年前の状態への揺り返しとも映るが、昨今の州の財政状態をみると給与引上げ競争はあまり現実的ではなく、むしろ労働組合が懸念するような引下げが現実味を帯びてくるものと考えられる。

　給与に関連して、旧東西ドイツ地域の給与水準格差について触れておく。**図表3**に示したとおり、連邦の被用者賃金を例にとれば西を100として東が92.5になっている。この旧東ドイツ地域の水準を、給与等級に応じて、2007年から2009年までに旧西ドイツ地域と同じとすることが予定されている。官吏法も同様のスケジュールとなっている。統計によれば、民間従業員の給与は未だに3割近い東西格差があると言われており、公務においては東西格差の是正が進展している[23]。

　官吏の官職・任用制度については、ラウフバーン制度についての立法権限が各州に分権化された結果、今後基本法第33条第5項の「伝統的職業官吏制度の諸原則」に抵触しない範囲内において、各州の制度の多様化が図られるものと予想される。官吏については、給与面に加えて、任用制度においても実績主義を強化・拡大する方向で法改正が予定されている。被用者の公務労働協約においては、実績の反映は賃金において先行しているが、今後予想される実績給の拡大やそのための評価制度の整備が任用や人事配置の決定に影響を及ぼすのかどうかについても、さらなる観察と考察が必要となろう。

注
（1）本章は、2006年11月20日に（公財）地方自治総合研究所の公務員制度研究会で行った発表を基に、その後の動向を踏まえて加筆・修正したものである。
（2）1970年代の公務員制度改革の議論を考察した文献として、塩野宏「西ドイツ

第1期　公務員制度改革大綱——公務員制度調査会と行政改革会議

　　公勤務法の改革問題」（1972年）、同「西ドイツ公勤務法調査会の報告書に接して」（1973年）。いずれも同『行政組織法の諸問題』有斐閣、1991年、284頁以下、302頁以下参照。また、1970年代以降の公務員制度改革の一覧表として、Lorse, Aktuelle tarif- und dienstrechtliche Reformüberlegungen im öffentlichen Dienst—eine Zwischenbilanz, ZBR 2007, 24（24）参照。
（3）1997年改革に関する参考文献として、稲葉馨「一九九七年ドイツ公務員（官吏）制度改革の特色——能力主義の強化を中心として」『自治総研』24（8）1998・8、1頁以下、根本到「ドイツ公務員法制の現状と動向——公務員労使関係法制と一九九七年改革法の評価——」『季刊労働法』202号、2003・3、83頁以下参照。
（4）2002年改革に関する参考文献として、縣公一郎「ドイツ公務員制度の概要——二〇〇二年の制度改革を概観して——」：日本ILO協会『欧米の公務員制度と日本の公務員制度』6頁以下参照。
（5）Lorse・前掲注（2）・24（24）参照。
（6）なお、ベルリン州（1994年）及びヘッセン州（2004年）は州使用者共同体から脱退している。
（7）概要については、Pfohl, TVöD—neues Tarifrecht des öffentlichen Dienstes und Leistungsorientierung, ZBR 2005, 329（329ff.）を参照。
（8）市町村の被用者については、労働時間の延長問題がストライキの背景にあった。
（9）概要については、Schily/Heesen/Bsirske, "Neue Wege im öffentlichen Dienst"—Eckpunkte für eine Reform des Beamtenrechts—, ZBR 2005, 217（217ff.）を参照。
（10）概要については、Battis, Zum Entwurf eines Gesetzes zur Reform der Strukturen des öffentlichen Dienstes, ZBR 2005, 325（325ff.）を参照。
（11）Zukunft des öffentlichen Dienstes—öffentlicher Dienst der Zukunft: Bericht der von der Landesregierung Nordrhein-Westfalen eingesetzten Kommission（2003）。なお、山本隆司「ドイツにおける公務員の任用・勤務形態の多様化に関する比較法調査」『自治研究』80（5）2004・5、27頁以下も参照。
（12）Pfohl・前掲注（7）・329（329）．
（13）Bredendiek/Fritz/Tewes, Neues Tarifrecht für den öffentlichen Dienst, ZTR 2005, 230.
（14）ラウフバーン制度自体は基本法第33条第5項によりある種の制度的保障を受けているが、現行の4分類のラウフバーン群原則は「伝統的職業官吏制度の諸原則」に含まれないと解されている。
（15）なお、委員会は提言のための最終合意には至らなかった。連邦制改革については、山口和人「ドイツ——連邦制改革のための基本法改正案の議会審議開始」

『ジュリスト』(1315) 2006・7・1、187頁、同「ドイツ——連邦制改革のための基本法改正実現」『ジュリスト』(1321) 2006・10・15、211頁を参照。
(16) *Bundesministerium des Innern*, Der öffentliche Dienst in Deutschland, (Stand: April 2006), S.96.
(17) 法案審議過程における連邦議会内務委員会における公聴会(2007年3月19日)においても、ドイツ官吏同盟及びドイツ労働組合同盟(ヴェルディを含む労働組合のナショナルセンター)は基本的に同趣旨の意見書を提出している。
(18) *Lecheler*, Die Auswirkungen der Föderalismusreform auf die Statusrechte der Beamten, ZBR 2007, 18 (21f.).
(19) 山本隆司・前掲注(11)・29頁を参照。
(20) *Lecheler*・前掲注(18)・18 (19f.).
(21) *Battis*, Stellungnahme zur öffentlichen Anhörung zum Thema "Föderalismusreform—Inneres" des Rechtsausschusses des Deutschen Bundestages gemeinsam mit dem Bundesrat, ZBR 2006, 186. なお、*Lecheler*・前掲注(18)・18 (23.)は、余分な規定と位置づけているものの有害性は否定している。
(22) 2007年1月8日ドイツ官吏同盟大会におけるショイブレ連邦内務大臣の演説。Pressemitteilung des BMI "Bundesinnenminister Dr. Schäuble: Dienstrechtsreform für den Bund stärkt die Leistungsorientierung und Eigenständigkeit des Beamtenrechts" (08. Jan. 2007)
(23) なお、ドイツ官吏同盟のペーター・ヘーゼン議長は、連邦はドイツの内部的統一の達成のため東西水準の同一化を前倒しすべきであり、州に比べて財政支出に占める人件費比率が低いことに鑑みれば十分に実施可能だとしている。dbb magazin, Dez. 2006, S.10.

第7章　韓国における公務員団体協約締結権の仕組みと運用状況

申　　龍徹

はじめに

　1990年代末において省庁再編と相まって始まった21世紀にふさわしい公務員制度改革の波は、2008年の「国家公務員制度改革基本法」の制定により一段落し、2009年秋の政権交代を踏まえ、新たな取り組みが進行中である。中でも、公務員の労働基本権の付与を軸とする労使関係制度検討会の議論は、戦後の公務員制度の方向性を転換させる大きな取り組みとして社会的な注目を集めている。(1)

　本章では、こうした自律的労使関係制度の議論を踏まえ、2006年に公務員労働組合に対し協約締結権の付与が認められ、以降毎年、政府と公務員労働組合の間で勤務条件を対象とする協約締結をめぐって駆け引きが繰り返されている韓国の事例を紹介する。

　韓国における公務員労使間の協約締結の法的根拠は、2005年に制定された「公務員の労働組合の設立及び運営等に関する法律」であり、2006年には史上初めての労使交渉が行われ、団体協約が締結された。(2)

　しかし、韓国における2006年の協約締結権の付与には窓口の一元化など、制度上の様々な制限が付いており、その制限をめぐって政府と公務員労働組合の間、また、労働組合の間において様々な議論が展開されているのが現状である。ここでは、2006年からの団体協約の交渉過程を中心に公務員の労使関係における協約締約の仕組みとその内容を中心に述べることにしたい。

第7章　韓国における公務員団体協約締結権の仕組みと運用状況

1　公務員労使関係の管轄及び労働組合の設立

　韓国における公務員の労働基本権に関する法的根拠は、憲法第7条（国民全体の奉仕者、職業公務員制度）及び第33条第1項（公務員の労働基本権の保障）にあり、関連法規として「労働組合及び労働関係調整法」（1997年制定）の適用を受ける。ただし、その第5条のただし書きにおいて、一般公務員及び教員に関しては別途に定めることが規定され、一般公務員に対しては「公務員の労働組合の設立及び運営等に関する法律」（公務員労働組合法）が、教員に対しては「教員の労働組合の設立及び運営等に関する法律」（教員労働組合法）が適用される。その上、国家公務員法・地方公務員法の諸規定が適用されている。この教員労働組合法及び公務員労働組合法はともに、労働者性については「労働組合及び労働関係調整法」の適用を受けるが、公務員の業務の特殊性を考慮し、立法形式としては特別法の形式となったため、法律の条文構成は最小限になっている。

　現在の公務員の労働組合に関する法的な規定は、2006年1月施行の「公務員の労働組合の設立及び運営等に関する法律」であり、この法律は、「憲法の規定による公務員の労働基本権を保障するために公務員の労働組合の設立及び運営、団体交渉、紛争調整手続き等に関する事項を定めることにより、公務員の勤務条件と社会的・経済的地位の向上を図る。」ことをその目的としている。全18条文により構成されたこの法律の主な内容は、以下のとおりである。

① 　公務員の労働組合設立の最小単位の規定（法第5条第1項）として、公務員労働組合は、国会・法院・憲法裁判所・選挙管理委員会、行政部（以上、憲法機関）、特別市、広域市、道、市、郡、区（以上、地方自治団体）を最小単位として設立することができること。

② 　公務員労働組合の加入範囲（法第6条）として、公務員労働組合に加入できる公務員の範囲を6級以下の一般職公務員等とする一方、他の公務員に対し指揮・監督権を行使する公務員、労働組合との関係において

137

行政機関の立場から業務を遂行する公務員などに対しては労働組合への加入を禁止すること。

③ 労働組合専任（専従）者の地位（法第7条）として、公務員は任用権者の許可を得て労働組合の業務だけに従事することができるものの、その専任期間は無給休職とし、また、専任者であることを理由に身分上の不利益を受けないこと。

④ 代表者の交渉及び団体協約締結権（法第8条）として、公務員労働組合の代表者は労働組合に関する事項または公務員の報酬・福利その他の勤務条件に関する事項に対して、国会事務総長・行政自治部（現、行政安全部）等、政府側の交渉代表と交渉し、団体協約を締結する権限を持つようにするが、政策決定に関する事項や任用権の行使等、その機関の管理運営に関する事項として勤務条件と直接関連のない事項は交渉対象とならないことを明示すること。

⑤ 団体協約の効力等（法第10条）として、団体協約の内容のうち、法令・条例または予算によって規定されている内容は団体協約としての効力は認めないが、この場合、政府側の交渉代表に対し、団体協約の履行のために誠実に努力する義務を賦課すること。

⑥ 政治活動及び争議行為の禁止（法第4条及び第11条）として、公務員の労働組合とその組合員は、他の法令において禁じられている政治活動をすることができない上、ストライキなどの業務の正常な運営を阻害する一切の行為を禁じること。

他方、公務員労働組合に関する中央政府の業務所管としては、法制度の整備・仲裁は「労働部」が担当し、交渉の担当は、一般公務員に対しては「行政安全部」が、教員に対しては「教育科学技術部」がそれぞれ主管である。すなわち、労働部においては公務員の労使関係・公務員労働組合法に関連する質疑応答及び指針の策定、労働組合の設立申告の審査及び運営の指導、その他の公務員労使関係に関連する政策及び制度の改善、関連する紛争の調整及び支援などが主な役割であり、主には「公務員労使関係課」が所管してい

第7章　韓国における公務員団体協約締結権の仕組みと運用状況

表1　公務員の種類別の労働基本権

区分	対象	根拠法	団結権	団体交渉権	団体行動権	紛争解決機構
一般公務員	国公法（第2条）／地公法（第2条）のうち、現業・教員を除く。	公務員労働組合法	○	○	×	公務員労働関係調整委員会
現業公務員	国公法（第66条）／地公法（第58条）のただし書きで規定する労務従事公務員	労働組合法	○	○	○	労働委員会
教育公務員	教員の公務員	教員労働組合法	○	○	×	教員労働関係調整委員会

表2　公務員労働組合の設立現況（2009年8月31日現在、単位．人）

区分			労働組合数	労働組合員数
合計			93	216,033
連合			8	―
全国			5	114,825
法院			1	8,266
行政府			1	20,225
地方自治団体	小計		59	45,350
	広域（市・道）	小計	18	24,625
		ソウル市	6	6,709
		釜山市	1	3,569
		大邱市	2	2,958
		仁川市	4	1,605
		光州市	2	1,689
		大田市	5	3,214
		蔚山市	1	1,221
		京畿道	6	3,001
		江源道	1	1,264
		忠清北道	3	2,461
		忠清南道	3	1,378
		全羅北道	9	6,467
		全羅南道	8	3,529
		慶尚北道	―	―
		慶尚南道	7	5,469
		済州道	1	816
	基礎（市・郡・区）		41	20,725
教育庁（市・道）			19	27,367

（出典：公務員労使関係ポータルサイト、行政安全部、2010）

第1期　公務員制度改革大綱——公務員制度調査会と行政改革会議

表3　公務員労働組合の現況（2009年8月31日現在、単位：人）

区　分	名　　称	設立日	加入数	支　部
連合（8）	公務員労働組合総連盟（公労総）	06／9／4	41,241	45
	全国市道教育庁公務員労働組合（教育庁労組）	06／5／16	23,882	14
	全羅北道公務員労働組合連盟（全北連盟）	06／9／1	6,283	9
	ソウル特別市公務員労働組合連盟（ソ公連）	06／11／21	852	2
	公務員労働組合全南連盟（全南連）	07／8／6	2,978	7
	韓国公務員労働組合連盟（韓公連）	07／11／16	3,898	4
	大田公務員労働組合連盟（大田連盟）	08／1／14	1,981	4
	ソウル地域公務員労働組合（ソウル連盟）	09／8／5	1,435	4
全国（5）	全国機能職公務員労働組合（機公労）	06／2／2	4,560	11
	韓国公務員労働組合（韓公労）	06／4／27	870	7
	全国民主公務員労働組合（民公労）	07／7／10	59,115	11本部、88支部
	全国公務員労働組合（全公労）	07／10／17	50,273	14本部、126支部
	全国広域自治団体公務員労働組合（広域自治労組）	08／7／18	7	7
法院（1）	法院公務員労働組合	07／7／3	8,266	5本部、27支部
行政府（1）	行政府公務員労働組合（行公労）	06／9／6	20,225	16

（出典：労働部資料、2010）

　る。
　行政安全部は国家公務員・地方公務員の報酬・福利厚生などの勤務条件の改善、公務員労働組合との団体交渉の担当・総括、地方自治団体の団体交渉の支援、公務員の労使関係の把握及び関連対策の策定などが主な役割であり、地方自治団体は当該公務員労働組合との団体交渉の実施、条例・規則などの制定、改正に関連する交渉要求に対する対策策定、公務員労働組合の管理が主な役割であり、行政安全部においては「公務員労使協力官」・「公務員団体課」・「地方公務員団体課」がそれぞれ担当している。
　また、教員に関しては中央レベルでの交渉など教員労働組合への対応は教育科学技術部（教職発展企画課）において担当し、地方は市・道教育庁にお

いて対応している。

2　公務員労使関係の基本的仕組み

（1）労働組合の設立

　公務員労働組合法における公務員の労働組合の設立単位は、国会・法院・憲法裁判所・選挙管理委員会・行政部（以上、憲法機関）、特別市・広域市・道・市・郡・区（以上、地方自治団体）である（公務員労働組合法第5条第1項）。

　ここでの公務員の労働組合とは、①公務員が主体となり、②自主的に団結し、③勤労条件の維持・改善その他勤労者の経済的・社会的地位の向上を図ることを目的とし、④組織する団体またはその連合団体を指す（労働組合及び労働関係調整法第2条第4号）。

　設立は、原則的には申告制である。労働組合を設立するためには「設立申告書」に規約を添付し、労働部長官または管轄地方労働事務所に提出するが、以下の場合はその設立が認められない。すなわち、①使用者または常に使用者の利益を代表し行動する者の参加が許容される場合、②経費の主な部分が使用者から支援される場合、③共済その他の福利事業のみを目的とする場合、④公務員でない者の加入を許容する場合、⑤主に政治運動を目的とする場合などである。

　法的な根拠によって設立された適法な労働組合の場合、①労働組合の名称の使用、②不当労働行為時における救済申請、③法人格の取得、④民事・刑事上の免責の認定などの法的効力の適用を受ける。

　公務員の労働組合への加入資格（公務員労働組合法第6条）は、5級以上の一般公務員及び特定職、政務職、現業公務員、教員を除く、6級以下の一般職・技能職・別定職及び契約職を対象とするが、6級以下であっても指揮・監督職、人事など公務員労働組合との関係において行政機関（使用者）側の立場になる公務員及び類似業務従事者は、労働組合及び労働関係調整法上の使用者の利益代表者に該当するとし、その加入が制限されており、その

第 1 期　公務員制度改革大綱——公務員制度調査会と行政改革会議

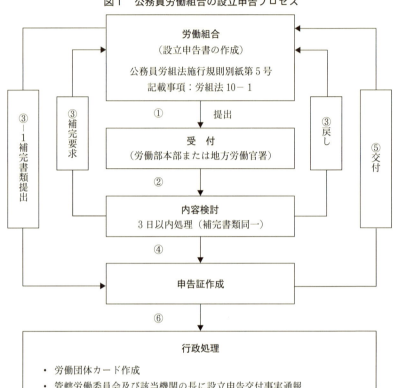

図 1　公務員労働組合の設立申告プロセス

詳細は大統領令（施行令）において規定している。

　公務員労働組合法は、労働組合の専従者についても規定（公務員労働組合法第 7 条）しており、労働組合活動の便宜を図るために公務員の労働組合専従を認めるが、任用権者の認可を得て、無給かつ休職扱いとする一方、この活動に対する身分上の不利益処分は禁じられている。

　他方、公務員労働組合には毎年の労働組合の現況について通報する義務（労働組合及び労働関係調整法第13条第 2 項）があり、①前年度の変更された規約内容、②前年度に変更された役員の氏名、③前年度の12月31日現在の

組合員の数が定期通報対象となっており、この通報を受けた当該の地方労働官署は「労働団体カード」に記載し、毎年2月末まで中央本部（労働部中央労使関係課）に提出することになっている。違反者については300万ウォンの罰金を科すことができる（労働組合及び労働関係調整法第96条第2項）。

（2）団体交渉権の保障

　団体交渉は労働組合の基本的な活動であり、使用者である行政機関に対し報酬・福利厚生その他の勤労条件に関する事項を交渉により決めるものである。労働組合及び労働関係調整法においては、使用者が労働組合の代表者との団体交渉を正当な理由なしで拒否・遅延する行為を不当労働行為として規定し、労働組合の団体交渉権を保護している。ただ、この不当労働行為に対する罰則規定がなく、実際の運営において効力を持っているとは言い難い。

　団体交渉における交渉対象は、報酬・福利厚生その他の勤務条件となっており、勤務条件と関連のない政策決定事項、任用権の行使などの機関の管理運営に関する事項（非交渉事項）は交渉対象から除かれている。ただ、後述するように、韓国の場合、公務員の報酬・福利厚生の多くは法令・予算関連事項であり、中央政府・国会での議論の結果として規定されることが多く、実際の交渉事項よりは政府による努力事項として交渉対象になる場合が多い。もちろん、法制度上においては法令・予算と関連する場合でも政府の交渉代表者は誠実に交渉に応じることが義務付けられている。

　政府と公務員労働組合の交渉の場合、基本的には所属機関の長がもつ権限に対してのみ交渉が認められることから、国家公務員の場合は行政安全部長官をはじめ各憲法機関の長が所管する事項に対して交渉要求を出すことができる。

　地方公務員の場合は、特別市長をはじめ、各級の地方自治団体の長に対し、教員の場合は各市・道教育庁の長に対し、それぞれ交渉を要求する。この際、交渉を要求する労働組合側の場合、交渉の要求が出されたことを示す政府公告があった日から1週間（7日）以内に交渉への参加意思を表明する必要が

第1期　公務員制度改革大綱——公務員制度調査会と行政改革会議

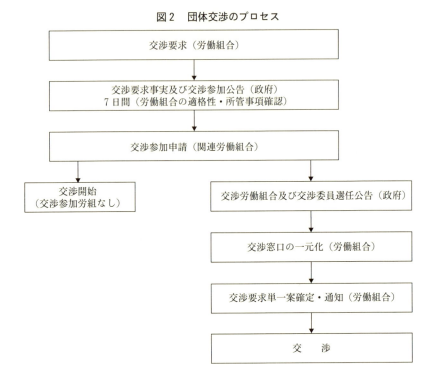

図2　団体交渉のプロセス

あり、交渉への参加を表明した労働組合との間において窓口の一元化を進めることになる。窓口の一元化は、交渉上の混乱を避けるとともに、2つ以上の団体協約の締結により適用上の問題が発生する可能性があることから交渉窓口の一元化を義務付けた。ただ、教員の場合は、政府に対し交渉を要求する以前に、窓口の一元化が必要とされる。

公務員の労使関係においての団体交渉に関する手続き、交渉委員の数などは別途の規定がなく、予備交渉段階において労使が協議を通じて決めるが、通常の場合、労使同数とし、各5〜10名が望ましいとされる。

団体交渉の対象をめぐる論争の大半は、非交渉事項に対する労使間の解釈である。すなわち、団体交渉の一般的な判断基準は、①政府交渉代表が処理または処分できる事項であること、②集団的な性格のもの、③公務員の勤労

第 7 章　韓国における公務員団体協約締結権の仕組みと運用状況

条件などに関連することなどである。公務員労働組合法では第 8 条第 1 項において「その労働組合に関する事項または組合員の報酬・福利厚生その他の勤務条件に関する事項」と規定しているが、この場合、①その労働組合に関する事項としては、組合費の一括控除（check-off）に関する事項、団体交渉・手続きに関する事項、勤労時間中の労働組合活動に関する事項、労働組合専従者に関する事項、労働争議の調整（調停・仲裁）に関する事項、労働組合室などの施設便宜の提供、機関の施設利用及び広報に関する事項などであり、②組合員の報酬・福利厚生その他の勤務条件に関する事項としては、報酬・手当・賞与金などに関する事項、教育・訓練に関する事項、公務員年金、災害補償などに関する事項、定年に関する事項、勤労時間・休憩・休日・休暇に関する事項、安全保健・福祉施設などの福利厚生などに関することなどである。

　また、公務員労働組合法施行令（第 4 条）では「非交渉事項」として、①政策の企画または計画の立案などの政策の決定に関する事項、②公務員の採用・昇進及び転補などの任用権の行使に関する事項、③機関の組織及び定員に関する事項、④予算・基金の編成及び執行に関する事項、⑤行政機関が当事者である争訴（不服申請を含む。）に関する事項、⑥機関の管理・運営に関するその他の事項と規定している。具体的な例示としては、①法令の制定・改正を伴う立法政策などと関連する事項（団体交渉権及び団体行動権の保障など労働関係法の改正、労働組合の加入範囲の拡大（業務総括者の加入許容など）、有給労働組合専従者の認定など）、②人事管理の合理的な運営のための制度に関する事項（公務員職級制度、機関評価制度、多面評価制度、職位公募制度、勤務評定制度、国家考試など）、③任用権（採用・昇進・懲戒・褒賞など）の本質的な内容に関する事項、④労働組合に対する経費援助に該当する事項、⑤予算・基金の編成及び執行に関する事項、⑥その他の機関の管理・運営などに関する事項、⑦組織・定員に関する事項、⑧その他の公的秩序に違反する事項などがそれである(3)。ただ、任用権、政策決定に関する事項、管理・運営事項であっても勤務条件と直接関連する事項の場合はそ

の限度内で団体交渉の対象となる。この非交渉事項に関して労使の間に異見が生じる場合は、労働部の解釈に沿って業務を処理するとされる[4]。

団体交渉によって締結された団体協約の有効期間は2年を超えることができず、自動延長協定や自動更新協定は置かないのが原則である。また、団体協約の有効期間中の再交渉は認められないが、法令の改正や組織再編などにより顕著な事情の変更が生じた場合はその限りではない。

団体交渉のうち、勤労条件その他の勤労者の処遇に関する事項に関する協約の効力は認められるが、予算や法令・条例により規定される内容及びその委任を受けて規定される内容についての団体協約はその効力が認められない（公務員労働組合法第10条第1項）。

（3）団体協約の是正

団体協約が締結された場合は、締結日から15日以内に団体協約申告書に団体協約を添付し労働部（地方労働官署）に提出しなければならない（労働組合及び労働関係調整法第31条第2項）。

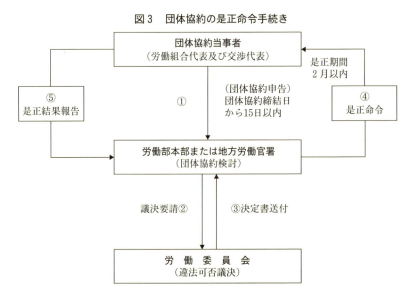

図3　団体協約の是正命令手続き

この団体協約のうち、違法な内容が含まれる場合は、是正命令を出すことができる（労働組合及び労働関係調整法第31条第3項）。

団体協約に対する是正命令は、労働委員会の議決を得て、具体的な違法内容を明記した団体協約是正命令書により団体協約の当事者である政府代表・労働組合代表に送付し、2カ月の是正期間内で是正を要求することができる。この是正命令に従わない場合は、労働組合及び労働関係調整法第93条第2号により500万ウォン以下の罰金に処することができる。

（4）不当労働行為に対する救済制度

公務員の労働組合活動を実効性のあるものとして保障するために労働組合及び労働関係調整法における不当労働行為制度を導入・運営している。

不当労働行為制度とは、使用者による労働基本権の不当な侵害行為を阻止し、憲法が定めている労働基本権の保障秩序を維持・保護することにより公正な労使関係の形成・定着を目的として設けられているものである。この不当労働行為の類型（労働組合及び労働関係調整法第81条）としては、①労働組合活動を理由とする不利益処分、②不利な雇用契約、③正当な理由なしで団体交渉を拒否・遅延する行為、④支配・介入、⑤報復的な不利益処遇などがある。

ただ、一般事業所の労働組合に対し認められている制限的なunion shop制度を公務員労働組合に適用する場合、公務員はその意思に反して免職されないと規定している国家公務員法第68条及び地方公務員法第60条の規定と相反するため公務員労働組合に対しては制限的なunion shop規定の適用が排除された。

不当労働行為は、使用者に対し禁止される行為であり、「機関の長、公務員に関する事項について機関の長のために行動する者」（公務員労働組合法第17条第2項）がその対象となる。

不当労働行為に対する救済は、大きく「行政手続きによる救済」と「争訴手続きによる救済」によって大別され、前者の場合は、不当労働行為があっ

第 1 期　公務員制度改革大綱──公務員制度調査会と行政改革会議

図 4　不当労働行為の救済

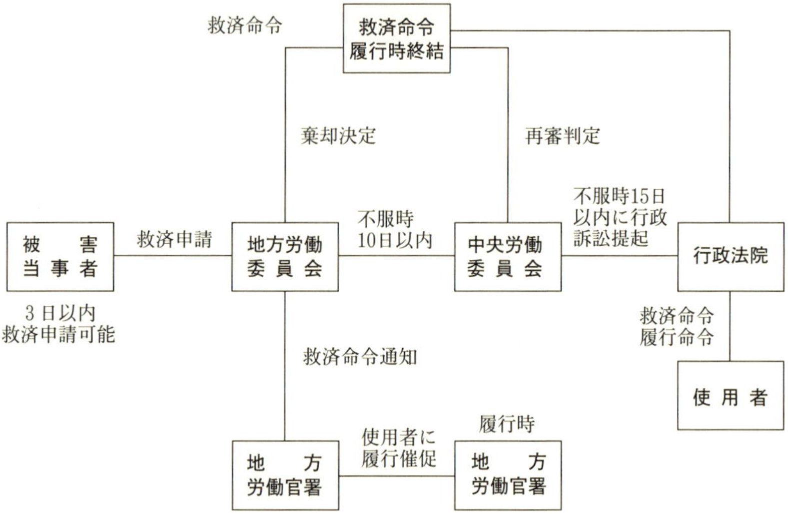

た日から 3 カ月以内に管轄する地方労働委員会に対し救済申請を行うことができる。後者は、訴請（国家公務員法第76条及び地方公務員法第67条による訴請審査請求）・行政訴訟（訴請審査の結果に不服する場合、90日以内）・損害賠償請求（行政訴訟に併合して申請）などがある。

（5）紛争の処理：調停・仲裁

公務員の労働組合に対しては公務員労働組合法第11条において「ストライキなど業務の正常的な運営を阻害する一切の争議行為を禁じる。」と規定しており、違反した場合は 5 年以下の懲役または5,000万ウォン以下の罰金に処することができる。そのため、公務員の労働争議に対する代償措置として、中央労働委員会に 7 人以内の公益委員によって構成される「公務員労働関係調整委員会」（公務員労働組合法第14条）を設置し、公務員の労働争議を調整（調停・仲裁）することにした。

ここでの「労働争議」とは、「労使間の賃金・勤労時間・福祉・解雇その他の処遇などの勤労条件の決定に関する主張の不一致により発生する紛争状

第 7 章　韓国における公務員団体協約締結権の仕組みと運用状況

態」を指す（労働組合及び労働関係調整法第 2 条第 5 項）。また、「調停」とは、労働委員会という公的機構が労働争議を迅速かつ公正に解決し、公務員の労使関係の当事者の間に紛争悪化を防止するための一連の手続きを意味する。

　他方、仲裁制度は「調停」とは異なり、労使の当事者を拘束する法律上の効力がある処分として労働争議の調停手続きの 1 つの類型であり、調停が双方または一方の申請によるものであるのに対し、仲裁は双方の申請または公務員労働関係調整委員会全員会議での仲裁回付決定により開始される。調停が労使の間の当事者の両方の自律的な受け入れ意思によって効力を発揮するのに対し、仲裁の場合は当事者が当然受け入れなければならず、不服の場合は、15 日以内に行政訴訟を提起することができる（公務員労働組合法第16条第 1 項）。

　労働争議の代償措置として設けられた「公務員労働関係調整委員会」（教

図 5　労働争議の調停・仲裁のプロセス

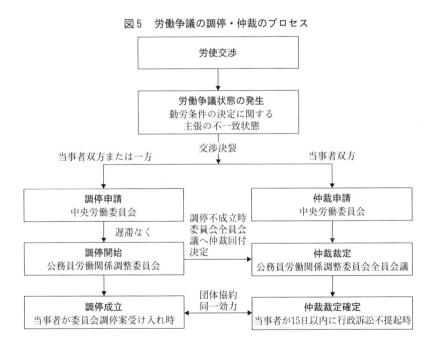

員の場合は、教員労働関係調整委員会）は、公務員の労働争議の社会的重要度を勘案するとともに公務員の労働争議の調整における専門性を考慮し、紛争の早期解決のために労働部傘下の中央労働委員会の管掌となった。全員会議と小委員会によって構成され、全員会議は、①全国にわたる労働争議の調停事件、②仲裁回付の決定、③仲裁裁定を主に担当し、委員長と3人の委員により構成される小委員会では、全員会議の掌握事務のほか調停事件を担当する（公務員労働組合法第15条）。

3 団体協約の交渉過程（2006〜2007）

以下では、史上初めての団体協約を締結した2006年の政府との交渉過程を中心に検証する。

2006年1月の公務員労働組合法の施行に伴い、同年8月29日に全国教育機関技能職公務員労働組合から政府に対し交渉の要求が出され、同年9月11日には公務員労働組合総連盟（公労総）など39の労働組合から交渉参加の意思が示された。各労働組合の間における議論の末、公労総を含む全10の組合（教育連盟、行政部公務員労働組合、技能職公務員労働組合、韓国公務員労働組合、韓国教育連盟、大邱北区、江西区、忠南、革新ソウル教育庁）による代表団に交渉権が委任された。

その後、委任された労働組合の間に、交渉のための窓口一元化に向けた議論が交わされ、2007年4月の労働組合側の交渉委員の選任により本格的な政府交渉が始まった。この時、労働組合側から政府側に出された交渉要求の議題は、総・附則にかかわる議題が35、分野別議題が327の計362であり、分野別としては、人事（84議題）・一般行政（72議題）・福利厚生（61議題）・報酬（57議題）・教育（53議題）の順であった。

労働組合側（全国教育機関機能職公務員労働組合）から政府に対し、「労働組合の代表者は交渉開始予定日の30日前まで中央政府レベルの交渉対象事項を労働組合の設立申告証複写とともに提出する。」という規定に基づき、交渉要求書が提出されたのは2006年8月26日であった。

第 7 章　韓国における公務員団体協約締結権の仕組みと運用状況

　その後、交渉要求事項の公告として、交渉要求事実を公告し、交渉希望の労働組合に対し 7 日以内に交渉参加申請することとなった。また、交渉参加労働組合の公告及び交渉委員の選任要求として、交渉参加の労働組合の公告及び公告日から20日以内に交渉委員を選任・通報することとなった。

　その上、交渉委員の選任により交渉窓口の一元化が図られ、交渉する労働組合は、10人以内の交渉委員を選任、労働組合の代表者が署名・捺印した書面を政府に提出することが求められた。

　しかし、この窓口一元化に向けた作業は難航した。まず、交渉参加を希望する労働組合の規模、組織対象、要求条件などが異なる状態において窓口を一元化する問題はその合意点を見出せないまま長期間にわたり消耗的な論争が続き、時間の浪費と労働組合の間の葛藤が助長された。すなわち、政府に対し交渉参加を要求した労働組合39団体のうち、交渉権を委任された10団体は、10人の交渉委員の配分、選任するための公式・非公式の会合が続いた結果、2007年 4 月23日に至って、公務員労働組合総連盟（公労総）の 8 名、その他の労働組合の 2 名による交渉委員が決まった。

　また、交渉のための窓口の一元化だけではなく、交渉議題の確定をめぐる調整も難航し、要求された計362の議題のうち、その後の分科交渉委員会の条文整理過程において撤回・削除された議題だけで95議題であった。

　交渉準備チームでは、2007年 5 月以降、同年 6 月21日までの間に 6 回の予備交渉を通じて、交渉日時・場所、交渉の進行方式、会議録の作成方法、交渉状況の公開可否、参観人の人数・資格などの調整を行った。この中で、交渉は、予備交渉、分科委員会交渉、実務委員会交渉、本交渉の順に行うことが決まった。

　交渉団の構成と役割については、①労使各 7 人の委員と各 1 人の幹事により構成する分科委員会（ 7 つの分科）：交渉議題の可否選択など、②労使各10人の委員と各幹事 1 人により構成する実務交渉委員会：分科委員会の合意事項の暫定合意、分科委員会の未合意事項の協議、重要議題の本交渉上程、③労使各10人と各 1 人の幹事により構成する本交渉委員会：実務委員会の未

第1期　公務員制度改革大綱——公務員制度調査会と行政改革会議

表4　2006年の政府交渉経過

日　　程	内　　　容
2006／1／28	公務員労働組合法施行
2006／8／29	労働組合の交渉要求書提出（全国教育機関機能職公務員労働組合）
2006／9／11	団体交渉の要求事実及び交渉参加公告（9／11～9／12）
2006／9／27	交渉労働組合及び交渉委員選任公告
2007／4／23	労働組合側の交渉委員選任通報
2007／5／3	交渉要求労働組合との初めての実務的接触
2007／5／11	第1次予備交渉の実施
2007／5／16	第2次予備交渉の実施
2007／5／22	第3次予備交渉の実施
2007／6／7	第4次予備交渉の実施
2007／6／13	第5次予備交渉の実施
2007／6／21	予備交渉の成立
2007／7／5	本交渉（顔合わせ）の実施
2007／7／9	実務交渉（顔合わせ）—労働組合側の不参により決裂
2007／8／16	実務交渉（顔合わせ）の実施
2007／8／27	7つの分科委別の交渉開始（8／27～11／1、計31回、平均4.5回）
2007／10／5	第2次実務交渉の実施
2007／10／16	第3次実務交渉の実施
2007／10／25	第4次実務交渉の実施
2007／10／31	行政自治部事務次官主催　政府合同交渉関連部署の対策会議
2007／11／1	第5次実務交渉の実施
2007／11／8	第6次実務交渉の実施
2007／11／15	第7次実務交渉の実施
2007／11／21	行政自治部事務次官主催　政府合同交渉関連部署の対策会議
2007／11／22	実務交渉の成立
2007／11／30	行政自治部長官主宰　政府合同交渉関連部署の対策会議
2007／12／4	第2次本交渉の実施
2007／12／11	行政自治部長官主宰　政府合同交渉関連部署の対策会議
2007／12／14	第3次本交渉の実施及び協約締結の調印式実施

（出典：行政自治部資料、2008）

合意事項の交渉、団体交渉の締結などが決まった。

　その後の政府交渉委員の顔合わせ（政府交渉委員の紹介、労働組合側の提案説明及び政府側の立場表明）を経て、同年8月24日からは実務交渉委員会

表5　分科委員会の主要交渉議題

分科委員会	主　要　議　題
第1分科	報酬の任意控除の禁止、総額人件費制の実施保留、組織再編の事前協議、公務員数の増員、非正規職公務員の正規職転換、公共部門アパートの原価公開
第2分科	各種委員会参加、組合活動中の公務上の災害認定、組合事務室及び事務機器などの支援、専従者賃金
第3分科	監査活動への参加、清廉委員会＆監査委員会への参加、内部告発者の保護
第4分科	出産休暇の拡大、年金改正議論の中止、年金公団の運営への参加及び透明性確保
第5分科	公務員定年の平等化（60歳）、法定昇進所要最低年数の短縮、勤続昇進6級まで拡大、4〜9級の階級構造廃止、上位職級及び定員の増員
第6分科	公務員報酬の現実化、職級別の号俸上限制の廃止、昇進時の号俸削減禁止、大学生子女に対する学費補助手当の支給、成果賞与金予算の削減及び賃金福祉予算への転換
第7分科	初中等教育法、地方教育自治法、地方教育財政交付金法施行規則の改正、私立学校技能職の勤務経歴100％認定、各級学校の公務員勤務時間の調整

による実務交渉が開始され、交渉の効率的な進行のために362の議題を7つの分科委員会に分け協議することとした。

こうした議題の分科委員会別の分類とともに、労働組合自らが法的な観点から非交渉対象と判断した労働・経済・人事・老人・放送通信・地方分権・政治・司法・統一安保・その他の分野の政策議題については「国政刷新政策建議事項」（計37議題）として提出することとなった。

7つの分科委員会のうち、もっとも難航した分科委員会は第5分科委員会であり、計90の議題のうち、①補職管理、②出産休暇及び育児休職者の差別禁止、③妊婦保護、④育児休職、⑤家族看護休職制度の実施、⑥技能職の不合理な差別の改善などの6件を除き合意形成に失敗した。

団体交渉において労働組合側が提出した362議題の中で、労働組合がもっとも重点を置いた核心的な議題は、①公務員の定年の平等化（60歳）、②公務員年金制度の改善、③成果賞与金制度の改善、④報酬交渉原則の明文化、⑤学校勤務教員と行政職員の勤務時間調整の5つであった。このうち、①の定年平等化は6級以下の公務員にとっては名分と実利を併せ持った案件であ

第1期 公務員制度改革大綱——公務員制度調査会と行政改革会議

り、社会的にも賛同を得ている事項であった。すなわち、この下位職位の定年延長は1998年のIMF危機当時引き下げとなったものを戻すものであり、職級ごとに定年を差別する国はなく、国家人権委員会においてもこの定年差別は改善すべき事案として勧告されており、高齢化社会に必要な政策であるとの主張であった。

また、その他の合意事項としては、組合費などの一括控除への協調、退職予定者の教育実施、号俸制度の改善、オーダーメード型福祉制度の拡大、組合活動の保障及び不当労働行為の禁止、技能職の人事上の不合理な差別改善、超過勤務手当に対する合理的な発展方向の模索、出産休暇及び育児休職者の不利益禁止などであった。

その上、6級勤続昇進制度の実施、技能職廃止と一般職への統合、技能職6・7級定員の増員、公務員数のOECD水準への増員、公務員報酬改善委員会への参加保障、国民参加予算制度の導入、警察・消防公務員の職場協議会の加入許容などは非交渉事項となり、政府に対する政策建議議題として提案されることとなった。

こうした手続きによる交渉の結果、2007年12月には、政府と労働組合の間で初めての団体協約が締結された。この時の団体協約は、要求された362議題について、154件は受け入れ、177件は要求の取り下げ、そして31件は「政策建議」としての扱いとなった。

2007年12月の団体協約は、前文と6つの章、附則として構成され、第1章は「総則」(6条文)、第2章は「組合活動及び勤務条件に関する事項」(15条文)、第3章は「人事及び報酬に関する事項」(13条文)、第4章は「保健

表6 団体交渉の協議状況

区分	議題件数	総計	合意									未合意(本交渉上程)
			受け入れ			政策建議			撤回・削除			
			小計	分科	実務	小計	分科	実務	小計	分科	実務	
総計	362	339	131 (58)	113 (47)	18 (11)	31	19	12 (7)	177	146	31 (19)	23 (5)

第7章　韓国における公務員団体協約締結権の仕組みと運用状況

表7　団体協約の中の人事及び報酬関連事項

区　分	内　　容
類似経歴などの認定 （第22条）	●契約職組合員の年俸算定時、一般職の場合と同一な類似経歴の認定 ●公務員の号俸算定時、非正規職の類似経歴認定は人事政策の方向及び予算事情などを総合的に考慮・検討
号俸制度改善 （第23条）	●昇進時の号俸削減制度を緩和できるよう積極検討 ●号俸昇給時、月単位の改善を積極検討
補職管理 （第24条）	●公務員の人事法令に従い所属公務員に対する合理的な補職管理の実施 ●これに反する差別禁止
公務員定年制度 （第25条）	●6級以下公務員の定年延長など合理的な改善方案を模索し、このプロセスに組合員の意見を積極的に収斂
技能職の不合理な差別改善 （第26条）	●勤労条件と直接関連のある人事基準を設定するに当たって技能職の組合員が不合理な差別を受けないようにする
賞罰制度の合理的な改善 （第27条）	●公的審査が客観的・合理的な基準によって運営できるように補完
成果賞与金の改善方案 （第28条）	●成果賞与金制度に対し組合員の意見を収斂し、その改善方案を持続的に模索する
報酬の定義 （第29条）	●報酬は俸給とその他の各種の手当を合算した金額
報酬決定時の意見収斂 （第30条）	●2009年度公務員の報酬水準に関連して2008年の上半期中に組合と協議、意見を収斂し最大限の反映に努力
報酬の現実化 （第31条）	●国家財政の状況、物価水準、経済成長率及び民間の賃金水準などを総合的に考慮し、段階的に現実化できるように努力
年暇補償費 （第32条）	●関連規定などに従い予算の範囲内において支給するように努力
超過勤務手当 （第33条）	●超過勤務手当制度に対する合理的な発展方向を模索
出張費の現実化及び均等支給 （第34条）	●公務遂行に従う出張費の段階的な現実化及び職級別の差別化の緩和に努力

（出典：李哲洙ほか、韓国労働研究院、2008：112頁）

安全と母性に関する事項」（4条文）、第5章は「福利厚生に関する事項」（6条文）、第6章は「教育行政に関する事項」（7条文）、そして附則（6条文）であった。このうち、団体協約のもっとも重要な部分である第3章「人事及び報酬に関する事項」の内容は次の**表7**のとおりである。

第1期　公務員制度改革大綱——公務員制度調査会と行政改革会議

4　公務員労使関係の専門家の育成プログラム

　2006年の法制化に伴い合法化された公務員の労使関係は、1年足らずの間に、政府と労働組合との団体交渉による団体協約の締結が相次ぐことにより大きな前進を成し遂げた。すなわち、同年1月の公務員労働組合法の施行以降、2007年8月までの間、101団体の労働組合が設立し、組合員は12万7,000人に達しており、53の組合から交渉要求が出され、うち19の団体において協約が締結された。

　しかし、この過程において締結された協約のうち、一部の内容に対しては「非交渉対象」または国民的な情緒に相応しくない事案が含まれていることが明らかになり、交渉における政府側の交渉担当者の専門能力の欠如がその原因として指摘された。それは、多年にわたり経験を積んできた公務員団体の指導部に比べ経験・専門性が不足しており、労使関係の建設的な発展に向けては、交渉担当者の専門性向上が緊急課題として浮上してきた。

　この時期に指摘された問題点は、①公務員全体を対象とした労使関係の基本認識のための労使教育の不在（インターネットなどにおける労働組合側の

表8　教育機関別の労使教育課程の比較

区　分	韓国労働研究院	地方革新人材開発院	中央公務員教育院	市・道公務員教育院
対　象	全公務員 （幹部、実務者、一般、団体幹部及び会員）	全公務員 ＊地方公務員中心 （幹部・実務者）	全公務員 ＊中央公務員中心 （幹部・実務者）	当該市・道公務員 （実務者）
性　格	労働教育専門 労使中立的教育	公務員教育専門 使用者中心教育		
目　標	労使関係の認識強化 実務能力の向上 労使協働の意識向上	労使関係の認識強化 実務能力の向上		
課　程	基本課程 深化課程 特別課程	基本課程 専門課程	基本課程	実務課程 （7つの市・道開設）
運　営	2005年以降	2005年以降	2007年新設	2006年以降

（出典：行政自治部、「公務員労使教育の革新方案」、2007）

第 7 章　韓国における公務員団体協約締結権の仕組みと運用状況

広報物による否定的な認識の蔓延）、②労使業務担当者の専門性強化のための教育体系の構築の必要（労働組合の交渉経験に比べ専門能力が欠如）、③一部の教育機関に依存した講義式の集合教育の体系（各級機関の実情にあった多様な労使関係の基本教育が困難、公務員・一般国民及び国際社会との共感形成の不足）などであった。

　もちろん、こうした交渉における専門能力の必要性は以前から指摘されていた事項であるが、法制化のスピードに対応できないまま実際の交渉に突入したのが現状であった。すなわち、2004年以前は法外の労働組合の対策の一環という位置付けから業務担当者中心の説明会・討論会・ワークショップなどが開かれ懸案の課題に関する研修が行われた。

　また、2005年以降は公務員労働組合法の制定に伴い制度の広報や懸案に関する説明中心の労使教育が行政自治部・労働部及び各級の行政機関において行われた。労使関係に関する教育課程が開設されるのもこの時期であったが、体系的な取り組みではなかった。

　政府は、2006年10月に開かれた「国政懸案政策調整会議」において、労使の間における交渉能力を高めるための教育を「行政自治部」と「労働部」が共同で推進することを決め、2007年2月には行政自治部と労働部の間で「公務員労使関係発展協約」（MOU）の締結を、同年3月には行政自治部・労働部・韓国労働教育院・地方革新人材開発院が参加する「公務員労使関係教育協議会」を構成するなど、労使関係に関する教育の必要性は政府内においても大きな課題であった。

　こうした一連の過程の結果として、2007年5月には政府全体における労使関係の教育体系の構築及びすべての公務員を対象とする労使関係教育推進を主な内容とする「生産的な公務員の労使関係構築方案」が国務会議に報告された。同年8月に行政自治部から出された「公務員の労使関係の革新方案」はこうした流れに沿ったものであった。

　他方、教育体系の問題以外にも、2005年からの教育課程においては、①労使関係の標準的・基準的な教材及び運営プログラムなどのコンテンツ不

第1期　公務員制度改革大綱——公務員制度調査会と行政改革会議

足（e-ラーニング教育、討論会、職場教育などに活用する基本教材の不足）、②教育対象別の多様な教育課程の開発不足（機関長及び幹部、担当者、労働組合、一般職員などの対象別の差別化が困難）、③公務員の労使関係に関す

表9　労使関係業務担当者の現況（2007年3月末現在）

区分	計	中央部処	地方自治団体		憲法機関	教育機関
			広域	基礎		
合計	1,244	118	99	966	13	48
幹部	593	64	32	460	5	32
実務者	623	49	57	494	7	16
専門職	28	5	10	12	1	—

表10　労使関係の教育の役割分担

区分	主な役割
行政自治部	●機関長・副機関長、幹部公務員（4級以上）の特別教育主管 　＊市郡区（市道別）、教育庁（教育部）、憲法機関（機関別）推進 ●公務員団体の業務担当者の協議体運営 ●公務員労使関係ポータルサイトの運営、e-ニュースレター発行
労働部	●公務員労使関係制度の研究・改善 ●公務員労使関係業務マニュアルの制作・配布 ●公務員労使関係広報資料の制作・普及
韓国労働教育院	●教材、プログラム（e-ラーニング教育含む）、講師確保、開発、普及 ●労使関係の関連機関の協議体運営 ●公務員労使関係の教育課程の運営 　——基本課程、専門課程、深化、補修課程、特別課程
行政機関（中央部処、地方自治団体、教育庁、憲法機関）	●職場教育などを活用した所属公務員の労使認識の強化 ●業務担当者の体系的な教育課程履修による業務の専門性強化 ●公務員団体の幹部及び会員に対する教育参加支援
公務員教育院	●公務員労使関係の教育課程運営 　＊中央公務員教育院：中央部処の業務担当者対象 　＊地方革新人材開発院：地方自治団体の業務担当者対象 　＊市・道公務員教育院：市・郡・区の業務担当者対象 　＊その他公務員教育院：機関の実情に沿った運営方案検討 ●新規採用者、昇進者課程に労使関係の科目を編成 ●その他の長・短期教育課程に労使関係の科目編成を検討

表11 公務員労使関係の教育課程の運営現況（2009年12月末現在、単位：人）

区　　　分	2005	2006	2007	2008	2009
合　　　計	495	2,762	9,661	8,815	17,008
韓国労働研究院 （労働行政研修院）	455	1,953	8,250	6,040	10,829
地方革新人材開発院 （地方行政研修院）	40	571	900	857	2,360
中央公務員教育院	―	―	40	1,013	2,532
市・道公務員教育院	―	238	471	―	―
法務研修院					136
内部教育＊				905	671
講義支援＊＊					480

（＊）内部教育には、市・道協議会、幹部公務員歓談会、圏域別討論会、専門委員ワークショップ、中央部処ワークショップが含まれる。
（＊＊）講義支援には、市・道ワークショップ、教育機関（全南公務員教育院、山林人材開発院、水産人材開発院）、内部教育（郵政労働組合）が含まれる。
（出典：行政自治部資料2005-2007、行政安全部資料2008・2009）

表12　労働行政研修院のカリキュラム（教員核心管理者課程、2010）

教　科　目	教　育　内　容
教員労使関係の現況と発展課題	●教員の労使関係の現況と特徴 ●教員の労使関係の核心争点 ●労働問題の本質と中心価値
労働関係法のイシュー及び争点解説	●教員労使関係法の争点説明 ●労働関係法のイシューの事例別討議
団体交渉及び交渉技法	●市・道教育庁別の団体交渉比較研究 ●団体協約関連の争点及び事例 ●外国の教員団体の交渉事例 ●交渉の意味と手続き ●交渉技法の紹介と事例説明 ●Win-Win交渉の理論と事例
双生の労使関係のための リーダーシップ研究事例	●労使関係を見る観点の転換 ●包容、尊重、信頼のパートナーシップ形成
労使のパートナーシップ構築の ための役割と課題	●教員の労使関係の革新・成功要因分析 ●教員の労使関係の成功事例分析 ●労使関係のパートナーシップ構築のための核心管理者の役割
教養講座	●健康、笑い講座など
文化活動	●映画鑑賞、情報交換など

（出典：韓国労働研究院「教員労使関係教育2010年度」）

る専門家（講師）の不足及び地域偏在（地方所在の行政機関及び公務員の教育機関は優秀な講師の確保が困難）などの課題も指摘され、早急な対応が求められた。

こうした課題を解決するための方策として、「生産的な公務員労使関係の定着のための基盤構築」に向け3つの政策目標、すなわち、①公務員労使関係の認識転換、②労使関係の管理力量の強化、③労使教育のインフラ整備が示された。

まず、①の公務員労使関係の認識転換では、労使教育の対象を業務担当者から全公務員に拡大、教育対象者の水準・実情に配慮した多様な教育方案の模索を基本的な方向として、全公務員を対象とした教育の実施、公務員団体の労使教育参加を支援、国民及び国際社会に対する広報が推進課題として挙げられた。

②労使関係の管理力量の強化では、公務員団体業務担当者を対象とする専門的な教育体系の構築及び多様な学習機会の提供拡大を基本方針として、業務担当者の専門教育体制の構築、ユビキタス型の学習体系の構築、オンライン・コミュニティの活性化をその推進課題とした。

そして、③労使教育のインフラ整備では、労使関係と関連する機関の間の労使教育に関する協力体系の確立、教育コンテンツの拡大及び民間部門との協力による教育基盤の強化を基本方針として、具体的な推進課題として、労使教育の協力体制の構築、労使教育のコンテンツの多様化・内実化、民間部門との協力・連携の強化が挙げられた。

5　公務員労使交渉の論点

前述したように、2006年1月からの公務員労働組合法は、制定当時からいくつかの制度上の問題点を抱えたまま施行となった。すなわち、制定当時から指摘されていた問題点としては、①特別法の形態なのか、労働法に含めるかの問題、②労働法の一種である公務員労働組合法と行政法である国家公務員法などとの関係、③団結権・団体交渉権・団体行動権と関連した労働基本

第7章　韓国における公務員団体協約締結権の仕組みと運用状況

権の保障範囲の問題、④組織形態をどの単位まで認めるのかに関する問題及び加入対象の問題、⑤団体交渉の対象、具体的な手続きと当事者問題、⑥不当労働行為の規定適用問題、⑦特殊な紛争調整機構を認めるか否かなどの問題がそれである。(5)

　また、公務員労働組合法の施行（2006）以降に発生している公務員の労働関係紛争の特徴は、①公務員労働組合法上の制約による紛争の複雑化であり、その代表的な事例として、団体交渉の対象事項への該当可否をめぐる紛争、団体交渉の当事者の該当可否をめぐる紛争、政府の交渉代表側の団体交渉権の委任をめぐる紛争、団体協約の効力をめぐる紛争、紛争調整時の合意事項の履行をめぐる紛争がそれである。次は、②集団的な労使関係のルールによって生じる紛争であり、代表的な事例として、労働組合の認定、団体交渉の構造ないし方式、団体交渉の対象（議題）、交渉窓口の一元化、団体交渉の手続きなど集団的な労使関係のルールに対する多様な内容の紛争である。

　そして、③公的な紛争解決制度に対する信頼形成の不足であり、公務員労働組合が調整の公正性・有用性に対する信頼形成ができないまま、調整申請を行わずに不法的な争議行為による実力の行使によって解決しようとする傾向が高いことである。(6)

　他方、最大の公務員組合である「公務員労働組合総連盟」は、現行の法制度の問題点を次のように整理している。（1）団結権においては、①組合員の加入範囲（事実上労務に従事する公務員と教員の排除、職級と職種・職務の性格による過度な制限、包括的な制限規定の問題）、②労働組合設立の最小単位（民間労働組合との格差）、③労働組合の専従者（公務員法上の専従者の認定、指針による専従者活動制約の問題）を指摘している。次の（2）団体交渉については、①交渉当事者と担当者（団体交渉の当事者、当事者の適格の問題）、②交渉事項と非交渉事項（交渉事項、非交渉事項の明示）、③複数労働組合の交渉窓口一元化が指摘されている。（3）団体協約については、①団体協約の効力制限、②団体協約の履行方案の模索が、（4）団体行動権については、①労働組合活動の保障範囲と限界、②争議行為の全面禁止、

③政治活動の全面禁止が、そして（5）その他としては、①紛争調整機構及び紛争調整機能（公務員労働関係調整委員会）、②政府の不当労働行為時の刑事処罰排除問題（労働組合法第88条〜第92条の適用除外）である。

ところが、こうした法制度的な問題点の他に、公務員の報酬と勤労条件の多くが予算・法律・条例によって法定化され、団体協約の実効性を制限していることに問題の本質がおかれていると言える。すなわち、公務員の報酬体系は大きく「号俸制」と「年俸制」（1999導入）によって大別され、後者の年俸制は、「固定給的な年俸制」（次官級以上の政務職）・「成果給的な年俸制」（一般職・別定職の4級課長級以上の公務員と契約職公務員）・「職務成果給的な年俸制」（上級公務員団所属公務員）に分けられる。

この報酬に関する法的な根拠は、国家公務員法及び国家公務員報酬規定（地方公務員法及び地方公務員報酬規定）であり、基本的な仕組みは職種別に12種類が設けられている俸給表による「俸給」と32種の手当等によって構成されている。すなわち、26種の手当と6種の実費補償が加わり、一般的な報酬が決定される。

報酬支給に関する通則的な規定である同報酬規定は、第1章「総則」、第2章「賞与手当」、第3章「家計保全手当」、第4章「特殊地勤務手当」、第5章「特殊勤務手当」、第6章「超過勤務手当など」、第6章の2「実費補償」、第7章「補足」の全7章で構成されている。

こうした俸給と手当による公務員の報酬は、公務員報酬規定第3条第2項により、行政安全部の所管として民間の賃金実態調査や他の統計、経済成長率、物価水準などを考慮し、政府の財政運営計画と連動しており、政府案として国会に提出され、国会の審議を通じて改正される仕組みである。1999年には「公務員報酬現実化5カ年計画」（1999〜2004）が進められ、民間の賃金水準との比較において100％を目指した。その結果、2006年には91.8％、2007年には89.7％、2008年には89.0％に達している。また、成果給が支給される場合は、「職務成果契約」及び「公務員の成果評価等に関する規定」によって評価結果が反映される仕組みとなっており、その反映割合は所属長官

第7章　韓国における公務員団体協約締結権の仕組みと運用状況

が決める。

　以上のような報酬決定システムの下では、報酬と勤労条件についての労使間の団体協約はその機能を発揮できないというのが現実である。すなわち、報酬及び手当の水準は、労使間の交渉の事項であっても、法律・予算・条例に関連する事項の場合はその効力を認めないこと（公務員労働組合法第10条）となっているために、団体協約を締結する意味を見出すのがなかなか難しいという指摘である。そのため、団体協約により決まった勤労条件その他の勤労者の処遇に関する基準が法令や予算の定めた基準より有利な場合、政府や地方自治団体の長は団体協約の締結後に、例えば10日以内にその事由を添付し国会や地方議会に付議しその承認を求めることができるとし、国会や議会の承認がある時はその団体協約は締結日に遡及し効力を認めるなどの提案が行われている[11]。

　表13が示しているように、韓国における公務員の報酬及び勤務条件の多くは法制度による改正を必要とする法定事項であり、その運用においては強力な中央集権的政策運営が行われているため地方自治団体の長が交渉対象となった場合、その裁量で交渉できる交渉範囲は非常に狭くなっている。例えば、地方自治団体の長がその裁量において交渉できる範囲は、休職・表彰・名誉退職者の選定のみであり、その他は、中央政府が決定した予算や規定などの範囲においてのみ交渉・協約ができるため、その範囲は極めて狭い。団体交渉・団体協約により得られる報酬または勤務条件の改善が見込めないこうした現状のために、団体交渉の内容がより政策的・政治的な方向に流れていく傾向にあることが指摘されている。

　他方、輸出に頼らざるを得ない韓国社会にとって安定的かつ持続的な経済成長のためには労使関係の安定化・先進化は不可欠な要素であり、その労使関係の先進化のためには公共部門の労使関係の先進化がまずその規範として定着されるべきだというのが李明博政権（当時）の労使関係先進化の主内容である。こうした労使関係の先進化に向けた議論は必然的に現在の公共部門の労使関係の制度的な枠組みについて多くの改善が前提であり、表14が示し

第1期　公務員制度改革大綱――公務員制度調査会と行政改革会議

表13　任用及び勤労条件における政府間業務分担

区　分			中央政府	地方自治体
人　事	定　員	一般基準	○	
		具体的な策定		○（行政安全部承認）
		時限的な機構の設置		○ 市・道：行政安全部承認 市・郡・区：市・道承認
	採　用	試　験	5級以上新規	6－7級新規任用 6－8級昇進、6－9級全職 機能職新規任用、昇進、全職
		新規任用方法	○	
		契約職採用		○（予算・定員範囲内）
		専門職採用		○（予算範囲内）
		試用期間	○	
	昇　進	昇進方法・昇進基準	○	
		勤務評価委員会設置		○（規定による）
		勤務評定		○（規定による）
	免　職	職権免職基準	○	
	懲　戒	基準・手続きなど	○	
	職位解除	基準・手続き	○	
	休　職	休職基準	○	
		民間勤務休職計画		○
	降　任		○	
	表　彰			○
	定　年		○	
	名誉退職	一般基準	○	
		名誉退職者の選定		○
報　酬	報　酬	俸給、号俸、昇給、手当	○	
	手　当	計算及び支給方法	○	
	成果賞与金	支給基準・方法・手続き	○	
		その他の必要事項		○（中央政府決定範囲内）
	時間外手当	支給基準・方法	○	
		その他の必要事項		○（中央政府決定範囲内）
	職務遂行 実費補償	一般基準	○	
		実費支給		○（予算範囲内）
	雇用職の志願	一般基準	○	
	退職手当	細部事項		○
勤労時間	勤務時間		○	
	休　日		○	
	休　暇		○	
服務規程	服務規程			○（法令以外の事項）
訓　練	訓　練	企画・調整・監督	○	
		基本教育訓練		○（市・道教育訓練機関）
		専門教育訓練（職場訓練）		○
保健・休養・安全・厚生				○
提案制度			○	

（出典：蘆ジンギュイ、「地方自治団体の労使関係の形成実態」、韓国労働研究院、2007：15頁）

第 7 章　韓国における公務員団体協約締結権の仕組みと運用状況

表14　公共部門における団体交渉構造の再編争点

区　　　分		検　討　す　べ　き　対　案
再　編　方　向		● 政府：脱交渉化及び公益専門家の指針設定 　（労働部：労使政公の協議及び経営自律保障） ● 労働組合・研究者：重層的な交渉構造への転換
重層的な 交渉構造	団体交渉の構造	● 3層構造（中央／代表別産業―業種―機関／支部） ● 2層構造（中央／代表別産業―機関／支部）
	中央協議への参加主体	● 労働組合・政府代表に制限 ● 労組・政府代表と公益専門家及び市民団体の参加拡大 ● 国会政党の参加可否
	中央協議の位置付け	● 労使政委員会の傘下機構 ● 別途の労政協議体 ● 国会付属の政策協議体
	中央協議の拘束力	● 単一基準の指針・強制力の付与（機関別の成果インセンティブ追加） ● 一定幅の指針・基準（賃金引上げ）新設 ● 最低基準の指針として機能、機関別の自律交渉の保障
	部門交渉の編成基準	● 機関特性／財政出処 ● サービス提供分野（＊該当する民間機関の参加可否） ● 主管部処 ● 市・道地域別
	部門交渉の進行方式	● 団体交渉と政策協議の区分 ● 団体交渉と政策協議の統合
	部門交渉の使用者代表	● 使用者団体の構成可否（統一交渉 vs. 集団交渉） ● ＊政府代表の参加可否（政策協議関連）
	協議事項の履行方法	● 法的な強制措置の導入 ● 中央／部門別協議時の政府の責任当局が参加
	労使紛争の解決機構	● 現行の労働委員会内の公共部門と設置・運営 ● 独自的な公共部門の労働紛争解決機構の設立・運営
	交渉構造再編の推進方法	● 全面的な再編の法制化 ● 労政合意による段階的な再編

（出典：労使政委員会資料、2007）

ているように、個々の事案の検討すべき課題についての提案が行われている。

　このような検討は、公務員が行う公務特殊性に対する配慮から公務員の勤労者性に対する配慮への方向転換を図るものであるが、こうした積極的な内容のまま法改正が行われる保証はなく、特殊性と一般性の間のせめぎ合いが

しばらく続くと考えられる。

6 関連法令の改正動向

2010年を労使関係における先進化の元年と位置付けている李明博政権においては労働関係の法制度の改正を進めている。法改正及び組織再編の詳細は以下のとおりである。

(1) 労働組合及び労働関係調整法の改正（2010年1月）

2010年1月に一部改正された「労働組合及び労働関係調整法」の主な改正理由は、1997年の「労働組合及び労働関係調整法」の制定時に、事業または事業場単位において労働組合の設立の自由を保障し、使用者が労働組合の専従者に対し給与を支給することを禁止する内容を規定し2002年1月から施行した。この法律は、その後2回の改正（2001年3月、2006年12月）により、次の改正は2010年1月からとなった。

しかし、根本的な補完がないまま2010年1月から施行される場合、事業または事業場単位において勤労条件の統一のための交渉窓口の一元化手続きに対する効力が問題となり、また労働組合の専従者に対する給与支援を禁止することにより中小企業の労働組合の活動が委縮される可能性が指摘されている。

従って、事業または事業場単位の労働組合の設立規制を撤廃し交渉窓口を一元化することにより勤労条件の統一性の確保及び交渉が効率的に行われるようにし、また、労働組合の専従者給与の使用者支給禁止原則の下で例外的に賃金の損失なく使用者との協議・交渉、苦情処理、産業安全活動などと健全な労使関係の発展のための労働組合の維持・管理業務ができるようにし、合理的な労使関係が産業の現場に定着できるようにするための方策が必要であった。

この法律の改正による主な変更内容は、①組合員の数などを考慮し勤労時間免除審議委員会が審議・議決したとおり、労働部長官が告示する限度を超

過しない範囲において勤労者は賃金の損失なしに使用者との交渉・協議、苦情処理、産業安全活動など、この法律または他の法律が定める業務と健全な労使関係の発展のための労働組合の維持・管理業務ができ、これに違反し給与支給を要求しこれの貫徹を目的とする争議行為を禁ずる（法第24条の第3項・第4項・第5項、第24条の2の新設、法第81条第4号、法第92条）、②1つの事業または事業場において2つ以上の労働組合がある場合、その労働組合は交渉代表労働組合を決めて使用者に交渉を要求することができ、使用者が交渉窓口の一元化を必要としないことに同意する場合はそれに従う（法第29条の2第1項新設）、③労働組合の間の交渉代表労働組合を決めて、決まらない場合は交渉窓口の一元化の手続きに参加した労働組合の全体組合員数の過半数で組織された労動組合がある場合はその労働組合が、ない場合は共同交渉代表団が交渉代表労働組合になり、交渉代表労働組合に対し当事者の地位を付与する（法第29条の2第2項から第8項まで、第29条の5、第41条後段、第42条の6第1項新設）、④交渉単位は1つの事業または事業場とし、著しい勤労条件の格差、雇用形態、交渉慣行などを考慮し労働委員会の決定により交渉単位を分離することができる（法第29条の3新設）、⑤交渉代表労働組合ではない労働組合と組合員に対する不合理な差別を防止するために交渉代表労働組合と使用者に公正代表義務を負荷し、これを違反する場合は、労働委員会を通じて救済ができるようにする（法第29条の4新設、法第89条の第2号）である。

（2）労働組合及び労働関係調整法施行令の改正（2010年2月）

　2010年1月の「労働組合及び労働関係調整法」の一部改正に伴い、同年2月には同施行令の内容の一部も改正された。同施行令の改正理由は、使用者の労働組合専従者の賃金支給禁止の原則の下で例外的に勤労者の賃金の損失なしに使用者との協議・交渉などの業務ができるように「勤労時間免除審議委員会」を設け、1つの事業または事業所単位において勤労者が設立または加入した労働組合が2つ以上ある場合に交渉窓口を一元化する内容の「労働

組合及び労働関係調整法」の一部改正に伴い勤労時間免除審議委員会委員の資格基準・委嘱方法及び勤労時間免除審議委員会の運営に関する事項と事業または事業場単位における細部的な交渉窓口一元化の手続き及び交渉単位の分離決定手続きを定めるなど、法律から委任された事項とその施行に必要な事項を定めるための一部改正である。

　その主な変更内容は、以下のとおりである。

① 　勤労時間免除審議委員会委員の委嘱方法及び資格基準（令第11条の３及び第11条の４の新設）として、法律の委任に従い勤労時間免除審議委員会の委員は労働関係学問を専攻した者で大学または研究機関において教員または研究員として５年以上勤務した経歴を持つか３級または３級相当の公務員であった者で、労働問題に関して学識と経験が豊富な者のうちから政府が推薦する者と全国的な規模の労働団体、構成団体がそれぞれの団体の前・現職の役員または労働問題専門家のうちから推薦した者を労働部長官が委嘱する。

② 　交渉窓口の一元化の手続き（令第14条の２から第14条の９まで新設）として、（ⅰ）労働組合は法律の委任により該当の事業または事業場の団体協約がある場合、その有効期限満了日以前の３カ月になる日から使用者に交渉を要求することができ、使用者はその交渉要求事実を公告し、他の労働組合に対して交渉に参加できるようにしなければならない、（ⅱ）交渉要求の労働組合が確定した後の14日の間、自律的に交渉代表労働組合を決定することができるようにし、もし自律的に交渉代表労働組合が決まらない場合には交渉窓口の一元化の手続きに参加した労働組合の全体組合員の過半数によって組織された労働組合が自律的な一元化期限満了日から５日以内に使用者に通知し、他の労働組合が過半数か否かに対して異議を提起した場合は労働委員会において組合員数を確認しそれに対する決定ができるようにする、（ⅲ）自律的な交渉代表労働組合を決定することができない場合は、その期限満了日から10日以内に、労働委員会の確認の結果、過半数の労働組合がない場合は労働委員

会の決定通知後の5日以内に自律的に共同交渉代表団を構成することとし、これを構成することができない場合は労働組合の申請に従い労働委員会において共同交渉代表団の構成を10人以内にし、その決定ができるようにする。

③ 交渉代表労働組合の交渉代表期間（令第14条の10の新設）として、（ⅰ）交渉代表労働組合はその決定された時から団体協約の有効期間が2年の場合は団体協約の有効期間満了日から、団体協約の有効期間が2年未満の場合は当該団体協約の効力発生日から2年間交渉代表労働組合の地位を維持できるようにする、（ⅱ）交渉代表労働組合として決定された日から1年間の間に団体協約を締結することができない場合は新しい交渉窓口の一元化手続きの開催ができるようにする、④交渉単位の分離決定の手続き（令第14条の11新設）として、交渉単位の分離の決定申請は交渉窓口の一元化の手続きが進行中の期間外に行うようにし、労働委員会の交渉単位の分離決定の前に労働組合の交渉要求がある時には交渉単位の分離決定がある時まで交渉窓口の一元化の手続きの進行が停止になるなどである。

（3）教員の労働組合の設立及び運営等に関する法律の一部改正（2010年1月）

教員の労働組合の設立及び運営等に関する法律（法律第5727号）の附則第2項の規定により同法律第6条第3項の団体交渉の手続き規定が2009年12月31日を持って効力が喪失することに伴い、今後の団体交渉の過程において発生する可能性のある混乱を最小化するために教員の労働組合の交渉手続きなどの関連規定を新設することとなった。その主な内容としては、①教員の労働組合の団体交渉の手続き及び方法を公務員の労働組合の設立及び運営等に関する法律における交渉手続きを準用し、新たに規定する、②教員が不当労働行為の救済申請時における教員訴請の審査を制限する規定を削除する、③改正法律により新しい交渉手続きが新設されたことにより従前の法律の第6

条第3項の効力期間を定めている附則第2項を削除するなどである。

（4）労働部とその所属職制の改正（2010年2月）

　労働組合及び労働関係調整法の改正に伴い、労使関係の先進化の推進のために労使協力政策官・勤労基準局・産業安全保健局を「労使政策室」に統合し、その傘下に労使協力政策官・勤労基準政策官・産業安全保健政策官・公共労使政策官を置く組織改正が行われた。また、時限的な組織として「労使関係先進化実務支援団」を設置・運営するとともに、総合職場体験館の設立事業を円滑に遂行するために職業体験館設立運営団の存続期間を1年延長する一方、その他の補完点を改善する改正が行われた。

おわりに—労使関係の先進化に向けて

　2006年の公務員労働組合法の施行は、戦後からの公務員制度を大きく転換させる画期的な出来事である。以前にも指摘しているように、祖国の近代化を標榜し、政治的自由より経済的自由を優先した権威主義体制の下でのエリートとしての公務員は、国民の奉仕者というイメージよりは権力への奉仕者としてのイメージが強く、自らを労働者としない堅い職業観を堅持してきた。

　しかし、こうした伝統的なエリート公務員とは異なる組織文化を有する公務員もその存在意義を高めてきており、2004年からの地方分権改革の推進による分権社会の構築過程においてはより市民に近い生活の現場、公共サービスの現場において働く公務員の声が反映できる労使関係システムの構築が急務となってきた。

　公務の特殊性からサービスの一般性により重点を置く市場主義の政策が流行るようになった1990年代以降の世界的な労使関係の変化という側面を踏まえ、公務員の労使関係においての団体協約締結権の付与という政策選択はその方向性においては間違ったものではない。ただ、その制度化や運用において、あまりにも重い規制を制度化した嫌いがあることは否めない。

　また、団体交渉の対象である報酬と勤務条件に対する法制度による縛りが

第 7 章　韓国における公務員団体協約締結権の仕組みと運用状況

強い現状に対する補完的な措置が揃っていない部分も健全な労使関係の発展を妨げていると指摘せざるを得ない。特に、OECD などにおける公務員の労使関係を基準として制度設計を行った法律制定時の議論から逸脱し、従来の集権的な行政管理の一環として公務員の労使関係を眺めようとする視点に傾斜しているといえる。

　主要な国政課題である「労使関係の先進化」のために公務員の労使関係が規範となるべきだという発想が現実社会においてその実を結ぶためには、制度的な縛りそのものを含め、当事者間の労使交渉において調律できる中身が制度的に保障される必要があろう。責任は、自律と選択に伴うものである。

注
（1）労使関係制度の詳細に関しては、今泉勝「特集　新労使関係制度で報告　公務員改革本部　国会関与に応じた選択肢提示：一般公務員への協約締結権拡大」『地方行政』(10113) 2009・12・28。また、植村哲・仁井谷興史「地方公務員に関する労働基本権の在り方について（2）労使関係制度検討委員会ワーキンググループにおける検討状況を中心に」『地方公務員月報』(554) 2009・9 を参照されたい。
（2）韓国における公務員労働組合の合法化過程及び法律条文については、拙稿「韓国における公務員制度の形成と改革（3）公務員の労働基本権と公務員労働組合の現況」『自治総研』(325) 2005・11 を参照されたい。また、団体協約締結権の制度化の過程及び運用に関しては、拙稿「韓国における公務員労使関係の形成：団体協約締結権の運用を中心に」『法学誌林』108（1）2010・7 を参照されたい。
（3）労働部、公務員労使関係マニュアル、2008年：118～119頁。
（4）行政自治部、公務員団体業務関連指針、2006年。
（5）公労総「公務員労組の労使関係の発展方向に対する研究報告書」2009年：121頁、韓国国会環境労働委員会「公務員の労働組合設立及び運営等に関する法律案審査報告書」2004年。
（6）李哲洙ほか、2008年：131頁以降参照。
（7）公労総、2009年：123～138頁。
（8）上級公務員の成果給については、行政安全部、上級公務員団人事運営マニュアル、2009年：242頁以下参照。
（9）12種の俸給表は、一般職・公安職・研究職・憲法研究官・指導職・技能職・雇用職・1種／2種雇用職・警察／消防官・小中高教員・大学教員・軍人である。

第 1 期　公務員制度改革大綱——公務員制度調査会と行政改革会議

（10）金判錫ほか『新人事行政論』大栄文化社、2009年：488〜489頁。
（11）公労総、2009年：159頁。

第2期　国家公務員制度改革基本法

第8章 公務員制度改革に係る「工程表」と決定に至る経過について
――内閣人事・行政管理局（仮称）への機能移管を中心に――

上林　陽治

はじめに

　2009年2月3日、国家公務員制度改革基本法（以下、「基本法」）13条に基づき内閣に設置された国家公務員制度改革推進本部（本部長：内閣総理大臣、構成員：全国務大臣）は、「公務員制度改革に係る『工程表』」（以下、「工程表」）を決定した。

　しかし「工程表」決定に至る過程で、国家公務員法（以下、「国公法」）等の改正により新たに内閣官房に設置するとされる内閣人事・行政管理局（仮称）への機能移管をめぐり、人事院との調整がつかないまま、その反対を押し切って決定される事態になっている。

　2008年6月に施行された基本法は、施行後1年以内（～2009年6月）に内閣官房に新組織を設置するための国公法改正案の提出を求めていた（基本法11条）。しかし、国家公務員制度改革推進本部の事務局人事の決定の遅れ、2008年9月の福田首相の突然の辞任と1ヵ月以上にもおよぶ政治空白、さらには新設される組織への他府省等からの機能移管についての調整が進捗しないことなどが相まって、「工程表」策定作業そのものが遅れていた。このため「工程表」の決定に拙速感は否めず、とりわけ機能移管に関しては、担当閣僚や事務当局間の交渉・協議によって決着した側面が多く、結論だけが先行した印象も受ける。

　本章の目的は、「工程表」決定までの経過を辿ることを通じ、事実関係が混線する公務員制度改革の動向を解きほぐしていくことにある。このため本

第2期　国家公務員制度改革基本法

章末尾に「公務員制度の総合的な改革に関する懇談会」報告から、基本法を経て、「工程表」までの間の主要項目の変遷をまとめてみた。あわせて御参照いただきたい。(以降の記述で、肩書き名称は当時のままである。)

1　「公務員制度の総合的な改革に関する懇談会」報告
2008年1月31日

　安倍首相時代に設置(2007年7月12日)された「公務員制度の総合的な改革に関する懇談会」(座長：岡村正東芝会長)が最終報告書を取りまとめたのが、2008年1月31日(福田首相への提出は2月5日)。同報告書の内容を要約すると、①総理大臣は、内閣官房等において、内閣の国家的重要政策の企画立案を機動的に行う「国家戦略スタッフ」を任用する。②内閣には大臣、副大臣、政務官のほか、各大臣を政務で補佐する「政務専門官」を設ける。③国会議員との接触は、大臣、副大臣、政務官および「政務専門官」が行い、それ以外の公務員の接触については厳格な接触ルールを確立する。④「キャリア・システム」を廃止するため、現行のⅠ・Ⅱ・Ⅲ種試験等の種類を廃止し、一般職、専門職、総合職の区分による採用資格試験とする。⑤各府省の幹部候補生となる総合職は、新設する内閣人事庁が一括採用して各府省に配属する。⑥総合職の採用・配属、幹部候補育成過程の運用管理、本省管理職以上の人事の調整、指定職の適格性審査などの一元管理等を行う機関として、国務大臣を長とする内閣人事庁を創設する等というものであった。

2　国家公務員制度改革基本法・政府原案の閣議決定
2008年4月4日

　「公務員制度の総合的な改革に関する懇談会」報告を受け、政府は、渡辺行革担当大臣を中心として法案作成に着手したが、政府部内では基本法案の内容をめぐり対立が発生した。
　主要対立点は、新設される内閣人事庁の権限である。渡辺行革大臣側は、1で述べた「公務員制度の総合的な改革に関する懇談会」報告書にそって法

案準備を進める意向を示したが、町村官房長官から、幹部公務員に関する人事権が内閣人事庁に移れば、かえって各省大臣の人事権が弱まると異論を唱えた。

　事態を収拾する目的から、2008年3月10日、福田首相が「内閣人事庁は創設するが、その権限は各省への情報提供や助言程度。幹部人事の原案は各省が作成する」という内容の指示をしたといわれるが、閣内対立は収束しなかった。

　結局、政府原案が閣議決定されたのは4月4日。その内容は、①各府省に国会議員への説明等のため政務専門官を設置する。それ以外の公務員の接触については厳格な接触ルールを確立する。②内閣官房に国家戦略スタッフ、各府省に政務スタッフを置く。③幹部職員（事務次官、局長、部長その他の幹部職員）は、内閣人事庁および各府省に所属する。各府省は、幹部職員の候補者名簿の原案を作成し、内閣人事庁は候補者の適格性の審査を行う。ただし、内閣人事庁も、必要に応じ、候補者名簿を作成することができるものとする。④内閣人事庁は、総合職試験の合格者からの採用およびこれに伴う各府省への配置を調整する。⑤国家公務員の労働基本権の在り方は、協約締結権を付与する職員の範囲の拡大に伴う便益および費用を含む全体像を国民に提示してその理解を得ることが必要不可欠であることを勘案して検討する。⑥内閣人事庁の設置する法制上の措置は、この法律の施行後1年以内、その他の制度改革課題については、この法律の施行後5年以内に実施する、というものだった。

3　与野党修正合意と修正国家公務員制度改革基本法の成立・施行　2008年6月13日

　政府原案である国家公務員制度改革基本法案が審議入りしたのは2008年5月9日になってからである。

　国会審議に先立ち、民主党は、政府原案は天下りを温存し、「官僚内閣制」を維持するに過ぎないと批判し、独自に「霞が関改革・国家公務員制度

第2期　国家公務員制度改革基本法

等改革重点事項」を取りまとめた。政府原案と比較すると、①内閣人事庁の設置でなく、内閣官房の内部組織として内閣人事局を設置する。②国会議員と公務員との接触制限ではなく、接触した場合の当該接触に関する記録を作成し、情報公開を徹底する。③再就職あっせんを禁止し、定年を65歳に延長する。④労働基本権については、非現業一般職国家公務員に協約締結権を認める等を提言した。

　政府原案の国家公務員制度改革基本法案の審議は進まず、衆議院内閣委員会で実質審議に入ったのが5月14日である。このため会期内での成立は困難との見方が広がった。これに対し民主党内から「不成立では国民世論が離反する」との危惧から政府案を修正した上で賛成すべきとの意見が浮上し、福田首相も5月15日、与党に対し法案成立にむけた努力を促した。

　5月21日に自民・民主それぞれの国会対策委員長が、基本法の修正協議に入ることで合意、22日には衆議院内閣委員会理事懇談会でも、論点整理をして修正協議に入ることを了承、23日から同委員会で修正協議に入った。

　修正協議では自民党が民主党修正案をほぼ「丸飲み」し、①内閣人事庁を内閣官房の内閣人事局に修正。②総合職試験合格者について一括採用・各府省配置としていた措置についてこれを行わない。③幹部職員の候補者名簿の作成については、各府省の原案作成から内閣官房長官において作成することに変更。④国家公務員と政治家との接触に関わる条項を削除し、記録作成と情報公開を徹底する。⑤定年については65歳に段階的に引き上げることを検討する、という修正を行うことで合意した。最大の論点になったのは、労働基本権問題における協約締結権付与の対象範囲の拡大で、政府案の「検討する」から「国民に開かれた自律的労使関係制度を措置する」となった。なお、民主党が求めていた再就職あっせんの禁止については、基本法において措置する範囲ではない（2007年改正国家公務員法による措置）ことから、論点から省かれた。

　こうした修正協議を経て、5月27日、自民党、公明党、民主党の3党は、基本法案に関する実務者協議を開催し、共同修正して開会中国会で成立させ

ることで基本合意した。

　修正案は28日に衆議院内閣委員会に3党で共同提出され可決、29日には衆議院本会議で可決、6月6日には参議院本会議でも可決・成立し、6月13日に公布・施行された。

4　国家公務員制度改革推進本部事務局等の発足
　　2008年7月11日

　基本法はその第13条で、国家公務員制度改革推進本部の設置を規定している。国家公務員制度改革推進本部の所掌事務は、制度改革の推進に関する企画、立案並びに総合調整、施策の推進と位置付けられ（第14条）、本部長に内閣総理大臣（第16条）、副本部長と本部員はすべての国務大臣という構成となっている（第17・18条）。さらに、第20条では、本部に事務局を置くとし、法施行日（6月13日）から起算して1月を超えない範囲内での設置を求めていた（附則第1条）。

　基本法施行後、最初に争点になったのは、この国家公務員制度改革推進本部の事務局人事をめぐってであった。事務局のスタッフ数については50人程度ということが早々に打ち出されたが、渡辺行革担当大臣は事務局長を含む約半数を公募で民間から起用するとした。これに対し町村官房長官は「（事務局人事は）政府の責任で適材適所で判断する」と、公募による民間人登用に慎重な姿勢を示した。

　2008年6月24日、渡辺大臣は福田首相に国家公務員制度改革推進本部の事務局長らの公募について説明したが、首相はこれを受け入れず、事務局長等については民間人を起用すること、首相自ら人選するという方針で落着することとなった。

　国家公務員制度改革推進本部事務局長等の人事が閣議決定されたのは、7月4日。事務局長には日本経団連参与で「官民人材交流センターの制度設計に関する懇談会」の座長代理だった立花宏氏、事務局次長に松田隆俊前総務事務次官、岡本義朗・三菱UFJリサーチ・コンサルティング主席研究員が

起用されることとなった。

　7月4日の閣議では、国家公務員制度改革の重要施策について審議し、国家公務員制度改革推進本部に顧問会議を設置することを決定、さらに労働基本権問題に関連し、学識経験者、労働側、使用者側の3者構成から委員14人以内をもって組織する労使関係制度検討委員会を同推進本部に設置することをあわせて決定した。

　国家公務員制度改革推進本部については、政令（平成20年7月9日政令第220号）により7月11日に発足した。しかし、事務局長人事の遅れのあおりで事務局スタッフ人事はこの時点で固まっておらず、スタッフ陣容が整い本格的に事務局が動き出すのは8月以降のこととなった。なお渡辺行革担当大臣が強くこだわった民間からの登用については、事務局長以下46人のうち約3割を占めることとなった。

　顧問会議の構成員が確定したのは、8月2日の内閣改造（行革担当大臣には茂木敏充氏が就任）を挟んでさらに遅れ、8月15日になってからである。構成員は11人だが、安倍内閣時代に設置されたかつての「公務員制度の総合的な改革に関する懇談会」の委員7人と重複し、また経済3団体のトップがすべて起用された[1]。初会合は、福田首相の辞任表明（9月1日）後の9月5日になってからである。

　労使関係制度検討委員会委員が確定するのは、自民党総裁選と新総理大臣選出、そして組閣までの1ヵ月におよぶ政治空白の結果、大幅に遅れて10月10日になってからであった（第1回会議が開催されたのは10月22日）[2]。なお、9月24日に発足した麻生内閣では、行革担当大臣に甘利明氏が任命された。約2ヵ月で行革担当大臣には3人が就任したことになる。

5　国家公務員制度改革推進本部顧問会議・報告
2008年11月14日

(1) 顧問会議・報告に至る推移

基本法は、法施行後1年以内、すなわち2009年6月までに内閣人事局設置

第8章 公務員制度改革に係る「工程表」と決定に至る経過について

に係る法制上の措置を講ずるとしており、国家公務員制度改革推進本部が最初に着手しなければならない仕事となった。

　内閣官房に設置される内閣人事局に関わる最大の焦点は、内閣人事局にいかなる機能を持たせるかであり、視点を変えれば、他府省等が分有する権限・機能の何をどれくらい移管するかであり、極めて府省間の権限争いを惹起する課題なのである。

　実質的な審議は、顧問会議の下に10月15日に設置されたワーキング・グループで行われた。(3)ワーキング・グループに顧問会議から検討を依頼された論点は多岐にわたるが、その中で、「内閣人事局の担うべき機能及びその組織のあり方について」として、（1）基本的な役割・機能、（2）具体的所掌事務、（3）組織のあり方について、がある。

　ワーキング・グループは、11月13日までのわずか約1ヵ月で都合8回、しかも11月5日から13日までに5回の会合をもつというペースで進められ、11月14日には、顧問会議に「論点整理に関する報告」を行い、顧問会議において「報告」として取りまとめられた。

　このような拙速ともとれるペースで結論を導き出したのは、内閣人事局の設置時期について、当初、国家公務員制度改革推進本部事務局内部では、基本法が規定する2009年通常国会に法案を提出することを念頭に、2009年度中に設置することが目指されていたためである。そして、そのための関連予算を2008年末の2009年度予算編成に間に合わせるため、11月中に結論を出すというスケジュールを組んでいた。(4)麻生首相も、10月28日、中馬弘毅自民党行政改革推進本部長に内閣人事局について2009年度中の設置を目指すとの意向を示した。しかし政治の側では、たとえば渡辺元行革担当大臣は「拙速な議論は骨抜きになる」と反論し、顧問会議内部でも十分な議論が必要として、内閣人事局設置については2009年度中にこだわるべきではないとする意見が出されていた。

第2期　国家公務員制度改革基本法

（2）　顧問会議・報告の内容

さて、顧問会議が11月14日に取りまとめた「報告」だが、内閣人事局の機能と他府省等からの機能移管について、概要、次のように結論づけた。

内閣人事局が担う役割は、「国家公務員の人事管理に関する戦略中枢機能」として、国家公務員全体の人事管理に関する制度の企画立案、方針決定、基準策定、目標設定ならびに制度や運用の改善・改革を担うこととした。

人事院は、事後チェック機能を担うこととする方向とし、また、労働基本権制約の下では、勧告・意見申出機能、公平審査機能は引き続き人事院が担うものの、勤務条件の細目については法律に基づき内閣人事局が政令で定め人事院がこれに対して意見申出を行うような仕組みや、内閣人事局があるべき勤務条件について基本的な企画立案を行い、人事院に対して必要な検討、勧告・意見申出を行うよう求めるような仕組みとする方向で、見直すこととした。

具体的な移管すべき機能として報告に列挙されたのは以下の通り。(5)

① 　人事院
　　一　試験、任免、給与、研修の企画立案、方針決定機能等は、内閣人事局に移管。
　　一　試験、研修の実施機能は、内閣人事局が担うが、民間や人事院に委託。
　　一　分限、懲戒等の機能は、基本的な企画立案機能は、内閣人事局に移管。
② 　総務省人事恩給局
　　一　人事行政に関する機能は、内閣人事局に移管。恩給行政に関する機能は移管しない。
③ 　総務省行政管理局（両論併記）
　　一　議院内閣制の下では、内閣に近い機関が責任を持って弾力的な組織管理を行うべきであり、組織・定員管理機能を内閣人事局に移管すべき。

第8章 公務員制度改革に係る「工程表」と決定に至る経過について

　一　人事管理と組織管理を一体で行うと、人事の都合で組織管理が行われ、行政組織の肥大化を招きかねないので、機構・定員管理機能は内閣人事局に移管すべきではない。
④　財務省主計局
　一　予算のうち給与に係る部分及び旅費に関する機能のうち、総人件費枠の中での各府省への具体的な配分・調整機能は、内閣人事局が担う。
　一　共済に関する機能は、移管しない。
⑤　財務省理財局
　一　宿舎に関する機能は、国有財産管理の性格が強いことから、内閣人事局には移管しないが、国家公務員の福利厚生の観点から関与することができるようにする。
⑥　内閣官房内閣総務官室
　一　人事行政に関する機能を移管
⑦　内閣府官民人材交流センター
　一　内閣人事局が企画立案、方針決定機能を担い、同センターが実施機能

　後の「工程表」策定をめぐる議論の理解のため、若干先取りして上記の移管事務を読み解いてみよう。
　第一に、人事院との関係では、給料表の級別定数の設定および決定機能の移管をこの時点では、少なくとも明示的には求めていないという点である。ワーキング・グループでは、人事院と財務省のヒアリングの際、級別定数管理について議論が行われているが、結局、報告には記述されなかったのである。
　第二に、総務省・行政管理局との関係では、組織・定員管理機能の移管の是非について、内閣人事局の権限の強大化を回避する意味から、両論併記となっている。
　第三に、財務省との関係では、総人件費の基本方針、人件費予算の配分方針の企画・立案・総合調整機能を移管し、ほぼこの通り「工程表」でも記述

されることになる。

　第四に、総務省・人事恩給局との関係では、人事恩給局が有する機能のうち恩給行政を除き、丸ごと内閣人事局に移管することとなり、「工程表」でもこの通り記述されることとなった。

　顧問会議・報告を受け、具体的な移管交渉は、国家公務員制度改革推進本部において、甘利行革担当大臣の責任で実施されることとなったが、すでにこの段階で、機能移管問題は人事院ならびに行政管理局の機能の移管の取り扱いに絞られていたというべきである。

6　第2回国家公務員制度改革推進本部「公務員制度改革の今後の進め方」　2008年12月2日

　先にも触れたように、内閣人事局を2009年度中に設置するためには、11月中に予算関連も含めて決定しておく必要があった。機能移管問題に関しては、顧問会議のワーキング・グループの場で人事関連府省等の担当局からヒアリングが行われたが、政府部内での移管交渉は未実施のまま推移していた。

　設置時期問題だけでも早期に結論を出さなければならないことから、11月28日、甘利行革担当大臣は麻生首相と会談し、内閣人事局の2009年度設置を見送ることを決定した。

　2008年12月2日に開催された第2回国家公務員制度改革推進本部では、甘利行革担当大臣から「公務員制度改革の今後の進め方」として、①内閣人事局の設置時期等について、平成22年（2010年）4月の発足を目指し、2009年3月の法案提出にむけ作業する。②内閣人事局への機能移管は、顧問会議報告を尊重して関係府省等と折衝し、総務省行政管理局は内閣人事局に移管する方向で折衝する。③2009年1月中を目途に、基本法に掲げる改革事項全体に係る「工程表」を政府として決定する。④「工程表」では、基本法の定める全体として5年の改革スケジュールを4年に短縮する方向で検討し、その中に給与制度見直しの方向性や労働基本権見直しのスケジュールも盛り込む、と発言した。[6]

第8章 公務員制度改革に係る「工程表」と決定に至る経過について

これは内閣人事局の設置時期について、国家公務員制度改革推進本部事務局が当初予定していた2009年度中という考え方を斥けるとともに、法案も2009年度予算編成と切り離すというものである。こうした措置により先送り感が否めないことから、改革スケジュールを当初予定の5年間から4年間に短縮し、制度完成年を2013年6月から2012年6月までと1年前倒しする「工程表」を策定するとしたのである。

7　行政管理局、人事院の機能移管をめぐって　2009年1月

第2回国家公務員制度改革推進本部は、2009年1月中を目途に、基本法に掲げる改革事項全体に係る「工程表」を政府として決定することを定めた。年明け後、「工程表」の策定にむけ、とりわけ内閣人事局への機能移管問題をめぐって閣僚間の折衝が本格化した。

（1）行政管理局機能移管問題

機能移管問題、とりわけ難航が予想された行政管理局の機能移管問題について、甘利行革担当大臣が鳩山総務大臣と初折衝したのは2009年1月9日になってからである。鳩山総務大臣は、定員管理部門と人事部門を一緒にすると特定の利害により新しいポストや新組織を作るような事態が起きかねないとの懸念を表明し、仮に移管するとしても、組織管理と人事管理を分けるファイアーウオール（防火壁）が必要との認識を示した。

1月14日に2度目の折衝が行われ、鳩山総務大臣は行政管理局の移管に難色を示し合意に至らなかったものの、1月19日の3度目の折衝では、一転、鳩山大臣が行政管理局の業務、組織とも内閣官房へ移し、内閣人事局と並立させることを提案した。これに対し、甘利行革担当大臣は「組織のあり方は今後も検討する」といったん保留し、1月23日に開かれた臨時閣議で内閣人事局の名称を変更し、「内閣人事・行政管理局」として「対等合併」とする新組織案を披露し、鳩山総務大臣も基本的に了承した。

第 2 期　国家公務員制度改革基本法

　1月27日に開催された顧問会議には、「工程表（案）」が示され、そこでは、内閣人事・行政管理局を設置すること、そして「内閣人事・行政管理局は、人事管理機能と組織管理機能のシナジー効果をあげるとともに、人事の都合で機構・定員査定が行われ、行政組織の肥大化を招くといった問題が生じないよう、人事管理機能と組織管理機能との間で連携と緊張を確保できるような組織・運営とする」となった。⁽⁷⁾

　行政管理局の移管問題に関しては、結局、担当する大臣が変更するだけで、組織としては無傷のまま内閣官房に移行することとなったのである。

（2）人事院の機能移管問題

　人事院の機能移管交渉の状況が、事務方の折衝や水面下の協議はともかくとして表面上に浮上してきたのは、1月20日になってからである。前日の1月19日において行政管理局移管問題が峠を越したタイミングにおいてであった。

　1月20日の記者会見で、甘利行革担当大臣は人事院が機能移管問題についてゼロ回答だったと明らかにし、「改革の趣旨を理解すべき」と批判した。一方、人事院サイドは、1月21日、文書で「中央人事行政機関としての人事院は存続の余地がない。このような改革を国家公務員制度改革基本法はまったく予定していない」と伝えるとともに、谷総裁が「内閣人事局が具体的に何をするのか見えない。何を移管するのかも示されておらず、交渉に応ずる術がない」と語り、人事院の企画立案機能を移管すれば、人事院は「第三者機関として労働基本権の制約ある公務員の代償機能がなくなる」と主張し、さらに「（公務員の）政府からの中立性や人事の公正性が損なわれる恐れがある」と強調した。

　1月22日、国家公務員制度改革推進本部事務局は、人事院から内閣人事局への移管機能として、①級別定数の設定および改定（指定職については号俸の格付け）機能。②任用、研修、試験に関する企画立案、方針決定、基準設定、目標設定等を掲げるとともに、③人事院は、研修・試験の実施や②に係

第8章　公務員制度改革に係る「工程表」と決定に至る経過について

る内閣人事局が企画立案する政令等への意見の申し出などの事後チェック機能を担う。④内閣人事局が必要と考える勧告、意見の申出、人事院規則の制定改廃を要請する仕組みや、人事院が人事院規則を定めようとする場合において、あらかじめ内閣人事局の意見を聴取する仕組みを整備する、という案をまとめ、翌23日の甘利行革担当大臣と谷人事院総裁の会談で提案した。これに対し谷人事院総裁は、基本法が内閣人事局の機能としているのは、幹部等人事の範囲であり、級別定数設定機能の移管要請は一般職員も含めた勤務条件にも触れる課題で、基本法の範囲を超えていると反論し、「真摯に検討するが非常に難しい」と回答を保留した。

1月26日にも甘利行革担当大臣と谷人事院総裁との協議が行われたが、人事院から、①級別定数に関しては指定職の号俸格付けは内閣人事局の承認を得て各庁の長が決定する。全般的には、内閣人事局は職制上の段階別の「定数」を設定し、人事院はこれを受け給料表上の級別定数を定める。②任用に関しては、内閣人事局は人材基本戦略の企画立案を行う、人事院は中立・公正に関わる企画立案を行う。③研修は、内閣人事局は幹部候補育成過程における政策の企画立案等、人事院は中立・公正の観点から行うべき研修の企画立案・実施を行う。④試験は、内閣人事局は内閣としての採用戦略の企画立案、人事院はこれを踏まえて採用試験の企画・立案を行う。⑤内閣人事局から人事院への検討の要請に関する新たな仕組みを整備する、この仕組みとの均衡上、職員団体から同様の人事院への検討要請の仕組みを整備する必要、という考え方が対案として示された。これに対し、甘利行革担当大臣は、「人事院にみんな残すということであり、とても飲めない」と拒否した。

要するに、人事院の対案は、（Ａ）任用・研修・採用試験に関する企画・立案機能を内閣人事局と人事院で分担する。（Ｂ）級別定数管理機能は人事院に残す、というものであるが、その理由として人事院が挙げているのが、（ア）憲法15条に係る公務員の中立・公正性に係る機能は、政治主導の下においても、第三者機関である人事院が担うべき。（イ）労働基本権制約の下においては、勤務条件に関わる機能は代償機関である人事院が担うべき。

（ウ）基本法が内閣人事局に付与している機能は幹部職員、管理職員等の人事に係る機能であって、人事院に移管を求められている機能は基本法を逸脱している、というものである。

谷人事院総裁は、1月27日、事態の打開を図るため石原伸晃自民党公務員制度改革委員長や河村建夫官房長官とも会談したが、進捗することはなかった。

8　公務員制度改革に係る「工程表」の決定
2009年2月3日

人事院との間で機能移管問題の決着がつかないまま、1月27日、国家公務員制度改革推進本部顧問会議が開催され、今後4年間の「公務員制度改革に係る工程表（案）」が報告された。そして、1月30日に開催される国家公務員制度改革推進本部において「工程表（案）」を決定し、年度末の2009年3月までに今次通常国会に提出すべき関連法案を策定するという意向が示された。

1月29日に開催された自民党行政改革推進本部では、「工程表（案）」が大筋で了承されたが、内閣人事・行政管理局の局長については、「内閣官房副長官をもって充てる」としていたものに対し異論が出されていた。[8]

また、1月30日に予定されていた第3回国家公務員制度改革推進本部は開催されず、翌週以降に延期された。この理由について甘利行革担当大臣は、30日の閣議後記者会見で、谷人事院総裁が会合への出席を拒否したことを挙げたが、首相官邸サイドが強行突破を避けたためともいわれている。

2月2日、河村官房長官と甘利行革担当大臣が会談し、翌3日に国家公務員制度改革推進本部を開き「工程表」を決定することが確認された。

2月3日に開催された第3回国家公務員制度改革推進本部では、後掲の「公務員制度改革に係る『工程表』」と「国家公務員法等の一部改正の基本方向」が決定された。3日の会合には、谷人事院総裁がオブザーバーとして出席して改めて反対を表明し、さらに本部会議終了後、谷人事院総裁は、概要、

第 8 章　公務員制度改革に係る「工程表」と決定に至る経過について

次の通りコメントした(9)。

1．人事院の機能移管について、国公法に課せられた人事院の責務を果たすために必要な機能を損なわないぎりぎりの範囲で、最大限の努力を尽くしてきたが、ご理解を頂くに至らなかったことは、誠に遺憾。
2．今回の改革案は基本法の範囲を超えているものと認識しており、また、「工程表」の方向で措置されることとなれば、公務員人事行政の中立・公正性の確保という、憲法15条（全体の奉仕者）に由来する重要な機能が損なわれることになると懸念。
　　法律案の策定に向けて、意見交換をさせていただきたい。
3．基本法に定める改革の重要性は、人事院として十分認識しており、給与制度の検討など人事院の立場から取り組むべき課題について、引き続き真摯に取り組む。

9　公務員制度改革に係る各事項の実施スケジュール

ここで国家公務員制度改革推進本部が2月3日に決定した「工程表」の内容をおさらいしておこう。

内容は、2つに分かれ、スケジュールを示した「公務員制度改革に係る『工程表』」と「国家公務員法等の一部改正の基本方向」である。

前者の公務員制度改革の各項目を時系列に分類し、当該項目に関する法制上の措置等を併記すると次のようになる。

● 2009年（平成21年）度中
　・国家公務員法等の一部改正法案の通常国会提出
　・新たな採用試験の方向性の決定
　・官民人材交流の推進　→　人事院への勧告等の要請
　・新たな人事評価制度の導入（4月）　→　政令整備
　・幹部職員賞与の傾斜配分化の実施　→　人事院への勧告等の要請
　・管理職員の任用弾力化、管理職手当（特別調整額）の傾斜配分強化　→　人事院への勧告等の要請

第 2 期　国家公務員制度改革基本法

  - 専門スタッフ職制度拡充を含む高齢職員の任用・給与制度等、定年まで勤務できる環境整備に係る法制上の措置　→　人事院への勧告等の要請
  - 国会議員と職員の接触ルールの策定
  - 労使関係制度検討委員会の結論（〜2009年12月まで）
- 2010年（平成22年）度中
  - 内閣人事・行政管理局設置（4月）　→　09年国家公務員法改正による
  - 国家戦略スタッフ・政務スタッフの設置　→　09年国家公務員法改正による
  - 新たな採用試験における受験資格、試験科目等受験者の準備に必要な情報の公表
  - 幹部候補育成課程における必要な研修等の実施　→　09年国家公務員法改正による
  - 公募に係るプロセスや公募に付する幹部職等の数値目標を定めて公募を実施　→　09年国家公務員法改正による
  - 官民人材交流の推進　→　官民人事交流法改正案の国会提出
  - 管理職員の任用弾力化、管理職手当（特別調整額）の傾斜配分強化に係る法制上の措置
  - 専門スタッフ職制度拡充を含む高齢職員の任用・給与制度等、定年まで勤務できる環境整備に係る法制上の措置
  - 労働基本権、協約締結権を付与する職員の範囲の拡大等に関する所要の法律案の国会提出
- 2011年（平成23年）度中
  - 新たな採用試験の実施に必要な細目を公表
  - 管理職員の任用の弾力化、管理職手当（特別調整額）の傾斜配分の強化
  - 役職定年制、高齢職員の給与引下げ、高齢職員の処遇のあり方等の全般的事項に係る検討の結論
- 2012年（平成24年）度中
  - 新たな採用試験の実施

- 高齢職員の再任用の原則化を実施
- 労働基本権、協約締結権を付与する職員の範囲の拡大等に関する所要措置の実施（～2012年まで）

10　法改正等における論点

「工程表」の各項目は、概ね基本法のスキームにそって、それを具体化したものがほとんどといえる。しかし、詳細に見ていくと、確かに人事院が主張するように、「基本法の範囲を超えている」と考えられなくもない項目が散見され、また、整理を要するものもあり、それらが今後の論点になりうる。

第1に、「工程表」に記述されている「幹部職員・管理職員の配置の弾力化」にむけた措置である。「工程表」は「幹部職員の範囲内で弾力的に降任することができるような措置」という「新たな制度」が必要だとしている。そして、通常国会提出の国公法改正で措置するとしているが、具体的な内容には触れられていない。また、実施時期についても2010年度からを想定しているようだが、明示されていない。

要は処分性を排除して降任できる仕組み、これを「配置の弾力化」措置として制度化し、幹部職員から先行して実施して、将来、管理職員に広げていこうとしているものと思われる。

このような仕組みは、すでに2001年12月25日に閣議決定された「公務員制度改革大綱」で示されていた。「公務員制度改革大綱」では、能力等級を中心とした能力本位の任用制度を整備するとして、具体的には、①級別定数に示されている役職段階を、給料表上の2～3級をまたぐ基本職位に大括りし、これまで「昇任・降任」と位置付けていた異動を基本職位内においては配置換と捉えなおすことにより任用を弾力化する、②その時々の必要性に応じて、基本職位に対応する給料表上の等級の上位又は下位の等級の者をそのポストに就けることを可能とする、というものであった。[10]

「工程表」と2001年の「公務員制度改革大綱」を対比させると、「幹部職」「管理職」は「基本職位」に擬せられ、それぞれの範囲内であれば「昇任」

第2期　国家公務員制度改革基本法

「降任」とは捉えないということを意図したものであることがわかる。すなわち「配置の弾力化」制度とは処分性を排除した任命権者による自由な配置換を意味するものであり、これにより職員の身分保障が侵害されかねないこととなる。

　第2は級別定数管理機能移管問題である。第1の論点からも類推されるように「幹部職員・管理職員の配置の弾力化」のためには、給料表上の級別定数管理で任用数を規制する方法を改め、給与とポストを切り離さなければならない。このため、級別定数管理機能を是非とも人事院から移管する必要がある。しかし、基本法には一般職員を含めた級別定数管理機能の移管は規定されておらず、また、2008年11月の顧問会議・報告にも明示されていない。したがって、「工程表」段階で級別定数管理機能の移管を求めるのは、基本法から逸脱しているとの疑念を生じさせかねない。

　さらに、この級別定数は給料表上の級を基礎に置いているため職員の勤務条件と密接に関わっている。すなわち級別定数は、一般職給与法第8条第1項に規定され、人事院が「職務の級の定数を設定し、又は改定することができる」としているものなのである。人事院としては勤務条件と密接する機能を労働基本権制約下において白紙委任するわけにはいかない。人事院が移管に反対する理由はここにある[11]のであり、労働基本権制約問題の解決を先送りした状態の下では、やはり、一方的な措置と考えざるを得ない。

　第3に、特に今回の基本法の核心である「**政治主導**」、いいかえれば、政治と行政の間柄における公務員の中立・公正性の確保の問題である。基本法第5条第1項で「政府は、議院内閣制の下、政治主導を強化し、国家公務員が内閣、内閣総理大臣及び各大臣を補佐する役割を適切に果たす」と規定した。このうち「政治主導を強化し」の文言は、与党・民主党の修正協議の中で明記されたもので、政党サイドからの強いメッセージだといえよう。

　第5条は、政治主導の具体化として、①特別職として国家戦略スタッフおよび政務スタッフを創設。②一般職のうち幹部職員および管理職員の分類と任用の方法、給与その他の処遇の管理。③政官接触管理を通じた政官関係の

第8章　公務員制度改革に係る「工程表」と決定に至る経過について

透明化。④内閣官房における幹部職員ならびに管理職員の人事管理の一元化を、政府に措置することを求めた。だが、①～④はそれぞれその目的を異にしている。①は内閣機能の強化のため、③は政治と行政の間の適切な距離を保ち、もって公務員の中立・公正性を確保するため、②と④は、もともとは、省庁セクショナリズムを改革するためのものである。このようにそれぞれの措置の目的が異なるものを混在させており、政治主導を発揮するため本当は何が必要なのか、いずれ整理が必要になると思われる。

　第4に特別職・一般職と政治主導の関係である。内閣機能を強化するため国家戦略スタッフ等を置き、政治任用色が強いためこれを特別職としたことまでは理解できる。一方、幹部職員や管理職員は、現行法上は政治からの中立・公正性の確保から「身分保障」（国公法75条）の下にある一般職である。はたして政治主導を貫徹するため幹部職員等を一般職のまま、その人事管理権能を政治の下に置かなければならないのか、逆にいえば、このような措置を通じても、公務員の中立・公正性は本当に確保できるのか、なお、検討が必要ではないかと思われる。

おわりに

　「工程表」の本部決定後、2009年3月を目標に国家公務員法改定作業が進んでいる。2月26日には、自民党公務員制度改革委員会に、通常国会に提出予定の国家公務員法改正案など公務員制度改革関連法案の骨子が提示された。
　一方、人事院は、「工程表」で求められていた幹部職員賞与の傾斜配分化の実施にむけ、2009年4月にも追加勧告することを明らかにしたが（2月24日）、国家公務員制度改革推進本部事務局との間で、機能移管問題が進捗した様子はいまのところ見られない。
　級別定数移管問題については、2月6日の衆議院予算委員会において、宮崎礼壹内閣法制局長官が「移管自体が直ちに憲法上許容されないということはないと考えている」と発言したが、長官はあわせて「労働基本権制約の代償措置を確保する上で十分適切なものとなっているかどうかということにつ

第2期　国家公務員制度改革基本法

きまして、よく説明を伺い、条文審査に当たってまいりたい」とし、級別定数は勤務条件の側面があり、その限りにおいて労働基本権制約と人事院の代償機関機能の問題とリンクすることを認めた。

これまでの歴史が明らかにしているように、公務員制度改革の課題は必ずや労働基本権制約問題に収斂する。しかし政府側の対応は常に同問題の解決を先送りしたままで、政治主導による「改革」を先行させ、結果として改革は実現されてこなかった。

むしろ手順を逆転させ、労働基本権制約問題を先に解決することの方が「改革」の実を上げる近道ではないだろうか。

注
（1）国家公務員制度改革推進本部顧問会議の構成員は、以下の通り。＊印は「公務員制度の総合的な改革に関する懇談会」と重複。（肩書きはすべて当時。以下の注も同じ。）
　　麻生渡　福岡県知事、＊岩田喜美枝　資生堂副社長、＊岡村正　日本商工会議所会頭、川戸恵子　ジャーナリスト、＊堺屋太一　作家、桜井正光　経済同友会代表幹事、＊佐々木毅　学習院大学法学部教授、＊高木剛　日本労働組合総連合会会長、＊田中一昭　拓殖大学名誉教授、御手洗冨士夫　日本経済団体連合会会長（座長）、＊屋山太郎　評論家
（2）国家公務員制度改革推進本部労使関係制度検討委員会の構成員は以下の通り。
　　●学識経験者委員　青山佳世　フリーアナウンサー、稲継裕昭　早稲田大学大学院公共経営研究科教授、今野浩一郎　学習院大学経済学部教授（座長）、岸井成格　毎日新聞東京本社編集局特別編集委員、諏訪康雄　法政大学大学院政策創造研究科教授、髙橋滋　一橋大学大学院法学研究科教授
　　●労働側委員　金田文夫　全日本自治団体労働組合中央本部書記長、福田精一　国公関連労働組合連合会中央執行委員長、山本幸司　日本労働組合総連合会副事務局長
　　●使用者側委員　岡島正明　農林水産省大臣官房長（1月13日の第3回会議から佐藤正典　農林水産省大臣官房長に交代）、村木裕隆　総務省人事・恩給局長、森博幸　鹿児島市長
（3）ワーキング・グループ構成員は顧問会議から、主査として桜井顧問、副主査として屋山顧問が参加し、岩田、川戸、堺屋、田中の各顧問も参加することとなった。また、顧問会議外の有識者として、金丸恭文（フューチャーアーキテクト株式会社社長）、小山正之（第一生命経済研究所社長）、草野忠義（財団法人連合

第 8 章　公務員制度改革に係る「工程表」と決定に至る経過について

　　総合生活開発研究所理事長)、田中秀明（一橋大学経済研究所准教授)、中野雅至
　　（兵庫県立大学大学院准教授）が参加した。肩書きはいずれも当時。
（4）国家公務員制度改革推進本部顧問会議（第2回）2008年9月23日　松田国家
　　公務員制度改革推進本部事務局次長発言「予算要求を具体的に行いませんと、年
　　末における予算決定、あるいは組織等の決定に間に合いませんので、したがいま
　　して、11月のしかるべき段階には、大方の考え方を政府として取りまとめて、そ
　　して具体的な予算あるいは組織等の決定の手続に入っていくということになりま
　　す」。
（5）国家公務員制度改革推進本部顧問会議　2008年11月14日　報告（概要）より。
（6）全体としてスケジュールが前倒しになるなか、別途設置されている労使関係
　　制度検討委員会の結論について、当初予定の2009年度中を「21年（2009年）中、
　　できれば少しでも早く詰めて取りまとめていただきますよう」と甘利行革担当
　　大臣は要請した。第2回国家公務員制度改革推進本部労使関係制度検討委員会、
　　2008年12月3日、甘利行革担当大臣の発言。
（7）国家公務員制度改革推進本部顧問会議（第7回会合）2009年1月27日　資料
　　1「公務員制度改革に係る『工程表』について（案)」
（8）2月3日に国家公務員制度改革推進本部で決定した「公務員制度改革に係る
　　『工程表』について」では、この一文が削除され、単に、「内閣人事・行政管理局
　　（仮称）に、内閣人事・行政管理局長（仮称）を置く」と変更されている。
（9）2月3日の記者配布資料の要約。
（10）連合官公部門連絡会『『公務員制度改革大綱』とその問題点（討議資料№5)」
　　2002年1月4日発行参照。なお、「公務員制度改革大綱」は、政府・行政改革推
　　進事務局のホームページに掲載されている。「工程表」や2008年11月の顧問会議
　　「報告」で示されている措置とあまりにも似通っている。
（11）なお、基本法5条2項5号「〜任命権者が、それぞれ幹部職員又は管理職員
　　の範囲内において、その昇任、降任、昇給、降給等を適切に行うことができるよ
　　うにする等その職務の特性並びに能力及び実績に応じた弾力的なものとするため
　　の措置を講ずるものとすること。」は、当初の基本法政府原案にはなく、与党・
　　民主党との修正協議において挿入された条項である。いかなる経緯でいかなる意
　　図をもってこのような修正が行われたのかは分からない。関係者からの情報公開
　　を期待したい。

〈表〉　公務員制度改革主要項目の変遷推移
　　　（「懇談会」から「工程表」まで）

第 8 章　公務員制度改革に係る「工程表」と決定に至る経過について

〈表〉公務員制度改革主要項目の変遷推移（「懇談会」から「工程表」まで）

注）項目の頭に×印があるものは、政府案の基本法にのみ記述されていたもの。

	「公務員制度の総合的な改革に関する懇談会」報告 2008年1月31日取りまとめ	政府案・国家公務員制度改革基本法案 2008年4月4日 閣議決定	修正・国家公務員制度改革基本法 2008年6月13日 公布・施行	公務員制度改革に係る「工程表」 2009年2月3日 本部決定
国家戦略スタッフ	1. 議員内閣制にふさわしい公務員制の確立 (1) 内閣中核体制の確立 ③ 総理大臣は内閣官房等において、内閣の企画立案等の国家的重要政策を機動的に行う「国家戦略スタッフ」を任用する。	第5条1項2号 内閣官房に、内閣総理大臣の命を受け、内閣の重要政策のうち特定のものに係る企画立案に関し、内閣総理大臣を補佐する「国家戦略スタッフ」を置く。	第5条1項1号 内閣官房に、内閣総理大臣の命を受け、内閣の重要政策のうち特定のものに係る企画立案に関し、内閣総理大臣を補佐する「国家戦略スタッフ」を置く。	別紙2Ⅲ (1) 国家戦略スタッフの設置 ① 内閣官房に、内閣総理大臣の命を受け、内閣の重要政策のうち特定のものに係る企画立案に関し、内閣総理大臣を補佐する職（以下「国家戦略スタッフ」という。）を置くことができるものとする。 ② 国家戦略スタッフの任免は、内閣総理大臣の申出により、内閣においておこなうものとする。
政務スタッフ		第5条1項2号 各府省に、大臣の命を受け、特定の政策の企画立案及び政務に関し、大臣を補佐する「政務スタッフ」を置く。	第5条1項1号 各府省に、大臣の命を受け、特定の政策の企画立案及び政務に関し、大臣を補佐する「政務スタッフ」を置く。	別紙2Ⅲ (2) 政務スタッフの設置 ① 各府省に、大臣の命を受け、特定の政策の企画立案及び政務に関し、大臣を補佐する職（以下「政務スタッフ」という。）を置くことができるものとする。 ② 政務スタッフの任免は、大臣の申出により、内閣においておこなうものとする。
国家戦略スタッフ、政務スタッフの任用等	2. 多様な能力、技術、経験を持つ人材の採用、育成、登用 (4) 幹部職員等の育成と選抜の制度 (5) 国家戦略スタッフの任用や退任後の給与や勤務形態	第5条1項2号 イ 公募採用など、国の行政機関の内外から人材を機動的に登用する。 ロ 給与その他の処遇及び退任後の扱いは、それぞれの職務の職務の特性に応じ適切なものとする。	第5条1項2号 特別職国家公務員。公募活用など、国の行政機関の内外から人材を機動的に登用する。給与その他の処遇及び退任後の扱いは、それぞれの職務の特性に応じ適切なものとする。	別紙2Ⅲ (1) (2) ○ 国家戦略・政務スタッフは、非常勤とすることができるものとする。 ○ 国家戦略・政務スタッフの給与は次官級から課長級の給与に持たせた給与体系からとする。 ○ 国家戦略・政務スタッフの服務は内閣危機管理監に準じたもの。政務スタッフの服務は大臣政務官に準じたもの。

197

第2期　国家公務員制度改革基本法

等の処遇の在り方等を整理し、公務内外の能力ある人材が有効に活用される環境を整える。

分類	項目			
		第5条1項6号　国家戦略スタッフは、内閣人事庁の職員をもって充てる。内閣人事庁の職員以外の者を国家戦略スタッフに任命する場合は、その者を内閣人事庁の職員としたうえで、国家戦略スタッフに充てることができる。		○国会議員は、内閣総理大臣補佐官を兼ねることができる。 ○内閣総理大臣補佐官は廃止する。
幹部職員の任用関連	幹部職員の候補者名簿の作成	第5条1項4号　各府省大臣は、幹部職員の候補者名簿の原案を作成し、内閣人事庁は、候補者の適格性の審査を行い、内閣人事庁は、必要に応じ候補者名簿を作成することができる。	第5条2項3号　幹部職員（事務次官、局長、部長その他の幹部の職員（地方支分部局の職員を除く））の任用は、内閣官房長官が候補者名簿を作成し、各大臣に任免するについては、内閣総理大臣及び内閣官房長官と協議したうえで行う。	別紙2 I　幹部職員等の一元管理等に係る特例 (1) 適格性審査及び幹部候補者名簿 ① 内閣総理大臣は、幹部職員、任命権者が推薦した者、幹部職の公募に応募した者等について、幹部職に必要な標準職務遂行能力の有無を判定する適格性審査を行うとともに、当該審査に合格した者について、定期的に、及び任命権者の求めがある場合は随時、幹部候補者名簿を作成し、任命権者に提示するものとする。内閣総理大臣は、上記権限を内閣官房長官に委任する。
	幹部職員への任用			別紙2 I　幹部職員等の一元管理等に係る特例 (1) 幹部職員への任用 ② 幹部職員の任用は、幹部候補者名簿に記載された者であって、選考又は人事評価に基づき、当該官職への適性を有すると認められる者の中から任命権者が行うものとする。幹部官職への任免を行う場合には、あらかじめ内閣総理大臣及び内閣官房長官に協議した上で、当該協議に基づいて行うものとする。

第8章　公務員制度改革に係る「工程表」と決定に至る経過について

	「公務員制度の総合的な改革に関する懇談会」報告 2008年1月31日取りまとめ	政府案・国家公務員制度改革基本法 2008年4月4日　閣議決定	修正・国家公務員制度改革基本法 2008年6月13日　公布・施行	公務員制度改革に係る「工程表」 2009年2月3日　本部決定
幹部職員の所属	×幹部職員、管理職員等の任用、給与その他の処遇に係る政府の決定に係る措置	第5条1項5号　幹部職員は内閣人事庁及び各府省に所属する。		のとする。内閣総理大臣及び内閣官房長官は、必要と認めるときは、任命権者に対し、幹部職員の任免について協議を求めることができることとする。
職務明細書	幹部職員、管理職員等の任用、給与その他の処遇に係る政府の決定に係る措置			別紙2　Ⅰ　(1)　④　幹部職等の職務明細書 任命権者は、内閣総理大臣の同意を得て、任用及び人事評価の基礎とするために、幹部職等の職務の具体的な内容及び当該官職に求められる能力・経験を記載した職務明細書を幹部職に係るものから段階的に作成するものとする。
任用の弾力化			第5条2項5号　幹部職員等（幹部職員、室長、課長、室長、企画官その他の管理職員（地方支分部局等の職員を除く）の任用、任命権者、給与その他の処遇は、管理職員等の範囲内で、その昇任、降任、昇給、降給等を適切に行うことができるようにするとともに、その職務の特性並びに能力及び実績に応じた弾力的なものとするための措置を講ずる。	別紙2　Ⅰ　(1)　幹部職員等の一元管理等関係 (5)　幹部職員の任用の弾力化等 ① 勤務実績等を勘案した上で、幹部職員の範囲内における降任を弾力的に行うことができる規定を整備する。 ② 適格性審査に合格しなかった幹部職員の降任を可能とする。
級別定数の弾力化	幹部職員、管理職員等の任用、給与その他の処遇に係る政府の決定に係る措置			別紙2　Ⅰ　(1)　⑤　幹部職員及び管理職員についての定数の設定・改定 機構・定員管理機能、級別定数設定機能（指定職については号俸格付機能）を一体化・柔軟化し、幹部職員及び管理職員の府省横断的な再配置を行うこととする。

第2期　国家公務員制度改革基本法

区分	内容	条文	別紙
政官関係、接触制限関係に政府の措置	1. 議院内閣制にふさわしい公務員の役割 (1) 内閣中核体制の確立 ①内閣には、大臣、副大臣、政務官のほか、大臣を政務で補佐する「政務専門官(仮称)」を置く。 ②政務専門官は「内閣人事庁」の所属。 ④国会議員との折衝は、大臣、副大臣、政務官及び「政務専門官」が行い、それ以外の公務員は、行政の中立性の観点から、大臣の命令に限るなどのルールを確立する。	第5条1項1号　各府省の政策に関し、国会議員への政策の説明その他の政策に関し、大臣を補佐するほか、政務専門官を置く。政務専門官以外の職員が国会議員に接触することに関し、大臣の指示を必要とするなど、大臣による指揮監督をより効果的なものとするための規律を設ける。 第5条3項3号　職員が国会議員と接触した場合における当該接触に関する記録の管理等をし、及びその他の情報を適切に公開するために必要な措置を講ずるものとする。	別紙1 IV　多様で優秀な人材の確保と能力実績に応じた人事の徹底 6 その他の課題 (1) 政官接触に関する記録の管理等　職員が国会議員と接触した場合における当該接触に関する記録の作成、及び当該記録の保存その他の情報を適切に公開するための措置及び当該情報を公開するための措置について、関係者と調整の上、平成21年中にルールの策定を行う。 ②公文書の管理等に関する法律案(仮称)により、公文書の管理等に関する基本的事項を定めるなどの措置を講ずる。
天下りと定年制	6. 働きに応じた処遇 (4) 定年・退職 60歳定年まで勤務できる環境の実現や、将来的な定年延長を検討する際には、人件費の増加を避けつつ、職員が自主的に選択を行う仕組みの導入を検討する。	第10条第3項 ロ　将来における定年の引上げについて検討すること。 ハ　給与制度の在り方、給与制度上の段階に応じた職制上の段階に就くことができる職種に属する制度及び定年を定める制度について検討すること。	別紙1 IV　多様で優秀な人材の確保と能力実績に応じた人事の徹底 5 定年まで勤務できる環境の整備、定年延長の検討 (1) 定年を段階的に65歳に引き上げることについて検討すること。 ハ　高年齢であるスタッフ職制度の拡充を含む高齢職員の給与制度を可能とすること並びに職制上の段階に応じた給与制度に就くことができる職種に属する制度及び定年を定める制度について検討すること。専門スタッフ職制度の拡充を含む高齢職員の任用、平成22年までに所要の措置を講じ、平成21年中可能な限り早期に人事院に勧告等の要請。 (3) 定年延長の検討　役職定年制、高齢職員の給与の引下げ、高齢職員の処遇のあり方等の全般的な事項について検討を行い、平成23年中に一定

第8章　公務員制度改革に係る「工程表」と決定に至る経過について

	「公務員制度の総合的な改革に関する懇談会」報告 2008年1月31日取りまとめ	政府案・国家公務員制度改革基本法 2008年4月4日 閣議決定	修正・国家公務員制度改革基本法 2008年6月13日 公布・施行	公務員制度改革に係る「工程表」2009年2月3日 本部決定
内閣人事担当組織	7. 国家公務員の人事管理に関する責任体制の確立 (1) 内閣人事庁（仮称）の創設 ① 国務大臣を長とする「内閣人事庁（仮称）」を設ける	第11条 政府は、内閣人事庁を設置する。	第11条 内閣官房に内閣人事局を置く。	の結論を得る。必要な事項は人事院に勧告等の要請を行う。
内閣人事組織の機能 ●配属、定数の設定等	1. 議院内閣制にふさわしい公務員の役割 (3) 内閣一元管理 ② 具体的には、内閣人事庁において、以下を行う。 A 総合職試験合格者からの採用、各府省への配属 B 幹部候補育成過程（仮称）に関する統一的な基準作成や運用管理	第5条2項 一 総合職試験からの採用及び任用に伴う各府省への配置の調整	第5条4項 一 幹部職員等に係る各府省ごとの定数の設定及び改定	別紙2 II 内閣人事・行政管理局（仮称）設置関係 (2) 内閣人事・行政管理局（仮称）の組織 ① 内閣官房に内閣人事・行政管理局（仮称）を置く。② 内閣人事・行政管理局（仮称）に、内閣人事・行政管理局長（仮称）を置く。別紙2 I (1) ⑤ 幹部職員及び管理職員についての定員の設定・改正 機構・定員管理機能、級別定数設定機能（指定職については号俸格付機能）を柔軟化し、幹部職員及び管理職の府省横断的な再配置を行うこととする。
幹部候補育成課程		二 幹部候補育成課程に関する統一的な基準の作成及び運用の管理	二 幹部候補育成課程に関する統一的な基準の作成及び運用の管理	別紙2 I (4) 幹部候補育成課程 ② 内閣総理大臣は、課程の運用に当たって、必要がある場合は、遵守すべき基準を定め、任命権者に必要な措置をとることを求めることができる。
●研修		三 管理職員に求められる政策の企画立案及び業務の管理に係る能力の育成を目的とした研修のうち政府全体を通ずるものの企画立案及び実施	三 管理職員に求められる政策の企画立案及び業務の管理に係る能力の育成を目的とした研修のうち政府全体を通ずるものの企画立案及び実施	別紙2 I (4) ③ 内閣総理大臣は、課程対象職員を対象として、政府全体を通して行うべき研修を実施するものとする。

第2期　国家公務員制度改革基本法

●府省横断的転任 調整	C 各府省横断的な人材登用に活用するための幹部・幹部候補の履歴管理と幹部人事の調整	四 幹部候補育成課程における育成の対象者の府省横断的な配置換えに係る調整	四 幹部候補育成課程における育成の対象者の府省横断的な配置換えに係る調整	別紙2 Ⅰ（4）④ 課程対象職員の、任命権者を異にする官職への昇任・転任の調整に関する規定を整備する。
●管理職任用選考基準		五 管理職員を任用する場合の育成者の府省横断的な統一的な基準の作成及び運用の管理		
●幹部職員・管理職員配置の弾力化		六 管理職員の府省横断的な配置換えに係る調整	五 管理職員の府省横断的な配置換えに係る調整	別紙2 Ⅰ（1）⑤ 幹部職員及び管理職員についての定数の設定・改定機構・定員管理機能、級別定数管理機能（指定職については号俸格付機能）、未級化定数に関する機能を一体化することにより、幹部職員及び管理職員の府省横断的な再配置を行うこととする。
●一般職員の府省横断的配置に関する指針		七 幹部職員等以外の職員の府省横断的な配置に関する指針の作成		
●幹部職員の適格性審査	D 指定職への任用に際しての適格性審査	八 幹部職員任用の適格性の審査及び候補者名簿の作成	六 幹部職員任用の適格性の審査及び候補者名簿の必要に応じた作成その他大臣が行う人事にあたっての情報提供、助言等	別紙2 Ⅰ（1）① 適格性審査及び候補者名簿（略）
×国家戦略スタッフ職管理			七 国家戦略スタッフに充てられている職員の管理	
●人事情報の管理		九 幹部職員等の人事に関する育成者の人事情報の管理	八 幹部職員等及び育成課程対象者の人事に関する情報の管理	別紙2 Ⅰ（1）⑥ その他、任命権者を異にする官職への昇任・転任の調整、人事情報の管理、職務の特殊性を有する職員の取扱等に関する規定を整備する。

202

第8章　公務員制度改革に係る「工程表」と決定に至る経過について

	「公務員制度の総合的な改革に関する懇談会」報告 2008年1月31日取りまとめ	政府案・国家公務員制度改革基本法 2008年4月4日　閣議決定	修正・国家公務員制度改革基本法 2008年6月13日　公布・施行	公務員制度改革に係る「工程表」 2009年2月3日　本部決定
●公募	F　公募制や官民交流の推進 〈2．多様な能力、技術、経験を持つ人材の採用、育成、活用〉 (4) 幹部職員等の育成と選抜制度 3) 本省管理職以上の人事管理 ① 公務内外からの公募制を推進する。 ② 対閣人事庁は、本省管理職以上について、公募に付するポスト数についての数値目標を設定する。 ③ 公募試験の実施は人事院が行う	九　公募に付する幹部職員等の職の数について目標の設定等を通じた公募による任用の推進	十　公募に付する幹部職員等の職の数について目標の設定等を通じた公募による任用の推進	別紙1 Ⅳ 3　公募・官民人材交流の推進 ① 国家公務員法に付する公募に係るプロセスや公募に付する幹部職等についての数値目標を定めること等を明記する。 別紙2 Ⅰ (3) 公募 公募（外部公募、部内公募、内外公募）に付された官職への任命についてては、公募に応募した者であって、当該者に共通して用いることのできる標準職務遂行能力の実証により、当該官職に必要と認められる者の中から及び適性を有すると認められる者の中から選らうことを原則とする。
●官民人材交流		十　官民の人材交流の推進	十一　官民の人材交流の推進	別紙1 Ⅳ 3　公募・官民人材交流の推進 ② 国と企業との間における人事交流のみならず、個人レベルに着目した官民の人材交流を促進するため、平成22年に所要の法制上の措置を講ずる。
●その他		第5条第2項に掲げる（上記一～十に掲げる）事務及びこれに関連する事務	第5条第4項に掲げる（上記一～十一に掲げる）事務及びこれに関連する事務	

203

第2期　国家公務員制度改革基本法

			別紙2 Ⅱ（1）②
7. 国家公務員の人事管理に関する責任体制の確立 (1) 内閣人事庁（仮称）の創設 ② 総務省人事・恩給局、人事院の中央人事行政等の関連する部門等の機能を「内閣人事庁」に統合する。	第11条2号　総務省、人事院その他の国の行政機関に関して国家公務員の人事行政について担っている機能について、内閣人事庁がその担う機能を実効的に発揮する観点から必要な範囲で、内閣官房から人事庁に移管する。	第11条2号　総務省、人事院その他の国の行政機関に関して国家公務員の人事行政について担っている機能について、内閣人事庁が新たに担う機能を実効的に発揮する観点から必要な範囲で、内閣官房に移管する。	（ア）国家公務員制度たる内閣総理大臣を補佐する事務（人事管理の方針・計画等の総合調整、標準職務遂行能力・採用昇任等基本方針・人事評価・能率・厚生・服務・退職管理等）、退職手当、特別職の給与等（総務省人事・恩給局関係） （イ）行政制度一般の基本的事項、行政機関の機構・定員・運営、機構・定員の審査、行政情報システム、独立行政法人制度、独立行政法人等の審査等（総務省行政管理局関係） （ウ）級別定数の設定及び改定（指定職については号俸の格付）、任用に関する企画立案、方針決定、基準策定、目標設定等（以下「企画立案等」という。）、研修設定等する企画立案等、試験に関する企画立案等、人事院規則の制定改廃に関する要請、人事院規則の制定改廃を制定しようとする場合における事前の意見申出（人事院関係） ※ これらの機能移管に併せ、人事院による公正確保等の観点から、人事院による意見の申出等必要な措置を講ずる。 （エ）内閣の庶務のうち人事等の内閣承認に関する事項（事務次官・局長等の任免の内閣承認等）（内閣官房内閣総務官関係） （オ）総人件費の基本方針・立案、総合調整、人件費予算の配分方針の企画・立案、総合調整、人件費の職員旅費の制度・運用への行政の観点からの職員数の配置
内閣官房への人事行政機能の移管			

第 8 章　公務員制度改革に係る「工程表」と決定に至る経過について

	「公務員制度の総合的な改革に関する懇談会」報告 2008年1月31日取りまとめ	政府案・国家公務員制度改革基本法 2008年4月4日　閣議決定	修正・国家公務員制度改革基本法 2008年6月13日　公布・施行	公務員制度改革に係る「工程表」 2009年2月3日　本部決定
×内閣人事庁の長		第11条3号　内閣人事庁の長は、内閣官房長官をもって充てる。		関与、福利厚生の観点からの国家公務員宿舎の企画立案への関与等（財務省主計局・理財局関係） (カ) 官民人材交流センターの運営等の指針等（内閣府官民人材交流センター関係）
内閣人事・行政管理局等設置に係る法制上の措置	平成21年（2009年）の通常国会に内閣一元管理のための組織（内閣人事庁）を設立するための法律案を提出する。	第11条　この法律の施行後一年以内を目途として講ずる（～2009年6月）	第11条　この法律の施行後一年以内を目途として講ずる（～2009年6月）	
労働基本権	7．国家公務員の人事管理に関する責任体制の確立 (2) 労働基本権等 労働基本権の付与に伴い、専門調査会の報告を尊重する。あわせて、国における使用者機関の在り方について検討する。	第12条　政府は、協約締結権を付与する職員の範囲の拡大に伴う便益及び費用を含む全体像を国民に提示してその理解を得ることが必要不可欠であることを勘案して検討する。	第12条　政府は、協約締結権を付与する職員の範囲の拡大に伴う便益及び費用を含む全体像を国民のもとに、その理解のもとに、国民に開かれた自律的労使関係制度を措置するものとする。	別紙ⅠⅤ　労働基本権 国民に開かれた自律的労使関係制度の措置へ向け、協約締結権を付与する職員の範囲の拡大等に関する具体的制度設計について、平成21年中に国家公務員制度改革推進本部労使関係制度検討委員会の結論を得た上で、平成22年中に所要の法律案を国会に提出し、準備期間を経て平成24年までに施行する。
改革の実施及び目標時期等	改革の実施に必要な関係法案については、平成23年（2011年）の通常国会に提出し、遅くとも5年以内に2013年）に改革を実施する。	第4条　必要な措置については、この法律の施行後五年以内を目途として講ずる。（～2013.6）	第4条　必要な措置については、この法律の施行後五年以内を目途として講ずる。（～2013.6）	

第 2 期　国家公務員制度改革基本法

| 改革の実施及び目標時期等 | 必要となる法制上の措置について は、この法律の施行後三年以内を目途として 講ずる。（〜2011.6） | 必要となる法制上の措置について は、この法律の施行後三年以内を目途として 講ずる。（〜2011.6） |

第9章　政官関係と公務員制度改革

武藤　博己

はじめに

2008年6月、国家公務員制度改革基本法が制定され、「必要な措置については、この法律の施行後五年以内を目途として講ずるものとする。この場合において、必要となる法制上の措置については、この法律の施行後三年以内を目途として講ずるものとする」（同法4条）と、改革期限が明示された。また、与野党の賛成で通過したことから、政権交代の場合でも推進されると考えられるので、改革の進展は必至であろう。

では、その改革の内容はどのようなものなのであろうか。その項目をあげれば、国家戦略スタッフ等の設置、幹部職員制度の導入、政官関係の透明化、内閣官房による幹部職員の一元的人事管理、多様な人材の登用のための試験制度改革、官民の人材交流の推進、国際競争力の高い人材の確保と育成、職員の倫理の確立および信賞必罰の徹底、能力および実績に応じた処遇の徹底、内閣人事局の設置、国家公務員制度改革推進本部の設置等である。本章では、これらのうち、政官関係に焦点を当てて、検討したい。

1　憲法・法律の規定

はじめに、現在の政官関係を規定する制度について、確認しておこう。いうまでもないが、現在の法制度は、政治主導を原則とした政官関係を規定していることがわかる。国会の最高機関性（憲法41条）、国会による内閣総理大臣の指名（憲法67条）、内閣総理大臣による国務大臣の任命と任意の罷免（憲法68条）、内閣総理大臣による行政各部の指揮監督（憲法72条、内閣法6

第 2 期　国家公務員制度改革基本法

条)、内閣総理大臣による大臣間の疑義の裁定（内閣法 7 条）、内閣の連帯責任（憲法66条）、大臣の分担管理（内閣法 3 条、国家行政組織法 5 条）、内閣の統轄の下に置かれる行政組織（国家行政組織法 2 条）、各省の長は大臣であること（国家行政組織法 5 条、各省設置法）などの規定から、国民の信託が国会→内閣総理大臣→内閣→各省大臣という流れとなって、行政各部を指揮監督する法制度であることは明白である。ただし、内閣総理大臣のリーダーシップ（Prime Ministerial authority）、内閣の連帯性（collective responsibility）、そして各省の自立性（departmental autonomy）の 3 つの要素が微妙に絡んでいる。

（1）内閣総理大臣と内閣の関係

　内閣総理大臣と内閣の関係については、内閣総理大臣のリーダーシップと内閣の連帯責任のどちらが優越する原則であろうか。制度的には、国会から指名を受けるのは内閣総理大臣であり、内閣の構成員である大臣を自由に任免するのは内閣総理大臣であることから、内閣総理大臣のリーダーシップが上位原則である。では、なぜ国会に対して内閣が連帯責任をとるのであろうか。国会が指名するのは内閣総理大臣であるから、内閣総理大臣が単独で責任を負えばよいのではないかとも考えられる。戦前は内閣が連帯して天皇に責任を負うという体制ではなく、各大臣が個別に責任を負う「単独補弼責任制」であった。そのため、内閣の一致が困難であり、内閣総理大臣の弱体性が多様な局面で顕在化し、総辞職に追い込まれるなど、政治運営が困難であった。そうした経験から、内閣が国会に対して連帯して責任を負う制度に変更されたと考えられる。

　イギリスにおいても、内閣の連帯性は、内閣総理大臣のリーダーシップを抑制する考え方としてではなく、各大臣が内閣に同調する原則として理解されている。逆にいえば、内閣総理大臣の考え方、すなわち内閣の考え方に従わない場合には、罷免される可能性が出てくる。歴史的にみると、内閣の不一致が認められた事例がいくつか存在するという。[1]1932年のマクドナルド首

相に率いられた「挙国一致内閣」(National Government) は、保護関税に関する大臣間の意見の不一致を承認した。また、1975年のウィルソン内閣の際にも、ECにとどまるかどうかの国民投票の期間のみ閣内不一致が認められた。また、1977年のキャラハン内閣の際に、ヨーロッパ議会の議員選挙に関する閣内不一致が承認された。このようなイギリスの事例からも、連帯責任の考え方は、大臣に対して内閣への同調を求める考え方であるといえる。

連帯責任に関係する考え方として、「同輩中の主席」(Primus inter pares、英語ではFirst among equals) という概念もある。ローマ帝国は当初、共和制をとっていたが、やがてオクタヴィアヌスが元老院からアウグストゥス（尊厳者）の称号を与えられて事実上の帝政が始まる。しかし彼は皇帝位を設置せず、共和制の形式を維持して、「元首政」（プリンキパートゥス Principatus）と呼ばれる政治体制をとった。市民の中の第一人者という意味となる。このように、「同輩中の主席」という概念はローマの時代からも使われていた考え方であり、広く世界中で用いられている考え方である。ここから、「同輩中の主席」という考え方は、専制君主となることを抑える考え方を含んでおり、したがって内閣総理大臣のリーダーシップを抑制するという考え方に近いものであるといえる。現在の日本の制度では、内閣総理大臣は「同輩中の主席」ではなく、内閣の長であり、内閣総理大臣と大臣は同輩ではない。

制度としては、内閣総理大臣のリーダーシップが上位原則だとしても、実際の政治運営では、どうなのであろうか。これまでの経験では、内閣総理大臣となる自民党総裁は派閥の均衡の上に成り立つ弱いものであった。派閥とはそもそも総裁選出のためのグループであり、合従連衡を繰り返し、そこで選ばれた総裁が派閥の意向を受けつつ、内閣を形成してきた。そのため、実質的に内閣総理大臣のリーダーシップが発揮されることは少なかった。それをはじめて破ったのが、小泉首相である。内閣総理大臣のリーダーシップの強化をもくろんだ1997年の行革会議による内閣法の改正という流れにのり、またメディアを活用して、国民も強い首相を望んでいたという雰囲気が醸成

されて、小泉首相は強い内閣総理大臣を演じることができた。続く二人の首相は、強い首相の演技を継続することはできなかった。

(2) 内閣と大臣の関係

次に、内閣と大臣、大臣と大臣の関係について、考えてみたい。内閣総理大臣が大臣を任命する際に、分担管理の考え方に基づいて、大臣を各省庁に振り分ける。大臣は内閣の構成員であり、内閣が内閣総理大臣のリーダーシップの下に置かれていることから、大臣は内閣総理大臣の部下といってもよい。内閣構成員としての大臣は、各省業務を分担しなければならないわけではなく、むしろ内閣としての一体性を保持するための仕事を分担する大臣も存在した。いわゆる「無任所大臣」であるが、多くの場合、主任の大臣となる「省」を分担していたのではなく、大臣が長となる「大臣庁」を担当していたため、実質的な意味で「無任所」ではなかった。無任所大臣であろうと、主任の大臣であろうと、首相に任命され、内閣としての一体性を承認してからはじめて分担管理が適用されることになるのであるから、連帯責任の原則の方が分担管理の原則よりも上位原則であると考えられる。

分担管理の原則は、ある程度の範囲における各省の自立性を認めようとする考え方である。内閣における分業としての考え方であって、各大臣に対して分担管理する業務以外の発言が許されないわけではない。「各大臣は、案件の如何を問わず、内閣総理大臣に提出して、閣議を求めることができる」（内閣法4条3項）(2)と規定されているように、各大臣は他の大臣の分担管理する事項についても、意見を述べることができる。閣議では各大臣が分担管理以外の事項についても意見を述べ合い、内閣としての一体性を確認することが可能となる。しかしながら、逆に、少数意見を述べることもできると解釈できるが、閣議で異議があったことをどのように記者発表するかという問題になるので、結局は内閣の一体性の方が尊重されることになろう。閣議外で異議を表明して、罷免された大臣もいる。

ではなぜ分担管理などという考え方が取り入れられたのであろうか。各省

の自立性をもっとも高めた制度が、戦前の単独補弼責任制である。その制度の下では、内閣官制には「内閣総理大臣ハ各大臣ノ首班トシテ機務ヲ奏宣シ旨ヲ承ケテ行政各部ノ統一ヲ保持ス」（内閣官制2条）とされていたが、明治憲法には内閣総理大臣の位置づけがなかったことから、内閣総理大臣のリーダーシップは否定されていた。すべての大臣が横並びであり、内閣総理大臣は「同輩中の主席」にすぎなかった。戦前の法制局が内閣総理大臣のリーダーシップのない状況を打開するために考えた苦肉の策が、大臣を内閣の構成員としての国務大臣と各省を統轄する立場としての行政大臣（長官）を分離する考え方であった。国務大臣・行政大臣分離論である。憲法の規定から、内閣総理大臣が国務大臣に対して主導力を発揮するのは違憲であったが、内閣総理大臣が行政大臣に対して主導力を発揮するのは憲法の問題ではなく、行政法の問題であって、違憲ではない、という解釈である。[3]

　各省にとって、自立性が高い方が自分たちの自由になることが多いため、各省官僚にとっては分担管理の原則が望ましい。人事や組織、権限、配分された予算についての自由度が高くなり、各省官僚が内閣や他省からの干渉を受けずに運営することが可能となる。それが「省あって国なし」の状態になると、セクショナリズムの弊害が極大化することになる。戦前の単独補弼責任制がそれを許容したように、各省官僚にとっては維持したい制度であった。そこで、この単独補弼責任制の考え方を、形を変えて残した巧みな制度ではないか、という指摘がある。[4]しかし、現在の制度では、内閣総理大臣のリーダーシップ、内閣の連帯責任の原則が上位に置かれ、分担管理の原則はもっとも下位に置かれているといえよう。

2　現実の政官関係

　次に、現実の政官関係をみてみたい。まずは、これまでの観察から、政治側の脆弱性を指摘しなければならない。すなわち、内閣総理大臣の指導力の弱さ、大臣の不適格性、在任期間が短く短期で交代すること、したがって指導力を発揮できない、さらに政党の政策能力の低さ、官僚制への依存などを

第 2 期　国家公務員制度改革基本法

指摘することができる。

　そこで、内閣総理大臣のリーダーシップを強化する方向で、1999（平成11）年に内閣法の改正が行われた。旧条文は、「閣議は、内閣総理大臣がこれを主宰する」と規定されていただけであるが、その後に「この場合において、内閣総理大臣は、内閣の重要政策に関する基本的な方針その他の案件を発議することができる」（内閣法 4 条 2 項）と、追加された。これまで見てきた制度論からいえば、まったく不要な規定であり、国会で指名をうけた内閣総理大臣が閣議を主催し、「内閣の重要政策に関する基本的な方針その他の案件を発議することができ」ないはずがない。にもかかわらず、こうした規定が追加された理由は、内閣総理大臣のリーダーシップが弱いという経験に照らしたものであったといえよう。そして、その改正の成果を活用したのが小泉首相であった。いわゆる「骨太の方針」は、経済財政諮問会議の答申であるが、「内閣の重要政策に関する基本的な方針」として決定された。

　政治の脆弱性に対して、経験的な観測から、官僚制の側の優位性が指摘されてきた。キャリア制による政策官僚の優位性、審議会による学者の動員、現場（出先や特殊法人）からの報告、都道府県の下請け化、自治体からの資料収集、生涯職としての時間的優位性、専門性、権限の行使、補助金による統制等々、官僚制の優位を経験的に認識することはそれほど困難ではない。

　一時期、戦前・戦後断絶論、政党優位論が出てきたが、その主たる根拠はアンケート調査での結果であった。[5]アンケートがどこまで真実を描き出すかはともかくとしても、現実は圧倒的に官僚制が優位にあると考えられるのではないか。ただし、そのことが実証されたかというとそうではないし、実証できるかというとそれも難しい。少なくともさまざまな面での官僚制に関する経験談とか当事者として関わった人たちの発言を見る限りにおいては、官僚制が優位に立っているということは間違いないのではないか。さらに、後にみるように、政治主導の強化という改革の方向性から考えると、実態は政治主導が弱いという認識が強いからこそ、このような改革があとを絶たないのではないか。

第9章　政官関係と公務員制度改革

　イギリスについてみてみたい。イギリスは日本の改革のモデルとなっている国であるので、示唆を受ける点が多々あるように思われる。イギリスの内閣には、内閣総理大臣をはじめとして副首相、大蔵大臣、ほか21名の各省大臣等のポストについている大臣が20〜25名程度である。さらに、政府に入っている与党政治家としては、110名程度が下院から政府に入っている。内訳としては、副大臣（Junior ministers）が27名、政務次官や大臣秘書官（parliamentary under-secretaries and private secretaries）が37名、院内幹事（whips）が23名、法律顧問（law officers）が3名であった（ブレア政権、2006年5月段階）[6]。

　もう一つ特徴的なこととして、一内閣一閣僚が原則であることを指摘できよう。現首相もブレア首相の下で10年間大蔵大臣を務めてきたし、他にも多くの閣僚が長期にわたってブレア首相を支えてきた。また、サッチャー政権のときも、長期間にわたって大臣を務めた政治家が何人もいる。まったく交代がないわけではないし、不祥事で大臣が辞める場合もある。女性スキャンダルで辞めたり、賄賂で辞めたりする。しかしながら、日本の内閣改造のように、定期的にしかも1年程度で閣僚を交代するという慣例はない。在任期間の短い政治家が指導力を発揮できるはずがない。指導力がなくても大臣が務まることは、大臣は誰でも良く、組織の象徴のように存在していれば良いということを意味しており、そうした大臣を許容してきたことこそが官僚制の優位性を表したものといえよう。

　その他に、イギリスにおける政治主導の仕組みとして指摘できることは、内閣委員会（cabinet committees）であろう。第二次世界大戦中に閣議の効率化と迅速化を目的として設置されたもので、フル委員会とサブ委員会とその他のグループがある。フル委員会は2006年の段階では30あり、サブ委員会は18あった。閣議の分権化（devolution）として位置づけられているため、閣議の承認は不要とされている。たとえば、憲法事項に関する内閣委員会はスコットランドやウェールズへの分権を検討した委員会であり、外交政策の委員会やヨーロッパ連合についての内閣委員会もある。日本でも関係閣僚会

議があるが、閣議の分権という位置づけではないと考えられるし、閣僚会議が重要な決定をしたという報道はほとんどないので、イギリスの内閣委員会とは異なる運用がされていると思われる。

さらに、イギリスで最近指摘されることとして、キッチン・キャビネット（kitchen cabinet）という言葉がある。首相官邸の台所で重要なことが決められるという譬えとして、「台所内閣」という言葉が出てきたといわれている。これを好んだのがサッチャー首相で、またブレア首相もそのようにいわれている。少数のインフォーマルなグループで重要な決定をしていくという手法であるが、政治主導を支える一側面として位置づけることができる。しかしながら、メージャー首相は、サッチャーのそうした方法を嫌って、公式の内閣を重視した運営だったといわれている。

また、コア・エグゼクティブ論（core executive）も類似の議論として取り上げることができる。キッチン・キャビネットはインフォーマルな側面を強調しているが、コア・エグゼクティブ論は、フォーマルな側面においても、権力が少数の政治家・行政官にゆだねられていることを表現したものである。首相の他、有力な大臣、首相府の主要なメンバー、キッチン・キャビネットのメンバー、内閣府の主要なメンバー、政治アドバイザー、院内幹事等がコア・エグゼクティブのメンバーとしてあげられることが多い。では、人数は何人くらいいるのであろうか。説明によっては、20人、50人、100人、500人、2,000人など、いろいろと数字が出てくる。問題によって異なるというのが、正しい理解であろう。ということは、コア・エグゼクティブ論はやはり単なる印象の域をでない議論といえるかもしれない。

イギリスの政治任用として位置づけられるものとして、特別顧問（special adviser）がいる。政治任用の首相補佐官、大臣補佐官である。首相あるいは大臣によって公開試験によらず任命されるが、公務員として採用され、公務員規則（Civil Service Code）に従い、公務員としての義務を負う。1964年にウィルソン首相が採用した方法といわれており、ウィルソン内閣の住宅地方自治相であったリチャード・クロスマン（Richard Crossman）は、そ

第9章　政官関係と公務員制度改革

の日記の中で労働党の政権公約を政策にする能力がほとんどなかったことを驚きを持って指摘している。長期にわたる保守党政権から政権を取り戻したという意味では、ウィルソン首相と同じであったブレア首相も、高級公務員の人事に介入しないかわりに、多くの特別顧問を採用した。メージャー政権では46名が任命されていたが、ブレア政権では75名以上任命されていた。そのうち、26名は首相府・副首相府で任命されていたという。(7)現ブラウン政権でも最大84名の特別顧問が任命されているという。(8)

　ブレア時代には、マスコミを賑わした特別顧問が何人かいた。その1人であるA・キャンベル（Alastair Campbell）という人物は、野党時代からブレアのブレーンとして働いており、首相報道官に任命された。また、C・ウェラン（Charlie Whelan）という人物は、財務相であったブラウンに任命されたが、1999年に問題を起こして辞任した。特別顧問の年俸は、上記のキャンベルは9万3,000ポンドで、一般の公務員と比べると、相当に高給であった。中には10万ポンドを超えた特別顧問もいた。給与が高いということが、ジャーナリズムに取り上げられる理由の一つではないかと思われる。公務員として税金から給与をもらって、大臣の私的な仕事をしているという、特別顧問に対する批判的な見方がジャーナリズムには強くある。大臣に対する政策的な補佐という伝統的に公務員がやるべき仕事を個人的な任命で、しかも高給でやっているのではないか、という批判である。しかも公務員の中立性そのものに影響を及ぼすのではないか、と指摘されている。(9)

　イギリスの伝統的な議論として興味深い点の一つとして、首相が強いのか内閣が強いのかという議論がある。首相が強くなったという議論は、ロイド・ジョージ（Lloyd George）の第一次世界大戦の内閣のころから強まっているが、18世紀の初代首相ウォルポール（Robert Walpole）は、1721年から42年までの21年間も首相を務めた人物であるから、強い首相というのは昔から指摘されてきたといえなくもない。リチャード・クロスマンがバジョットの『イギリス憲政論』（1960年版）の序文に首相政府（prime ministerial government）の存在を指摘したことはよく知られているが、イ

ギリスにおける伝統的な首相政府か内閣政府かという議論がサッチャーやブレアなどの強い首相の登場に引っ張られていることはいうまでもない。政治主導か官僚制主導かという議論はほとんど聞かない。

ただし、イギリス官僚制について、マンダリン（mandarin）という言葉が今日でもイギリスの政治学・行政学の教科書では、頻繁に用いられている。マンダリンとは、エリート公務員のことであるが、中国の科挙によって登用された特権的支配官僚を指す用語であり、イギリスでもマンダリンという特権的官僚という概念は存在している。しかしながら、特別顧問が一般的に任命されるようになって、公務員が表に出ることが少なくなり、特権性が隠されるようになってきたといえるかもしれない。

3　改革案について

（1）公務員制度の総合的な改革に関する懇談会の提言

まずは、国家公務員制度改革基本法の内容を提言した「公務員制度の総合的な改革に関する懇談会」報告書（2008年2月5日）を検討してみたい。内容は次のようなものであった。

1　議院内閣制にふさわしい公務員の役割
　（1）内閣中核体制の確立
　　①　国家行政府の中核は内閣である。立法府（国会）に対しては、内閣が全責任をもって対応する。このため内閣には大臣、副大臣、大臣政務官のほか、各大臣を政務で補佐する「政務専門官」を設ける。
　　②　政務専門官は、指定された大臣に従って、大臣等の国会対応などの政務に当たる。政務専門官は、「内閣人事庁」の所属とし、各大臣の要望（選抜）によって配置する。政務専門官の昇進や配置は、所管大臣（副大臣、大臣政務官等とも協議の上）の評価によって定まるものとする。
　　③　内閣総理大臣は、内閣官房等において、内閣の国家的重要政策の企画立案を機動的に行う「国家戦略スタッフ」を任用する。国家戦略スタッフは原則公募制とし、各府省で業績を重ねた人材の他、学界や民間からも広く人材を求め、高度の専門知識や経験才能を持つ人材を任用する。
　　④　国会議員（立法府）との接触は、大臣、副大臣、大臣政務官および「政

務専門官」が行い、それ以外の公務員については、行政の中立性の観点から、大臣の命令による場合に限るなどの厳格な接触ルールを確立し、政官の接触の集中管理を行う。

（2）大臣人事権の確立
① 指定職以上の幹部は、各担当大臣が内閣総理大臣の認可を受けて任命する。大臣は任命の事由を公表する。
② 大臣を直接補佐する「政務スタッフ」は、前歴や実績に拘りなく、大臣が幅広い人材から自由に任免することができるようにする。
③ 公募制の活用を促進するため、内閣人事庁は、本省管理職以上について、職務の特性を踏まえつつ、公募に付するポスト数についての数値目標を設定し、その比率を段階的に拡大する。

（3）内閣一元管理
① 官僚主導から脱却し、大臣の任命権を十全に発揮できるようにするとともに、縦割り行政の弊害を除去し、各府省横断的な人材の育成・活用を行うため、内閣一元管理システムを導入する。
② 具体的には、内閣人事庁において、以下を行う。
　A．総合職試験合格者からの採用、各府省への配属
　B．幹部候補育成課程（仮称）に関する統一的な基準作成や運用管理
　C．各府省横断的な人材登用に活用するための幹部・幹部候補の履歴管理と幹部人事の調整
　D．指定職への任用に際しての適格性審査
　E．職員の希望に基づく府省間異動（転籍）の調整
　F．公募制や官民交流の推進

（2）国家公務員制度改革基本法の概要

この答申をうけて、基本法が制定され、その骨格的な内容は、次のように第5条に示されている。

（議院内閣制の下での国家公務員の役割等）
第五条　政府は、議院内閣制の下、政治主導を強化し、国家公務員が内閣、内閣総理大臣及び各大臣を補佐する役割を適切に果たすこととするため、次に掲げる措置を講ずるものとする。
一　内閣官房に、内閣総理大臣の命を受け、内閣の重要政策のうち特定のものに係る企画立案に関し、内閣総理大臣を補佐する職（以下この項におい

て「国家戦略スタッフ」という。）を、各府省に、大臣の命を受け、特定の政策の企画立案及び政務に関し、大臣を補佐する職（以下この項において「政務スタッフ」という。）を置くものとすること。
　二　国家戦略スタッフ及び政務スタッフ（以下この号において「国家戦略スタッフ等」という。）の任用等については、次に定めるところによるものとすること。
　　　イ　国家戦略スタッフ等は、特別職の国家公務員とするとともに、公募を活用するなど、国の行政機関の内外から人材を機動的に登用できるものとすること。
　　　ロ　国家戦略スタッフ等を有効に活用できるものとするため、給与その他の処遇及び退任後の扱いについて、それぞれの職務の特性に応じた適切なものとすること。
2　政府は、縦割り行政の弊害を排除するため、内閣の人事管理機能を強化し、並びに多様な人材の登用及び弾力的な人事管理を行えるよう、次に掲げる措置を講ずるものとする。
　一　事務次官、局長、部長その他の幹部職員（地方支分部局等の職員を除く。以下単に「幹部職員」という。）を対象とした新たな制度を設けるものとすること。
　二　課長、室長、企画官その他の管理職員（地方支分部局等の職員を除く。以下単に「管理職員」という。）を対象とした新たな制度を設けるものとすること。
　三　幹部職員の任用については、内閣官房長官が、その適格性を審査し、その候補者名簿の作成を行うとともに、各大臣が人事を行うに当たって、任免については、内閣総理大臣及び内閣官房長官と協議した上で行うものとすること。
　四　幹部職員及び管理職員（以下「幹部職員等」という。）の任用に当たっては、国の行政機関の内外から多様かつ高度な能力及び経験を有する人材の登用に努めるものとすること。
　五　幹部職員等の任用、給与その他の処遇については、任命権者が、それぞれ幹部職員又は管理職員の範囲内において、その昇任、降任、昇給、降給等を適切に行うことができるようにする等その職務の特性並びに能力及び実績に応じた弾力的なものとするための措置を講ずるものとすること。
3　政府は、政官関係の透明化を含め、政策の立案、決定及び実施の各段階における国家公務員としての責任の所在をより明確なものとし、国民の的確な理解と批判の下にある公正で民主的な行政の推進に資するため、次に掲げる措置を講ずるものとする。
　一　職員が国会議員と接触した場合における当該接触に関する記録の作成、

保存その他の管理をし、及びその情報を適切に公開するために必要な措置を講ずるものとすること。この場合において、当該接触が個別の事務又は事業の決定又は執行に係るものであるときは、当該接触に関する記録の適正な管理及びその情報の公開の徹底に特に留意するものとすること。
二　前号の措置のほか、各般の行政過程に係る記録の作成、保存その他の管理が適切に行われるようにするための措置その他の措置を講ずるものとすること。
4　政府は、職員の育成及び活用を府省横断的に行うとともに、幹部職員等について、適切な人事管理を徹底するため、次に掲げる事務を内閣官房において一元的に行うこととするための措置を講ずるものとする。
一　幹部職員等に係る各府省ごとの定数の設定及び改定
二　次条第三項に規定する幹部候補育成課程に関する統一的な基準の作成及び運用の管理
三　次条第三項第三号に規定する研修のうち政府全体を通ずるものの企画立案及び実施
四　次条第三項に規定する課程対象者の府省横断的な配置換えに係る調整
五　管理職員を任用する場合の選考に関する統一的な基準の作成及び運用の管理
六　管理職員の府省横断的な配置換えに係る調整
七　幹部職員等以外の職員の府省横断的な配置に関する指針の作成
八　第二項第三号に規定する適格性の審査及び候補者名簿の作成
九　幹部職員等及び次条第三項に規定する課程対象者の人事に関する情報の管理
十　次条第四項第二号に規定する目標の設定等を通じた公募による任用の推進
十一　官民の人材交流の推進

　懇談会の答申のポイントは、①政務専門官というポストを設け、内閣人事庁に所属させ、政治家との接触という役割を担わせること、②国家戦略スタッフを内閣官房等に置き、内閣の国家的重要政策の企画立案を機動的に行うこと、③大臣を直接補佐する政務スタッフを新設して、大臣の人事権を確立するために、内閣一元管理システムを導入すること、と要約することができよう。
　基本法のポイントは、①国家戦略スタッフを内閣官房に新設すること、そ

の役割は内閣総理大臣の命を受け、内閣の重要政策のうち特定のものに係る企画立案に関し、内閣総理大臣を補佐すること、②政務スタッフを各府省に新設すること、その役割は大臣の命を受け、特定の政策の企画立案および政務に関し、大臣を補佐すること、③幹部職員・管理職員制度を新設すること、内閣官房において一元的に管理すること、政官関係の透明化を進めること、と要約することができる。

(3) 政務専門官

懇談会の報告における政務専門官の提言が基本法からは抜けているが、それ以外は基本法に盛り込まれたと考えてよいだろう。政務専門官が入らなかった理由は不明であるが、政務専門官は内閣人事庁に所属させるということから公務員ポストであり、各省に配置される政務スタッフとほとんど類似のポストとなるため、政務専門官は不要であったと考えてよいだろう。

問題は、公務員ポストとして大臣を補佐するか、それとも政治家ポストとして大臣を補佐するかである。現在の政治家ポストとしては、大臣（18名）、副大臣（19名）、大臣政務官（23名）の合計は、60名である。現在の与党から政府に入る人数は、100名を超えるイギリスと比較して、まだ少ない。副大臣と大臣政務官は、1999（平成11）年の「国会審議の活性化及び政治主導の政策決定システムの確立に関する法律」によって設置されたが、それまでの政務次官に代わって新設されたポストである。しかし、依然として政治的リーダーシップが発揮されていないという認識があるのであろうが、政治家ポストの増員ではなく、公務員ポストの強化という手法がとられていることをどのように考えるのか、重要なポイントの一つである。すでに政治家は十分なので、公務員ポストを強化したいのか、あるいは政治家では政策能力が不十分なので公務員ポストにするのか、どのような意味なのだろうか。後者のように思われるが、もしそうだとすると、政治家の育成こそ重要な課題となるであろう。現在の各省における大臣・副大臣・大臣政務官による政治リーダーシップの発揮は十分になされているのか、大臣・副大臣・大臣政務官

国家行政組織法　別表第三（第16条、第17条関係）

省	副大臣の定数	大臣政務官の定数
総　務　省	2人	3人
法　務　省	1人	1人
外　務　省	2人	3人
財　務　省	2人	2人
文部科学省	2人	2人
厚生労働省	2人	2人
農林水産省	2人	2人
経済産業省	2人	2人
国土交通省	2人	3人
環　境　省	1人	1人
防　衛　省	1人	2人
合　　　計	19名	23名

の間の連携は図られているのか、そこを補佐する政治スタッフは存在するのかどうか、政党からの補佐はどのような状況なのか、等の問題が指摘できよう。

（4）国家戦略スタッフ

次に、国家戦略スタッフを設けることについて考えてみたい。国家戦略スタッフは、「内閣総理大臣の命を受け、内閣の重要政策のうち特定のものに係る企画立案に関し、内閣総理大臣を補佐する職」とされており、「特別職の国家公務員とするとともに、公募を活用するなど、国の行政機関の内外から人材を機動的に登用できる」とされている。内閣総理大臣のスタッフとしては、1996年から設けられた内閣総理大臣補佐官があるが、「内閣の重要政策に関し、内閣総理大臣に進言し、及び内閣総理大臣の命を受けて、内閣総理大臣に意見を具申する」（内閣法19条）ことが役割である。人数は5人以内とされ、非常勤とすることができる。首相補佐官と国家戦略スタッフは、どのような関係になるのであろうか。首相補佐官のもとに、国家戦略スタッフが分担して、内閣の重要政策のうち特定のものに係る企画立案をする、と

第2期　国家公務員制度改革基本法

内閣官房において内閣、内閣総理大臣を支える主な職※1

	内閣官房長官	内閣官房副長官	内閣官房副長官補	内閣総理大臣補佐官	内閣総理大臣秘書官	内閣審議官	内閣参事官	内閣事務官
役割	内閣官房の事務を統轄し、所部の職員の服務につき、これを統督する。	内閣官房長官の職務を助け、命を受けて内閣官房の事務をつかさどる。あらかじめ内閣官房長官の定めるところにより内閣官房長官不在の場合その職務を代行する。	内閣官房長官、内閣官房副長官を助け、命を受けて内閣官房の事務を掌理する。	内閣の重要政策に関し、内閣総理大臣に進言する。内閣総理大臣の命を受けて、内閣総理大臣に意見を具申する。	機密に関する事務を掌り、又は臨時に命を受け内閣官房その他関係各部局の事務を助ける。	内閣官房副長官補を助けて、命を受けて内閣官房副長官補の掌理する事務のうち重要事項に係るものに参画し、及びその事務の一部を総括整理する。	内閣官房副長官補を助け、命を受けて内閣官房副長官補の掌理する事務の一部をつかさどる。	命を受けて内閣官房の事務を整理する。
任命権	内閣総理大臣	内閣（内閣総理大臣の申出）	内閣（内閣総理大臣の申出）	内閣（内閣総理大臣の申出）	内閣総理大臣	内閣総理大臣（課長補佐相当職以上）	官房長官（係長相当職以下）	
特別職・一般職の別	特別職公務員					一般職公務員		
任用方式	政治任用（国務大臣をもって充てる）	政治任用				成績主義による任用		
身分保障	なし					あり		
政治的行為の制限	なし					あり		
定数	1人	3人	3人	最大5人	5人	18人（併任者を除く）。ただし、そのうち6人は、内閣総理大臣が特に必要と認める場合に置かれる。	62人（併任者を除く）。ただし、そのうち15人は、内閣総理大臣が特に必要と認める場合に置かれる。	679人（内閣審議官、内閣参事官を含む）。そのうち、41人は特に必要と認められる場合に置かれる。
主な出身※2	国会議員	国会議員 元職業公務員	元職業公務員	国会議員 元職業公務員 民間人	首席秘書官以外は職業公務員	職業公務員（各府省からの出向が大部分）		

※1　便宜上、内閣危機管理監、内閣広報官、内閣情報官、内閣総務官に関する事項を除いている。
※2　主な出身は実態上のもの。
　国務大臣（官房長官）、内閣官房副長官、内閣総理大臣補佐官は、国会議員の兼職が可能（国会議員が兼職できる職は国会法（第39条）で限定されている）。
出典：公務員制度の総合的な改革に関する懇談会（第5回）2007（平成19）年10月12日、資料4「内閣・内閣総理大臣を補佐する体制（内閣官房）」

第9章　政官関係と公務員制度改革

いう設計であろうと思われる。イギリスの特別顧問のような制度を想定しているように感じられる。

　国家戦略スタッフは、どこに何人くらい置かれるのであろうか。内閣官房であろうか、内閣府であろうか。内閣官房は、「内閣の重要政策に関する基本的な方針に関する企画及び立案並びに総合調整に関する事務」（内閣法12条）が任務であるから、国家戦略スタッフは内閣官房に置かれるものと考えられる。もっとも内閣府も「内閣の重要政策に関する内閣の事務を助けることを任務とする」（内閣府設置法3条）のであるから、国家戦略スタッフを置けないわけではないが、内閣法の中に規定される内閣官房と、内閣府設置法で規定され、内閣総理大臣を主任の大臣として、各省横並びに位置づけられる内閣府では、内閣官房の方が上位に置かれている。現在の内閣官房には、700名の職員が配置されており、政策担当と考えられるポストとして、内閣審議官12名、内閣参事官47名などが配置されている。(11)また、内閣府にも、7名の政策統括官のもとに362名の職員が配置されている。(12)国家戦略スタッフとの関係はどのようになるのであろうか。

　内閣の重要政策とはそもそもどのようなものであろうか。現在の内閣官房には、いくつかの本部が設置されている。具体的には、高度情報通信ネットワーク社会推進本部、都市再生本部、構造改革特別区域推進本部、知的財産戦略本部、地球温暖化対策推進本部、地域再生本部、郵政民営化推進本部、行政改革推進本部、中心市街地活性化推進本部、道州制特別区域推進本部の10本部である。これらは内閣の重要政策と考えられるため、内閣官房に本部が置かれているのであろう。また、内閣府には、経済財政諮問会議、総合科学会議、中央防災会議、男女共同参画会議等の重要政策にかかわる会議も置かれている。ここでの重要政策とは、各省の枠を超える領域で、縦割りの中では調整しにくい政策が取り上げられているように思われる。すなわち、縦割りを克服する総合調整を必要とする政策が重要政策とされているのではないだろうか。さらにいえば、分担管理の原則が強く出すぎているため、内閣の一体性を確保するのが困難となっていて、それを克服して政策を推進する

第2期　国家公務員制度改革基本法

ための仕組みとして、内閣官房に本部が設置されていると考えられるのではないだろうか。もしそれが正しいとするならば、内閣の一体性を強化するための手法が必要であって、国家戦略スタッフの役割を超える政治の問題が焦点となると考えられる。

ただし、現在の内閣官房は各省からの出向職員がほとんどであり、各省の利害に深く関与して、総合的な政策判断ができないため、各省から切り離した独自のスタッフが必要である、という考え方がこれまでの議論の中に見受けられる。「公務員制度の総合的な改革に関する懇談会」もそうした考え方があると思われる。こうした問題に対しては、後に述べる幹部職員の内閣一元管理のような仕組みを導入することによって改善されるものと考えられる。

国家戦略スタッフにかかわるもっとも重要な問題として指摘できる点は、縦割りを超えた重要政策という意味でなく、政権の重要政策という意味で考えると、国家戦略スタッフの役割を超える政治マターにかかわってくるのではないか、という問題である。たとえば、憲法改正問題や国の安全の問題、高齢者や年金の制度の問題、教育の理念の問題等々、政治争点となっている問題をどのように解決し、政策化するかという視点から考えると、政権を争う政党としての政策を選挙で打ち出し、それを国民が選択することによって、政権が決まるべきである。こうした政策を国家戦略スタッフが考えるとなると、それは政党の政策スタッフの仕事を肩代わりすることになるのではないだろうか。中立的であるべき公務員が特定の政党の政策をつくることは望ましくないのではないか。この意味で、国家戦略スタッフをどのように具体化するかは、重要な問題である。

(5) 政務スタッフ

第2のポイントは、政務スタッフを各府省に新設することである。各省の政務スタッフの役割は、「大臣の命を受け、特定の政策の企画立案及び政務に関し、大臣を補佐する」ことであり、任用等については、国家戦略スタッフと同様に、「特別職の国家公務員とするとともに、公募を活用するなど、

国の行政機関の内外から人材を機動的に登用できるものとすること」、「前歴や実績に拘りなく、大臣が幅広い人材から自由に任免することができるようにする」と規定されている。

　上述のように、現在の各府省における政治家ポストは、大臣、副大臣、大臣政務官であり、わずか数名である。それに対して各府省には、事務次官、総務審議官、官房長・局長、統括審議官、審議官、参事官、課長等々の重要なポストが100以上あり、政治主導を貫徹するためにはあまりにも政治勢力が弱い。そこで、大臣のスタッフを強化しようとする「政務スタッフ」は、イギリスの大臣特別顧問やフランスのキャビネに相当する大臣を補佐する政治任用・自由任用のスタッフと同様に、位置づけられる。政権としての方向性が定まり、ある程度の具体的政策がつくられ、それが選挙で選択されたとしても、現場や実態に即した詳細な政策に至るまでには、それなりの時間と労力と知識が必要である。そのための大臣スタッフの必要性については、認識できるが、どのような形で具体化し、どのような人材を採用するかによって、その機能の発揮のされ方は異なってくるであろう。

（6）内閣一元管理

　第3のポイントは、幹部職員・管理職員の制度を新設すること、内閣一元管理の仕組みを導入することである。基本法では、政府は、「縦割り行政の弊害を排除するため、内閣の人事管理機能を強化し、並びに多様な人材の登用及び弾力的な人事管理を行えるよう、次に掲げる措置を講ずるものとする」として、「事務次官、局長、部長その他の幹部職員」と「課長、室長、企画官その他の管理職員」を対象とした新たな制度を設けることにし、「幹部職員の任用については、内閣官房長官が、その適格性を審査し、その候補者名簿の作成を行うとともに、各大臣が人事を行うに当たって、任免については、内閣総理大臣及び内閣官房長官と協議した上で行うものとすること」、「職員の育成及び活用を府省横断的に行うとともに、幹部職員等について、適切な人事管理を徹底するため、次に掲げる事務を内閣官房において一

元的に行うこととするための措置を講ずるものとする」とし、11項目の事務が掲げられている。

懇談会の報告では、「大臣人事権の確立」という項目が立てられ、大臣人事権の確立については、指定職以上の幹部職員は、「各担当大臣が内閣総理大臣の認可を受けて任命する。大臣は任命の事由を公表する」と規定されていた。大臣人事権については、現在の制度も各省の国家公務員の任命権者は大臣であり、大臣に人事権があるので、確立の意味が問題となる。ここでの確立の意味は、実質的に大臣が人事権を行使できるような体制を確立せよ、という意味であろう。同時に、懇談会の報告は、内閣一元管理については、「官僚主導から脱却し、大臣の任命権を十全に発揮できるようにするとともに、縦割り行政の弊害を除去し、各府省横断的な人材の育成・活用を行うため、内閣一元管理システムを導入する」としているが、大臣の任命権と各府省横断的な人材活用とは矛盾するような要素を含んでいると思われる。内閣に任命権と各府省横断的な人材活用であれば、整合的であろう。

基本法はその点を考慮したのか、上述のように、幹部職員の任用について「内閣官房長官が、その適格性を審査し、その候補者名簿の作成を行うとともに、各大臣が人事を行うに当たって、任免については内閣総理大臣及び内閣官房長官と協議した上で行うもの」とし、「内閣官房において一元的に行うこととするための措置を講ずるものとする」とされ、大臣の人事権というより、内閣総理大臣および内閣官房長官との協議や内閣官房による一元管理に力点が置かれている。ただし、内閣官房が行う11項目の事務は、幹部職員等に係る各府省ごとの定数の設定および改定、幹部候補育成課程に関する統一的な基準の作成および運用の管理、研修のうち政府全体を通ずるものの企画立案および実施、課程対象者の府省横断的な配置換えに係る調整、管理職員を任用する場合の選考に関する統一的な基準の作成および運用の管理、管理職員の府省横断的な配置換えに係る調整、幹部職員等以外の職員の府省横断的な配置に関する指針の作成、第二項第三号に規定する適格性の審査および候補者名簿の作成、幹部職員等および課程対象者の人事に関する情報の管

理、目標の設定等を通じた公募による任用の推進、官民の人材交流の推進、である。ここでは、管理職員の府省横断的な配置換えに係る調整、幹部職員等以外の職員の府省横断的な配置に関する指針の作成などの業務が、どの程度政治主導で行われるように具体化されるのか、まだ不明である。

　幹部職員等の一元管理については、縦割りの弊害をなくすという意味では重要であるが、人事自体に政治が介入するのは局長クラスまでにとどめ、管理職員については、事務主導の人事にすべきではないかと思われる。縦割りの弊害をなくすという理由で、実務の責任者としての課長クラスの公務員の中立性を損なうことになるのは、政治家にとっても望ましくないであろう。

おわりに―若干のコメント

　政官関係の本質は、国会→内閣総理大臣→内閣→各省大臣という国民の信託を受けた政治家によるトップダウンの方向性と、独自の価値観・判断に基づいてボトムアップで政治主導とは異なった方向性を継続しようとする官僚制との関係であるといえよう。官僚制が政治主導に率直に従うのであれば、なにも国家戦略スタッフや政務スタッフなどを設ける必要はない。しかしながら、長年にわたって政治主導が存在しなかった状況において、政治にかわって政治判断を行い、それに基づいて行政を行ってきた官僚制は、すでに強大な政治力をもつ集団としてその位置を固めてしまった。しかも、官僚制の中に政治家（族議員）や護送船団で保護してきた業界団体、御用学者を抱え込み、利益共同体のネットワークを張り巡らしているため、政治主導をはね返す強い抵抗力を有しているのである。

　このネットワークのキーの一つとなっているのが、天下りであり、天下りを不要とするシステムを形成しない限り、ネットワークを崩すことはできない。現在のキャリア制を維持するためには天下りが必要であり、そのためには業界とのつながりが必要であり、そのためには政治力が必要であり、政治の中に官僚制勢力を忍ばせておく必要がある。したがって、政党の中にも政治主導と官僚制主導の対立が持ち込まれ、政府と対決する与党という不可思

議な構図がつくられるのである。日本の官僚制は、この意味で、政治主導不在の中で形成されてきた特異な官僚制であり、政治性を強く有している。

　しかしながら、政治主導を実現するためには、中立的な官僚制が不可欠である。中立性とは何かという問題への回答は易しくはないが、一つの重要な要素は、政治的方向性とは無関係に、できる限り客観的でかつ専門的・科学的な判断であろう。人口動態の予測や交通需要の予測、食品・医薬品・交通機関の安全性や建物の耐震性・構造基準等々、専門的・科学的な判断は中立的でなければならない。

　イギリスの公務員制では、中立性とは政治的論争に立ち入らないことと理解されている。大臣も政治的な論争となっている事柄についての助言を公務員に求めてはいけないとされている。政治的な議論を避けるという公務員の中立性は、結果として、論争を政党間の議論に委ねることとなり、さらにそこでの議論を国民が最終的に判断するという政治のプロセスとなる。公務員がこの論争にかかわることは、どちらかの政党にかかわることになり、公務員の中立性を侵すことになるため、公務員の側でも抑制することが求められる。

　しかしながら、政権党の政策については、忠実に実現することが求められている。このことを、「カメレオン」性として表現されることもあるが、自己の政治的スタンスとはかかわりなく、政権与党に対する政策実施上の忠誠心を意味している。自らの政治性を排除して、政権与党の政策を遂行することが公務員の義務として認識されている。

　最後に、望ましい政官関係と公務員制度という観点からみると、制度の根本の通り、政治がきちんと責任をとり官僚制に対してリーダーシップを発揮していく仕組みというのが、制度のあるべき姿だと考えられる。しかしながら、政治家が責任をとらなくてもよい仕組みを作り出したのが戦後の日本ではないだろうか。政治家が責任をとって、政権交代が生じるような仕組みを作り出すのが民主主義だと考える。官僚制が出すぎたのか、政治家が出なかったのかは不明であるが、政治を強める方向でつくり直し、国民がそれを判

断しつつ政権交代をもたらすという、アメリカやイギリス型の政権交代のある政治が望ましいのではないだろうか。

　すなわち、基本となる政策は政党がそのスタッフを中心に衆知を集めてつくり、それを選挙のマニフェストとして提案し、選挙を通じて国民の支持をうけ、政権としての基本政策となるという流れが必要であろう。この基本となる政策は、政党がつくるべきであるとしても、具体的で詳細な政策は現場の経験や知識を踏まえないとつくれないので、政策スタッフの必要性が認識される。その際、基本政策の考え方をしっかりとその政策スタッフに伝える役割として、内閣総理大臣や大臣、副大臣、大臣政務官が存在する。現在の制度における政治主導力が小さければ、さらに政治任用のポストを拡大する必要がある。この政治主導のもとに、政策スタッフが詳細政策を作成することになる。この政策スタッフが提案されている国家戦略スタッフや政務スタッフである。基本法では特別職と規定されているが、政治任用にするのか、任期付自由任用にするのか、任期のない自由任用とするか、資格任用とするか等の考え方を整理しておく必要である。その際、多様な人材を集めることが可能なルールとすることが必要であろう。さらに、つくられた詳細政策を政治主導に基づいて実施していく幹部職員（事務次官・局長級）が必要となる。政策づくりと政策実施が密接にかかわることを考慮すれば、幹部職員は政治任用にすべきであろう。そして、幹部職員に忠実に従って具体的に詳細政策を実施していくのが課長以下の公務員である。このような政治主導の政策プロセスを実現する政官関係をつくる必要があるのではないだろうか。

注
（１）John Greenwood, Robert Pyper and David Wilson, *New Public Administration in Britain*, 3rd ed. 2002, Oxon: Routledge, pp.228-229.
（２）内閣管制第六条にも、「主任大臣ハ其ノ所見ニ由リ何等ノ件ヲ問ハス内閣総理大臣ニ提出シ閣議ヲ求ムルコトヲ得」と同様の規定がある。
（３）山崎丹照『内閣制度の研究』高山書院、1942（昭和17）年、pp.392-394。
　　また、1938（昭和13）年４月の昭和研究会事務局による「内閣制度改革試案」には、「内閣総理大臣ノ閣内統制力強化ノ方策トシテ考慮スベキ方法」とし

て、「内閣総理大臣ニ各省大臣免官奏請ノ独専権ヲ確立スル様宮中ノ慣行ヲ樹立スルコト」及び「内閣組織ノ際各省大臣ノ辞表ヲ内閣総理大臣ニ委ネ置カシムルコト」と述べられている。内閣総理大臣の権限を強化するための「宮中ノ慣行」や事前の「辞表」といった苦肉の提案である。なお、この引用文は、赤木須留喜『近衛新体制と大政翼賛会』岩波書店、1984年、pp.354-355による。
（4）岡田彰『現代日本官僚制の形成』法政大学出版局、1994年、pp.133-134。
（5）村松岐夫『戦後日本の官僚制』東洋経済新報社、1981（昭和56）年。
（6）Ian Budge, David McKay, John Bartle and Ken Newton, *The New British Politics*, 4th ed., Harlow: Pearson Education, p.102. イギリスの政官関係についての本章の記述は、本書によるところが大きい。また、イギリスの政官関係を解説した最近の研究として、稲継裕昭「イギリスの公務員制度」村松岐夫編著『公務員制度改革：米・英・独・仏の動向を踏まえて』学陽書房、2008年所収がある。
（7）Greenwood op. cit., p.77, Ian Budge et al., op. cit., p.135.
（8）稲継前掲注（6）論文、p.123。
（9）BBC News Wednesday, 12 January, 2000, 'The advisers: Modernisation or politicisation?'
（10）田中一昭は、「今でも各大臣がリーダーシップをふるおうと思ったら、まずやるべきことがあります。国家行政組織法、内閣府設置法にも書いてありますが、副大臣とか大臣政務官は各大臣の申出によって内閣が任免することとされているのです。ところが、未だかつて、1回もそういうことが行われていない。副大臣だって、大臣政務官だって、派閥バランスというのですか、大臣の意見など聞かないで任命しています。そのあたりからどうするかを考えていっていただかないと、政治のリーダーシップと言っても、簡単にはいきません」と述べている（宇賀克也（司会）、稲継裕昭、株丹達也、田中一昭、森田朗「座談会・公務員制度改革の現状と課題」『ジュリスト　特集・公務員制度改革』（1355）2008・4・15、p.21）。
（11）（財）行政管理研究センター『行政機構図2008年版』（財）行政管理研究センター、2007年、p.3。
（12）同上注（11）、p.9。
（13）イギリスについては政治任用であるが、フランスは職業公務員がスタッフに採用されることから、自由任用とするのが適切であろう。なお、政治任用と自由任用の概念の違いについては、西尾勝「公務員制度改革の道筋」『UP』36（8）2007・8、東京大学出版会、pp.1-5。そこでは、「自由任用とは、任用権者がこの種の一定以上の学歴とか一定以上の経験年数といった「資格」の有無を問わずに、適材と判断した人材を官界の内外から自由に任用する方式である。そして、政治任用とは、この自由任用のうちで、被任用者がみずからの任用権者と進退をともにする特殊な類型の自由任用形態を指すことにしてはどうか。すなわち、政治任用以外の自由任用と政治任用との決定的な相違点は、政治任用以外の自由任

用であって任期付採用でない場合には、官界で定年年齢まで働き得る身分保障が与えられるのに対して、政治任用の場合にはこの種の身分保障を伴わないことである」と述べられている。

なお、この論点は、国家戦略スタッフにもかかわってくる。基本法では、「特別職」と位置づけられているが、政治任用なのか自由任用なのかは不明である。西尾隆は、国家戦略スタッフの位置づけについて、「コンセプトの整理とルールの設定が必要であろう」と指摘している（西尾隆「国家公務員制度改革基本法」『ジュリスト』（1363）2008・9・15、p.48）。

第3期　国家公務員法等改正法案の国会上程

第10章　公務員制度改革関連法案と人事行政組織の再編

稲葉　馨

はじめに

　2011（平成23）年6月3日、いわゆる国家公務員制度改革関連法案が閣議決定され、第177回通常国会に提出された。「国家公務員法等の一部を改正する法律案」、「国家公務員の労働関係に関する法律案」、「公務員庁設置法案」、そして「国家公務員法等の一部を改正する法律等の施行に伴う関係法律の整備等に関する法律案」からなる4法案がそれである。国家公務員制度改革基本法（以下、「基本法」とする）に基づく改革措置として国家公務員制度改革推進本部によってまとめられたものであるが、本章脱稿時点（2011年12月20日）では、継続審議案件となっており、成立の見通しは立っていない。

　しかし、基本法あるいはさらに2006年のいわゆる行政改革推進法（「簡素で効率的な政府を実現するための行政改革の推進に関する法律」。以下、「行革推進法」とする）の制定・施行等あたりにまで遡る今次の公務員制度改革の所産として「自律的労使関係制度の導入」をはじめとする改革関連法案が国会に上程されたことは極めて重要な意味を有するものであり、その成立の有無に関わらず学問的な検討を加えるに値するものと思われる。

　本章は、公益財団法人地方自治総合研究所に設置された「公務員制度研究会（座長・佐藤英善早稲田大学名誉教授）」の一員として、同研究会において行った報告をもとにまとめたものであるが、筆者に与えられたテーマである「人事行政組織」の面から検討を加えるものとなっている。

第3期　国家公務員法等改正法案の国会上程

1　再編前における人事行政組織の概要

　公務員制度改革関連法案によれば、国家公務員人事行政組織について大規模な改編が行われることになる。内閣人事局の新設、人事院の廃止、公務員庁および人事公正委員会の設置などである。このうち、自律的労使関係制度の導入に特に関わりを有するのは公務員庁の設置とそれに伴う人事院の廃止・人事公正委員会の設置であるが、これらについて検討するための前提として、再編前、すなわち現行の人事行政組織（機関）の編成について、その概要を見ておくこととしたい。

（1）任命権者（機関）

　地方公務員法が「人事機関」（第2章）として「任命権者」と「人事委員会又は公平委員会」をあげていることからも分かるように、「任命権者」は代表的な人事行政機関である。それは、個々の職員に対して人事権（採用・昇任・降任・転任・懲戒などの権限）を有する機関を指し、具体的には、内閣・各大臣（内閣総理大臣・各省大臣）・会計検査院長・人事院総裁・宮内庁長官・各外局の長をあげることができる（国家公務員法〔以下、「国公法」とする〕55条1項、84条1項。なお、これらのほか、「法律に別段の定めがある場合」にはそれによることとなる）。また、以上の任命権者は、その任命権を部内の上級職員に委任することが許されている（国公法55条2項）。

　ちなみに、「一般職の職員の勤務時間、休暇等に関する法律」における権限機関は「各省各庁の長」とされているが、具体的には、内閣総理大臣・各省大臣・会計検査院長・人事院総裁・宮内庁長官・各外局の長を指す（同法3条・4条）ことから、任命権者とほとんど同一といえる。また、「一般職の職員の給与に関する法律」の適用責任機関は「各庁の長」またはその「委任を受けた者」であるが、前者は、「内閣総理大臣、各省大臣、会計検査院長若しくは人事院総裁」を指し（同法7条）、宮内庁・各外局は内閣府・各省に属するものであるから、この場合の「各庁の長」も、任命権者と重なる

第10章　公務員制度改革関連法案と人事行政組織の再編

ところ大であるといえよう。従って、これらの勤務条件に関する自律的労使関係の当事者（団体交渉等の担当機関）を考える際にも、「任命権者」（あるいは「各省各庁の長」）がひとつの目安となることに留意する必要があろう。

（2）中央人事行政機関としての人事院

（ⅰ）国公法第2章のタイトルは、「中央人事行政機関」となっているが、具体的には「人事院」と「内閣総理大臣」とを指す。1965（昭和40）年の同法改正でそのようになったのであるが、改正前の表題は「人事院」であった。おそらく、「中央人事行政機関」とは、「政府全体の立場」において「人事行政を統一的に処理するための」機関というほどの意味か(2)と思われるが、改正前にそのような機関として存在したのは、人事院のみであったことになる。

　この人事院は、1948（昭和23）年12月の国公法改正により、それまで存在した臨時人事委員会を改組・拡充する形で誕生したものであるが、1965年改正に至る約20年間に、幾度となく廃止・縮小の法案が国会に提出され、「解体の危機」に見舞われた(3)。1965年の国公法改正により、人事院は内閣総理大臣と並立する「中央人事行政機関」として位置づけられることとなったが、従前の地位と事務・権限は基本的に維持され、以後、安定期を迎えることとなった。

（ⅱ）　人事院の所掌事務は、勤務条件・人事行政の改善に関する勧告、職階制、試験、任免、給与、研修、分限、懲戒、苦情処理、倫理保持（国家公務員倫理審査会を人事院に設置すること等を内容とする1999（平成11）年改正で追加）「その他職員に関する人事行政の公正の確保及び職員の利益の保護等」（国公法3条2項）である（2007（平成19）年による改正前）。人事院によれば、その任務（「使命」）は、「人事行政の公正な運営を確保すること、労働基本権の制約に対する代償として職員の福祉、利益の保護を図ること及び専門性に基づいて人事行政の合理的・科学的運営を確保すること」とされており(4)、これを同項と対照すると、①

公正の確保、②利益保護＝労働基本権制約の「代償」機能、③その他＝専門性（合理的・科学的運営）という3分類が成り立つ。②にいかなる事務が含まれるかという点を含め、このような人事院の自己規定に問題があることについては、かつて論じたことがある(5)のでここでは繰り返さないが、いずれにせよ、人事院の誕生が労働基本権の制限と時を同じくし（前記1948年国公法改正）、人事院の任務・所掌事務のあり方と労働基本権の制約とが極めて密接な関係にあることに留意する必要がある。

(ⅲ) 21世紀に入って、人事院の権限縮小問題が再度表面化することとなった。2001（平成13）年12月25日に閣議決定された「公務員制度改革大綱」は、「各府省」ないし「主任大臣等」の人事管理権および「内閣の企画立案機能、総合調整機能等」の強化を図る一方で、人事院による事前規制（級別定数の設定管理・官民人事交流・再就職承認など）の撤廃と人事院規則の所管事項の削減等による「人事院の権限縮小」を狙いとしていた。結局、この「大綱」に基づく改革は頓挫することとなったが、2007（平成19）年の国公法改正によって、職階制に関する規定が削除され、新たに定められた人事評価制度、標準職務遂行能力および採用昇任等基本方針に関する事務は内閣総理大臣の所掌事務とされ、再就職規制の一環として新設された官民人材交流センターおよび再就職等監視委員会も、内閣府に置かれることになり、中央人事行政機関としての人事院の比重が相対的に低下するに至ったといえよう（この改正後に人事院の所掌事務として列挙されているのは、勤務条件・人事行政の改善に関する勧告、採用試験、標準職務遂行能力および採用昇任等基本方針に関する事項を除く任免、給与、研修、分限、懲戒、苦情処理、倫理保持である）。さらに、2008（平成20）年制定の基本法は、内閣官房に内閣人事局を設置するに伴い、「総務省、人事院その他の国の行政機関が国家公務員の人事行政に関して担っている機能について、内閣官房が新たに担う機能を実効的に発揮する観点から必要な範囲で、内閣官房に移管する」ものとしており（同法11条2号）、人事院の権限縮小が予定されて

いた。

（3）中央人事行政機関としての内閣総理大臣

（ⅰ）上記のように内閣総理大臣が「中央人事行政機関」として位置づけられるに至ったのは、1965年の国公法改正によるものであり、同年のいわゆるILO第87号条約（結社の自由及び団結権の保護に関する条約）の批准に対応して、「国家公務員に関する人事管理の責任体制を確立する」ことを標榜してのものであるから、中央人事行政機関としての内閣総理大臣の誕生は、人事院とは異なった意味で、公務員の労働基本権問題と密接に関係しているといえる。

　出発点におけるその所掌事務は、①人事院の所掌に属するものを除く「職員の能率、厚生、服務等に関する事務」、②各行政機関の人事管理方針・計画等に係る総合調整に関する事務、③人事記録の管理および職員在職関係に係る統計報告制度の策定・実施、というもので、「『人事管理の責任体制』を確立するというほどのものではない」との評価が加えられていた。その後、2007年国公法改正で新たな所掌事務が加わったことは既述のとおりであるが、国家公務員制度改革関連法（案）による改正前の（現行）国公法の定めるところによれば、①標準職務遂行能力・採用昇任等基本方針に関する事務、②人事評価・能率・厚生・服務・退職管理等に関する事務（人事院の所掌に属するものは除く）、③各行政機関の人事管理方針・計画等に係る総合調整に関する事務（以上、国公法18条の２）、④人事記録の管理および職員在職関係に係る統計報告制度の策定・実施（国公法19条、20条）、⑤官民人材交流の実施支援など（国公法18条の５）、となっている。

（ⅱ）中央人事行政機関としての内閣総理大臣は、内閣の首長としてのそれではなく、「行政事務を分担管理する主任の大臣」としてのそれである。このことは、出発点においては明確であった。1965年の「国家公務員法の一部を改正する法律」附則４条によって、内閣総理大臣を長とし

第3期　国家公務員法等改正法案の国会上程

　　行政各部に属する総理府（当時）の設置法が改正され、その「任務」として「人事行政に関する事務」が付加されるとともに、その「所掌事務」として「各行政機関が行う国家公務員等の人事管理に関する方針、計画等に関し、その統一保持上必要な総合調整を行うこと」が新たに明記されたこと、そして、総理府に人事局が新設され、国家公務員制度の調査・研究・企画をはじめ、（人事院の所掌に属するものを除く）一般職国家公務員の能率・厚生・服務その他の人事行政に関する事務などを担当することになったからである。(9)

　1984（昭和59）年の総務庁設置後は、これらの規定が総務庁設置法に引き継がれ、中央人事行政機関としての内閣総理大臣の事務部局も総務庁人事局に衣替えしたが、総務庁は総理府の外局であり、内閣総理大臣が主任の大臣であることに変わりはなかった。

（ⅲ）2001年1月6日を期して実施に移されたいわゆる「中央省庁等再編」により、基本的に総理府本府は内閣府に、総務庁は総務省に引き継がれることとなり、旧総務庁人事局に対応する内部部局として総務省に人事・恩給局が設置されるに至った。しかし、総務大臣は内閣総理大臣をもって充てることとされておらず、内閣総理大臣を主任の大臣とする府省は内閣府のみであるため、中央人事行政機関としての内閣総理大臣の所掌事務を実質的に総務省に帰属させるための技巧が必要となった。それが、「国家公務員法（昭和22年法律第120号）第2章に規定する中央人事行政機関たる内閣総理大臣の所掌する事務について、内閣総理大臣を<u>補佐すること</u>」（下線、稲葉）という総務省設置法4条2号の定めである。つまり、内閣総理大臣の所掌事務それ自体ではなく、その遂行を「補佐」する事務が総務省に属する（従って、この補佐事務の主任の大臣は総務大臣）こととなったのである。もっとも、総務省は、この補佐事務と並んで、国家公務員制度の企画・立案、国家公務員の退職手当制度、特別職国家公務員の給与制度、その他「国家公務員の人事行政に関すること（他の行政機関の所掌に属するものを除く）」を所掌する（総

務省設置法4条1号・3号・4号・5号）ものとされており、いわば自前（独自）の人事行政事務をも担当するという面を併有していた。

　以上を前提とすると、中央人事行政機関としての内閣総理大臣の所掌事務自体について、府省（行政各部）レベルにおける直接の（形式的な）受け皿を見出すとすれば、内閣府ということにならざるを得ない。既述のように内閣総理大臣を主任の大臣とする行政各部は、内閣府のみだからである。しかし、2007年国公法改正以前においては、内閣府設置法の所掌事務規定を見ても上述した中央人事行政機関としての内閣総理大臣の所掌事務を明記する定めは存在しなかった。そのため、「前各号に掲げるもののはか、法律……に基づき内閣府に属せられた事務」（内閣府設置法4条3項62号）という一般規定を拠り所にせざるを得なかったのである。この事態はその後も依然として解消されていないが、2007年国公法改正により、官民人材交流センター（国公法18条の7第2項）および再就職等監視委員会（国公法106条の5第2項）が内閣府に設置された際には、それぞれの所掌事務が内閣府設置法に明記されることとなった（内閣府設置法4条3項54号の4）。

2　自律的労使関係制度の導入と「使用者機関」論

（1）行政改革推進本部専門調査会「公務員の労働基本権のあり方について」（2007年10月19日）

　安倍内閣期の2007年7月24日に発足した「公務員制度の総合的な改革に関する懇談会」（岡村正座長〔東芝取締役会長〕、堺屋太一座長代理〔作家、エコノミスト〕）は、福田内閣に替わった2008年2月5日に報告書（以下、「懇談会報告書」とする）を提出した。そこでは「国家公務員制度改革」について「改革の実施に必要な関係法案について、遅くとも平成23年の通常国会に提出し、本報告後5年以内に改革を実施する」としていたが、労働基本権問題に関しては、「労働基本権の付与については、専門調査会の報告を尊重する。あわせて、国における使用者機関のあり方について検討する」と述べる

第3期　国家公務員法等改正法案の国会上程

にとどまっていた。この「専門調査会の報告」とは、行革推進法に基づいて設置された行政改革推進本部の下に置かれた行政改革推進本部専門調査会（佐々木毅座長）が2007年10月19日に出した「公務員の労働基本権のあり方について（報告）」（以下、「専門調査会報告」とする）を指す。

　この専門調査会報告では、「改革の方向性」として、改革に伴うコスト等に留意しつつ「慎重に決断する」との留保を付しながらも、「労使関係の自律性の確立」に向けて、一定の非現業職員に協約締結権を付与するとともに第三者機関の勧告制度を廃止するとされていた。そして、そのような「責任ある労使関係の構築」のためには、「使用者として人事行政における十分な権限と責任を持つ機関を確立するとともに、国民に対してその責任者を明確にすべきである」と述べていたが、それ以上に踏み込んだ提言はなされておらず、「改革の具体化にあたり検討すべき論点」として、国における使用者機関の確立のため「具体的にいかなる機関のいかなる権限が責任ある使用者機関が担うべき権限として移管されるべきか、早急な検討が必要」とするにとどまっていた。先の懇談会報告書は、このような専門調査会報告を踏まえて、国の「使用者機関」のあり方を検討課題としてあげたものと思われる。このように、《十分な権限と責任をもつ使用者機関の確立》が自律的労使関係を構築する上で不可欠の課題であるという認識は今次の公務員制度改革の当初から見られたところであるが、具体論は先送りにされてきたといえよう（ただし、専門調査会報告は、「使用者としての立場に立たない第三者機関が、人事行政に関する事務を広範に担う現状では、使用者の確立は難しい」とし、人事院の見直しを示唆していた）。

（2）公務公共サービス労働組合協議会「公務・公共部門の団体交渉制度の在り方に関する研究会・最終報告」（2009年7月16日）

　自律的労使関係制度の構築に向けた労働側の代表的提案として、本「最終報告」をあげることができる。そこでは、「国家公務員の賃金・労働時間を含む基本的な労働条件」がこれまで人事院勧告により「中央レベルで全国一

律に決定されてきた」ところ、「国民の全体の奉仕者としてふさわしい水準の基本的労働条件が、府省別に異なるというのは適切ではないので、賃金等の経済的労働条件については、全国レベルで決定されるという仕組みを維持すべきであろう」とした上で、中央交渉の対象となる「賃金・労働時間を含む労働条件全般」に関する「交渉当事者」として「新設される内閣府人事管理庁（仮称）」をあげている。また、「賃金・労働時間などの予算措置が必要な労働条件の交渉においては、それらの事項について決定権限を有する者が交渉担当者となることが必要」とも述べている。内閣府人事管理庁と共に財務当局も交渉に加わるという趣旨であろうか。

さらに、各府省の所掌事項については「各府省レベルの団体交渉によって決定」され、「労働協約によって、職場などのより下位レベルに団体交渉を委任することは自由」とも述べられている。

内閣府人事管理庁構想については、より踏み込んだ言及を見出すことはできないが、「国の使用者機関」を（内閣総理大臣を長とする）内閣府の外局として設けるという提案であり、注目に値しよう。

（3）労使関係制度検討委員会「自律的労使関係制度の措置に向けて」（2009年12月15日）

基本法の規定に基づいて国家公務員制度改革推進本部が設置されたが、国家公務員（および地方公務員）における自律的労使関係構築に際して政府が講ずべき措置について調査審議し、本部長（内閣総理大臣）に意見を述べるために同本部に置かれたのが労使関係制度検討委員会であった。本報告は、「現在、協約締結権が付与されていない職員に協約締結権を付与するに当た」り、同委員会における「制度的検討の成果を取りまとめたもの」であり、そのうち第1章は、同委員会の下に設置されたワーキンググループの報告（2009年11月27日）内容を記述している。

（ⅰ）ワーキンググループ報告（第1章）

① 「協約締結の交渉システム」として、国家公務員には3つの交渉段階

が想定されている。第一に、中央交渉であり、これが原則となる。「中央人事行政機関（使用者機関）（の長）を当局側の交渉当事者とする労使交渉」として、国家公務員全体に広く統一性を確保すべき勤務条件について交渉するものとされている。第二に、府省交渉であり、「各府省の大臣（、外局等の長）を当局側の交渉当事者とする労使交渉」として、各府省単位での判断に委ねられた勤務条件につき交渉するものである。第三に、地方交渉であり、「地方支分部局の長を当局側の交渉当事者とする労使交渉」として、地方支分部局単位での判断に委ねられた勤務条件につき交渉する。

ただし、各内部部局単位で統一性を確保すべき勤務条件がある場合、府省交渉の後に、部局単位での交渉もあり得る。

② 「使用者機関のあり方」に関しては、各段階における交渉の円滑・的確な実施のため「当局（使用者機関）」に割り当てられるべき事務という観点からの言及がなされており、「中央人事行政機関（使用者機関）（の長）に割り当てられるべき事務」としては、「勤務条件を決定できる体制と責任を持って職員団体と労使交渉を行い、職員団体との間で協約を締結する事務」、「第三者機関」のあっせん等に際し意見陳述等を行う事務、「勤務条件に関連する法令を所管し、協約の内容に沿った改正作業を行い、法案を国会に提出する事務」および国家公務員全体に共通する協約事項実施のための「規程」の制定に関する事務があげられている。

しかし、「上記の事務を担う使用者機関をどのように構築するかについては、別途の場で検討を行えばよい。また、使用者機関の検討に際しては、第三者機関との関係も十分考慮する必要がある」とするだけで、使用者機関の具体的な構想については述べられていない。

③ 上記の②にも登場しているように、「職員の勤務条件の決定に関し、様々な論点において第三者機関の関与が選択肢として掲げられている」ことから、ワーキンググループは、そのような「第三者機関の機能」について横断的な検討を加えている。「可能な限り機能の集約を図り、簡

第10章　公務員制度改革関連法案と人事行政組織の再編

素で効率的な組織とする」との基本的な考え方の下、(a)参考指標の調査、(b)勧告・意見表明、(c)不当労働行為救済、(d)調整システム（あっせん・調停・仲裁）、(e)協約締結権のない職員の代償措置、(f)非組合員に協約内容の勤務条件を適用する手続、(g)苦情処理という7つの機能をあげ、さらに、(a)＋(b)、(c)＋(d)、(e)＋(f)＋(g)の3つにブロック化した上、機能統合の選択肢として、すべてを「公務専門機関又は中労委等」が担当する1機関案から、(a)＋(b)は「公務専門機関」、(c)＋(d)は「中労委等」、そして(e)＋(f)＋(g)は「公務専門機関又は諮問機関」が担う3機関案まで、5つの選択肢を提示し、検討の結果「いずれの選択肢もあり得る」としている。ただし、この「公務専門機関」なり「諮問機関」としてどのような組織を具体的に想定しているのかは不明である。

(ⅱ) ワーキンググループ報告に関する委員会での検討（第2章）

第2章は、「ワーキンググループ報告を受けた検討委員会での検討内容について概要を取りまとめ」たものであり、委員の主要な意見が整理されている。その中で、「使用者機関のあり方」についてはひとつの意見の形にまとめられており、「公務員の勤務条件の決定、人事管理全般について決定できる体制と責任を明確化した機関を設定するのは当然である。現在、総務省、財務省、人事院に分かれている人事行政機能について一元化することを前提に制度設計をする必要がある。このような使用者機関が整備されれば、人事院が担っている労働基本権制約の代償機能は廃止されるべきである。その意味で新たに制度設計される使用者機関には、専任の大臣を置くべきことや特に賃金交渉の合意事項を担保するためにも交渉に財政当局も同席することなども使用者機関の機能の検討と併せて措置すべき」と論じている。なお、「第三者機関のあり方」については、過度に政治性を意識しないで円滑な交渉ができるよう「第三者機関が一定の役割を果たすことが必要」との意見のほか、参考指標の調査・公表には賛否両論が示されている。

(ⅲ) 選択肢の組み合わせのモデルケース（第3章）

　　第3章は、検討委員会での議論を踏まえ「選択肢の組み合わせのモデルケース」を3パターン例示しているが、「使用者機関のあり方」については全パターン共通であり、「勤務条件を決定できる体制と責任を持つ必要（具体的構成は別途検討が必要）」との記述が見えるだけである。

（ⅳ）以上のように、本検討委員会報告においても、《勤務条件について決定できる体制と責任をもつ使用者機関》という以上の結論は示されていないが、委員の意見紹介という形にせよ、総務省・財務省・人事院が有する「人事行政機能」の一元化（人事院のいわゆる「代償機能」の廃止）、専任大臣制など、注目すべき指摘もないではない。

（4）「国家公務員の労働基本権（争議権）に関する懇談会報告」（2010年12月17日）

上記の検討委員会報告等を参考にして政府（国家公務員制度改革推進本部事務局。以下、「推進本部事務局」とする）において自律的労使関係制度の設計作業が進められることとなったが、政府案をとりまとめていく上で、「争議権も含めた労働基本権全般にわたる総合的検討が必要」との判断に至り、公務員制度改革担当大臣の下に設置されたのが「国家公務員の労働基本権（争議権）に関する懇談会」である。2010（平成22）年11月26日の第1回会合から1か月も経たない同年12月17日に（第5回会合で）とりまとめられた本懇談会報告は、争議権問題を中心に論じるものであるが、「争議権を前提とする場合の団体交渉の在り方」を検討するに当たっての前提条件のひとつとして、「責任ある使用者機関の確立」をあげ、次のように述べている。「現在、複数の機関に分散している国家公務員の人事行政関連機能を集約し、責任ある使用者機関を確立することが不可欠」であり、「使用者機関の設置に向けた具体的な検討に際しては、勤務条件について責任をもって交渉を行いつつ、国家公務員の人事行政全般にわたり高い専門性をもって当たるとともに、国民に対する説明責任を果たす機関としていくことが不可欠である」

と。ここでも、《責任ある使用者機関の確立》のためには人事行政関連機能の集約化が必要であるとされ、さらに、人事行政全般にわたる高度の専門性が要求されている点が目を引く。

（5）国家公務員制度改革推進本部事務局「自律的労使関係制度に関する改革素案」（2010年12月22日）

　推進本部事務局は、2010年12月22日に「素案」をとりまとめ、同月24日、上記懇談会報告とともに、いわゆるパブリックコメントに付した。
（ⅰ）自律的労使関係制度構築の目的（のひとつ）として「行政の運営を担う公務員の人事・給与制度全般について権限と責任を持つ体制を構築する」ことを掲げ、「団体交渉の使用者側の当事者（当局）」について、「団体交渉の権限の所在を巡る労使間の紛争を防止し、団体交渉の円滑化を図るとともに、締結した団体協約の実施義務を明確にする観点から、使用者側の当事者（団体交渉ができる者、団体協約を締結できる者）を明確化する。また、各府省内の団体交渉・協約締結権限については、各府省大臣から部内の上級職員へ委任できることとする」としている。また、「民間の給与等の実態の調査・把握」については、「国民への説明責任を果たし、国民の理解を得る観点から」必要であるとした上で、「交渉主体である使用者機関」がその任に当たるものとする。
（ⅱ）「素案」は「組織の整備」にも言及し、①統一的勤務条件に関する中央交渉を行いつつ、時代の変化に対応した人事・給与制度の総合的・主体的見直しを断行し、人事・給与制度全般についての説明責任を果たしていくため、「人事行政関連機能を集約し、国家公務員制度に関する事務その他の人事行政に関する事務のほか、行政機関の機構・定員に関する事務、国家公務員の総人件費の基本方針に関する事務等を所掌する使用者機関（公務員庁（仮称））を設置する」としている。
②　ただし、「内閣人事局は、使用者機関とは別に設置し、幹部職員人事の一元管理に関する事務を所掌する」との断りがある。この幹部職員人

事の内閣一元管理の観点からの「内閣人事局」構想については、2010年２月、第174回国会（常会）に提出され、廃案となった「国家公務員法等の一部を改正する法律（案）」がその実現を目指したところであり、それを継承するものである。

③ 「素案」は、「使用者機関の設置」と並んで、「人事行政の公正の確保等のための第三者機関の設置」にも触れており、「協約締結権の付与及び使用者機関の設置に伴い、第三者機関として、不利益処分に関する不服申立てその他の職員の苦情の処理、職員の職務に係る倫理の保持、官民交流の基準の設定、政治的行為の制限等に関する事務を所掌する組織を設置する」ものとしている。この時点では人事院の名称が残るかどうかは不明であるが、いずれにせよ、それをかなり小粒にしたものが想定されているといえよう。

④ さらに「素案」は、組織整備の一環として「中央労働委員会」をあげており、「協約締結権を付与し、勤務条件に関する事項について団体交渉を実施することに伴い、交渉不調の場合の調整（あっせん、調停、仲裁）等に関する事務を中央労働委員会に専属管轄させるものとする」と述べている。

(ⅲ) 以上のように、事務局案（素案）の段階に至って、人事行政、機構・定員管理、総人件費の基本方針関係事務を併せて所掌する使用者機関としての「公務員庁（仮称）」構想が提示されることとなった。全体の構図は、①公務員庁、②内閣人事局（幹部職員人事）、③第三者機関（人事行政の公正確保関係）、④中央労働委員会（交渉不調の場合の調整）となる。もっとも、公務員庁の組織法上の位置づけ（内閣官房に設置されるのか、それとも府省の外局という位置づけか、後者の場合、内閣府設置か総務省設置か、など）については不明のままである。また、「第三者機関」についても、人事院との関係やその組織法上の位置づけ、さらには所掌事務の詳細など、明確にしなければならない課題が残されていた。

（6）国家公務員制度改革推進本部決定「国家公務員制度改革基本法等に基づく改革の『全体像』について」（2011年4月5日）

以上のように、政府は、基本法の改革方針に基づく改革の具体化に向けて検討を進めてきたが、この改革は「公務員の人事制度全般にわたるもの」であり、「広範な課題」について整合性をもって総合的・着実な推進を図るためには、改革事項全体を「パッケージで定めることが重要」との観点から、関連法案の国会提出に先立ち、改革の「全体像」を策定することとした（以下、「推進本部・全体像」とする）。

自律的労使関係制度や新たな人事制度を的確に運用するため、総括的には、次のような「体制を整備する」としている。①「内閣による幹部職員人事の一元管理を担う体制として、内閣官房に内閣人事局を設置する」。②自律的労使関係制度に対応して「人事行政に責任を持つ使用者機関として国家公務員の制度に関する事務その他の人事行政に関する事務等を担う公務員庁を内閣府に設置する」とともに、③「人事行政の公正の確保等の事務を担う第三者機関として、内閣総理大臣の所轄の下に、人事公正委員会を設置」し、その下に国家公務員倫理審査会および「再就職等規制に係る監視機能を強化した新たな組織として再就職等監視・適正化委員会」を置く。④「自律的労使関係制度の措置に伴い、厚生労働大臣の所轄の下に置かれている中央労働委員会に、国家公務員の労使交渉に係るあっせん、調停、仲裁等の新たな機能を追加する」。

これらの「新たな人事行政関係機関」について、「別紙」として添付された「国家公務員法等の一部を改正する法律案（仮称）」、「国家公務員の労働関係に関する法律案（仮称）」および「公務員庁設置法案（仮称）」のそれぞれにおいてより詳細な関係規定を見出すことができるが、次節の記述と重複するところが多いため、その紹介は省略する。いずれにせよ、この本部決定により、使用者機関としての「公務員庁（仮称）」の内閣府設置、および第三者機関の名称（「人事公正委員会（仮称）」）とその内閣府設置が明らかと

なり、従来の人事院・内閣総理大臣という「中央人事行政機関」の二元体制は、基本的に、内閣総理大臣＝内閣府の下に集約されることとなった。

3　公務員制度改革関連法案による組織再編

本法案により推進本部・全体像の具体化がなされるに至った。以下、この法案によって、国家公務員に係る人事行政組織の再編がどのように行われることになるのか、その概要をまとめてみよう。

（1）国家公務員法等の一部を改正する法律案

人事行政組織の観点から見ると、幹部職員人事の一元管理関係（内閣人事局の設置＝内閣法改正）、退職管理の適正化関係（再就職等監視委員会を廃止して再就職等監視・適正化委員会を設置）、および自律的労使関係制度関係（人事院の廃止とそれに伴う措置としての人事公正委員会の設置）に区分することができる。

これまでの議論等の経緯を踏まえると、自律的労使関係制度関係の組織としてはまずもって「公務員庁」があげられることとなろうが、本法律案すなわち改正後の国公法には、公務員庁に関する規定は無いに等しい（改正後の14条において任用のための「試験機関」のひとつとしてあげられているなど、若干の規定があるにとどまる）。公務員庁については独自の設置法（案）が用意されていることに主因があろうが、改正によって従来の「中央人事行政機関」に関する条文（国公法第2章）が一括削除されることも影響しているように思われる。その結果として、国公法における公務員庁の位置づけが不明確にならないか危惧されるところである。

①内閣総理大臣

もっとも、改正後の国公法においても、「内閣総理大臣」の所掌事務として明記されているものは少なくなく、むしろ増加したといえる。これを列挙すると、（a）幹部職員人事の一元管理関係として、適格性審査の実施、幹部候補者名簿の作成、任命権者との任免協議、および幹部職員の公募（ただ

し、適格性審査と幹部候補者名簿の作成は内閣官房長官に委任するものとされている)、(b) 幹部候補育成関係として、幹部候補育成課程に関する統一的基準の策定、同課程対象者に対する研修の企画立案・実施、任命権者に対する運用の改善要求、幹部候補者の府省横断的な配置換えに係る調整、(c) 採用昇任等基本方針関係として、管理職への任用に関する運用の管理、任命権者を異にする管理職への任用に係る調整、(d) 採用試験関係として、採用試験の告知・取消・変更、採用試験の報告徴求・是正指示、採用候補者名簿の失効、(e) 給与事務関係として、職員の給与制度に関する調査研究と結果の公表、給与支払いの監理、給与簿の検査、違法な給与支払いに対する措置、(f) 能率増進関係として、職員の能率増進等に関する調査研究・計画策定、能率増進のための国家公務員宿舎法および国家公務員等の旅費に関する法律の執行に関する意見陳述、その他、(g) 国家公務員職・一般職・特別職該当の判別、(h) 臨時的任用の承認・員数制限・取消、(i) 派遣職員の派遣期間延長に関する同意、(j) 定年に関する事務の調整・施策の実施、(k) 懲戒処分に関する指針の策定と公表、(l) 退職管理基本方針案の作成、(m) 組織改廃等における再就職援助、(n) 退職年金制度に関する意見の申出、(o) 人事行政に関する調査権限、(p) 職員人事記録の管理、(q) 職員在職関係に係る統計報告制度の策定・実施、(r) 国会への業務報告などがある。

　これらの事務の受け皿となる府省等については、国公法の規定上必ずしも明確ではない。しかし、国公法では内閣総理大臣の所掌事務と人事公正委員会のそれとは意識的に書き分けられていると見えるところから、おそらく、新設される内閣人事局((a) の事務か)または公務員庁((a) 以外の事務か) が所管することになると思われる。内閣人事局が置かれる内閣官房および公務員庁が置かれる内閣府のいずれも、「主任の大臣」は内閣総理大臣であることからも、そのような見方が成り立ち得るといえよう。

②**内閣人事局**

　本法律案には「内閣法の一部改正」が盛り込まれており、内閣官房の所掌

事務として、新たに「行政機関の幹部職員の任免に関しその適切な実施の確保を図るために必要となる企画及び立案並びに調整に関する事務」が追加され（改正後の内閣法12条2項7号）、内閣官房に新設される内閣人事局が当該事務を「つかさどる」こととなった（同法15条2項）。なお、内閣人事局に内閣人事局長が置かれ、「内閣総理大臣が内閣官房副長官又は関係のある副大臣その他の官職を占める者の中から指名する者をもって充てる」とされている（同条4項）。

③再就職等監視・適正化委員会

国公法改正により、従来の再就職等規制に関する監視機能を強化し、中立公正に対する国民の信頼確保を図るため、これまで内閣府に置かれていた再就職等監視委員会に替わって、新設される人事公正委員会に再就職等監視・適正化委員会を設けることとした。両者の実質的差異はほとんど見られないが、人事公正委員会付置となったことにより人事公正委員会規則の制定要求ができるようになったこと（改正後の国公法117条）、その所掌事務規定に、（a）再就職等規制の例外承認、（b）再就職等規制違反行為の調査（以上、人事公正委員会からの委任による）、（c）その他法律上その権限に属するものとされた事務の処理に加えて、新たに（d）再就職等規制に係る任命権者への指導・助言が明記されたこと（同法150条）をあげることができる（ただし、（d）については、改正国公法の施行以前にも、同法の公布時点で、暫定的に再就職等監視委員会の所掌事務とすることが予定されている＝国公法改正法案1条）。

④人事公正委員会

内閣府の外局として、内閣総理大臣の「所轄の下に」人事公正委員会が設置される。その任務は、「公務の公正性」の確保と「職員の利益」保護のため、「職員に関する人事行政の公正の確保を図ること」とされている。基本的に、廃止されることとなる人事院がいわゆる代償機能とともに果たしてきた「公正の確保」機能の部分を引き継ごうとするものといえようか。

その所掌事務として列挙されているのは、（a）勤務条件に関する措置要

求・不利益処分についての不服申立・苦情処理、(b) 政治的行為制限・営利企業に関する制限、(c) 官民人事交流基準の制定、(d) 再就職等監視・適正化委員会の事務、(e) 国家公務員倫理審査会の事務、(f) 関係大臣等に対する人事行政の改善勧告、(g) その他法令により人事公正委員会に属させられた事務である。ちなみに、(g) に当たるものとして改正国公法に定められているものをあげると、所掌事務に関する規則制定・調査権限、国会への業務報告、任免・分限・懲戒に関する法令の制定・改廃についての内閣総理大臣に対する意見申し出などがある。

　本委員会は、独立してその職権を行い、身分保障が与えられている委員長および委員2名で組織され、この委員長・委員は両議院の同意を得て内閣総理大臣が任命する。事務局が置かれるほか、審議会等として再就職等監視・適正化委員会および国家公務員倫理審査会が設けられる。

（2）公務員庁設置法案—公務員庁

　内閣府の外局として、公務員庁が設置される。その特色は、内閣府がもつ（内閣の補助機関・行政各部という）二面性を、公務員庁も有するという点にある。

①　公務員庁の任務は、第一に、「内閣の重要政策に関する内閣の事務を助ける」という内閣府設置法3条1項の任務のうち、「各行政機関がその職員について行う人事管理に関する事務の統一保持その他の公務の能率的な運営を助ける」ことである。同条項はいわゆる内閣補助任務を定めるものであり、その遂行に当たり「内閣官房を助ける」ものとされている（公務員庁設置法3条3項）。そして、この任務に対応する所掌事務が、各行政機関の人事管理・公務の能率的運営に関する方針・計画に関する事項の企画・立案・総合調整に関する事務（ただし、上記の内閣人事局の所掌事務を除く）ということになる。

②　公務員庁の第二の任務は、「国家公務員の人事行政に関する事務、行政機関の機構、定員、及び運営に関する事務その他の公務の能率的運営に資

する事務を総合的かつ一体的に遂行すること」である。そして、この任務を達成するための事務（行政各部事務＝分担管理事務）として14の事務が列挙されている。そのうち、国家公務員関係の事務をあげると、（ a ）国家公務員の任免・分限・懲戒・服務・退職管理に関する制度に関すること、（ b ）国家公務員の給与・勤務時間・休日・休暇に関する制度に関すること、（ c ）国家公務員の人事評価に関する制度に関すること、（ d ）国家公務員の退職手当制度に関すること、（ e ）国家公務員の団体交渉および団体協約に関すること、（ f ）その他国家公務員の人事行政に関すること、（ g ）国家公務員の総人件費の基本方針および人件費予算配分方針の企画・立案・調整に関すること、（ h ）内閣総理大臣が樹立する能率増進計画に基づく研修および所掌事務に関する研修を行うこと、という８つの事務になる（そのほか、行政機関の機構・定員・運営改善等に関する企画・立案・調整、各行政機関の機構の新設・改廃および定員管理に関する審査、共用情報システムの整備・管理、独立行政法人等に関する共通的制度の企画・立案、独立行政法人等・特殊法人の新設および改廃の審査がある）。

このように、公務員庁は、人事行政関係にとどまらず、従前総務省が所掌していた組織管理事務をも引き継ぎ、行政管理機関というべき特徴を有している。他方、自律的労使関係制度の導入という観点から見ると、（ a ）（ b ）を中心に国家公務員の勤務条件に関する事務を所掌することとされ、さらに、（ e ）に明記されているように「団体交渉及び団体協約に関すること」を担当するものということになる。

公務員庁の長は、公務員庁長官であり、必要があれば「関係行政機関の長に対し、資料の提出、説明その他必要な協力を求める」ことができる（公務員庁設置法５条）。審議会等として、「退職手当審査会」が置かれ、地方支分部局として、管区国家公務員局・沖縄国家公務員事務所（当分の間）が設けられる。

以上が公務員庁設置法（案）の概要であるが、別途、国公法一部改正法案

に含まれている内閣府設置法の改正により、上記①②の事務を「掌理」する「特命担当大臣」が置かれることになっている。従って、（ｅ）の事務に関してもこの特命担当大臣が当たることも考えられよう。

（３）国家公務員の労働関係に関する法律案

本法案は、直接人事行政組織について定めるものではないが、自律的労使関係制度の導入に伴い、中央労働委員会の新たな事務に関わる規定を置いており、また、団体交渉および団体協約の締結を行う「当局」について定めている。

①中央労働委員会

労働組合を組織することができない職員の範囲の認定、管理職員等の範囲の認定、労働組合の認証およびその取消、不当労働行為審査・救済命令等、および団体協約の締結に係る紛争のあっせん・調停・仲裁について、既存の中央労働委員会（厚生労働省の外局）が所掌するものとされている。これに関連して、労働組合法の改正により、委員数が、使用者委員・労働者委員・公益委員各３人ずつ増強されることになる。

②団体交渉・団体協約の締結を行う当局

同法は、「団体交渉を行う当局」（11条）、「団体協約を締結する当局」（14条）および「団体協約の効力」（17条＝いわゆる実施義務規定）を定めているが、列記すると次のようになる。まず、勤務条件に関する事項に関しては、（ａ）法律の制定改廃を要する事項については、当該事項に係る主任の大臣が団体交渉の当局となり、内閣の事前承認を得て団体協約を締結することができ、内閣がその実施義務を負う。（ｂ）政令の制定改廃を要する事項については、当該事項に係る主任の大臣が団体交渉の当局となり、内閣の事前承認を得て団体協約を締結することができ、内閣がその実施義務を負う。（ｃ）府令省令の制定改廃を要する事項・法令の規定に基づき法令所管大臣が定める事項については、当該事項に係る主任の大臣が団体交渉の当局となり、団体協約を締結することができるとともにその実施義務者となる。（ｄ）法令

第3期　国家公務員法等改正法案の国会上程

の規定に基づき各省各庁の長、その委任を受けた部内の職員が定める事項については、各省各庁の長・当該職員が団体交渉の当局となり、団体協約を締結することができるとともに、その実施義務者となる。(e) 上記以外の事項については、当該事項につき適法に管理・決定できる者が団体交渉の当局となり、団体協約を締結することができるとともに、その実施義務者となる。次に、労使関係事項(団体交渉の手続など労働組合と当局との間の労使関係に関する事項)に関しては、(f) 本法の改廃を要する場合には、内閣総理大臣が団体交渉の当局となるが、団体協約を締結することはできない。(g) 本法に基づく政令の改廃を要する場合には、内閣総理大臣が団体交渉の当局となり、内閣の事前承認を得て団体協約を締結することができ、内閣がその実施義務を負う。(h) 上記(a)〜(g)に定める者すべてに共通する労使関係事項((f)(g)の事項を除く)については、内閣総理大臣が団体交渉の当局となり、団体協約を締結することができるとともにその実施義務者となる。(i) 内閣総理大臣・内閣府外局の長・これらの委任を受けた部内職員、各省大臣・各省外局の長・これらの委任を受けた部内職員、それぞれに共通する労使関係事項((f)(g)(h)の事項を除く)については、内閣総理大臣又は当該各省大臣が団体交渉の当局となり、団体協約を締結することができるとともに、その実施義務者となる。(j) 内閣総理大臣・その委任を受けた部内職員、各省大臣・その委任を受けた部内職員、会計検査院長・その委任を受けた部内職員、宮内庁長官・その委任を受けた部内職員、および各外局の長・その委任を受けた部内職員、それぞれに共通する労使関係事項((f)〜(i)の事項を除く)については、当該各省各庁の長が団体交渉の当局となり、団体協約を締結することができるとともに、その実施義務者となる。(k) 以上の(a)〜(j)に定める者のみに関する労使関係事項((f)〜(j)の事項を除く)については、当該各号に定める者が団体交渉の当局となり、団体協約を締結することができるとともに、その実施義務者となる。

以上のように、勤務条件に関する事項と労使関係事項とに二分した上で、

それぞれのレベル（法律事項か、政令事項か、府令または省令事項か、法令の規定に基づく決定事項か、また、全府省共通か、各府省ごとに共通か、など）ごとに「当局」（使用者側交渉等担当機関）が定められている。しかし、本法案には「公務員庁」に言及する規定は見られない。団体交渉・団体協約の締結をめぐる、これら「当局」と公務員庁との関係はどのようになるのであろうか。

4　若干の検討

（1）人事院の廃止

（ⅰ）公務員制度改革関連法（案）による公務員制度改革の特徴を「人事行政組織」の観点から見ると、まずもって触れるべきは、人事院の廃止であろう。人事院抜きに第2次大戦後におけるわが国の人事行政を語ることはできないからである。[10]推進本部・全体像によれば、「協約締結権の付与及び使用者機関の設置に伴い、人事院勧告制度及び人事院を廃止する」とされており、「自律的労使関係制度」と現行の人事院の存在（とりわけ人勧制度）とは相容れないものとされている。協約締結権が「回復」される以上、人事院の「代償機能」・「代償措置」は無用の長物（さらには邪魔物）になると考えてのことであろう。

　もっとも、争議権は従前どおり否認されたままであり（改正後の国公法100条3項・4項）、その意味で、労働基本権の制約はなお続く。この点につき推進本部・全体像は、「国家公務員の争議権については、新たに措置する自律的労使関係制度の下での団体交渉の実情や、制度の運用に関する国民の理解の状況を勘案して検討を行い、その結果に基づいて必要な措置を講ずるものとする」としている。つまり、争議権については今後の課題として先送りになったわけであり、そうすると、依然として一定の「代償措置」が必要ではないかという疑問が生ずる。そして、このような疑問に対するひとつの回答として参考になるのが、最高裁大法廷昭和52年5月4日判決（刑集31巻3号182頁—全逓名古屋中郵

事件）である。同判決は、公共企業体等労働関係調整法（当時）が定める労働委員会によるあっせん・調停・仲裁制度をもって「協約締結権を含む団体交渉権を付与しながら争議権を否定する場合の代償措置」としている。これに習うならば、国家公務員の労働関係に関する法律が用意している中央労働委員会のあっせん・調停・仲裁制度（同法31条以下）に「代償措置」を見出すことになろう（ただし、仲裁裁定の効力は、内閣による法律案の国会提出および政令の制定改廃については、「努力義務」を課すにとどまっている〔同法41条〕）。

(ⅱ) そもそも、引き続き団結権・団体交渉権が否認されたままの職員（警察・海上保安庁・刑事施設職員〔改正後の国公法100条２項、国家公務員の労働関係に関する法律２条１号イ〕、および入国警備官〔出入国管理及び難民認定法61条の３の２第４項〕）もいる。これについて、推進本部・全体像は、「団結権を引き続き制限され、協約締結権を付与されない警察職員及び海上保安庁又は刑事施設に勤務する職員の勤務条件については、職務の特殊性及び協約締結権を付与される職員の勤務条件との均衡を考慮して定めるものとする」としている。特段の「代償措置」を講じないということであろうか。

これに対し、人事院は、「代償措置を確保することが必要」とし、「有識者による審議会の意見を聴取するなどの仕組みについて十分に検討することが必要である」との意見を表明している。[11]

現行の一般職の職員の給与に関する法律には、「公安職俸給表」があり、「警察官、皇宮護衛官、入国警備官及び刑務所等に勤務する職員で人事院規則で定めるもの」（同俸給表（一））、並びに「検察庁、公安調査庁、少年院、海上保安庁等に勤務する職員で人事院規則で定めるもの」（同俸給表（二））に適用されることになっているが、「国家公務員法等の一部を改正する法律案」による同法の改正によっても（「人事院規則」が「政令」に替わるだけで）、この俸給表のシステムは維持される。それを前提に、団結権が認められない職員とこの公安職俸給表適用

職員とを比較すると、俸給表（一）の方は基本的に両者が重なるようであるが、俸給表（二）については後者の方が対象範囲が広いと思われる（「人事院規則9－2（俸給表の適用範囲）」4条・5条参照）。そうすると、少なくとも給与に関しては、協約締結権を付与される「同種の職＝公安職」に係る職員との均衡を図ることによって、自律的労使関係の中で形成される勤務条件を反映させる余地がないではない。しかし、多数の公安職に属する職員が労使交渉の蚊帳の外に置かれている状況にかわりはなく、第三者機関によるチェックなど、適正な処遇を制度的に担保する必要性は否定できないように思われる。

(ⅲ) 人事院廃止後における国の人事行政組織体制は、従来からの「任命権者」（各省各庁の長）に加えて、内閣人事局・公務員庁・人事公正委員会・中央労働委員会をもって構成されることになる（ただし、中央労働委員会は、自律的労使関係制度との関連に限定される）。公務員庁と人事公正委員会を内閣府に置くこととしたことによって、従前の内閣府・総務省の「ねじれ関係」も解消されることになる。人事院の後継組織は、公務員庁と人事公正委員会であるが、公務員庁は、総務省二局（人事・恩給局および行政管理局）の大半の事務をも所管するのに対し、人事公正委員会は、再就職等監視・適正化委員会関係（内閣府から移管）を除くと、もっぱら人事院の事務の一部のみを引き継ぐことになる。しかし、人事公正委員会のみならず公務員庁（さらには内閣人事局）においても、これまで培われてきた人事行政に関する人事院の「専門性」を継承し、それぞれの任務・所掌事務に即してそれを有効に発揮していくことが求められる。

(2) 公務員庁の「使用者機関」性

(ⅰ) 既述のように、推進本部・全体像は、「人事行政に責任を持つ使用者機関として」公務員庁を設置すると述べていたが、国家公務員制度改革関連法案（四法律案）には、公務員庁を「使用者機関」と明記する条項

を見出すことはできない。むしろ、「団体交渉を行う当局」ないし「団体協約を締結する当局」としては、「主任の大臣」・「各省各庁の長」あるいは「内閣総理大臣」・「各省大臣」などがあげられている（3．（3）②参照）。そこで、先に触れたように、これら「当局」と公務員庁との関係が問題になる。そして、この問題を考える際、公務員庁が勤務条件に関する事項を所掌し、さらに「国家公務員の団体交渉及び団体協約に関すること」をつかさどる（公務員庁設置法4条2項5号）とされている点に着目する必要がある。

（ⅱ）団体交渉・団体協約の締結を行う「当局」と公務員庁との関係としては、まずもって、公務員庁がいわば「任命権者」の立場において、この「当局」に該当する場合が考えられる。すなわち、「各省各庁の長」（3．（3）②の（d）（j））には公務員庁長官も該当し、また、（e）の管理・決定権者、（k）の「当該各号に定める者」にも同長官が該当し得ると思われる。しかし、これは他の外局の長と同列の立場によるものであり、推進本部・全体像のいう「人事行政に責任を持つ使用者機関」としてのものとはいい難い。

（ⅲ）これに対し、「内閣総理大臣」（3．（3）②の（f）（g）（h）（i））、「主任の大臣」としての内閣総理大臣（（a）（b）（c））および「各省各庁の長」としての内閣総理大臣（（d）（j））が「当局」となる場合、先に触れた公務員庁の所掌事務に照らすと、当該事項の交渉に当たるのは公務員庁ということになろう。このとき、横断的に各府省職員に及ぶ勤務条件や労使関係事項が対象となる場合、公務員庁をもって国の「人事行政に責任を持つ使用者機関」と称することができるのではないかと思われる。

　例えば、給与交渉において、「一般職の職員の給与に関する法律」や同法の施行政令（現在は人事院規則で制定）の改正が問題となるとき、「当局」としての「主任の大臣」（（a）（b））は内閣総理大臣ということになるが、実際に交渉を担当するのは、内閣総理大臣を「主任の大

臣」とする内閣府の外局として設置される公務員庁であり、この場合、公務員庁は、単に内閣府や公務員庁の職員のみに関する事項を扱うにとどまるものではない。

(ⅳ) 次に問題となるのは、内閣総理大臣以外の「主任の大臣」・「各省大臣」・「各省各庁の長」との関係である。例えば、「在外公館に勤務する外務公務員の特殊語学手当に関する政令施行規則（昭和27年10月3日外務省令第24号）」の改正をめぐる団体交渉のように、各省（大臣）限りで対処可能な（各省大臣が「当局」となる）ケースにおいて、公務員庁が当該団体交渉・団体協約の締結に（どのように）関与できるのであろうか。この点については、必ずしも明確ではない。ひとつの考え方としては、前述した公務員庁の内閣補助任務・事務（総合調整権限）の及ぶ限りにおいて関与できる、ということになろうか。あるいは、公務員庁は「国家公務員の団体交渉及び団体協約に関すること」を所掌するところから、いわば共管的な意味での関与も予定されているのであろうか。

(ⅴ) なお、公務員庁の所掌事務に関しては、それを掌理する「特命担当大臣」が置かれることになっている。従って、公務員庁が担当する団体交渉（特に、上記 (ⅲ) のケース）の場に、この「特命担当大臣」が出席する場面も出てくることになる。また、給与関係閣僚会議のような組織が設置される場合、その議長に「特命担当大臣」が当たる（現行では、内閣官房長官が議長）ことも十分考えられよう。

(3) 公務員庁と内閣人事局

　前述のように、公務員庁は、各行政機関の人事管理・公務の能率的運営に関する方針や計画の企画・立案・総合調整（ただし、内閣人事局の所掌事務を除く）という内閣補助事務をも担当し、内閣官房を助けるものとされており、その面では内閣人事局と肩を並べるものといえる。

　他方、幹部職員人事につき、内閣人事局は、企画・立案・調整に関する事務しか担当しないことになっているが、関連する内閣総理大臣の所掌事務の

中には、幹部職員の「公募」が明記されており（3．（1）①（a））、これが企画・立案・調整に含まれるか否かという問題がある。仮に含まれないとすると、行政各部事務（分担管理事務）として公務員庁の所掌事務になりそうであるが、その場合、具体的に同庁の分担管理事務のうちのいずれに該当することになるのか、明確ではないように思われる。

（4）公務員庁と人事公正委員会

（ⅰ）両者の所掌事務を比較・検討するに際しては、まずもって、「公正の確保」という視点から見て事務分担が適切になされているといえるかという点が問題となる。確かに、人事行政における「公正の確保」は、人事行政一般に妥当する原則ではあるが（改正国公法4条1項参照）、特に、人事公正委員会の任務として明記されているからである。このことは、相対的に強度の「公正」さが要求される事務については、職権行使の独立性が保障されている委員からなる人事公正委員会に委ねる方が適切であるとの前提が存在することを意味するのではなかろうか。その点で、現在人事院が担当している採用試験関係事務については、改正後は公務員庁の所掌事務になるのではないかと思われる（明示的に挙示されていないが、内閣総理大臣の所掌事務とされ〔3．（1）①（d）〕、人事公正委員会の所掌事務には含まれていない）が、「能力の実証」に基づく厳格な運用が求められるところから、組織（制度）的にも公正さが担保される必要があり、公務員庁より人事公正委員会の方が担当機関として相応しいように思われる。

他方、公務員庁の所掌する「勤務条件」に関係する事項が、人事公正委員会の所掌事務とされていないか、という視点も重要であろう。この点で、注目すべきは、「職員の勤務条件に関する措置の要求」（以下、「措置要求制度」とする）が、人事公正委員会の所掌事務とされている（改正国公法131条1号）ことである。この措置要求制度については、従来、労働基本権制約の「代償措置」のひとつとしてこれをあげる見解が

第10章　公務員制度改革関連法案と人事行政組織の再編

有力であり、しかも、すでに団体交渉権・協約締結権が保障されている独立行政法人等職員・地方公営企業職員などには認められていないからである（独立行政法人等の労働関係に関する法律37条、地方公営企業法39条、地方公営企業等の労働関係に関する法律附則第5項）。もっとも、措置要求制度は、不利益処分の不服申立制度（現行国公法89条以下）と共に、1948年国公法改正による労働基本権制限の導入以前から存在したものであり、その意味では、元来「代償措置」というより、それ自体として「職員の経済的権利の保障を図るもの」としての意義を有していた。従って、今後は、自律的労使関係制度の導入と調和するように（例えば、個別的労使関係に重点を置いて）運用されるならば、なお、存在意義は否定できないように思われる。

（ⅱ）人事公正委員会の所掌事務として、さらに、「第104条……の規定による職員の政治的行為の制限……に関する事務」（改正国公法131条2号）があるが、改正国公法104条については、「人事院規則」への委任が「人事公正委員会規則」への委任に替わっただけで、内容は現行国公法102条と同様である。しかし、現行の広範な制限自体に大きな問題があるだけでなく、実質的に「白紙委任」ではないかという疑義も残る。判例（最判昭和49・11・6刑集28巻9号393頁）は、「同条項の合理的な解釈」により合憲としているが、学説の中には、考えられる理由として、「規律の対象が一般権力関係ではなく公務員関係である」ことと並んで、「規範定立者が、人事院という、内閣から独立して人事行政を遂行する合議体の機関である」ことをあげる論者もあった。

　この受任機関としての人事院の特殊性を重視する見解をとる場合、規則制定機関が人事院から人事公正委員会に替わることによって、従前のような受任機関の特殊性をなお論拠とすることができるか、再検討をせまられることとなろう。人事公正委員会は、「内閣総理大臣の所轄の下に」置かれ（改正国公法129条）、職権行使の独立性も認められている（改正国公法132条）が、人事院ほどの独立性（内閣の所轄、予算要求書

第3期　国家公務員法等改正法案の国会上程

の内閣修正時における国会提出、法令制定改廃の国会・内閣への意見申出など）をもたないからである。
（ⅲ）先に触れたように、推進本部事務局「素案」は、「民間の給与等の実態の調査・把握」について、国民への説明責任・国民の理解獲得という観点から必要であるとし、「使用者機関」がその任に当たるものとしていた。しかし、人事公正委員会はもとより、公務員庁の所掌事務としても、明記されていない。そこで、これまで民間給与実態調査の根拠になっていた国公法上の規定（現行国公法67条）に対応する改正国公法58条を見ると、「内閣総理大臣は、職員の給与に関する制度について、随時、調査研究を行い、その結果を公表するものとする」と定められている。給与制度を所掌するのは公務員庁であり、「素案」のいう「使用者機関」に該当し得るところからしても、この「調査研究」に係る内閣総理大臣の事務を実際に担当するのは公務員庁ということになろう。確かに、自律的労使関係制度の視点からは、労使双方がそれぞれの要求・主張の正当性を自らの責任において示すことが求められるところから、中立・第三者機関的な人事公正委員会が担当するよりは公務員庁の方が望ましいといえようか（ただし、どの程度詳細な調査研究を行うかという問題は残る）。

注
（1）さし当たり、『ジュリスト』1355（2008・4・15）の「公務員制度改革」特集論文および座談会を参照。
（2）岡部史郎『行政管理』有斐閣、1967年、390頁。
（3）本書第2章はじめに①参照。
（4）人事院『平成12年度年次報告書』2001年、はじめに。
（5）稲葉馨「人事院の『代償』機能論について」『法学（東北大学）』66（3）、2002年、292頁以下。
（6）浅井清『新版国家公務員法精義』学陽書房、1970年、133～134頁。
（7）浅井前掲注（6）135頁。
（8）鹿児島重治＝森園幸男＝北村勇『逐条国家公務員法』学陽書房、1988年、221頁、浅井前掲注（6）135頁など。

（9）稲葉・本書第2章はじめに①および2（2）①参照。
（10）例えば、人事院『人事行政50年のあゆみ』1998年、37頁以下参照。
（11）人事院「国家公務員制度改革に関する報告」『人事院月報』（747）2011・11、57頁。
（12）塩野宏『行政法Ⅲ第3版』有斐閣、2006年、274頁、藤田宙靖『行政組織法』有斐閣、2005年、339頁、稲葉前掲注（5）280頁、285頁以下参照。
（13）なお、稲葉前掲注（5）287頁参照。
（14）鹿児島ほか前掲注（8）687頁。
（15）塩野宏『行政法Ⅰ第5版』有斐閣、2009年、96〜97頁。他方、芦部信喜「人事院規則への委任」行政判例百選Ⅰ、1979年、107頁は、「受任機関が人事院だというだけでは、人事院も実際には通常の行政官庁とそれほど異なっているわけではないので、基本権の制限に関する広汎な委任の合憲性を基礎づける十分の理由にならないのではないか、という疑いが残る｜とする。

第11章　公務における勤務条件決定システムの転換
―― その意義と課題 ――

清水　　敏

はじめに

2012年6月3日、「国家公務員制度改革関連四法案」が閣議決定され、国会に提出された。四法案のうち、労働法学の主たる考察対象は、「国家公務員の労働関係に関する法律案」[1]（なお、便宜上、以下では主として「国公労法案」または「本法案」という。）である。国公労法案は、非現業国家公務員の集団的労使関係を「自律的労使関係制度」にシフトするために、原則として団体交渉権および団体協約締結権を付与するとともに、公務に不当労働行為制度および紛争調整制度を導入しようとするものである。この自律的労使関係とは、原則として労使が勤務条件を団体交渉によって決定しようと努めることであり、労使合意が成立した場合には団体協約を締結することとし、かつ、この団体協約にもとづく法令によって個々の組合員の勤務条件を規律しようとするものと解することができる。

周知のように、現行の国公法の勤務条件決定システムは、労使関係当事者以外の第三者（人事院、内閣または国会）が勤務条件決定に大きな役割を演ずることになっており、労使関係の当事者、とりわけ、職員側の意向は勤務条件決定に反映するシステムとはいえない。このシステムは、昭和23（1948）年の国家公務員法改正により形成され、それ以降、若干の改正はあったものの、基本的な枠組みに変更が加えられることなく、戦後60年以上にわたってわが国の公務における労使関係を規律してきた[2]。このたびの制度改正は、公務における勤務条件決定システムの大幅な変更を図ろうとするもの

であり、わが国の公務労働法制の歴史において久々の大幅な改革といっても過言ではなかろう。以下では、主として、新しい勤務条件決定システムを概観し、その意義と課題を論述したい。

1　勤務条件決定システムの転換

本法案は、「自律的労使関係制度」を確立するために、非現業国家公務員の勤務条件を労働組合と当局との団体交渉を通して決定することを促進する政策を採用する。この政策を実現するために公務員の労働組合に対し、第一に、団体交渉権を保障し、第二に、団体協約の締結権を付与するとともに、第三に、団体交渉権の侵害に対する救済措置を含む不当労働行為制度を導入し、第四に、労使紛争について調整制度を導入しようとするものである。本章では、これらの項目を検討しようとするものであるが、その前に国公労法案と憲法に規定された労働基本権との関係を考察しておきたい。

（1）現行交渉制度、労働基本権および最高裁判決

周知のように、現行の国公法における交渉制度は、職員団体の交渉権を認めるものの、労組法の団体交渉権とは異なり、交渉権の行使を多様、かつ詳細に規制する諸規定が設けられている。それゆえ、概して公務員労働組合の団体交渉を抑制する政策が採用されているといえよう。

このような交渉抑制政策の法的根拠はどこに求められてきたか。これは、国公法が勤務条件法定主義を採用してきたことにある。すなわち、国公法は、勤務条件について情勢適応の原則を定め、「この法律に基いて定められる給与、勤務時間その他勤務条件に関する基礎事項は、国会により社会一般の情勢に適応するように、随時これを変更することができる。……」と規定している（同法28条1項）。そして勤務条件のうち、とくに給与については、「給与に関する法律」にもとづいて支給され、「これに基づかずには、いかなる金銭又は有価物も支給することはできない」（同法63条）と規定し、かつ「給与に関する法律」には、俸給表のほか、この法律に規定すべき給与に関

第3期　国家公務員法等改正法案の国会上程

する事項を詳細に規定している（同法64条および65条1項）。これにもとづいて、たとえば、「一般職の職員の給与に関する法律」および「一般職の職員の勤務時間、休暇等に関する法律」が制定され、さらにこれらの法律の委任を受けて、膨大な人事院規則その他関連規則等が設けられている。

　全農林警職法事件の最高裁判決は、このような諸規定を前提に、公務員にも憲法が保障する労働基本権の保障が及ぶとしつつも、「公務員の給与をはじめ、その他の勤務条件は、私企業の場合のごとく労使間の自由な交渉に基づく合意によって定められるべきものではなく、原則として、国民の代表者により構成される国会の制定した法律、予算によって定められることになっている……。」とし、いわゆる勤務条件法定主義の論理によって現行の交渉抑制政策を根拠づけた。そして、この勤務条件法定主義の憲法上の根拠規定としては、内閣の事務の一つとして定められている「法律の定める基準に従ひ、官吏に関する事務を掌理すること」（憲法73条4号）が掲げられていた。

　すなわち、全農林警職法事件最高裁判決によれば、現行国公法は、「勤務条件法定主義の原則と団体交渉による勤務条件の決定の原則とは相容れない」ものとの立法政策を採用していることおよび憲法もこのような立法政策を容認しているとの解釈をとった。

（2）国公労法案と労働基本権

　さて、本法案は、「自律的労使関係制度を措置する」ために、団体交渉を促進する政策をとろうとしているが、これは、前記の最高裁判決とはどのような関係に立つのであろうか。

　全農林警職法事件最高裁判決は、前記のように、「公務員の給与をはじめ、その他の勤務条件は、私企業の場合のごとく労使間の自由な交渉に基づく合意によって定められるべきものではなく、原則として、国民の代表者により構成される国会の制定した法律、予算によって定められることになっている……。」（下線部筆者）と述べつつも、他方において、「その場合、使用者としての政府にいかなる範囲の決定権を委任するかは、まさに国会みずからが

第11章　公務における勤務条件決定システムの転換

立法をもつて定めるべき労働政策の問題である」と指摘していた。すなわち、公務においても、立法政策によって労使間の自由な交渉・合意にもとづく制度を設けることについては憲法に違反するものではないと解することが可能であった。さらに最高裁は、名古屋中郵事件判決の中で、公務員には憲法上の団体交渉権が当然には保障されるわけではないとしつつも、他方において、「国会が、その立法、財政の権限に基づき、一定範囲の公務員その他の公共的職務に従事する職員の勤務条件に関し、職員との交渉によりこれを決定する権限を使用者としての政府その他の当局に委任し、さらにはこれらの職員に対し争議権を付与することも、憲法上の権限行使の範囲内にとどまる限り、違憲とされるわけはないのである。」と述べていた。これらの判決の論理からは、現行国公法のごとく、勤務条件法定主義の原則にもとづき公務員の団体交渉権を大幅に制約し、ひいては争議権をも全面的に禁止することは必ずしも憲法上必須の要請ではなく、国の「労働政策」によって団体交渉権および争議権を付与することも可能であることを示唆していた。[5]

①勤務条件法定主義の堅持と自律的労使関係

　今次の制度改革は、明らかにこのような従来の最高裁の憲法解釈を前提としている。すなわち、同法案は、改正国公法案の採用する勤務条件法定主義を前提とし、国会が予算のみならず、法律によって最終的に勤務条件をコントロールする原則を堅持している。すなわち、改正国公法案においては、勤務条件法定主義に関する現行法の規定の多くが存続されることになった。たとえば、「情勢適応の原則」（改正国公法案5条）、「法律による給与の支給」（同法案55条）、「俸給表」（同法案56条）および「給与に関する法律に定めるべき事項」（同法案57条）等である。この結果、「給与法」および「勤務時間法」等の法令は、基本的に維持されることとなる。また、人事院が廃止されることにともない、人事院規則の大部分が政令に移されることとなる。このように勤務条件を原則として法律または政令等において規律するという勤務条件法定主義の原則は、引き続き堅持されることになる。

　しかし他方において、同法案は、後で詳述するように、明らかに勤務条件

を団体交渉によって決定する原則を導入しようとしている。したがって、同法案は、勤務条件法定主義の原則と団体交渉による勤務条件決定の原則の両立を図ろうとするものであり、明らかに現行国公法とは異なった考え方に立脚するものである。すなわち、同法案は、勤務条件法定主義の原則と「労使の自由な交渉に基く合意による決定」の原則を相容れないものとして捉えることなく、両原則は、両立しうるものまたは調和しうるものとの認識を前提としているといえよう。したがって、本法案は、現行の勤務条件決定システムを原理的に転換させるものであると捉えることができ、その意味において戦後の公務員制度の歴史にとって画期的な意義を有すると思われる。

もっとも、問題は、本法案において上記両原則の調和に成功しているか否かである。

2 団体交渉権の保障

公務における自律的労使関係の樹立を趣旨とする本法案において、もっとも保障されるべき重要な権利の一つは、団体交渉権であろう。本法案は、原則として国公法適用職員に団体交渉権を保障し、後述するように、「認証」された労働組合に団体交渉権の行使を認める。もっともこの団体交渉権は、労組法にもとづく権利ではなく、根拠法はあくまでも国公労法である[6]。ただし、団体交渉権の根拠規定は異なるものの、その内容は、実質的に労組法上の団体交渉権に比して必ずしも見劣りするものとはいえない。なぜなら、団体交渉の拒否が不当労働行為として禁止の対象となるとともに、不当な団体交渉拒否に対する救済制度が設けられることになったからである。したがって、当局側には労組法の使用者と同様の「誠実交渉義務」が課されることになる。すなわち、当局側は「形式的に団体交渉の席に着くだけでは足りず、労働組合の要求や主張に対する回答及び自らの主張の論拠を具体的に説明したり、必要な資料を提示する義務」[7]が課されることになる。これは、現行制度における前記「交渉権」に比して、その権利性が一層明確となることを意味する。すなわち、現行公務員法の交渉権は、「労働組合法上の団体交渉権

とはその性質を異に」し、「交渉拒否をもって不当労働行為とすることはできず、交渉拒否に対し職員団体のために何らかの救済手段が与えられなければならないものでもない」と解されてきたからである。

（1）団体交渉権が保障される職員の範囲

団体交渉権が保障される職員は、原則として一般職のすべての非現業国家公務員である。ただし、次の職員は国公労法上の職員から除かれるため、本法案にもとづく団体交渉権は付与されない（国公労法案2条1号）。もっとも、特定独立行政法人職員は、特労法にもとづく団体交渉権が保障されることはいうまでもない（特労法8条）。

①警察職員等

現行国公法と同様に、警察職員および海上保安庁または刑事施設に勤務する職員は、「当局と交渉する団体」の結成を引き続き禁止される（改正国公法案100条2項）ため、団体交渉権は付与されない（国公労法案2条1号のイ）。また、これらの職員の参加を認める職員の組織は、国公労法上の労働組合とみなされない（同法案2条2号）。団体交渉権が付与されないこれらの職員の勤務条件は、「当該職員の職務の特殊性及び他の職員の勤務条件との均衡を考慮して」決定するものとされている（改正国公法案127条）。

②長官、事務次官等

また、内閣府設置法および国家行政組織法に定める長官、同法に定める事務次官もしくは局長もしくは部長の官職または「その他の重要な行政上の決定を行う職員として中央労働委員会—が認定して告示するもの」（以下では、「幹部職員」という。）は、団体交渉権が付与されない（国公労法案2条1号のロ）。この規定は新設されたものであり、現行法ではこれらの幹部職員も管理職員等に含まれている。したがって、これらの職員も管理職員として職員団体の結成、加入が認められていた。この改正によって、幹部職員は管理職員等の範囲から切り離される措置がとられる。その結果、幹部職員は改正国公法案上の職員ではあるが、国公労法案上の職員とみなされないことにな

り、労働組合を結成・加入する権利が否認される。いうまでもなく、このような労働基本権を全面的に否認する職員の範囲の決定は、慎重でなければならない。したがって、幹部職員のうち本条にもとづく「重要な行政上の決定を行う職員」の範囲は、中労委によって認定・告示するものとされているが、適切な措置であろう。なお、これらの職員の参加を認める職員組織は、国公労法案にいう労働組合とみなされない。

③特定独立行政法人職員

特定独立行政法人に勤務する職員は、その労働関係については特労法が適用となるため、本法案の職員から除かれる（2条1号のハ）。なお、上記①または②の職員とは異なり、本法案は、特定独立行政法人職員の参加を認める職員組織を同法上の労働組合の範疇から除外していない（2条2号）。したがって、独立行政法人職員の参加を許す労働者組織も、「国公労法上の労働組合」としてみなされることになる。

（2）団体交渉の当事者
①認証された労働組合

本法案は、団体交渉を要求できる労働者組織について、従来の職員団体登録制度を廃止することとし、あらたに認証労働組合制度を導入しようとしている（5条）。

非現業国家公務員を代表して当局に団体交渉を要求できる労働者側の組織の一つは、中労委による認証を受けた労働組合である（5条）。認証を受けるための第一の要件は、当該職員組織が国公労法上の労働組合でなければならないことである。すなわち、上記のように、警察職員等または長官、事務次官等の参加を許さず、後述する管理職員等の加入を認めない労働組合でなければならない。

第二の要件は、組合規約に関して本法案に定める要件を備えた組織でなければならず（5条2項）、重要な行為（規約の作成または変更、役員選挙等）が「全ての組合員が平等に参加する機会を有する直接かつ秘密の投票に

よる全員の過半数（役員の選挙については、投票者の過半数）によって決定される旨の手続を定め、かつ、現実にその手続によりこれらの重要な行為が決定されることを必要とする」（同条3項）とされている。なお、労組法と同様に、組合の会計報告につき毎年1回公認会計士または監査法人の監査証明をつけて、組合員に公表することがあらたに義務づけられた（5条2項2号）。

　第三の要件は、構成員に関する要件である。周知のように、現在の職員団体登録制度の下における登録要件は、職員団体の役員を除いて、その構成員はすべて一般職の非現業国家公務員であることを求めている。この制度は、従来から職員に企業別労働組合主義を強制するものであるとの批判が存在した[9]。これに対して認証労働組合制度における構成員に関する要件は、当該労働組合の構成員の過半数が一般職の非現業国家公務員であることである（5条3項4号）。これは、職員組織の構成員に関する規制が従来よりも緩和されたことを意味する。

　本法案により労働組合は、従来よりも広い「仲間を選ぶ自由」を与えられることになるが、その結果として、多様な「混合組合」が誕生する可能性がある。すなわち、混合組合とは、一般に労働関係に関する適用法令を異にする労働者によって組織された労働組合を意味するが、本法案においては、労働組合の構成員の過半数が非現業国家公務員であればよく、他の構成員がいかなる法令の適用下にあっても認証を受けることができる。したがって、その他の構成員は、たとえば、特定独立行政法人職員、地方公務員（各都道府県または市町村の非現業職員、現業職員、地方公営企業職員または教員等）または民間労働者であっても差し支えないこととなる。この結果、従来の登録制度に加えられていた「企業別労働組合主義の強制」という批判を回避することができることとなり、権利保障の面では一歩前進と評価できる[10]。しかしながら、本法案には新たに過半数要件が設けられており、これは認証の取消し措置と連動しているため、紛争の発生のおそれがあるように思われる。なぜなら、労働組合は、団体交渉権の付与のみならず、後述する団体協約締

第3期　国家公務員法等改正法案の国会上程

結権の付与、不当労働行為の救済申立て資格、調整制度の利用資格または在籍専従許可を受ける資格を得るためには、認証を受けることが不可欠となり、組合活動を行うにあたって不可欠な手続きとなるからである。

②認証された管理職員等労働組合

団体交渉の当事者となりうる二番目の職員側組織は、認証を受けた管理職員等労働組合である。

（ⅰ）管理職員等労働組合の団体交渉権

管理職員等とは、「労働組合との関係において当局の立場に立って遂行すべき職務を担当する職員」を意味する（4条1項但書き）。このような職員は、これまでも職員団体の結成および交渉権が付与されていたが、本法案においても団体交渉の当事者になる資格を与えられる。ただし、管理職員等は、管理職員等以外の職員と同一の労働組合を結成することを禁止される（4条1項但書き）のみならず、一般の職員を中心に組織された団体でも管理職員等の参加を許すものは、国公労法上の労働組合とはみなされない（2条2号括弧書き）。このような管理職員等の扱いは、現行法と変わるところがない。その趣旨は、従来、管理職員等と一般の職員とは「労使関係における立場が異質であり、両者が混在する団体は職員の利益を適正に代表するための健全な基礎を欠く」からであると説明されてきた[11]。こうして、管理職員等は管理職員等だけで労働組合を結成しない限り、団体交渉を要求することはできない。

（ⅱ）管理職員等の範囲およびその決定手続き

管理職員等の範囲は、現在、国公法108条の2第4項にもとづいて人事院規則（17-0）（管理職員等の範囲）によって定められてきた。これに対して本法案では、人事院が廃止されるにともない、この範囲については中労委が認定して告示する方法が採用された（4条2項）[12]。

なお、地方公務員の事例であるが、近年、従来にはあまり見られなかった管理職員等の範囲を定める人事委員会規則または公平委員会規則の適用をめぐる紛争が発生している[13]。今次の中労委による認定・告示制度は、実質的に

認定・告示前の労使交渉・合意を前提に運用されるならば、今後、公務においてこの種の紛争の発生を抑制する機能を期待できよう。

ところで、職員には労組法が適用されないものの、管理職員等労働組合の結成を認める以上、一般の職員の場合と同じく、そこに「当局の利益代表者」ともいうべき者の参加を認めることは好ましくないことになる。同様な問題は、特労法および地公労法にも存在すると思われる[14]。前述のように、本法案では新しく「幹部職員」の範疇を設けた（２条１項のロ）が、これを管理職員等労働組合に関する「当局の利益代表者」に該当すると解するならば、さしあたり問題は解決されることになろう。

（３）団体交渉の対象事項

①交渉事項の範囲（国公労法案10条１項）

本法案における団体交渉の対象事項の範囲は、第一に、俸給その他の給与、勤務時間、休憩、休日及び休暇に関する事項、第二に、昇任、降任、転任、休職、免職及び懲戒の基準に関する事項、第三に、保健、安全保持及び災害補償に関する事項、第四に、前記事項以外の勤務条件、そして第五に、労使関係事項である（10条１項）。これは、基本的に、特労法の交渉対象事項に関する定め（同法８条２号）に準じて設けられたように推測される。相違点は、特労法に列挙された交渉対象事項のうち、「先任権」の文言が本法案では削除されていることにある。

これらの交渉対象事項は、勤務条件法定主義が維持されるため、法律、政令または規則等様々な形式で規定されることになるが、基本的にいかなる形式で定められていても上記の勤務条件に該当する以上、団体交渉の対象となる。

②管理運営事項（10条２項）

現行制度と同様に、管理運営事項は交渉対象から除外される（10条２項）。このような規定を維持することは、団体交渉促進政策との整合性に疑問がないわけではない[15]。もっとも、この規定が国公労法の中で果たす機能は、従来

とはやや異なることも想定される。それは、後述するように、不当労働行為制度が導入されるからである。すなわち、ある事項が勤務条件事項か管理運営事項かに関する紛争は、実務上、第一次的には中労委の判断によって解決されることになると想定される。それゆえ、当局の一方的な判断で終始する事態が少なくなり、本規定が団体交渉を妨げる余地は縮減される可能性がある。

（4）団体交渉の手続き等

交渉手続きおよび交渉態様等に関する現行法の規制は、国公労法案においても基本的に維持される。すなわち、予備交渉（12条1項）、交渉担当者（同条1項および2項）ならびに交渉の打ち切り（同条3項）に関する規定である。なお、当局には、交渉内容の公表が義務づけられた（12条6項）。

ところで、団体交渉内容の公表はともかく、上記の規定は、団体交渉を促進する政策との関連では、疑問がある。しかもこれらは、特労法または地公労法には見当たらない規定であり、上記の管理運営事項に関する規定の存続以上に、その合理性に疑義がある。しかしこれらの規定の機能も、中労委の判断が大きな影響を及ぼすことが予想されるため、団体交渉を抑制する機能は相当程度縮減されることが期待される。

（5）団体交渉権と勤務条件法定主義

以上のように、団結権を否認される職員の範囲については、基本的に変化がなく、従来の交渉権の行使に関する様々な規制はそのまま本法案に移され、交渉権の行使に関する規制は継続されることとなる。さらに、勤務条件法定主義が引き続き採用されることは団体交渉権の行使に抑制的な機能を果たすおそれがあることも指摘しておかねばならない。すなわち、法律の改廃を要する勤務条件の変更に関し、誠実交渉義務を果たすことなく当局によって作成された法案が国会に提出され、国会がそれを可決すると、その後、団体交渉拒否に対する中労委の救済命令が出されても、無意味になるおそれがある

ことである。また、労使関係の当事者の意向とは無関係に、国会が独自に法律の改廃手続きをとることによって勤務条件に影響を及ぼすことも想定できる。このような事態は、国の場合にはこれまで稀であったが、地方公共団体においては従来から散見され、訴訟に発展することも稀ではなかった[16]。本法案が構想する団体交渉システムの下においても、引き続きこのような事態が発生しうることは認識しておかねばならないであろう[17]。

以上のような問題点を抱えつつも、本法案は、団体交渉権を保障することによって当局に団体交渉応諾義務を課し、団体交渉拒否を不当労働行為制度によって救済する制度を設ける。その結果、団体交渉権の行使を制約する前記の一連の規定も不当労働行為制度が適用されることになるため、その抑制的機能はかなりの程度縮減されることとなろう。さらに、登録制度の廃止による組合組織対象者への規制緩和は、従来に比して団体交渉権の行使の主体を拡大する役割を果たすことが期待される。したがって、全体として評価するならば、団体交渉システムに関する制度改革は、公務における団体交渉を促進する機能を営むと想定できる。

3　労働協約締結権

本法案は、自律的労使関係を確立するために、団体協約の締結権を付与する（国公労法案13条）とともに、内閣または当局に対し団体協約を適切に反映させるために必要な諸措置をとる義務を課している（同法案17条）。したがって、団体協約の締結を否認する現行制度から大きな政策転換が図られることになる。しかしながら、本法案の団体協約制度は、労組法上の労働協約制度とは相当異なったものとなっていることも否定できない。その主たる要因は、勤務条件法定主義と交渉・協約制度との適切とはいえない調整方法にあるように思われる。

以下において、簡潔に制度の概要と問題点を指摘しておきたい。

第3期　国家公務員法等改正法案の国会上程

(1) 協約の締結対象事項

認証を受けた労働組合は、当局との間において、原則として団体交渉事項（国公労法案10条1項）について団体協約を締結することができる。ただし、国公労法および国公法等の改廃を要する事項は、締結対象事項から除かれる（13条但書き）。たとえば、国公労法案における予備交渉に関する規定（12条）または改正国公法案における情勢適応の原則を定めた規定（改正国公法案5条）の改廃に関する事柄がこれに該当する。(18)

(2) 協約の締結手続き

団体協約を締結できる当局は、原則として、団体交渉当事者たる当局である（国公労法案14条1項）。ただし、(ア) 法律（ただし、国公労法、国公法等は除く）の改廃を要する勤務条件事項（14条1項1号）、(イ) 政令の改廃を要する勤務条件事項（2号）または (ウ) 国公労法にもとづく政令の改廃を要する労使関係事項（7号）について団体協約を締結しようとする当局は、あらかじめ内閣の承認を得なければならないとされている（14条2項）。たとえば、上記の（ア）の事項に関しては、「給与法」または「勤務時間法」の改廃を要する団体協約を締結しようとする「主任の大臣」は、事前に内閣の承認を得なければならない。この場合、理論的には、「主任の大臣」による内閣への承認手続きを欠いた団体協約は無効となる。

このような規定が設けられた趣旨は、当局側における協約の締結主体は「主任の大臣」等であるが、法律および政令の改廃を要する協約が締結された場合、関連法案を策定し、国会に提出することおよび政令を改廃することは内閣の権限に属するからであろう。しかし、同時にこの規定が団体協約の締結を抑制する機能を果たすおそれがあることも否定できない。

(3) 団体協約の効力

①団体協約の効力と勤務条件法定主義

団体協約が締結されると、当局側はこれを実施するために必要な措置を講

ずべき義務を負う（17条）。したがって、団体協約に債務的効力が付与されているといえよう。必要な措置の具体的内容は、勤務条件法定主義が採用されるため、多くの場合、法令の改廃をともなうことになるが、当該勤務条件がいかなる法令によって規律されているかによってとるべき手続きが異なるため、それぞれの手続きが規定された。たとえば、「法律の改廃を要する勤務条件事項」に関する団体協約が締結されると、当局は、当該協約の実施に必要な法律案を策定し、国会に提出する義務が生ずるものとされている（17条1項）。同様に、勤務条件を定める政令、内閣府令、省令等（以下では、政令等という。）の改廃を要する団体協約が成立した場合には、当該協約の実施に必要な政令等の改廃措置をとらねばならないとされている（17条2項、3項）。

次に、団体協約の規範的効力であるが、本法案は労組法の適用除外を前提としており、かつ、団体協約に規範的効力を付与する旨の規定を欠いているため、本法案の団体協約には規範的効力が付与されていないと解さざるを得ない。したがって、団体交渉の結果、団体協約が締結され、勤務条件の引上げが合意されても、当局によって「必要な措置」がとられない限り、個々の組合員の勤務条件に影響を及ぼさないことになる。換言すれば、勤務条件に関する労使間合意が個々の組合員の勤務条件に影響を及ぼすことになるのは、関係法令の改廃措置から生ずるのであって、当該団体協約の締結によるものではないということになる。このような規範的効力を欠く団体協約は、立法措置としては異例であり、果たして勤務条件法定主義の原則と労働協約制度による勤務条件決定原則との合理的な調整がなされているか疑問が残る。

②地公労法における調整

周知のように、このような調整に関する立法例としてはすでに特労法および地公労法が存在する。ここでは、便宜上、地公労法を例にとって考察してみよう。地公労法は、地方公営企業職員の勤務条件を団体交渉－協定（＝労働協約）で決定することを認め、協定に規範的効力を付与している。しかし、他方において、職員の「給与の種類と基準は条例で定める」（地方公営企

法38条4項)としており、限定された範囲ではあるが、勤務条件条例主義も採用されている。そのため、条例または規則その他の規程(以下では、規則等という。)に抵触する内容を含む「協定」が締結されることがありうる。そこで、協定の規範的効力と条例または規則等との調整が必要になるが、地公労法は、条例に関しては、地方公共団体の長が10日以内に「協定」の実施に必要な条例の改廃に係る議案を地方議会に付議し、その議決を求めなければならないとされている(同法8条1項)。そして、協定は、「条例の改正又は廃止がなければ、条例に抵触する限度において、効力を生じない」と定められている(同法8条4項)。この場合、地方議会における協定の実施に必要な条例の改廃に係る議案の議決と協定の規範的効力が問題となるが、従来は議会の議決が労働協約の効力発生要件であると解されてきた。[20]

他方、規則または規程の改廃を要する協定に関しては、長または地方公共団体の機関が、速やかに規則等の改廃の措置を講じなければならないとされている(9条)。この規定と協定の効力との関係は、これまでの学説においては、協定が優先し、規則その他の規程の改廃は効力発生要件として解されていない。[21]

このように、両原則の調整については立法例が存在するのであるから、本法案においても地公労法の例に倣うべきであったように思われる。

③本法案における調整

では、本法案における調整には展望を見出せないであろうか。たしかに、地公労法上の「協定」と本法案における「団体協約」の相違の一つは、勤務条件法定主義(あるいは条例主義)が採用されているか否かにある。上記のように、地公労法適用の企業職員は、「給与の種類と基準」についてのみ条例主義が採用されているのに対して、非現業国家公務員は、全面的に法定主義の下に置かれるという相違がある。しかし、この相違は、単に量的な相違でしかなく、質的な相違は存在しないのではなかろうか。すなわち、本法案の適用下においても、法令によって規律される勤務条件の範囲を縮減できれば、勤務条件法定主義の原則と労働協約にもとづく勤務条件決定原則との関

係はかなり変容することになる。すなわち、この問題は、国会が国家公務員の勤務条件をどの範囲まで政府に委ねるかに関わっている。これは、従来の最高裁判決によれば、まさに立法裁量の問題であり、将来、使用者たる政府に国家公務員の勤務条件につき広範な決定権限が付与されるならば、本法案の枠組みを前提にしても、相当程度合理的な調整が実現できるように思われる。本法案の団体協約制度に対する研究者の批判は手厳しいものがある。もっともそれは、現在、政府に決定が委ねられている勤務条件の範囲を前提とするものであり、その範囲が変化すれば評価も異なってくるように思われる。

④団体協約の失効

本法案は、従来の特労法または地公労法にはない「団体協約の失効」という規定を設けている（18条）。団体協約の内容を実施するための法案が国会会期中に成立しなかった場合や廃案になった場合、協約それ自体がどうなるのかは、類似の規定を有する特労法や地公労法には定めを欠いていたため、本法案では、以下の場合に団体協約は失効することとされた。

a　会期中に法律とならなかった場合

　　法律の改廃を要する勤務条件事項に関する団体協約が締結されると、それを実施するために必要な法律案が国会に提出されるが、その法律案が国会の当該会期中に法律にならなかった場合、当該団体協約は失効する（18条1項1号）。

b　労働組合の認証が取り消された場合（18条1項2号）

　　団体協約の当事者たる労働組合の認証が取り消された場合（5条7項）、当該労働組合が締結した団体協約は失効することになる（18条1項2号）。もっとも、認証が取り消されたとしても、当該団体協約にもとづき法令が制定されている場合には、団体協約の失効自体は直接法令に影響を及ぼすことはないから、直ちに個々の職員の勤務条件に変更を来たすことはないといえよう。

c　法律案が修正可決されたとき

　　団体協約を実施するために策定された法律が修正可決された場合、当

該法律と抵触する協約部分は効力を失うことになる（18条2項）。

（4）団体協約と国会

すでに見たように、勤務条件法定主義が引き続き採用される結果、団体協約に国会が介入する余地を残すことは否定できない。たとえば、法律の改廃を要する団体協約の締結には、前記のように、内閣または担当大臣は改正法案提出義務が課せられる。しかし国会がこれを否認することまたは修正することは妨げられないため、団体協約の機能には大きな制約が設けられることになる。また、当事者間で締結した団体協約にもとづいてすでに実施されている法律を、労使関係の当事者の意向を斟酌することなく、国会が独自に改廃措置をとることによって勤務条件を引き下げることが起こりうる。これは、自律的労使関係の確立を妨げるおそれがあり、運用としては、国会は可能な限りこのような措置をとることを差し控えるべきであろう。[22]

4　不当労働行為

本法案は、新たに不当労働行為制度を導入しようとしている（9条）。いうまでもなく、不当労働行為制度は、円滑で公正な団体交渉関係をサポートすることを目的としており、自律的労使関係の形成に欠くことのできないシステムといえよう。この制度改正は、公務における労使関係に少なからざる影響を及ぼすと思われる。団体交渉拒否の禁止については、すでに触れたので、以下では、不利益取扱いおよび支配介入について検討したい。

（1）不利益取扱いの禁止（同条1号）

不利益取扱いの禁止は現行法にも存在する（現行国公法108条の7）が、その救済に関する具体的措置を欠いている点が課題であった。もちろん、不利益取扱いに該当する行為が不利益処分（現行国公法89条）に該当する場合には、人事院による不利益処分審査制度の審査対象となる（同法90条）が、不利益処分審査制度は、そもそも集団的労使関係を念頭においた制度ではな

いため、不当労働行為制度における不利益取扱いに該当する行為から職員を適切に保護することには難があった。たとえば、「転任」にともなう組合活動上の不利益を不利益処分審査制度によって救済することの難しさがその一例である。その意味で、不利益取扱い禁止規定が設けられたことは、簡便な手続きによって不利益取扱いからの救済を受けることができるようになるという意味で、その意義は大きなものがあるといえよう。

（2）支配介入の禁止

　支配介入の禁止規定（同条3号）が設けられることは、これまでに比して組合活動に対する規制が緩和される可能性をもっている。多くの場合、地方公務員法に関連する事例であるが、これまで問題となった若干の事例をあげれば、以下のようになる。

①管理職等による組合批判

　支配介入の典型例は、幹部職員等による組合批判であろう。一般に、それが労働組合の組織または活動を委縮させる結果を生じせしめる効果を発生するおそれがある場合には、支配介入に該当する可能性が生ずる。従来は、支配介入を禁止する規定を欠いていたため国や地方公共団体を相手に行政訴訟を提起する必要があったが、今後は職員側からみると、簡便な救済制度が利用できることになる。具体的には、従来、地方公共団体にしばしば生じた問題であるが、今後は長による不適切な組合批判が支配介入に該当すると判断されることも想定できよう。

②便宜供与の廃止等—在籍専従の不許可

　在籍専従制度は、現行制度が維持される（7条）。したがって、認証を受けた労働組合は、在籍専従許可を申請し、所轄庁の長が「相当と認める場合」に許可を与えることができるとされている（7条）。このような規定形式から、引き続き任命権者の自由裁量処分と解されることになろう。しかし、任命権者が労働組合の弱体化を意図している場合など、支配・介入の意図をもって、許可・不許可の処分を行った場合、支配介入に該当することになろ

う。たとえば、従来から許可が付与されていたにもかかわらず、合理的理由なしに不許可処分とすること等は、支配介入の不当労働行為とみなされるおそれが生じよう。

なお、短期従事制度は、これまで人事院規則を根拠に付与されてきた（人事院規則17－2「職員団体のための職員の行為」6条1項）が、今次改正で、本法案において明記されることとなった（8条）。

③争議行為等の組合活動に対する懲戒処分

国家公務員の争議行為は、従来どおり全面一律に禁止される（改正国公法案100条3項）とともに、禁止違反の争議行為参加者を懲戒処分に付すことも許される（改正国公法案100条4項）。したがって、争議行為に参加したことを理由とする懲戒処分そのものが支配介入とみなされることはないといえよう。しかしながら、争議行為の態様等に比して過度に重い懲戒処分を参加者に付すことは、支配介入の不当労働行為とみなされるおそれがある。少なくとも、都道府県労働委員会の中には、最近においても懲戒処分が過度に重いことを理由として支配介入に該当すると判断したものがあることに留意する必要があろう。

5 労働争議の調整

本法案は、紛争調整制度を導入している。紛争調整の原則は、国家が関係当事者間の自主的解決を援助することであり（労調法3条）、国家の権力的な介入は極力避けなければならない。この原則は、自律的労使関係制度の確立を目的とする本法案においても遵守されるべき原則といえよう。もっとも、公益を護るために一定の国家介入を容認せざるを得ない場合があることも否定できない。また、本法案は、国公法による争議行為の全面一律禁止を前提としており、とりわけ、仲裁制度が争議権否認の代償措置としての性格を有することも考慮されねばならない。

（1）調整の対象となる紛争
①「関係当事者」間に発生した紛争

　紛争調整の対象となる紛争は、まず「関係当事者」間に発生した紛争に限定される（13条）。この場合、労働者側の関係当事者は、同法案5条5項にいう「認証された労働組合」に限定され（労調法13条）、認証されていない労働組合は、本法案の紛争調整手続きの利用から排除されることになる。これは、団体交渉の当事者および労働協約の締結当事者が原則として認証された労働組合であることの延長線上の措置であると推測される。

　しかしながら、このような立法政策はこれまでの労調法の実務上の経験を学んでいないようにも見える。すなわち、かつて労調法は不当労働行為の救済を受ける場合のみならず、労調法に定める手続きに参加する場合にも「労組法上の労働組合」であることが要件とされていた。しかし、労働争議の解決にあたり緊急性を要する場合がありうる調整制度の性格上、その手続きへの参加にあたって資格審査を要件とすることは、調整制度の運用に重大な支障をもたらすおそれがあるとして、昭和27（1952）年の改正に際して削除された経緯がある。これは、調整手続きへの参加に際して、厳格な資格審査を求めず、弾力的に対応することが合理的であるとの認識を前提にしている。このような労調法の経験を踏まえると、労働者側の「関係当事者」を厳格に制限する措置には重大な疑問が残る。いうまでもなく、非認証組合と当局との間に紛争が発生しないとは断定できず、それが争議行為に発展することすら想定しうる。それにもかかわらず、中労委が調整に入れない制度には重大な疑問が残る。

②団体協約を締結できる事項

　本法案では、調整の対象となる事項は、原則として団体交渉事項であるが、例外として、「この法律、国家公務員法……の改廃を要する事項」は団体協約の対象から除外されている（13条）ため、調整の対象から除かれる。しかしながら、一律にこれらの事項を協約の対象から除くことに合理性があるであろうか。一例をあげれば、組合専従役員として組合業務に専念できる期間

の問題がある。本法案は、その期間を一律に5年と定めている（7条3項）が、この期間は従来から公務における労使の見解の対立があったところである。これをめぐる紛争は今後も生ずるおそれがあるが、本法案に定められていることを理由に団体協約の対象から除くことには疑問が残る。

（2）代償措置としての仲裁裁定の拘束力

　仲裁裁定は、一般に労働協約と同一の効力をもたされている（労調法34条）。特労法も、労働関係の当事者双方に対して仲裁裁定に対してはこれを最終決定として服従すべきことを命じている（同法35条）。

　これに対して本法案においては、当局は仲裁裁定を実施するための措置をとらねばならないことを定めるが、法律の改廃を要する仲裁裁定が下された場合、当局は、当該法案を国会に「提出するようできる限り努めなければならない」とされるにとどまる。同様に、政令の改廃を要する仲裁裁定の場合にも、当該政令を「改廃をするようできる限り努めなければならない」と規定されている（41条）。このように、仲裁裁定の実施に必要な措置をとることを当局の努力義務にとどめる立法措置は異例であるといえよう。いうまでもなく、当局が団体協約の実施に必要な法律案を国会に提出しても、それが国会で成立する保証はないのであるから、法律案の策定または提出それ自体を当局の努力義務にすることは、法律の改廃を要する仲裁裁定の実施には二重の障害が立ちふさがることになる。

　争議行為を禁止される労働組合にとって、仲裁裁定はその要求を実現するための最後の拠り所である。そのため、労働組合の仲裁手続きに対する期待は大きいと思われるが、このような特異な制度であるとすれば、果たして労働組合は、このような仲裁制度を積極的に利用するであろうか。また、このような仲裁裁定は、とうてい争議行為の代償措置には値しないのではなかろうか。また、結果として仲裁裁定の拘束力をこのように定めるのであれば、前記の労働者側の「関係当事者」および調整の対象となる勤務条件事項について、より弾力的な立法措置をとっても差し支えなかったようにも思われる。

もっとも、この仲裁裁定の拘束力に関する問題も、法律または政令の改廃を要する事項に限られる。したがって、団体交渉や団体協約の場合と同様に、国家公務員の勤務条件の法定化または政令化の範囲を縮減することによって41条のもたらす実務上の「弊害」を最小限にすることも不可能とはいえない。したがって、少なくとも、政府による勤務条件の決定権限の拡大が図られるならば、特労法または地公労法なみの代償機能に近づくことも将来の立法措置によっては不可能ではない。

（3）争議行為禁止の論拠

これまで争議行為を全面一律に禁止する論拠は、勤務条件法定主義の原則であった。しかし、本法案は、この原則を採用しつつも、他方において労使の自由な交渉によって勤務条件を決定する余地を肯定する。すなわち、本法案においては、勤務条件法定主義の原則は、労使の自由な団体交渉および団体協約の締結と必ずしも矛盾しないものと捉えられている。たとえば、国家公務員の給与は「給与法」において詳細に定められているが、他方において、給与に関する団体交渉は当然の前提であり、労使が合意すれば団体協約の締結も可能となる。したがって、団体交渉を有利に進めるために労働組合が争議行為に入ることを「すべて」禁止する論拠は存在しないと考えることもできよう。もっとも、団体交渉を繰り返したものの、労使合意が形成できないために、政府が「給与法案」を一方的に国会に提出した場合、その後の争議行為は、国会に対する「不当な圧力」であることを理由として禁止されることは立法政策としてありうるかもしれない。しかし、それ以前の交渉過程における争議行為を禁止できるであろうか。このような争議行為を禁止しうるとすれば、それは「国民生活」への配慮にもとづく規制以外にはなかろう。そして公務員の職務の公共性に強弱があるとするならば、「国民生活」への配慮を理由に争議行為を全面一律に禁止することは困難ではなかろうか。さらに、国家公務員の一定の勤務条件が法令の規制の範囲外にある場合を想定するならば、国会への「不当な圧力」の契機を欠いているがゆえに、「国民

生活」への配慮以外に規制の論拠を見出し得ないように思われる。その意味では、本法案は、争議行為の全面一律禁止政策を見直す理論的な契機を含んでいると解することもできよう。

結びにかえて─労働基本権確立への展望

　公務における自律的労使関係制度の確立という本法案の目的に照らしたとき、今次の制度改革は、公務労使関係における懸案の課題である争議権問題および刑事施設に勤務する職員の団結権問題を今後の検討課題として先送りしたこと、そして今次改革の対象になった交渉システムに限定しても、団体協約の規範的効力の欠如および仲裁裁定の拘束力の欠如など、いくつもの問題点を抱えていることは明らかである。それにもかかわらず、今次改革は、第一に、戦後長期にわたって採用されてきた勤務条件法定主義の原則を根拠にして労使交渉にもとづく勤務条件決定を抑制する政策からの決別を宣言するものである。第二に、本法案は、自律的労使関係確立への「一里塚」と評価することも不可能ではない。現在、国家公務員の勤務条件の多くは、法律、政令等の法令によって規律されている。この現状を固定的に見る限り、本法案に対しては様々な批判が投げかけられることになる。しかし、前述したように、将来、法令によって規律される国家公務員の勤務条件の範囲が縮減されるならば、勤務条件法定主義の原則がもつ「自律的労使関係の確立」への抑制的機能を最小限度にとどめることも不可能ではないといえよう。第三に、本法案は、長きにわたり公務を支配してきた争議行為全面一律禁止体制についてその再検討をなすべき理論的契機を含んでいるように見える。

　ところで、公務労使関係を取り巻く現在の環境を考慮するならば、今次の制度改革は、主として職員の勤務条件の改善のために機能すると想定できない。むしろ、それは、広い意味の公務における労使のコミュニケーションを促進する機能を果たす可能性があろう。いうまでもなく、膨大な国の負債や急激な円高による不況に追い討ちをかけるかのように発生した東日本大震災と原発事故は、わが国の社会経済に深刻な打撃を与えた。したがって、喫緊

第11章　公務における勤務条件決定システムの転換

の課題は、被災地の復興をはじめとして、着実にこの難局を一刻も早く克服することであるが、そのためには、国の適切な諸施策の策定と実施が求められている。これは、おそらく公務員集団が英知を結集して積極的に職務を遂行することを要請している。それには、まず、公務における労使のコミュニケーションを促進することが不可欠であるが、現在の国公法のように、上意下達の一方通行を前提とする法政策ではそれを実現することが困難である。今次改正の目的である自律的労使関係制度の確立は、このような国公法の古い人事管理政策を見直し、労使のコミュニケーションを促進する役割を果たすものと思われる。公務の労働組合も、近年、「国民の安心と安全を確保するための公共サービスの再構築」をみずからの社会的責任と位置づけており、労使のコミュニケーションを促進して質の高い公共サービスを提供するための条件は醸成されつつあるように思われる。[26]

注
（1）国公労法案を批判的に検討したものとして、根本到「公務における集団的労使関係法」『新基本法コンメンタール労働組合法』（別冊法学セミナー 209号）2011年、333頁以下、また、本法案の概要を解説したものとして、大塚実「国家公務員の新たな労使関係制度と労働条件の決定について」『労働調査』(501) 2011・9、9-16頁、拙稿「公務における自律的労使関係制度の樹立の意義と課題」同前『労働調査』4-8頁参照。また、「特集　公務労使関係制度改革」『労働法律旬報』(1755号) 2011・11・1における根本到および渡邊賢論文、法律時報「特集　国家公務員労使関係法システムの大転換」『法律時報』84 (2) 2012・2における、和田肇、渡邊賢、武井寛、道幸哲也、清水敏および田村達久論文を参照。
（2）これまでの労使関係制度に関する改革としては、1965年のILO87号条約の批准にともなう関連国内法の整備にともなう国公法の改正があげられよう。
（3）最高裁大法廷昭和48．4．25判決（刑集27巻4号）547頁。
（4）このような解釈には疑問がある。私見では、公務員にも原則として労働基本権の保障が及ぶことを前提とする以上、憲法73条4号にいう「法律の定める基準」とは、公務員の任免手続き、欠員補充の方法、分限、懲戒などの「公正な人事行政」を確保するための基準に限定されるべきであり、勤務条件については労使交渉によって決する余地を肯定すべきであろう。なお、両者の間には、実際上、重複する領域が存在すると思われるが、この領域は立法政策の問題と考えられる。

第 3 期　国家公務員法等改正法案の国会上程

　　　なお、この点につき、下井教授は、公務員が「全体の奉仕者」(15条 2 項)であることから、その勤務条件につき、「勤務条件法定主義」(73条 4 号)と「財政民主主義」(83条)の原則が適用されることになるという注目すべき見解がある(下井康史「公務員の団体交渉権・協約締結権」『季刊労働法』(221) 2008年、92頁)。問題は、憲法の上記規定は国会が公務員の勤務条件の決定をどこまで政府に委ねることを認めているのか、すなわち、結果的に労使交渉・合意によって決定できる余地を認めているかであろう。なお、この点を検討したものとして、晴山一穂「団体交渉と立法措置」『法律時報』82(2) 2012・2、30-35頁参照。
(5) 最高裁大法廷昭和52.5.4判決(刑集31巻 3 号)182頁。
(6) 職員に適用される法令も、基本的に現行法と変わるところがない。労組法、労調法および労基法が適用除外される。また、勤務条件法定主義が維持されるため、当局との勤務関係は、雇用契約ではなく、引き続き一方的な任命関係と解されることになろう。
(7) カール・ツァイス事件・東京地判(平 1.9.22労働判例(548) 64頁)
(8) 横浜市人事委員会事件・東京高判(昭55.3.25行裁集31巻 3 号336頁)
(9) 中山和久『公務員法入門』労働旬報社、1967年、79頁参照。
(10) この点につき研究者の評価は、一般的に消極的である。たとえば、武井寛「国家公務員労働組合の法的性格」前掲注(1)『法律時報』20-21頁、道幸哲也「国家公務員労働関係法案の団交・協約規定」同『法律時報』25-26頁、根本到「『国家公務員の労働関係に関する法律案』で提示された制度の内容と課題」前掲注(1)『労働法律旬報』9頁参照。なお、認証制度の合理性を示唆するものとして、渡邊賢「国家公務員の労働条件決定システムと議会制民主主義の要請」前掲注(1)『法律時報』14-15頁参照。
(11) 北本市事件・東京高判平22.8.25、『判例時報』(2098) 2011・2・21、45頁(原審　さいたま地判平21.4.22『判例地方自治』(338) 2011・3、43頁)。
(12) この認定・告示は、すでに特労法(4 条 2 項)および地公法(5 条 2 項)で採用されている。なお、改正国公法には「管理職員」の定義が設けられており(同法 8 条 7 号)、本条との関係が問題となるが、両者は、結果的に重なり合う部分が生ずるとはいえ、まったく異なった趣旨から設けられた概念であるといえよう。
(13) 前掲北本市事件東京高裁判決、熊谷市事件・さいたま地判平19.7.13『判例時報』(1260) 1988・3・1、276頁、大宇陀町事件・奈良地判平14.5.22　判例集未搭載。
(14) 峯村光郎『公労法・地公労法』日本評論社、1971年、59頁。
(15) 過去において、旧公労法の規定をめぐって労使紛争に発展した事案が少なからず存在した。もっとも、特労法および地公労法に同様な規定が存在する以上、それとの均衡を考慮すれば、本規定の見直しは困難であったと推測される。
(16) 最近の典型的な事案としては、大阪市チェック・オフ廃止条例処分取消等請

求事件・大阪地判平23.8.24（判例集未搭載）がある。
(17) このような観点から、本法案における団体交渉に関する規定は、総じて「自律的労使関係」の確立には程遠いとの批判は強い。たとえば、前掲道幸論文26-29頁参照。
(18) もっとも、これらの事項といえども交渉対象事項ではある。
(19) いうまでもないが、地方公営企業職員には、このほかにも、地公法の任用、服務、懲戒などの規定の多くが適用される。その意味では、この種の職員も勤務条件法定（条例）主義と無縁とはいえない。したがって、非現業地方公務員との差異は、勤務条件法定主義の適用の有無というよりは、同原則の適用範囲の広狭と表現する方が適切かもしれない。
(20) 下井隆史・安枝英紳・香川孝三・浜田富士郎著『国営・公営企業の労使関係法』有斐閣、1985年、70頁、峯村前掲注（14）127頁；効力要件説に立つ判例としては、日本国有鉄道仲裁裁定事件・東京高判昭25.11.28（労民集1（6））1149頁がある。これに対して、仲裁裁定は直ちに法機関としての効力を生ずるものであるとし、予算上資金上不可能な支出を内容とする裁定も国会の承認と財政措置を俟って可能となるだけのことであって、国会の承認が裁定自体の効力発生要件ではないとする判例として、東京地判昭25.2.25（労民集1（7））161頁がある。協定についても、同様な見解に立っているものとして、青木宗也・中山和久・室井力『地方財政危機と自治体労働者』総合労働研究所、1972年、54頁以下、竹下英男著『現業・公企労働者の権利』敬文堂、1982年、153頁以下など。
(21) 下井ほか前掲注（20）72頁、青木ほか前掲注（20）55頁参照。
(22) この点からも、勤務条件の決定権限を国会から使用者たる政府に移すことが重要となる。
(23) 地公法につき、橋本勇『逐条地方公務員法第一次改訂版』学陽書房、2006年、910頁。
(24) 従来の裁判例においては、裁量権の濫用の有無として論じられた。たとえば、羽曳野市事件・大阪地判平4.10.2『判例タイムズ』(815) 1993・7・1、193頁参照。
(25) 北教組事件・北海道労委命令　昭和62年3月27日決定；現業地方公務員の争議行為に加えられた懲戒処分事案である。ただし、この命令は行政訴訟において取り消されている（最判平15.4.22　労委関係裁判例集第38集（平成15年）825頁）。しかし、つい最近も北海道労委において同様の命令が出されている（北教組平成20年事件・北海道労委命令　平成23年6月24日決定『労働判例』(1031) 2011・11・1、97頁〈命令ダイジェスト〉）。
(26) 公務労協は、これをここ数年の運動方針に掲げている。

第12章　公務員制度改革と幹部職員の一元管理

武藤　博己

はじめに

　国家公務員制度改革関連4法案が2011年6月3日に閣議決定され、第177回通常国会に提出された。4法案とは、①「国家公務員法等の一部を改正する法律案」、②「国家公務員の労働関係に関する法律案」、③「公務員庁設置法案」、そして④「国家公務員法等の一部を改正する法律等の施行に伴う関係法律の整備等に関する法律案」である。これら4法案は、2008年に制定された「国家公務員制度改革基本法」（平成20年6月13日法律第68号。以下、「基本法」とする）に基づく措置として国家公務員制度改革推進本部によってまとめられたものである。本稿脱稿時点（2012年7月31日）では、継続審議案件となっており、成立の見通しは立っていない。

　本章ではこのうち①を対象として考察を進めることにする。

1　国家公務員制度改革基本法

（1）基本法の成立過程

　関連4法案は、基本法に基づくものであるため、まずは基本法の内容について検討するが、その前に、基本法の成立過程について概観しておきたい。[1]

　自民党政府が2007年4月24日に閣議決定した「公務員制度改革について」には、「パッケージとしての改革を進めるための『国家公務員制度改革基本法』の制定」が明記されていた。同時に閣議決定した「公務員制度改革関連法案」は翌25日に国会に提出された。そこには、能力本位の任用制度、採用昇任等基本方針の策定、新たな人事評価制度の構築、各府省の再就職あ

第12章　公務員制度改革と幹部職員の一元管理

っせん禁止、官民人材交流センター・再就職等監視委員会の設置、職階制の廃止等が盛り込まれていた。5月15日から衆議院での審議が開始され、衆議院では6月7日に可決され、参議院では内閣委員会の審議未了のまま、6月30日に本会議で強行採決され成立した。

その後、2007年7月29日に第21回参議院議員選挙が行われ、自民党が敗北し、連立を組む自民・公明を合せても過半数を獲得できず、衆参のねじれが生じることになった。9月26日には福田内閣が発足し、10月19日に行政改革推進本部専門調査会が「公務員の労働基本権のあり方について」(2)を報告した。そこには、改革の方向性として、①労使関係の自律性の確立（一定の非現業職員について協約締結権を新たに付与するとともに第三者機関の勧告制度を廃止）、②国における使用者機関の確立、③国民・住民に対する説明責任の徹底の3つが提示されていた。また、消防職員の団結権・争議権については、両論が併記されていた。

翌2008年2月5日には「公務員制度の総合的な改革に関する懇談会」報告書(3)が公表され、「1．議院内閣制にふさわしい公務員の役割」という項目では、（1）内閣中核体制の確立、（2）大臣人事権の確立、（3）内閣一元管理が提言され、「2．多様な能力、技術、経験を持つ人材の採用、育成、登用」では、幹部職員の育成と選抜の制度などが提案された。その他、「3．公務員の倫理の確立と評価の適正化」、「4．国際競争力のある人材の確保と育成」、「5．官民交流の促進」、「6．働きに応じた処遇（ワーク・ライフ・バランス）」、「7．国家公務員の人事管理に関する責任体制の確立」の7つが提言された。最後の項目7では、「国家公務員の人事管理について、政府を代表して国民に対し説明責任を負う機関として、国務大臣を長とする『内閣人事庁（仮称）』を設ける」ことと、「労働基本権の付与については、専門調査会の報告を尊重する」ことが提言された。また、最後の部分では、「国家公務員制度改革の推進」として、2009年の通常国会に内閣一元管理のための組織（内閣人事庁）を設立するための法律案を提出することと、関係法案を2011年の通常国会に提出し、5年以内に改革を実施するとも述べられてい

293

第 3 期　国家公務員法等改正法案の国会上程

る。ここで述べられているスケジュールからみると、法案は2011年の通常国会に提出されたが、5年以内の実施については残り1年を切ったことになる。

　これらの報告を受けて、2008年4月4日に「国家公務員制度改革基本法案」が閣議決定され、国会に提出された。5月9日に衆議院本会議で趣旨説明と質疑が行われ、同14日から衆議院内閣委員会で審議が開始された。同27日に与党と民主党との間で修正案（内閣人事庁を人事局に、労働基本権について「検討する」を「自律的労使関係を措置する」など）が合意され、同29日に衆議院で可決され、翌6月6日には参議院でも可決され、成立した。

（2）基本法の内容

　それでは、基本法の内容を概観しておきたい。(4) 基本法の「目的」には、「国民全体の奉仕者である国家公務員…（中略）…が、その能力を高めつつ、国民の立場に立ち、責任を自覚し、誇りを持って職務を遂行することとするため、国家公務員制度改革について、その基本理念及び基本方針その他の基本となる事項を定めるとともに、国家公務員制度改革推進本部を設置することにより、これを総合的に推進すること」（第1条）と規定されている。これまでの行政改革推進本部から新たな国家公務員制度改革推進本部を立ち上げて改革を推進することとされた。

　基本理念としては、「議院内閣制の下、国家公務員がその役割を適切に果たすこと」、「多様な能力及び経験を持つ人材を登用し、及び育成すること」、「官民の人材交流を推進するとともに、官民の人材の流動性を高めること」、「国際社会の中で国益を全うし得る高い能力を有する人材を確保し、及び育成すること」、「国民全体の奉仕者としての職業倫理を確立するとともに、能力及び実績に基づく適正な評価を行うこと」、「能力及び実績に応じた処遇を徹底するとともに、仕事と生活の調和を図ることができる環境を整備し、及び男女共同参画社会の形成に資すること」、「政府全体を通ずる国家公務員の人事管理について、国民に説明する責任を負う体制を確立すること」の7項目が掲げられた（第2条）。

第12章　公務員制度改革と幹部職員の一元管理

　基本法の具体的な提案については、政府は、議院内閣制の下、政治主導を強化し、国家公務員が内閣、内閣総理大臣及び各大臣を補佐する役割を適切に果たすこととするため、次に掲げる措置を講ずるものとするとして、「国家戦略スタッフ、政務スタッフ」、「幹部職員、管理職員」、「国会議員と接触した場合における当該接触に関する記録の作成、保存その他の管理」、「幹部職員の一元的管理のための措置」の４項目が規定された（第５条）。

　続いて、採用試験の改革、「幹部候補育成課程の整備」（第６条）が規定されており、「官民の人材交流の推進」（第７条）、「国際競争力の高い人材の確保と育成」（第８条）、「職員の倫理の確立及び信賞必罰の徹底」（第９条）、「能力及び実績に応じた処遇の徹底」（第10条）、「内閣人事局の設置」（第11条）、「労働基本権」について、「政府は、協約締結権を付与する職員の範囲の拡大に伴う便益及び費用を含む全体像を国民に提示し、その理解のもとに、国民に開かれた自律的労使関係制度を措置するものとする」と規定されている（第12条）。第13条以下では、「国家公務員制度改革推進本部」について規定されている。

　地方公務員の労働基本権について、附則第２条で「政府は、地方公務員の労働基本権の在り方について、第十二条に規定する国家公務員の労使関係制度に係る措置に併せ、これと整合性をもって、検討する」とされた。

　なお、国家公務員制度改革に必要な措置は、「この法律の施行後五年以内を目途として講ずるもの」（第４条）とされ、そのために必要となる法制上の措置は、「この法律の施行後三年以内を目途として講ずるもの」（同）とされた。今回の法案は後者の法制上の措置となるため、すでに３年を過ぎており、また５年以内の実施は困難な状況である。

（３）基本法以後の検討

　基本法の制定を受けて、国家公務員制度改革推進本部が設置され、2008年７月15日に第１回会合が閣議後に開催された。この推進本部には顧問会議が設置され、2008年11月14日には報告が行われたが、そこには論点として、一

第3期　国家公務員法等改正法案の国会上程

元管理のあり方、国家戦略スタッフ・政務スタッフ、定年まで勤務できる環境の整備、幹部職員の任用・給与の弾力化、国際性の向上が論じられ、「内閣人事局の担うべき機能及び組織のあり方」についても意見が述べられている。この顧問会議にはワーキング・グループ⁽⁷⁾も設置され、そこでの論点の検討を踏まえて、上に述べた報告がなされている。

　労使関係制度については、国家公務員制度改革推進本部に労使関係制度検討委員会⁽⁸⁾が2008年10月22日に麻生内閣によって設置され、検討が進められた。またこの検討委員会にはワーキング・グループ⁽⁹⁾も設置され、そこでの検討を踏まえて、「自律的労使関係制度の措置に向けて」と題する委員会の報告書が作成され、協約締結権を付与する場合の3パターンが提示された。この間に政権交替が行われ、麻生内閣から鳩山内閣へと大きく基本的な方向が異なる政権に引き継がれて、検討が進められることとなった。

　そうした政権交替を受けた後、2010年11月になって国家公務員制度改革推進本部に「国家公務員の労働基本権（争議権）に関する懇談会」⁽¹⁰⁾が設置され、団体協約権のみならず争議権についても検討が行われた。この懇談会では、「国家公務員の労働基本権（争議権）に関する懇談会報告」がとりまとめられた。

　地方公務員については従来から消防職員の団結権が課題とされていたが、「消防職員の団結権のあり方に関する検討会」⁽¹¹⁾が2010年1月に総務省に設置され、検討が進められた。「消防職員の団結権のあり方に関する検討会報告書」が同年12月3日にとりまとめられたが、政権交替によって進展したことの1つとして評価できる。報告書では、団結権を付与する場合の5つのパターンが提示されており、今後さらに検討する必要があることが述べられている。

2　国家公務員法等の一部を改正する法律案

（1）2009年および2010年の国家公務員法等の一部を改正する法律案

麻生政権は、2009年3月31日に「国家公務員法等の一部を改正する法律

案」を閣議決定し、国会に提出した。この法案の骨子は、①幹部職員等の一元管理の導入（適格性審査及び幹部候補者名簿の導入、幹部職員の公募、幹部候補育成課程、幹部職員の降任の特例等）、②内閣人事局の設置、③国家戦略スタッフ・政務スタッフの導入であった。この法案は、同年6月になってようやく衆議院本会議で趣旨説明が行われたものの、7月に入ってから内閣委員会で1回審議されただけで、廃案とされた。この時期は、麻生おろしが明確となった時期であり、7月13日には解散を宣言したため、法案の成立は期待できる状況ではなかった。

　この解散・総選挙に勝利した鳩山連立政権は、国家公務員法等の一部を改正する法律案を2010年2月19日に閣議決定し、前年の法案を一部変更して、国会に提出した。この法案の骨子は、①幹部職員等の一元管理の導入（適格性審査及び幹部候補者名簿の導入、幹部職員の公募、幹部候補育成課程、幹部職員人事の弾力化）、②内閣人事局の設置、③退職管理の一層の適正化（民間人材登用・再就職適正化センター設置、再就職等監視・適正化委員会の設置）である。自律的労使関係に関する規定はない。4月7日から衆議院での審議が開始され、内閣委員会での審議、本会議での採決により可決され、参議院に送られた。参議院でも、本会議、内閣委員会での審議が6月1日まで進められた。しかしながら、その頃に鳩山首相の退陣論が浮上し、6月2日の民主党両院議員総会で辞任を表明したため、参議院での審議はストップし、また参議院議員選挙が7月に予定されていたことから採決も困難となり、廃案となってしまった。

　その後、菅政権が6月14日に成立し、「国家公務員の労働基本権（争議権）に関する懇談会報告」（2010年12月17日）や「消防職員の団結権のあり方に関する検討会報告」（2010年12月3日）を受けて、前者についてはパブコメも実施した。意見の結果は、争議権付与に否定的な意見15に対して、肯定的な意見は3にとどまっていた。労働基本権に関する国民的議論のない状況ではある意味で仕方のない結果であったと考えられる。

第3期　国家公務員法等改正法案の国会上程

（2）2011年の国家公務員法等の一部を改正する法律案

　2011年に入って、3月11日に東日本大震災が発生し、日本全体が大混乱に陥った。あらゆる改革が困難な状況に追い込まれるなか、震災から1ヵ月もたたない4月5日に国家公務員制度改革推進本部により「国家公務員制度改革基本法等に基づく改革の『全体像』について」が決定された。

　そこに掲げられた具体的措置として、「自律的労使関係制度の措置」、「採用から幹部までの各段階に応じた人事制度改革」、「新たな人事評価制度の導入と的確な実施」、「多様かつ優秀な人材の登用等」、「退職管理の一層の適正化」、「官民人材交流の推進」、「基本法に基づくその他の措置」として「国家戦略スタッフ・政務スタッフ」、「政官接触に関する記録の作成、保存等」、「懲戒処分の適正かつ厳格な実施」、「求償権の適正かつ厳格な行使」が掲げられた。また、組織としては、内閣官房に幹部職員人事の一元管理を担う「内閣人事局」、人事行政の公正の確保等の事務を担う第三者機関として内閣総理大臣の所轄の下に「人事公正委員会」、人事公正委員会の下に再就職等規制に係る監視機能を強化した「再就職等監視・適正化委員会」と「国家公務員倫理審査会」を設置するとともに、自律的労使関係制度の措置に伴い「中央労働委員会に国家公務員の労使交渉に係るあっせん、調停、仲裁等の新たな機能」を追加することが明記された。

　この全体像に基づいて関連4法案が作成され、6月3日に閣議決定され、国会へ提出された。前述のごとく、4法案とは、①国家公務員法等の一部を改正する法律案、②国家公務員の労働関係に関する法律案、③公務員庁設置法案、④国家公務員法等の一部を改正する法律等の施行に伴う関係法律の整備等に関する法律案である。

　今回の国家公務員法等の一部を改正する法律案は、①幹部人事の一元管理等に関する規定の創設（適格性審査及び幹部候補者名簿の導入、幹部職員の任免協議、幹部職員の公募、幹部候補育成課程、内閣人事局の設置、幹部職員人事の弾力化、幹部候補育成課程、官民人材交流の推進）、②国家公務員の退職管理の一層の適正化（再就職等監視・適正化委員会の設置、官民人材

交流センターの廃止)、③自律的労使関係制度の措置(協約締結権の付与及び公務員庁の設置に伴う人事院及び人事院勧告制度の廃止、人事公正委員会の設置と人事行政の公正の確保)の3点が主要な要素である。

なお、「国家公務員制度改革基本法等に基づく改革の『全体像』について」においてあげられていた項目のうち、「基本法に基づくその他の措置」としての「国家戦略スタッフ・政務スタッフ」、「政官接触に関する記録の作成、保存等」、「求償権の適正かつ厳格な行使」は、今回の法案には含まれなかった。

(3) 幹部人事の一元管理

今回の国家公務員法等の一部を改正する法律案では、「幹部人事の一元管理」の導入が第一に取り上げられており、そのための組織として内閣人事局が設置され、①適格性審査、②幹部候補者名簿、③幹部職への任命、④任免協議等という手順で進められることとされている。

まず「幹部人事の一元管理」であるが、法律案によれば、内閣官房に内閣人事局を置き(内閣法15条)、内閣人事局は「行政機関の幹部職員の任免に関しその適切な実施の確保を図るために必要となる企画及び立案並びに調整に関する事務」(内閣法12条2項7号)としている。また、内閣人事局に内閣人事局長を置き(内閣法15条3項)、内閣人事局長は、「内閣人事局の事務を掌理するものとし、内閣総理大臣が内閣官房副長官又は関係のある副大臣その他の職を占める者の中から指名する者をもつて充てる」(同4項)とされている。

①適格性審査

「適格性審査」については、内閣総理大臣は「幹部職」の「標準職務遂行能力」を有するか否かを判定するための審査を公正に行う(国家公務員法61条の2、以下は国家公務員法案からの引用)とされ、その対象となるのは、(ア) 幹部職員、(イ) 幹部職員以外の者であって、幹部職の職責を担うにふさわしい能力を有すると見込まれる者として任命権者が内閣総理大臣に推薦

した者、(ウ)幹部職員の公募に応募した者、(エ)内閣総理大臣が定める一定の行政分野の幹部職に就くことを希望する者であって、当該一定の行政分野における職務の遂行に欠くことのできない要件として内閣総理大臣が定めるものを満たす者、という4項目があげられている（同条1項1号〜4号）。

②幹部候補者名簿

適格性審査に合格した者について、政令で定める事項を記載した「幹部候補者名簿」が作成される（同条2項）。この名簿は、任命権者の求めがある場合には、政令で定めるところにより、当該任命権者に対し、幹部候補者名簿を提示するものとする（同条3項）。また、「定期的に、及び任命権者の求めがある場合その他必要があると認める場合には随時、適格性審査を行い、幹部候補者名簿を更新するものとする」（同条4項）。これらの主体は内閣総理大臣であるが、これらの権限は内閣官房長官に委任される（同条5項）。

③幹部職への任命

幹部職への任命は、幹部候補者名簿に記載されている者の中から行われ、当該任命しようとする幹部職についての適性を有すると認められる者の中から行う（61条の3）。また、昇任・転任であって幹部職への任命に該当する任用は、任命権者が、幹部候補者名簿に記載されている者であって、職員の人事評価に基づき、当該任命しようとする幹部職についての適性を有すると認められる者の中から行うとされている（同条2項）。なお、国際機関や民間企業に派遣されていたこと等の事情により人事評価が行われていない職員のうち、幹部候補者名簿に記載されている者の昇任・転任であって、幹部職への任命に該当するものについては、任命権者が、人事評価以外の能力の実証に基づき、当該任命しようとする幹部職についての適性を判断して行うことができるとされている（同条3項）。

④任免協議等

任免協議には、内閣総理大臣または内閣官房長官から協議を求める場合と、任命権者が協議を求める場合が規定されている（61条の4）。内閣総理大臣または内閣官房長官が協議を求める場合は、「内閣の重要政策を実現するた

第12章　公務員制度改革と幹部職員の一元管理

めに内閣全体の視点から適切な人材を登用する必要があると判断するとき」、任命権者に対し、幹部職員の昇任等（採用、昇任、転任、降任、免職）について、内閣総理大臣及び内閣官房長官と当該任命権者との協議を求めることができ、協議が調ったときは、当該任命権者は、当該協議に基づいて幹部職員の昇任等を行うとされている（同1項）。逆に、任命権者が協議を求める場合であるが、上に述べた協議の場合を除く幹部職員の昇任等を行う場合であって、あらかじめ内閣総理大臣及び内閣官房長官に協議した上で、当該協議に基づいて行うものとされている（同2項）。すなわち、任命権者は昇任等を行う場合には協議を求めなければならないが、内閣総理大臣または内閣官房長官は必要があると判断する場合に協議を求めることができる[12]。

　以上のような手続きで幹部職員の任命が行われるが、幹部職員については公募も行われる。幹部職員の公募とは、「官職の職務の具体的な内容その他当該官職に就こうとする者の参考となるべき事項を公示して、当該官職の候補者を募集すること」であるが、内閣総理大臣が公募を行う（61条の5）が、これについては2つの場合が規定されている。第1のケースは、「内閣総理大臣は、幹部職に欠員を生じた場合又は欠員を生ずると相当程度見込まれる場合において、当該幹部職について幹部職員の公募を行うことが適当であると認めるときは、任命権者と協議することができる」とされ、その協議が調った場合である（同2項）。第2のケースは、「任命権者は、前項に定めるもののほか、幹部職に欠員を生じた場合又は欠員を生ずると相当程度見込まれる場合において、当該幹部職について幹部職員の公募を行うことが適当であると認めるときは、内閣総理大臣に対し、その旨を通知する」とされ、公募を行う（同3項）。こちらは協議ではなく、通知とされており、任命権者の判断が優先されている。

　こうした幹部職員の任命協議は、内閣総理大臣の側に人事情報がなければ、協議を求めることが難しい。そのため、内閣総理大臣は、この規定の「円滑な運用を図るため、内閣府、各省その他の機関に対し、政令で定めるところにより、当該機関の幹部職員その他これに準ずる職員として政令で定めるも

のの人事に関する情報の提供を求めることができ」(61条の6)、また内閣総理大臣は、「提供された情報を適正に管理する」ことが求められる(同2項)。

(4) 幹部人事の弾力化

　幹部人事の一元化と関連して重要なものとして、幹部人事の弾力化がある。幹部の一元管理には、まずは幹部の範囲を確定する必要がある。幹部職員とは、これまで「本府省課長級以上」とされることが多かったように思われる。(13)また、「事務次官、局長その他の幹部職員の任免に際し内閣の承認を得ることについて」(2000年12月19日閣議決定)では、「事務次官、局長その他の幹部職員」という用語が用いられており、ここでは幹部とは事務次官、局長、その他とされているが、その他の意味は局長に準じる職と読むのが適切ではないか。これらのことから、幹部は文脈によって多様であるといえる。

　今回の法案では、内閣府設置法と国家行政組織法に規定する長官、事務次官、局長、部長の官職、またはこれらの官職に準ずる官職として政令で定めるものが「幹部職」とされている。また、これらの官職は、同一の職制上の段階に属するものとみなすとされている。

　職制上の段階とは、「標準的な官職を定める政令」(14)によって、①事務次官、②局長、③部長、④課長、⑤室長、⑥課長補佐、⑦係長、⑧係員、の8段階に分けられている。このうち、①〜③を同一の職制上の段階とみなす意味は、事務次官を局長に降任させても、これまでのような降任ではなく、転任として扱われるため、手続きが簡略化されることである。このような弾力化の理由として、「幹部職員について適材適所の人事を柔軟に行えるようにするため(16)」と述べられている。

(5) 幹部候補育成課程

　今回の法案には、幹部になるための課程として、「幹部候補育成課程」が設けられている。政令で定める「各大臣等」(内閣総理大臣、各省大臣、会計検査院長その他の機関の長)は、幹部職員の候補となり得る管理職員とし

第12章　公務員制度改革と幹部職員の一元管理

てその職責を担うにふさわしい能力及び経験を有する職員を育成するための課程を設け、内閣総理大臣の定める基準に従い、運用する。（第49条第1項）

　この運用のための基準には、次の事項が定められる。まず、この課程への職員の選別について、職員の中から、「採用後、一定期間勤務した経験を有するものの中から、本人の希望及び人事評価に基づいて、幹部候補育成課程における育成の対象となるべき者を随時選定する」（第49条第2項第1号）。選定された「課程対象者」について、人事評価に基づいて、引き続き課程対象者とするかどうかを定期的に判定する（同第2号）。課程対象者には特別の研修が実施される。すなわち、①「管理職員に求められる政策の企画立案及び業務の管理に係る能力の育成を目的とした研修であって、政府全体を通ずるものとして内閣総理大臣が企画立案し、実施するもの」（同第4号）、②「管理職員に求められる政策の企画立案及び業務の管理に係る能力の育成を目的とした研修（政府全体を通ずるものを除く）」（同第3号）である。

　また、課程対象者に対して、「国の複数の行政機関又は国以外の法人において勤務させることにより、多様な勤務を経験する機会を付与すること」（同第5号）、「第三号の研修の実施及び前号の機会の付与に当たつては、次に掲げる事項を行うよう努めること」として、「民間企業その他の法人における勤務の機会を付与すること」（同第6号イ）、「国際機関、在外公館その他の外国に所在する機関における勤務又は海外への留学の機会を付与すること」（同号ロ）が規定された。最後に、幹部候補育成課程に関する政府全体としての統一性を確保するために必要な事項も運用基準に定められる（同第7号）。

　また、各大臣等は、「政令で定めるところにより、定期的に、及び内閣総理大臣の求めがある場合には随時、幹部候補育成課程の運用の状況を内閣総理大臣に報告する」（第50条第1項）とされ、他方で内閣総理大臣は、第49条の基準に照らして「必要があると認める場合には、各大臣等に対し、幹部候補育成課程の運用の改善その他の必要な措置をとることを求めることができる」（同条第2項）とされている。

これらに関連して、任命権者を異にする場合の管理職への任用は、「円滑な実施に資するよう、任命権者に対する情報提供、任命権者相互間の情報交換の促進その他の必要な調整を行う」（第46条）との規定を準用するとしている（第51条）。

　また、幹部候補育成課程対象者は、従来のキャリア的運用になるのか否かは今後の運用を見てみないと判断できないが、従来の規定にもあった「職員に適用される基準」としての「人事管理の原則」は、「人事行政の原則」と若干変更された上で、内容についても課程対象者を優遇するわけではないことが、明記されている。すなわち「職員の採用後の任用、給与その他の人事管理は、職員の採用年次、合格した採用試験の種類及び第四十九条第二項第二号に規定する課程対象者であるか否か又は同号に規定する課程対象者であつたか否かにとらわれてはならず、この法律に特段の定めがある場合を除くほか、人事評価（任用、給与、分限その他の人事管理の基礎とするために、職員がその職務を遂行するに当たり発揮した能力及び挙げた業績を把握した上で行われる勤務成績の評価をいう。以下同じ。）に基づいて適切に行われなければならない」（第4条第2項）とされている。

　最後に、これらの規定の中に、「管理職員」という用語が出てくるが、その定義は、「国家行政組織法第二十一条第一項に規定する課長若しくは室長の官職又はこれらの官職に準ずる官職であつて政令で定めるもの（以下「管理職」という。）を占める職員をいう」（第8条第7号）とされている。一般的な用語としての管理職は、管理する立場にある職を示し、係長も含めることが多いが、ここでの管理職員は課長級だけを指しているように読める。とすれば、ここでの管理職員は一般的な用語法とは異なっているので、注意する必要がある。

（6）一元管理に関する議論の経緯

　現在の仕組みは、事務次官以下すべての職員の人事権は大臣にある。大臣の人事権は実質的には各省の大臣官房秘書課（あるいは人事課）によって担

第12章　公務員制度改革と幹部職員の一元管理

われ、大臣が実質的に介入することはきわめて稀であった。すなわち各省別の独自な人事管理が行われていた。それが縦割り構造を強固なものにしているという認識は古くから存在した。今回の法案は、幹部人事を内閣に一元化することによって、内閣主導の幹部人事制度を形成しようという考え方である。

では、いつ頃から今回の法案に示されたような考え方が具体的に出てきたのであろうか。今回の公務員制度改革の出発点とされる橋本行革まで振り返ってみると、行政改革会議の報告書（1997年12月3日）では、「新たな人材の一括管理システムの導入」の項目に、「省庁再編の機会をとらえ、基本的には人材の一括管理の方向に向けて踏み出すこととすべきである」として、「①事務系、技術系を問わず、課長など一定の職以上の職員について、政府全体として一括管理を行うべきである」、「②一括管理の在り方については、当面、公務員制度調査会の意見（1997年11月11日）に従い、大括り省庁内における人材管理の一括化、人材情報の総合的管理、幹部職員昇任等に関する政府における総合調整、幹部職員等の計画的育成、省庁間移籍制度の新設、人事交流の一層の推進、退職後の人材活用システムの検討等を具体的に進めるべきである」、「③一括採用については、一括管理システムの検討状況をも踏まえ、引き続き検討を進める必要がある。なお、関係省庁による共同採用や、採用数の少ない専門的職種についての省庁の枠組みを超えた人事運用や処遇についても検討を進めるべきである」としている。

ここで引用されている公務員制度調査会の意見では、「人材の一括管理」の概念が「各省大臣等の人材管理に関する権限を内閣又は内閣総理大臣に完全に移してしまうという考え方から、人材管理に関する内閣及び内閣総理大臣の機能を活用して政府として人材管理の総合的な運用に努めるという考え方まで相当の幅のある概念として提起されている」と述べ、「『人材の一括管理』を始めから狭く捉えるのではなく、幅のある概念として捉え、その中で、具体的にどのような手法が最も適切か、言い換えれば、『人材の一括管理』を行うことに伴うデメリットを最小限にとどめつつ、そのメリットをいかせ

305

第3期　国家公務員法等改正法案の国会上程

るような手法について検討を行った」という。その結果、上に引用されている「大括り省庁内における人材管理の一括化」から始まり、「退職後の人材活用システム」までの7項目を提案している。

「公務員制度改革の大枠」（2001年3月27日）では、「責任ある人事管理体制の確立」という項目の下で、「実態に即した人事管理を徹底し、責任の明確化を図るとともに、その時々の政策課題に機動的・弾力的な対応が行えるよう、各府省が組織・人事管理について主体的に責任を果たす体制を確立することとし、その制度化を図る」として、「責任ある人事管理体制の確立と自由度の拡大」という小見出しで、「主任大臣を頂点とする責任ある人事管理体制を確立することとし、大臣を『人事管理権者』として制度上明確に位置付ける。その上で、各府省の組織・人事管理の自由度を拡大し、各府省ごとの総定員・総人件費などの枠内であれば、あらかじめ定められた明確な基準の下、例えば、課・室の機動的・弾力的改編や組織・業務の特性に応じた給与設定を行えるようにするなど、各府省が自らの判断と責任において、組織・人事制度を設計・運用できる仕組みを整備する。これに伴い、各府省において責任を持って適切な人事管理を行う体制の整備を図る。また、内閣としても公務員制度の在り方に主体的に責任を持つことが必要であり、国家公務員制度の企画立案機能や統一保持上必要な総合調整機能を適切に果たすこととする」と述べられており、幹部職員の一元管理ではなく、大臣の人事管理体制の確立が重視されている。

「公務員制度改革大綱」（2001年12月25日）には、「政府全体の人事・組織マネジメントについて、これまでの枠組みを改め、人事行政の中立性・公正性を確保しつつ、国民に対して開かれたシステムの下で、国民を代表する国会に対して責任を持つ内閣及びその構成員たる各府省の主任大臣等が、行政を支える公務員の人事行政について主体的に責任を持って取り組んでいく枠組みとすることが必要である。さらに、中央人事行政機関等による人事・組織管理面での事前かつ詳細な制度的規制を見直すとともに、内閣及び各主任大臣等が機動的・弾力的に人事・組織マネジメントを行っていくことが必要

第12章　公務員制度改革と幹部職員の一元管理

である」と述べられている。ここでも、幹部職員の一元管理という考え方はない。

　連合が2003年11月に設置した「公務員制度改革に関する研究会」の報告書である「公務員制度改革に関する提言「中間報告」」(2004年6月23日)[17]では、具体的改革課題として「能力の実証を基本とした任用制度の確立と内閣の主導性確保」という項目を掲げ、「審議官級以上幹部職員の内閣一括管理と自由任用制の導入」を提言し、その説明として、「内閣の主導性を確立するため、審議官級以上幹部職員は、内閣一括管理とし、外部からの登用を含む自由任用とする。ただし、これら幹部職員全体が党派化することを避けるため、その身分は一般職公務員とし、政権が交替した場合でも、定年までの身分は保障する」と述べられている。また、「政治任用職の弾力的活用と事務次官職の政治任用職化」を提言し、その説明として、「政治任用職員とは、任免権者と進退をともにする職員をさすものとし、その活用を弾力化するため、内閣官房、内閣府などに設置される政治任用職の範囲は法定し、その定数は政令で定めるものとする。現行の各府省事務次官職は、この意味での政治任用職とし、それにふさわしい名称とする」としている。本章で紹介したこれまでの報告書とは異なり、かなり踏み込んだ具体的提案が行われている。とはいえ、審議官級以上の幹部職員の内閣一括管理など、2011年の法案の内容とは異なる提案であることがわかる。

　「公務員制度改革について」(閣議決定2007年4月24日)には、幹部職員の一元管理に類する考え方はない。「再就職情報の内閣での一元管理」として、「官民人材交流センターに関する方針」に関して「各省縦割りを排し、内閣一元化を図る」という記述はあるが、幹部職員の一元管理ではない。

　上に触れた「公務員制度の総合的な改革に関する懇談会」報告書(2008年2月5日)によれば、議院内閣制にふさわしい公務員制度にするためには、「内閣中核体制の確立」と「大臣人事権の確立」、「内閣一元管理」が必要であるとされ、最後の点については、「官僚主導から脱却し、大臣の任命権を十全に発揮できるようにするとともに、縦割り行政の弊害を除去し、各府省

第3期　国家公務員法等改正法案の国会上程

横断的な人材の育成・活用を行うため、内閣一元管理システムを導入する」とされている。具体的な方法として、内閣人事庁において、A．総合職試験合格者からの採用、各府省への配属、B．幹部候補育成課程（仮称）に関する統一的な基準作成や運用管理、C．各府省横断的な人材登用に活用するための幹部・幹部候補の履歴管理と幹部人事の調整、D．指定職への任用に際しての適格性審査、E．職員の希望に基づく府省間異動（転籍）の調整、F．公募制や官民交流の推進、の6項目が掲げられている。この懇談会では、第5回の会合で一元管理の内容について議論されており、幹部職員の範囲、任命権の所在、人事情報の所在などの論点が論じられている。

基本法（2008年6月）に規定される一元化に関する措置については、「政府は、職員の育成及び活用を府省横断的に行うとともに、幹部職員等について、適切な人事管理を徹底するため、次に掲げる事務を内閣官房において一元的に行うこととするための措置を講ずるものとする」として、「幹部職員等に係る各府省ごとの定数の設定及び改定」、「幹部候補育成課程に関する統一的な基準の作成及び運用の管理」、「研修のうち政府全体を通ずるものの企画立案及び実施」、「課程対象者の府省横断的な配置換えに係る調整」、「管理職員を任用する場合の選考に関する統一的な基準の作成及び運用の管理」、「管理職員の府省横断的な配置換えに係る調整」、「幹部職員等以外の職員の府省横断的な配置に関する指針の作成」、「適格性の審査及び候補者名簿の作成」、「幹部職員等及び課程対象者の人事に関する情報の管理」、「目標の設定等を通じた公募による任用の推進」、「官民の人材交流の推進」の11項目が規定されていた（第5条第4項）。

これらの項目を比較してみると、基本法のほうが詳しくなっているものの、今回の法案の内容にはたどり着いていないことがわかる。

基本法制定後に設置されたのが、国家公務員制度改革推進本部顧問会議である。そこでの議論をみてみると、第1回（2008年9月5日）の資料6「内閣一元管理・内閣人事局に関する主な論点」として、「内閣一元管理の新たな仕組を具体化するに当たって、何に留意する必要があるか」という問いが

第12章　公務員制度改革と幹部職員の一元管理

記されている。また第3回（同10月14日）の資料4－1「論点」には、適格性審査について、基本法には「幹部職員の候補となる者について、幹部職員として求められる能力・資質、職業倫理を有しているかどうかを内閣官房長官が審査」（第5条第2項第3号）とあるが、「基本法等から想定される仕組」として次の4項目が挙げられ、「主な論点」として4項目が挙げられている。

○基本法等から想定される仕組
- 対象は、各府省大臣が（標準職務遂行能力等の）人事評価を踏まえて推薦する各府省の職員、職員経験者、民間人。内閣総理大臣（内閣官房長官）がその者の能力・実績に基づき推薦する者や、幹部職員の公募への応募者についても、適格性審査等を経て幹部職員に任用することのできる手続を併せて整備
- 定期的に実施（現職の幹部職員についても実施。なお、民間人、公募への応募者については随時実施）
- 幹部職員となる資格要件としての効果（現職の幹部職員についても定期的な適格性審査を実施、適格性が認められなかった場合は分限処分の対象）
- 適格性審査を通過しない者は、幹部候補者名簿に記載されない

○主な論点（例）
- 適格性審査の具体的な審査方法について—審査時に必要な情報の内容は何か、どのように情報収集をするか、情報をどのように審査の仕組みに組み込んでいくか
- 適格性審査の具体的な審査基準について—幹部職員に求められる能力・資質は何か
　　参考）政府全体の観点を踏まえた政策立案・執行能力　等
- 審査の対象者数及び審査通過者の数の水準について—審査通過者数の水準をどう考えるか
　　参考）幹部職員のポストは約600

第3期　国家公務員法等改正法案の国会上程

　　・中立公正の確保について―審査の中立公正性をどのように確保するか
　また、幹部候補者名簿についても、基本法には「幹部職員の職に任用する候補となる者を記載した名簿を内閣官房長官が作成」（5条2項3号）とあるが、「基本法等から想定される仕組」として、次の2項目が挙げられ、「主な論点」として4項目が挙げられている。
〇基本法等から想定される仕組
　　・適格性審査により適格性が認められた者を対象として、原則毎年1回定期的（必要な場合は随時）に作成し、各府省大臣に提示
　　・各府省大臣は、幹部候補者名簿から任用を行う（幹部候補者名簿に記載されていない者については任用できない）
〇主な論点（例）
　　・名簿作成の際の具体的な選抜方法について―適格性審査通過者数の水準を幹部職員ポストの数を相当上回るように設定する場合、通過者の中からどのような基準により選抜を行うか
　　・名簿の形式について―例えば局長級のポストに充てるため、局長級ポスト数＋αの候補者を記載し、候補者の中からの具体的な選定・配置については内閣総理大臣、内閣官房長官及び各府省大臣による任免協議によるものとするか
　　・名簿の拘束力について―各府省大臣が、内閣官房長官から提示を受けた幹部候補者名簿に基づいて任用を行えないと考える場合の対応をどうするか（名簿の再度の作成の要請等を行えるようにするか）
　　・中立公正の確保について―候補者名簿作成の中立公正性をどのように確保するか
　さらに、「内閣総理大臣、内閣官房長官及び各府省大臣による任免協議」については、基本法は「幹部職員の任免について、内閣総理大臣、内閣官房長官及び各府省大臣が協議を行い、その結果が整った場合には、各府省大臣は、当該結果により幹部職員を任免」（5条2項3号）とあるが、「基本法等から想定される仕組」として、次の2項目が挙げられ、「主な論点」として

1項目が挙げられている。

　〇基本法等から想定される仕組
　　・任免協議においては、（ⅰ）内閣総理大臣は、幹部職員の内閣一元管理の責任者、（ⅱ）内閣官房長官は、適格性審査及び幹部候補者名簿作成に係る事務を内閣総理大臣から法律上委任された者、（ⅲ）各府省大臣は、各府省の主任の大臣という位置付け
　　（各府省大臣が協議当事者となるためには、現在外局の長が任命権者となっている外局の幹部職員の任命権者を各府省大臣とする等の措置が必要）
　　・任免協議は、（ⅰ）幹部候補者名簿の提示を受けた各府省大臣が、幹部職員の任免を行おうとするとき及び（ⅱ）内閣総理大臣が各府省の幹部職員の任免が必要と認めるときに実施
　〇主な論点（例）
　　・現行の内閣承認制度との関係について―新たな幹部職員の任用制度が導入された場合、現行の内閣承認制度をどのように取り扱うか
　　　　参考）現在、局長等以上の任免を行う場合には、閣議人事検討会議（正副の内閣官房長官で構成）による検討を経て、閣議承認を行う

　同じ資料がワーキング・グループ第3回（2008年10月31日）においても使われており、ここで詳細な制度設計が議論されたことと思われる。その後、「報告」（同年11月14日）となり、そこには「適格性審査、候補者名簿作成、任免協議」について、「幹部職員の適格性審査は職員の能力や中立性・専門性を担保する能力・業績主義の徹底のための手続とし、そのプロセス自体の公正・中立性も確保することとする。候補者名簿作成及び任免協議は、内閣への応答性を確保し、任命に当たっての政治の責任を明確化するプロセスと位置づけるべきである。なお、公正・中立性を担保する点については、適格性審査だけでなく候補者名簿作成を含め能力・業績主義徹底のためのプロセスであるべきとの意見もあった」と述べられているものの、具体性は乏しい

第3期　国家公務員法等改正法案の国会上程

といえる。その後、第8回の会合（2009年3月30日）に、国家公務員法等の一部を改正する法律案が机上でのみ配付され、会議資料として公開されている法律案骨子によれば、幹部職員等の一元管理等関係として、次のように述べられている。

（1）適格性審査及び幹部候補者名簿の導入
- 内閣総理大臣は、幹部職に属する官職に係る標準職務遂行能力を有するか否かを判定するための審査（「適格性審査」）を行うものとする。
  - ※　幹部職員：長官、事務次官若しくは局長若しくは部長の官職、又はこれらに準ずる官職であって政令で定めるもの（「幹部職」）を占める職員。
- 内閣総理大臣は、適格性審査に合格した者について、政令で定めるところにより、氏名その他政令で定める事項を記載した名簿（「幹部候補者名簿」）を作成する。

（2）幹部職への任用
- 幹部職への任命については、任命権者は、幹部候補者名簿に記載されている者であって、選考又は人事評価に基づき、当該任命しようとする幹部職についての適性を有すると認められる者の中から行うものとする。
- この際には、政令で定めるところにより、あらかじめ内閣総理大臣及び内閣官房長官に協議した上で、当該協議に基づいて行うものとする。
- 内閣総理大臣又は内閣官房長官は、幹部職員について適切な人事管理を確保するため必要と認めるときは、任命権者に対し、幹部職員の任免について協議を求めることができるものとする。

（3）幹部職員の公募

　　幹部職員の公募は、①内閣総理大臣が任命権者から公募を行う旨の通知を受けた場合、又は②内閣総理大臣が任命権者と協議を整えた場合に、内閣総理大臣が政令で定めるところにより行うものとする。

（4）幹部候補育成課程

- 各大臣その他の機関の長は、幹部候補育成課程を設け、内閣総理大臣が定める基準に従い運用するものとする。
- 内閣総理大臣は、各大臣等に対し、基準に照らして必要な措置を求めることができるものとする。

（5）幹部職員の降任の特例

　　幹部職員について、その任用を適切に行うため、他に適任の者がおり、転任させるべき適当な官職がない等の要件に該当する場合には、相対的に勤務実績が劣っている者について、「勤務実績不良」に当たらない場合にあっても、その意に反して幹部職員の範囲内で1段階下位の官職に降任することができるものとする。

　ここに記されている内容（適格性審査及び幹部候補者名簿の導入、幹部職への任用、幹部職員の公募、幹部候補育成課程）は今回の法案の内容とほぼ同じであるが、（5）幹部職員の降任の特例については、今回の法案では幹部人事の弾力化となっていることから、変更されている。この最後の点については、幹部職員の降任の特例がどのような議論の結果、幹部人事の弾力化に変更になったのかという疑問が生じてくる。2010年の法案には、幹部人事の弾力化として次官・局長・部長を同一職制上の段階に属するとみなす規定があるので、この間に変更されたことは明らかであるが、どのような経緯で変更されたのかは不明である。すでに指摘したように、降任の手続きは複雑であるため、それを回避する手段として特例や同一職制上の段階とみなすという方法がとられているのであるから、趣旨は同一と考えてよいだろう。

　以上のように、橋本行革から政府内で検討され始めた職員の一括管理は、紆余曲折を経ながらも、国家公務員制度改革推進本部顧問会議とそのワーキング・グループの議論を通じて、幹部職員の一元管理としてまとまったといえよう。

（7）退職管理の適正化

　今回の法案には、柱の1つとして、退職管理の一層の適正化が規定されて

いる。その内容は、「再就職等監視・適正化委員会の設置」と「官民人材交流センターの廃止」であるが、少し詳しくみてみたい。

まず、再就職等規制に係る監視機能の強化および中立公正性に対する国民の一層の信頼確保を図るため、人事公正委員会に、再就職等監視・適正化委員会が置かれる（149条）。再就職等監視・適正化委員会のつかさどる事務は、①再就職等規制の例外承認を行うこと（150条1号）、②再就職等規制違反行為についての調査を行うこと（同条2号）、③再就職等規制の遵守のために必要な事項について、任命権者に指導及び助言を行うこと（同条3号）、④上記のほか、法律の規定によりその権限に属させられた事項を処理すること（同条4号）とされている。

再就職等監視・適正化委員会は、独立してその職権を行う委員長及び委員4人（委員は非常勤）をもって組織する（151条、152条）。委員長・委員は、「人格が高潔であり、職員の退職管理に関する事項に関し公正な判断をすることができ、法律又は社会に関する学識経験を有する者であつて、かつ、役職員又は自衛隊員としての前歴（検察官その他の職務の特殊性を勘案して政令で定める者としての前歴を除く。）を有しない者のうちから、両議院の同意を得て、内閣総理大臣が任命する」（153条）。また、委員長・委員の任期は3年であり、再任可能とされている（154条）。

委員長・委員は、職務上知ることのできた秘密を漏らしてはならず、その職を退いた後も同様とする（157条）。委員長・委員は、在任中、政党その他の政治的団体の役員となり、または積極的に政治運動をしてはならない（同条2項）。委員長は、在任中、内閣総理大臣の許可のある場合を除くほか、報酬を得て他の職務に従事し、または営利事業を営み、その他金銭上の利益を目的とする業務を行ってはならないとされている（同条3項）。

再就職等監視・適正化委員会には、「再就職等監察官」を置き（159条）、事務局を置く（160条）。再就職等監察官は、役職員又は自衛隊員としての前歴のない者から委員会の議決を経て内閣総理大臣が任命し（159条5項）、委員会による再就職等規制違反行為の調査等の事務を行うとされている（115

第12章　公務員制度改革と幹部職員の一元管理

条ほか)。

　任命権者は違反行為があると思料するときは再就職等監視・適正化委員会に報告しなければならず（111条）、違反行為について調査を行おうとするときは、再就職等監視・適正化委員会に通知しなければならず、委員会は調査の経過について報告を求め意見を述べることができる（112条）。また、委員会は任命権者に調査を要求することができ（113条）、委員会と任命権者が共同して調査することができ（114条）、委員会で独自に調査することもできる（115条）。さらに、委員会は、処分が適当であると認めるときは任命権者に対して処分の勧告をすることができ、内閣総理大臣に対して「退職管理」（2章9節）および「再就職等監視・適正化委員会」（3章2節）の規定の適切な運用を確保するために必要と認められる措置について、勧告することができる（116条）とされている。

　これらの規定から、再就職等監視・適正化委員会は、退職管理に関する大きな権限を有していることがわかる。「再就職等規制違反行為」とは、法案の108～110条の規定であり、「他の役職員についての依頼等の規制（108条）、「在職中の求職の規制」（109条）、「再就職者による依頼等の規制」（110条）を意味している。これらの規定は、2007年の改正で加えられたものである。従来の再就職に関する規制は、周知の通り、離職後2年間は離職前5年間に在職していた国の機関と密接な関係にある営利企業の地位への再就職が原則禁止とされ、例外として人事院による営利企業への再就職の事前承認という制度であったが、それが廃止され、「再就職後の行為規制」が導入された。

　こうした行為規制の導入の提案は、すでに公務員制度調査会「公務員制度改革の基本方向に関する答申」（1999年3月16日）でも次のように提案されていた。

国家公務員の再就職について
【基本的考え方】
　国家公務員の再就職の在り方については、憲法上の職業選択の自由にも関係する問題であり、また、個人の能力を活用した再就職は社会全体にお

ける人材の有効活用という側面を有するものであるが、いわゆる天下りに対する国民の強い批判を厳粛に受け止めて対応していく必要がある。

いわゆる天下りとして批判されている権限等を背景とした押し付け的な再就職あっせんは否定されるべきであり、改革のための実効ある方策をとる必要がある。

一方、公務員個人の能力活用の見地からの再就職については、公正性、透明性が確保され、国民の信頼が得られる仕組みとする必要がある。

そのための1つの方策として、再就職者を介して官民が癒着関係になることを防止するため実効ある措置をとる必要がある。

【具体的改革方策】
（現行の再就職規制の厳正な運用）

現行の再就職規制については、厳正な運用を行うとともに、規制や審査の基準についての一層の説明や行政の在り方の変化に対応した不断の見直しを行うべきである。

（再就職後の行為規制）

現行の規制では、再就職した者と出身省庁との間の接触に関する行為規制は存在しないことから、国民の行政に対する信頼確保等の観点から、現行の規制に加えて、再就職後の行為規制の導入について検討すべきである。

再就職後の行為規制に関しては、規制違反について厳正に対処することを念頭に置いて、どのような行為を対象とし、どのような法体系に位置付けるのか、実効性の担保方策（刑罰、違反者の公表など）をどうするのか等について専門的な検討が必要である。

（特殊法人等への再就職）

特殊法人等の存在意義、業務の運営等については別途行政改革等の観点から整理されるべきであるが、公務員の知識・経験を生かした人材活用を行う場合には、プロパー職員及び民間人の登用を妨げることのないよう配慮が必要であり、公務員出身者の役員就任に関する閣議決定等の厳正な運用が必要である。

第12章　公務員制度改革と幹部職員の一元管理

　特殊法人等の役員の処遇については、特殊法人等の業務に関しては市場原理が働きにくいことを考慮し、能力・実績を反映した適正な水準とするとともに、透明化が図られるべきである。
（人材バンクの導入）
　公務員の再就職について、権限等を背景とした押し付けではないかという批判にこたえうる透明な仕組みの1つとして、人材バンクを導入すべきである。
　人材バンクは、公務員の人材情報と、企業等からの求人情報を集め、両者の調整等を通じて再就職を支援する仕組みとする。なお、退職管理だけに限定せず、中途採用や各府省間の移籍を含めたシステムとすることについても検討を行う必要がある。
　人材バンクを通じた再就職が円滑に進み、実効が上がるようにするため、政府に人材バンクを置くこととし、早期に導入し、段階的に充実を図っていくべきである。
　なお、人材バンクの透明化を図る観点等から、人事院の協力を得ることとし、実施に当たっては民間部門を活用すべきである。また、運営に当たっては各界の意見を聴くとともに、その運営状況を公表すべきである。
（再就職状況の公表）
　再就職の実態を明らかにすることによって、国民の信頼が得られるよう、公表の範囲・方法を検討し、再就職状況の公表を進めることが適当である。
　ここでは、再就職後の行為規制を提案しているものの、どのような行為を規制するのかについての具体的な提案はない。また、従来の規制についての「厳正な運用を行う」とされていることから今回の法案の提案とは異なっている。人材バンクについては、この提言に基づいて、2000年4月に設置され、運用が開始された。専従職員2名で運営され、実績は2007年までの7年間で1件のみと言われている。[18]2007年の改正で廃止されたが、それに代わる組織として2008年12月31日に内閣府に官民人材交流センターが設置された。この官民人材交流センターをどのような組織にするかについて、「官民人材交

第3期　国家公務員法等改正法案の国会上程

センターの制度設計に関する懇談会」が設置され、機能や組織が検討された(19)上での設置であった。

　こうして設置された官民人材交流センターであるが、各省の現職職員による再就職あっせんは全面禁止とされ、再就職管理が各省から官民人材交流センターへ一元化されることとなった。さらにその後、2009年9月の政権交替に伴い、内閣の方針として再就職支援自体が廃止され、「天下り根絶」が方針とされた。そのため、センターの運用変更がなされ、組織の改廃等により離職せざるを得ない場合を除き、再就職のあっせんを行わないこととされ、2010年3月末をもって再就職支援業務が終了した。ホームページには、「引き続き、官民人材交流センターは、各府省の民間からの採用に関する情報提供など、官民の人材交流の支援を行っています」とあり、法案が可決され、施行されるまでは続くことになるが、その後は公務員庁が行うことになり、官民人材交流センターは廃止される。

　また、2007年の改正で設置された再就職等監視委員会は、ホームページに(20)よれば、第1回の会合が2012年3月28日に開催されており、7月26日に第7回が開催されている。2007年に法律で規定された委員会がなぜここまで引き延ばされたのかは不明であるが、ようやく動き始めたことがうかがわれる。第1回の議事要旨にあるように、「個人情報や公にすることにより調査に支障をきたす情報等について取り上げることが多い本委員会の性格上、審議途中の詳細な経過を公開した場合に与える影響の大きさを勘案し、会議は原則として非公開とし、議事要旨を公表することとされた」とあり、詳細は不明である。第1回委員会では「再就職等監視委員会会議運営規則」が決定され、第2回委員会では「再就職等規制違反行為に係る調査等に関する規則」が決定され、第3回委員会では「再就職等監察官」（非常勤）の候補者が決定されるなど、委員会自体は2012年に入ってから動き始めた。

3　若干の考察

　幹部職員の一元管理は、法案が可決されると国家公務員制度の大きな変更

第12章　公務員制度改革と幹部職員の一元管理

となり、戦前から続いてきたキャリア制が廃止されることになる。その意味では、国家公務員制度は大きな転機を迎えることになる。ただし、制度通りの運用が常になされるというわけではないため、どのような運用が行われるかが重要となる。その点はまったく不明であり、今後の展開が待たれるものの、それまでの間に運用に関する議論を十分に展開しておく必要があると考える。そこで本章でも、そこにおける重要な概念である政治的中立性と政治的応答性について、考察しておこう。

(1) 政治的中立性

まず概念の内容を確認しておこう。政治的中立性を大きく分けると、積極的な意味と消極的な意味とで捉えることができる。政治的中立性とは、政治的党派性において中立であるという意味であるから、消極的な意味での政治的中立性とは、政治的党派性を持たないという意味になる。個人の行動として政治的党派性を持たないという意味は、党派的な活動をしない、かかわらないという意味であり、与党あるいは野党の政党活動を行うことや政策や価値観を支持することを表明したりせず、そうした活動を行わないことである。換言すれば、非政治性が消極的意味での政治的中立性の内容となる。

この点は政治的行為の禁止規定と通じるところがあるが、まったく同じではない。すなわち、政治的行為とは、「政党又は政治的目的のために、寄附金その他の利益を求め、若しくは受領し、又は何らの方法を以てするを問わず、これらの行為に関与し、あるいは選挙権の行使を除く外、人事院規則で定める政治的行為」（国家公務員法102条1項）であり、また「政党その他の政治的団体の役員、政治的顧問、その他これらと同様な役割をもつ構成員となること」（同3項）である。また、人事院規則14－7第5項に規定される政治目的[21]をもって、第6項の政治的行為[22]をしてはならないと規定されている。しかしながら、「政治的目的をもつてなされる行為であつても、第六項に定める政治的行為に含まれない限り、法第百二条第一項の規定に違反するものではない」（5項）のであるが、政治的中立性の規範は、日常的な勤務態度

においても求められる倫理的・精神的な面での中立性である。したがって5項に掲げる政治目的をもって、日常業務に携わることは政治的中立性に反することになる。

　なお、個人の信念として、政治的党派性を有してはいけないという意味ではない。それは基本的人権であり、当然のごとく許容される。しかしながら、公務員として活動する際に、自己の政治信条や政治的党派性を拡大させる目的で、その「職名、職権又はその他の公私の影響力を利用すること」(同6項1号)は政治的行為として禁止されることとなり、政治的中立性に反する行為となる。したがって、影響力のあるポストにある者にとっては政治的中立性に反する行為となるが、影響力のないものにとっては政治的中立性に反することにはならないと考えられる。幹部職員や管理職員等の影響力の大きい職員にとっては、とりわけこの意味における政治的中立性が求められることになる。

　政治的中立性のもう1つの意味は、政策に関する中立性である。政策を細部にわたって形成していく過程において、専門的・科学的・技術的なデータを収集し、分析し、政策の結果を予測し、その評価に基づいて判断しなければならない。その際、政治的に議論となっている選択肢について、専門的・科学的・技術的なデータの提示が必要となる。どの選択肢にも肩入れしないデータの提示が公務員の役割となる。たとえば、消費税の増税について、0％(増税しない)、3％、5％、という案があるとすれば、それぞれの増税がどのような世帯にどのくらいの負担増となるか、社会保障はどのようになるのか、財政の改善効果についてはどうか、他の税たとえば所得税の増税の場合はどうか、等々の問題について、客観的なデータを示して、政治の選択や国民の判断のために役立つ情報を提供することである。専門的・科学的・技術的なデータ自体に党派性はないが、特定のデータを強調したり、他のデータを提示しないという提示の方法に党派性が出てくる場合があり、それは中立性違反となる。専門的・科学的・技術的なデータ自体に党派性はないという意味では、非政治性を示すが、逆に専門性・科学性・技術性を優先する

第12章　公務員制度改革と幹部職員の一元管理

という意味では積極的な意味での政治的中立性を示すことになる。[23]

（2）政治的応答性

　他方、政治的応答性についても、一般的な意味と積極的な意味を捉えることができる。一般的な意味での政治的応答性とは、政権党の政策を推進しようとする大臣の指示を受けて、公務員としての活動をその指示に基づいて行うことである。自己の政治信条・価値観や政策的方向性が政権党の価値観・政策的方向性と同じであるか異なるかにかかわらず、大臣の指示を受けて、政権党の政策の実現のために、自己の専門能力を生かしつつ公務員としての勤務時間中に活動することが一般職公務員に求められる政治的応答性である。自己と政権党の価値観が異なる場合でも、密かに抵抗したりネグレクトしたりすることは許されない。たとえ大臣の指示が自己の政治信条と異なる場合でも、指示通りに全力を尽くす必要がある。万一、大臣の指示が公務員としての良心に反する場合は、上司や同僚に相談したり、内部告発として対応することが必要であろう。これは後に述べるイギリスの事例として、アームストロング・メモに関連する事項である。

　逆に、自己の政治信条が政権党と一致し、政権党の政策を政治と一体となって推進したいと考える場合もあるだろう。その場合には、積極的に専門性以外の自己の能力を含めて、また公務員としての勤務時間以外にも全人格的に政策を推進したいと考える場合には、一般職としての役割を超えており、政治的中立性に反することになるため、政治任用のポストに移る必要がある。このような場合が積極的な政治的応答性である。[24]

　この場合、政治信条が政権党のそれと一致するとしても、必ず政権党と一体となることを望む必要はなく、前者の一般的な政治的応答性でよい一般職

政治的中立性と政治的応答性の分類

	消極的 or 一般的	積極的
政治的中立性	非政治性	専門性
政治的応答性	一般的応答性	積極的応答性

のポストにとどまることは可能である。逆に、すでに政治任用の職にある場合には、一般職のポストに転任を希望することも可能であるような制度にする必要があろうが、原則としては政権交替とともに職を辞することが政治任用者に求められる。

　以上の通り、政治的中立性には2つの意味があり、1つは消極的な政治的中立性であり、非政治性をその内容とするが、もう1つは積極的な政治的中立性であり、専門性がその内容となる。また、政治的応答性にも2つの意味があり、1つは一般的な政治的応答性であり、専門性・科学性・技術性の発揮である。この部分は非政治性と重なる部分があるが、矛盾するわけではない。もう1つは、積極的な政治的応答性であり、専門性を超えて全人格的に政権党の政策を推進する応答性である。この部分は非政治性と抵触するため、政治任用者に求められる応答性である。

（3）統制・分離・協働の規範

　幹部職員や管理職員等の影響力の大きい職員にとっては、とりわけ政治的中立性や政治的応答性が求められることになると述べたが、どのような官職に位置するかによって、求められる政治的中立性や政治的応答性の程度が異なることが理解できる。その点について、参考になるのは、「統制・分離・協働の規範」である（西尾勝2001：22、34、228、230）[25]。統制の規範とは、「立法・司法・行政の分立に関連してすでに確立済みの法治主義の諸原理、そしてこれを前提にした「法律による行政」の原理の規範は、立法・行政の関係を優越・従属の関係におき、立法府が行政府を統制するための規範」であり、それに対して分離の規範とは、「情実任用の排斥に関連して新たに追加された規範」であり、「政治家集団と行政官集団を分離する規範、両集団の間に一定範囲の相互不介入領域を創り出そうとする規範」である。また、協働の規範とは、「政策立案の局面において、内閣・大臣（または与党）といった政治機関と行政機関の間に、指導・補佐の関係の成立を期待する規範」と説明されている。

これらの規範を具体的に当てはめてみると、統制の規範では大臣と公務員の関係において、立法府の統制機能を担うものとして国会が指名した内閣総理大臣によって任命された大臣が統制の任を受けてそのポストに就き、その指示の下に公務員が活動するという構図を描くことができる。統制の規範は、執行府における大臣に対する規範であり、大臣を補佐する副大臣や大臣政務官が政権党の期待を担って各省に入り、政権党の政策を実現するために努力し、公務員の側では大臣に従う義務（一般的応答性）という規範となる。

　分離の規範については、公務員の執行業務に対して政治的に介入しないという規範であるから、ライン業務に対して大臣は政治的に介入せず、公務員の専門的見地あるいは科学的・技術的見地からの執行を見守るという規範になる。ここでは、統制の規範よりも分離の規範が優先される理由は、公務員の側に政治的中立性（積極的中立性としての専門性）が期待されるからである。

　そして協働の規範は、政治と行政の連携であるため、政治的応答性（積極的応答性）が行政側に求められる。そのため、政治任用による公務員が政治の補佐機能を担うことになる。

　これらの関係は、執行府における政治家グループ、政治任用による政策スタッフ、専門的見地から行政を執行するライン職という構造を想定することができよう。政治家グループは、イギリス型議院内閣制をモデルとして副大臣・大臣政務官が新設されたが、今日の複雑膨大な行政活動を考慮すると、統制する側を構成するメンバーが各省に3～6名では困難であると考えられる。そこで政治家グループをさらにふやすという選択肢は残されている。

　また、協働の規範が適用される政治的応答性の高いスタッフ職を拡大し、政治家を補佐する体制を強化するという方法が考えられる。それが今回の法案からははずされた国家戦略スタッフであり、政務スタッフである。日本における行政の現実では、ラインとスタッフが明確に分離されているわけではなく、ラインの幹部職員は政策形成についても大きな影響力を及ぼしており、協働の規範が適用されるのは幹部職員となる。そこで、幹部職員の政治的応

答性を高める方法として、一元管理が法案に書き込まれたと考えられる。

　幹部職員については、政治の指導に対して行政が補佐をすることが期待されているが、現実はどうであろうか。西尾勝（2001：229）によれば、「政治機関の側から発議・指示があった場合には、行政機関の側はその補佐機能をつねに忠実にはたしているのであろうか。現実は否である。行政機関は、政治機関の発議・指示に対して、現行法令に抵触する、予算を獲得する見込みが立たない、事務的に執行不可能であるなど、さまざまな口実を設けて、しばしばこれに反対し、協力せず、ときには反抗する」。自民党政権時代は政治家と官僚の関係が密接だったと言われたにもかかわらず、こうした説明があるのであるから、政権交代後の民主党政権のもとでは、もっと大きな抵抗や隠れた抵抗があったことは想像に難くない。それが事実だとすれば、政治的中立性に反する行為となる。

　このような意味では、幹部職員を内閣で一元管理し、政策形成にかかわる政治的応答性を高めるという考え方は今日の日本には必要な考え方であるといえる。しかしながら、このような幹部職をどのような範囲とするかは重要な問題である。範囲が広すぎる場合には情実や政官癒着等のマイナス要因をふやすことになるため、最少の人数に抑制されなければならない。今回の法案では、幹部を長官・次官・局長級・審議官・部長級までとしているが、審議官・部長級を含めた場合では、対象となる人数が相当に拡大することを考慮すると、局長級までにとどめるべきではないかと考えられる。

　また、幹部職員には積極的応答性が求められるため、任用形式は政治任用とすべきであるが、2011年の法案に規定される任免協議が実際にどのように行われるのかは不明であり、実質的に政治任用として運用されるか、形式的な政治任用として運用されるのかは、今後注目する必要がある。政権交替が頻繁に生じるようであれば、次期政権との信頼性が低下し、降格とは呼ばないとしても実質的には給与等の待遇は降格と同等となり、幹部職員は不安定な職となり、政権からの依頼を拒否する場合も生じる可能性がある。

　課長級以下については、分離の規範と政治不介入の原則が当てはまる。日

第12章　公務員制度改革と幹部職員の一元管理

本の行政の現実では、課長級の職員が政策形成にかかわるのが一般的であり、また課長補佐級も課長のスタッフとして政策形成にかかわることが通常のことであろう。しかしながら、分離の規範が当てはまる一般職の政策形成へのかかわり方は、一般的な政治的応答性の範囲にとどまり、専門的・科学的・技術的な側面からの客観的な情報提供という政治的中立性を重視したかかわりとなろう。この部分に対する政治的な介入は避けなければならない。

（4）アームストロング・メモ

最後に、政治的中立性（非政治性と専門性）を考える上で参考になるイギリスの事例を紹介したい。「アームストロング・メモ」として知られる主席公務員であったアームストロング卿（Sir Robert Armstrong）が1985年2月25日に公表した「大臣との関係における公務員の義務と責任に関する基準ノート」（Note of Guidance on the Duties and Responsibilities of Civil Servants in Relation to Ministers）である。当時のイギリスでは、公務員が野党議員に情報を漏洩した事件（ポンティング事件）が裁判となっており、その判決が出た直後に出されたメモである。以下はそのメモの内容である。

（1）過去数カ月間同僚の多くが私に、大臣に対しての公務員の一般的義務と責任について再度述べることが時宜に適していると示唆してくれた。最近の事件、それに伴う議論は首席公務員として私にこうした示唆に答えることが適切であると判断させた。そこで本ノートにおいて指針を示そうと思う。これは各省の事務次官と相談し彼らの合意を得た上で出されたものである。

（2）公務員は王室の僕である。現実的にはこの文脈における王室とは時の政府を意味し、また代表される。特定の権限が行政機関の特定のメンバーあるいは集団に法律によって委任される特別な場合もある。しかし一般的には、王室の行政権は大臣の助言に基づいて行使され、次いで大臣が議会に対して責任を負う。公務員の役割は、公正に選挙された時の政府から離れて憲法上の人格あるいは責任を持たない。公務員は時の政

325

府に政府の政策形成についての助言を与え、政府の決定を実施するのを助け、政府が責任を有する行政サービスを管理・供給することである。公務員の中には義務の正当な一部として政府の政策及決定を提案する過程にかかわるものもいる。

（３）公務員は全体として時の政府に、すなわち大臣に対し集団的に、奉仕する。そして首相は公務員に関する大臣である。個々の公務員の義務は属する省庁を担当する大臣に対してまず第一に向けられる。そして省庁のかかわる事件やその管理に関し議会に責任を負うのが大臣である。誠意と最善を尽くして大臣を助けることが公務員の義務である。

（４）イギリスの公務員は非政治的であり、規律ある生涯職（disciplined career service）である。公務員は、どのような政治的立場であろうと適正に選挙された時の政府に奉仕することが求められる。最も重要なことは、公務員が大臣の信頼に値し、それを保持する行動をとることであり、将来奉仕することになる人々と同様な関係を持ち得る行動をとることである。こうした信頼は大臣と公務員との良き関係にとって不可欠な基礎である。公務員の行動は常に、大臣と将来の潜在的大臣がこうした信頼を自由に得られると確信するよう、また公務員が常に公正に選挙された時の政府に対し義務を果たし、公平に補佐し、政策に対し助言し遂行すると確信するよう、なされるべきである。

（５）政策の決定は大臣の責任である（政府の構成員の決定と行動に対する政府全体の連帯責任という伝統の枠内で）。政策の決定に関して公務員は大臣の責任と切り離しての憲法上の責任あるいは役割を有してはいない。前政権の書類に対して大臣のアクセスを制限する慣習によれば、公務員の義務は大臣が関係するあるいは彼がかかわった政策決定に関する情報・経験を、大臣の意見にかかわらず、誠実かつ公平に提供することである。もし公務員が意図的に大臣に適正な情報を提供しなかったり、最善と思われる以外の助言を行ったり、単に賛成できないからといって決定を妨害・遅延させたりするならば、それは義務違反であり、王室の

僕という誠実さに傷つけることになる。大臣は適正な情報と助言を与えられて決定が下せるとするなら、自分の意見にかかわらず決定を実施することが公務員の義務である。

（6）公務員はその義務を遂行する過程で秘密を守る義務を有している。それは大臣と公務員の間の信頼の維持のみならず、それに依存する政府の能率も含まれる。現職であろうと退職後であろうと、公務員の仕事上知り得た書類・情報を公開してはならないという一般的な義務がすべての公務員にあるし、あるに違いない。そうした公開は、秘密保護法の義務とは無関係に、動機が政治的・個人的・金銭的であろうとなかろうと、公務員は信用を失い、公務の継続という権利を失うことになる。さらにそうした場合には、大臣と公務員の間に存在すべき信頼関係を崩し、自身のみならず同僚と行政サービスを傷つけることになる。

（7）以上の段落では大臣に対する公務員の関係を規定する基本的原則を述べてきた。このノートの残りの部分では原則から引き出される具体的な行動の側面を扱うが、より詳しい指針を示すことが役立つだろうと考えられるからである。

（8）公務員は違法を行うことを求められるべきではない。違法と考えられることをするよう求められる場合は極めて希であろうが、その場合には上司あるいは責任者に報告すべきである。彼が必要とあれば省の法律顧問のアドヴァイスを求める。そのアドヴァイスが違法を確認した場合には、次官に文書で報告すべきである。

（9）公務員はしばしば議会の特別委員会・報道機関・個人に情報を求められることがある。そうした場合は、特別委員会の証言・情報の公開に関する政府の一般的政策、省情報に関する省の政策、安全保障と秘密保持の要請に基づいて行われるべきである。この点に関しては、公務員の第1の義務が大臣に向けられなければならない。最終的に責任は公務員ではなく大臣にあり、どの情報をどのようにいつ公表するか、議会か特別委員会か報道機関か個人かの公表対象を決定するのは大臣である。在

第3期　国家公務員法等改正法案の国会上程

　　職中あるいは退職後であろうとなかろうと、公務員としてアクセスできた情報を公開することによって大臣の政策・決定を危うくすることは許されるべきではない。
(10) 政治的責任を負うのは公務員ではなく政治家である。公務員は単に競合する目的や利益間の政治的選択・判断が自己と対立するからという理由で行動することは、慎まなければならない。問題となっている行動を慎むことが、良心という基本的な問題である個人の信念に深く対立する場合にのみ、そうした行動の可能性を考慮すべきである。
(11) 公務員がそうした行動を慎み、特定の行動を黙認することが良心の重大な問題を引き起こし、又はこのノートの指針に照らして行政を行うことができないと感じる場合には、上司に相談すべきであり、上司は必要とあれば首席公務員に相談できるし、すべきである。もし公務員が受け入れられるような解決策が見いだされない場合には、命令に従うか退職しなければならない。もっとも退職後も公務員として知り得た非公開情報に対しては、秘密を守らねばならない。(1985年2月25日)[26]

　このアームストロング・メモには、統制・分離の規範や政治的中立性に関するイギリス公務員制度における考え方がよく示されている。もちろんこのメモに対する批判がないわけではない。たとえば、解決策が見いだされない場合には命令に従うか退職しなければならないという結論は、公務員に良心は不要と言っていることに等しい、という批判である (Ridley 1986：27)。
　リドレー (ibid：201) によれば、イギリス公務員制の政治的中立性には2つの側面があるという。第1は、大臣に対する公平な助言であり、政策問題に対して様々な解決策およびその結果予測を提示することである。これは、専門的中立性 (professional neutrality) ということができる。第2には、高級公務員は大臣との関係が密接であるため、その時々の政府の精神に一致した政策を作りだし、その政治的結果について助言することであるという。政治的中立性とは通常、政治的議論に関して立場を示さないことである

第12章　公務員制度改革と幹部職員の一元管理

が、イギリス公務員制に関しては、奇妙にも、その時々の政府の立場に立つことが求められる。これが、保守・革新を問わず、歴代の政府を補佐する公務員の中立性となるという。

リドレーのいう第一の中立性は筆者のいう積極的な政治的中立性（専門性）であり、第二の中立性は筆者のいう一般的な政治的応答性と消極的な政治的中立性（非政治性）を意味していると考えられる。非政治性と一般的応答性は一般職の公務員に求められるものであり、矛盾するものではない。しかしながら、イギリスには今回の法案で提案されているような政治任用に近い幹部職員は存在しない。官僚制における自律的人事権は確保されている。幹部人事の一元化に関してはイギリスをモデルとすることができないため、日本型モデルを形づくることが求められている。

おわりに

これまで、政治的中立性が議論されることは少なかった。その理由は、政権交替を前提とするような政治が行われて来なかったからであり、自民党政権下では政治的応答性と官僚側の自律性が維持されていたため、政治的中立性は問題とされなかったのであろう。「政治的行為」は細かく規定され禁止されてきたが、幹部職員が担ってきた政治性は問題とされてこなかった。そこでは、官僚の政治化は必然であり、政権党の政策を推進するために、官僚は法案作成から国会における多数派工作にいたるまでの政治的行為を通常業務として行ってきた。実態はそれにとどまらず、自民党内部には官僚出身の政治家が中枢部に多数おり、官僚と党の利益が族議員の協力の下に見えない形で確保されてきた。

しかしながら、政権交替が頻繁に起こることを前提とすると、特定の政党と密接な関係を有することは次の政権で信頼を失うことになり、政治的中立性と政治的応答性のバランスを保持することが官僚にとって重要な意味を持つことになる。すなわち、政治家としては政治的応答性を求めるが、官僚としては次の政権も視野に入れて、政治的中立性にとどまるのか、政治的応答

第3期　国家公務員法等改正法案の国会上程

性を発揮するのか、定年や年金等の状況を勘案しての判断となる。

　幹部職員の一元管理は、日本の行政における伝統的な「割拠性の起因」（辻清明）として指摘されたセクショナリズムの是正が重要な論点として指摘できるが、同時に政治主導・内閣主導の政治を実現させる方法としても重要である。日本官僚制にとってまさに一大転機を迎えることになろう。

　セクショナリズムの是正は、各省ごとの天下りがなくなるのであれば、セクショナリズムにこだわる必要はなくなるので、一元管理によって各省行政にとどまることなく公務員として能力を発揮しつつ、定年まで働くことのできる職場環境を整えることが可能となる。

　しかしながら、政治主導・内閣主導の政治を実現させるという意味では、官僚の側に難しい選択を迫ることになろう。55年体制のような長期政権は望ましくないとしても、頻繁すぎる政権交替も望ましくない。とりわけ官僚にとっては、登用されたり、更迭されたり、あるいはその見通しが立たないといった事態は能力の発揮という意味ではマイナスである。政治にとって政治的応答性（積極的応答性）を求めることは必要であるが、あまりに求めすぎると、官僚の政治的応答性を低下させることになろう。こうした意味では、幹部職員の一元管理は、運用の難しい制度であるといえよう。

第12章　公務員制度改革と幹部職員の一元管理

公務員制度改革関連年表

年	月／日	事項
1996	11／18	行政改革会議発足
1997	05／19	公務員制度調査会発足
	07／21	公務員制度調査会、労使関係のあり方に関する検討グループ設置
	12／03	行政改革会議最終報告
1998	06／09	中央省庁等改革基本法成立
1999	03／16	公務員制度調査会・基本答申「公務員制度改革の基本方向に関する答申」
	04／27	中央省庁等改革の推進に関する方針
2000	05／31	総務省人事評価研究会・最終報告
	12／01	行革大綱閣議決定
	12／19	行革推進本部設置閣議決定
2001	01／06	１府12省庁体制発足
	01／06	行革推進事務局発足
	03／27	公務員制度改革の「大枠」決定
	03／30	人事院の「能力、実績等の評価・活用に関する研究会」・最終報告
	03／30	連合官公部門労働基本権・公務員制度改革対策本部設置
	04／26	小泉内閣発足
	06／29	行革推進本部が「公務員制度改革の基本設計」決定
	12／25	公務員制度改革大綱（閣議決定）
2002	02／26	連合・連合官公部門連絡会が日本政府を結社の自由違反でILO提訴
	02／27	ILO結社の自由委が「第2177号事件」として受理
	11／20	ILO結社の自由委員会で「第329次報告」（日本政府への勧告）採択
	11／21	ILO理事会で「第329次報告」を正式採択
2003	07	政府・自民党、「大綱」に基づく公務員制度改革関連法案の通常国会への提出断念
2004	05／13	公務員制度改革に関する政府と連合の第１回政労協議開始
	08／05	行政改革推進事務局が公務員制度改革関連法案の骨子提示
	12／10	政府・自民党、公務員制度改革法案の国会提出を見送り
	12／24	政府が新行革方針（「今後の行政改革の方針」）閣議決定
2005	12／24	行政改革の重要方針（閣議決定）
2006	01／16	公務員制度改革に関する政労協議、再開第１回
	03／20	公務員制度改革に関する政労協議、再開第２回
	05／26	行革推進法成立
	05／29	公務員制度改革に関する政労協議、再開第３回
	07／27	行政改革推進本部専門調査会発足　第１回会議（座長＝佐々木毅学習院大学教授）
	09／26	安倍晋三内閣発足
	12／07	経済財政諮問会議で佐田行革担当大臣が「公務員制度改革の方向性」を提示
2007	04／13	公務員制度改革に関する政府・与党合意
	04／24	政府「公務員制度改革について」閣議決定
	05／15	公務員制度改革関連法案の衆議院での審議開始
	06／07	同法案が衆議院で可決
	06／30	同法案が参議院で強行採決・可決成立

第3期　国家公務員法等改正法案の国会上程

2007	07／24	公務員制度の総合的な改革に関する懇談会発足、第1回会合
	07／29	参議院議員選挙、自民党敗北でねじれ発生
	09／12	安倍晋三、退陣表明
	09／26	福田康夫内閣発足
	10／19	専門調査会が「公務員の労働基本権のあり方について」報告
2008	02／05	「公務員制度の総合的な改革に関する懇談会」報告書
	04／04	「国家公務員制度改革基本法案」閣議決定・国会提出
	05／09	公務員制度改革基本法案の衆本会議趣旨説明・質疑、5／14衆内閣委で審議開始
	05／27	与党・民主党が基本法修正案提案
	05／29	基本法修正案が衆議院で可決
	06／06	基本法修正案が参議院で可決・成立
	07／15	国家公務員制度改革推進本部設置、第1回会合
	09／05	国家公務員制度改革推進本部顧問会議、第1回会合
	09／24	麻生太郎内閣発足
	10／22	労使関係制度検討委員会発足、第1回会合（座長＝今野浩一郎学習院大学教授）
	11／14	顧問会議報告
2009	02／03	公務員制度改革推進本部「公務員制度改革に係る工程表」決定
	03／31	内閣人事局設置の国公法改正法案閣議決定・国会提出—通常国会でほとんど審議せず廃案
	04	新たな人事評価制度実施
	04／10	労使関係制度検討委員会ワーキング・グループ、第1回会合
	08／30	総選挙で公務員に労働基本権を付与することをマニフェストに掲げた民主党が圧勝
	09／16	鳩山由紀夫内閣発足
	12／15	労使関係制度検討委員会報告書
2010	01／22	消防職員の団結権のあり方に関する検討会発足、第1回会合
	02／19	国公法改正法案閣議決定・国会提出
	06／08	菅直人内閣発足
	11／26	国家公務員の労働基本権（争議権）に関する懇談会（今野座長）発足、第1回会合
	12／03	消防職員の団結権のあり方に関する検討会・報告
	12／17	国家公務員の労働基本権（争議権）に関する懇談会報告
	12／24	「自律的労使関係制度に関する改革素案」提示、争議懇報告と合わせて2011.1.14までパブコメ
2011	04／05	「国家公務員制度改革基本法等に基づく改革の「全体像」」を公務員制度改革推進本部決定
	06／02	総務省が「地方公務員の労使関係制度に係る基本的な考え方」公表
	06／03	公務員制度改革関連4法案閣議決定・国会提出
	09／02	野田佳彦内閣発足
2012	06／01	公務員制度改革関連4法案、衆議院本会議で趣旨説明・質疑

出典：筆者作成

第12章 公務員制度改革と幹部職員の一元管理

注
(1) 「公務員制度の総合的な改革に関する懇談会」報告（2008年1月31日）から「公務員制度改革に係る『工程表』」（2009年2月3日）に至る経緯については、本書第8章を参照。
(2) 行政改革推進本部専門調査会は、第1回の会合が2006（平成18）年7月27日に行われ、2007（平成19）年10月19日の第15回まで行われた。委員は、朝倉敏夫（読売新聞東京本社専務取締役論説委員長）、稲継裕昭（早稲田大学大学院公共経営研究科教授）、薄井信明（国民生活金融公庫総裁）、内海房子（NECラーニング株式会社代表取締役執行役員社長）、岡部謙治（全日本自治団体労働組合中央執行委員長）、小幡純子（上智大学大学院法学研究科教授）、加藤丈夫（富士電機ホールディングス株式会社相談役）、川戸惠子（TBS・シニアコメンテーター）、古賀伸明（日本労働組合総連合会事務局長）、佐々木毅（学習院大学法学部教授）（座長）、清家篤（慶應義塾大学商学部教授）（座長代理）、田島優子（弁護士）、西尾勝（財団法人東京市政調査会理事長）、西村健一郎（京都大学大学院法学研究科教授）、松本英昭（地方公務員共済組合連合会理事長）、丸山建藏（財団法人総評会館理事長）、御厨貴（東京大学先端科学技術研究センター教授）の17名。なお、役職については、当時のものである。以下同じ。
(3) 公務員制度の総合的な改革に関する懇談会の第1回の会合は、2007（平成19）年7月24日、最終回の第12回は2008（平成20）年1月31日に行われ、その後2月5日になって報告書が公表された。委員は、岩田喜美枝（株式会社資生堂取締役執行役員常務）、江口克彦（PHP総合研究所代表取締役社長）、岡村正（株式会社東芝取締役会長）（座長）、小島順彦（社団法人経済同友会副代表幹事・三菱商事社長）、堺屋太一（作家、エコノミスト）（座長代理）、佐々木毅（学習院大学法学部教授）、高木剛（日本労働組合総連合会会長）、田中一昭（拓殖大学名誉教授）、屋山太郎（評論家）の9名。
(4) 基本法についての解説として、たとえば、西尾隆（2008）がある。
(5) 国家公務員制度改革推進本部の構成員は、本部長が内閣総理大臣、副本部長が内閣官房長官、公務員制度改革担当大臣、総務大臣、そして本部員は本部長・副本部長以外のすべての国務大臣である。
(6) 国家公務員制度改革推進本部顧問会議は、第1回会合が2008（平成20）年9月5日に開催され、2009（平成21）年3月30日の第8回会合まで行われた。構成員は、麻生渡（福岡県知事）、岩田喜美枝（資生堂取締役　執行役員副社長）、岡村正（日本商工会議所会頭）、川戸惠子（ジャーナリスト）、堺屋太一（作家）、桜井正光（経済同友会代表幹事）、佐々木毅（学習院大学法学部教授）、高木剛（前日本労働組合総連合会会長）、田中一昭（拓殖大学名誉教授）、御手洗冨士夫（前日本経済団体連合会会長）、屋山太郎（評論家）の11名である。
(7) 国家公務員制度改革推進本部顧問会議ワーキング・グループは、顧問から岩田喜美枝（資生堂取締役執行役員副社長）、川戸惠子（ジャーナリスト）、堺屋太

第3期　国家公務員法等改正法案の国会上程

一（作家）、桜井正光（※主査、経済同友会代表幹事）、田中一昭（拓殖大学名誉教授）、屋山太郎（※副主査、評論家）が参加し、外部有識者として金丸恭文（フューチャーアーキテクト代表取締役会長CEO）、草野忠義（財団法人連合総合生活開発研究所理事長）、小山正之（第一生命経済研究所代表取締役社長）、田中秀明（一橋大学経済研究所准教授）、中野雅至（兵庫県立大学大学院准教授）が参加し、全体で11名であった（ワーキング・グループ第2回資料）。

（8）国家公務員制度改革推進本部労使関係制度検討委員会は、第1回会合が2008（平成20）年10月22日に開催され、2009（平成21）年12月15日の第17回会合まで開催された。委員は、学識経験者委員として、青山佳世（フリーアナウンサー）、稲継裕昭（早稲田大学大学院公共経営研究科教授）、座長・今野浩一郎（学習院大学経済学部教授）、岸井成格（毎日新聞東京本社編集局特別編集委員）、諏訪康雄（法政大学大学院政策創造研究科教授）、髙橋滋（一橋大学大学院法学研究科教授）の6名、労働側委員として、金田文夫（全日本自治団体労働組合特別中央執行委員）、森永栄（国公関連労働組合連合会中央執行委員長）、山本幸司（日本労働組合総連合会副事務局長）の3名、使用者側委員として、佐藤正典（農林水産省大臣官房長）、村木裕隆（総務省人事・恩給局長）、森博幸（鹿児島市長）の3名であり、全体で12名であった。

（9）労使関係制度検討委員会ワーキング・グループは、2009（平成21）年4月10日の第1回会合から同年11月18日の第26回会合までほぼ毎週のように議論が行われた。委員は、稲継裕昭（早稲田大学大学院公共経営研究科教授）、今野浩一郎（学習院大学経済学部教授）、島田陽一（早稲田大学大学院法務研究科教授）、諏訪康雄（法政大学大学院政策創造研究科教授）、髙橋滋（一橋大学大学院法学研究科教授）、および筆者（武藤博己、当時は法政大学大学院政策創造研究科教授）を含めた6名であった。

（10）国家公務員の労働基本権（争議権）に関する懇談会は、2010（平成22）年11月26日に第1回会合が開催され、同年12月17日の第5回まで会合が開催された。委員は、飯尾潤（政策研究大学院大学教授）、石原信雄（地方自治研究機構会長）、今野浩一郎（学習院大学経済学部経営学科教授）、櫻井敬子（学習院大学法学部法学科教授）、原田清志（日本電信電話株式会社総務部門労働担当部長）、丸山建藏（元日本労働組合総連合会副会長）、山川隆一（慶應義塾大学大学院法務研究科教授）、吉崎達彦（株式会社双日総合研究所取締役副所長）、与良正男（毎日新聞社論説副委員長）、渡辺章（専修大学大学院法務研究科教授）の10名であった。

（11）消防職員の団結権のあり方に関する検討会は、第1回は2010（平成22）年1月22日に開催され、同年12月3日の第9回まで開催された。構成員は、座長・逢坂誠二（総務大臣政務官）、青山佳世（フリーアナウンサー）、荒木尚志（東京大学大学院教授）、岡本博（全日本自治団体労働組合書記長）、小沢信義（埼玉県入間郡毛呂山町長）、菅家一郎（福島県会津若松市長）、吉川肇子（慶應義塾大学准教授）、木村裕士（日本労働組合総連合会総合企画局長）、迫大助（全国消防職員

第12章　公務員制度改革と幹部職員の一元管理

協議会会長)、下井康史（新潟大学大学院教授)、辻琢也（一橋大学大学院教授)、人羅格（毎日新聞社論説委員)、三浦孝一（京都市消防局長）の13名であった。
(12) 61条の4第2項の規定は、「任命権者は、幹部職員の昇任等を行う場合（前項の協議に基づいて幹部職員の昇任等を行う場合を除く。）には、政令で定めるところにより、あらかじめ内閣総理大臣及び内閣官房長官に協議した上で、当該協議に基づいて行うものとする」と規定されているが、ここから任命権者は昇任等を行う場合には、いつでも、あらかじめ協議しなければならないと読める。ということは、内閣総理大臣・内閣官房長官は、任命権者からの協議が求められた場合に「内閣の重要政策を実現するために内閣全体の視点から適切な人材を登用する必要があると判断」すればよいので、内閣総理大臣・内閣官房長官から協議を求めるケースはない、と考えられる。
(13) たとえば、人事院のホームページには、「平成23年度におけるⅡ種・Ⅲ種等採用職員の幹部職員等（本府省課長級以上）への任用状況等について」という報道資料（2012（平成24）年7月20日）があり、ここでは幹部職員等は本府省課長級以上とされている。
(14) 平成21年3月6日政令第30号。
(15) 国家公務員法34条によれば、昇任とは、「職員をその職員が現に任命されている官職より上位の職制上の段階に属する官職に任命すること」であり、降任とは「職員をその職員が現に任命されている官職より下位の職制上の段階に属する官職に任命すること」である。また、降任は分限処分とされ、「職員は、法律又は人事院規則に定める事由による場合でなければ、その意に反して、降任され、休職され、又は免職されることはない」（国家公務員法75条）と規定されている。
　　また、「人事院規則8－12（職員の任免)」（2009年3月18日）によれば、「任命権者は、職員を降任させる場合には、当該職員の人事評価の結果又は勤務の状況に基づき官職に係る能力及び適性を有すると認められる官職に、当該職員についての人事の計画への影響等を考慮して、行うものとする。2　任命権者は、職員から書面による同意を得て、前項の規定により、降任させることができる」（29条）とされ、慎重な手続きが規定されている。
(16) 国家公務員制度改革基本法等に基づく改革の「全体像」について（2011年4月5日）
(17) この報告書には、「国民に開かれた信頼できる行政へ　21世紀社会に求められる公務員制度」というタイトルがつけられている。なお、研究会の委員は、座長・西尾勝（国際基督教大学大学院教授)、金井利之（東京大学大学院法学政治学研究科法学部助教授)、毛塚勝利（中央大学法学部教授)、佐藤英善（早稲田大学法学部教授)、清水敏（早稲田大学社会学部教授)、下井康史（新潟大学法学部助教授)、新藤宗幸（千葉大学法経学部教授)、槙枝一臣（弁護士)、渡辺章（専修大学法科大学院教授）の9名である。
(18) 筆者も担当者から実績は1件のみという説明を受けたことがある。また、

第3期　国家公務員法等改正法案の国会上程

　　　2007年に民主党議員が視察したという『民主党ニュース』によれば、「101件の求人の結果、7年間でたった1件の実績」と書かれている。
　　　http://archive.dpj.or.jp/news/?num=10069
(19) 官民人材交流センターの制度設計に関する懇談会は、第1回の会合が2007（平成19）年7月18日に行われ、途中2回ほど「公務員制度の総合的な改革に関する懇談会・官民交流センターの制度設計に関する懇談会合同会議」が行われた後、同年12月11日の第15回まで行われ、12月14日に報告が行われた。委員は、秋池玲子（ボストンコンサルティンググループ　パートナー＆マネージング・ディレクター）、金丸恭文（社団法人経済同友会副代表幹事）、末延吉正（立命館大学客員教授）、立花宏（社団法人日本経済団体連合会専務理事・座長代理）、田中一昭（拓殖大学名誉教授・座長）、中野雅至（兵庫県立大学大学院准教授）、野村修也（中央大学法科大学院教授・弁護士）、長谷川幸洋（東京新聞・中日新聞論説委員）の8名であった。
(20) 再就職等監視委員会は、委員長が羽柴駿（弁護士）であり、委員は伊東研祐（慶應義塾大学大学院法務研究科（法科大学院）教授）、篠原文也（政治解説者・ジャーナリスト）、番敦子（弁護士）、笠京子（明治大学公共政策大学院ガバナンス研究科教授）の4名である。
(21) 人事院規則14－7第5項に規定される政治的目的とは、たとえば「公職の選挙において、特定の候補者を支持し又はこれに反対すること」（5項1号）、「特定の政党その他の政治的団体を支持し又はこれに反対すること」（同3号）や「特定の内閣を支持し又はこれに反対すること」（同4号）である。
(22) 人事院規則14－7第6項に規定される政治的行為とは、たとえば「政治的目的のために職名、職権又はその他の公私の影響力を利用すること」（6項1号）や「政党その他の政治的団体の結成を企画し、結成に参与し若しくはこれらの行為を援助し又はそれらの団体の役員、政治的顧問その他これらと同様の役割をもつ構成員となること」（6項5号）、「特定の政党その他の政治的団体の構成員となるように又はならないように勧誘運動をすること」（同6号）である。
(23) 村松岐夫（2012：90-91）は、「専門的行政こそ、公務員の政治的中立性の基盤である」と述べている。「基盤」という用語であるが、政治的中立性の内容が専門的行政＝行政の専門性を意味していると考えられる。
(24) 田中秀明（2009：3－4）は、「一般論としては、いかなる公務員も、民主的な手続きで選ばれた大統領・首相・大臣等に応答的でなければならないが、応答性は専門性と相容れない場合がしばしば発生する。専門性に基づく分析や提案が、政治的な価値判断から受け入れられない場合があるからであり、ここに専門性と応答性のトレード・オフが発生する。公務員は、その個人的な意思や考えにかかわらず、大臣等の指示や判断に従うことは当然であるが、公務員の最終的な行動原理として、専門性を重視するか、応答性を重視するかについては大きな相違がある。つまり、応答性には2つの意味がある」と述べ、「公務員が広く一般に任

命権者や大臣に誠実に応答し従うという意味」と「任命権者や大臣の意向に沿うという意味」であるという。前者が一般的な政治的応答性で、後者が積極的な政治的応答性に相当する考え方であるように思われる。
（25）この点については、新しい日本をつくる国民会議（21世紀臨調）「公務員制度改革に関する緊急提言～「政官」関係のあるべき姿と公務員制度改革の手順～」（2002年5月20日）でも述べられており、上記（西尾勝2001）よりも詳しく解説されている。
（26）武藤博己（1989：24－26）においてアームストロング・メモを訳出したため、そこから引用した。

参考文献

田中秀明（2009）「専門性か応答性か：公務員制度改革の座標軸（上）」『季刊行政管理研究』（126）2009・6、pp.3-36、（下）はNo.127、2009・9、pp.3-17

西尾隆（2008）「国家公務員制度改革基本法」『ジュリスト』（1363）2008・9・15、pp.44-51

西尾勝（2001）『行政学（新版）』有斐閣

野中尚人（2012）「政治主導と幹部公務員の政治的中立性」村松岐夫編著『最新公務員制度改革』学陽書房、pp.21-72

武藤博己（1989）「イギリスにおける行政改革」行政管理研究センター編『西欧諸国の行政改革（Ⅱ）―イギリス・フランス・西ドイツ・EC―』(財)行政管理研究センター、1989年、pp.1-38

武藤博己（1997）「公務員制度と改革論議」『季刊行政管理研究』（79）1997・9、pp.3-13

村松岐夫（2012）「公務員の政治的中立性」村松編著『最新公務員制度改革』学陽書房、pp.73-117

F. F. Ridley（1986）, "Political Neutrality in the Civil Service", in *Social Studies Review*, vol.1, no.4, March 1986

第13章 「地方公務員の労働関係に関する法律案」の内容と課題

小川　正

本章における法律の略称は、以下のとおりとする。
地方公務員法　　　　　　　　　　　　　　　：現行地公法
地方公営企業等の労働関係に関する法律　　　：現行地公労法
地方公務員法等の一部を改正する法律案　　　：地公法改正法案
地方公務員の労働関係に関する法律案　　　　：地方公務員労働関係法案
国家公務員法　　　　　　　　　　　　　　　：現行国公法
特定独立行政法人等の労働関係に関する法律　：現行特定独労法
国家公務員の労働関係に関する法律案　　　　：国公労法案
国家公務員法等の一部を改正する法律案　　　：国公法改正法案

はじめに

（本章は、当初は2012年5月11日の「地方公務員制度改革について（素案）」にコメントする予定であったが、2012年11月15日に地方公務員労働関係法案等が国会に提出されたため、急遽同法案等についてコメントすることとしたものである。同法案等は翌11月16日の衆議院解散によって廃案となったため国会審議は行われず、学者あるいは同法案作成関係者から本法案等に関する論稿も発表されていない。このような状況での論稿であるため、同法案等の全体的な把握が不充分であること、読み間違えがあることを懸念せざるを得ない。誤りについて読者の御指摘を期待するとともに、上記の状況を御理解いただき誤謬があった場合には御容赦をお願いする次第である。）

内閣は、2011年6月3日に国家公務員制度改革4法案を177回国会（常会）に提出したが、その前日にあたる2011年6月2日、総務省は「地方公務[1]

第13章 「地方公務員の労働関係に関する法律案」の内容と課題

員の労使関係制度に係る基本的な考え方[2]」を公表し、その後2012年3月21日に「地方公務員の新たな労使関係制度の考え方について[3]」を示した。

そして、2012年5月11日、法案策定に向けた最終的な検討内容として「地方公務員制度改革について（素案）[4]」（以下、「改革素案」という。）を公表した。これに対し、全国知事会、全国市長会、全国町村会、全国消防長会、（財）日本消防協会等は、「反対」を表明した。その結果、177回通常国会への地方公務員制度改革法案の提出は見送られるとともに、総務省内に、「地方公務員の自律的労使関係制度に関する会議」が設けられ、同年11月5日にその報告書がまとめられた[5]。

そして、2012年11月15日、閣法として地公法改正法案と地方公務員労働関係法案[6]が、181回国会（臨時会）に提出された。法案提出の理由は、「地方公務員の自律的労使関係制度を措置するため」とされた。しかし、翌16日衆議院が解散されたため、これら2法案は廃案となった。

本章は、廃案となったものの法案として日の目を見ることとなった地方公務員労働関係法案の内容と課題についてコメントしようとするものである[7]。

なお、前述のとおり、国家公務員については、地方公務員関係に先立ち国公労法案など4法案が、2011年6月3日、177回国会（常会）に提出され、180回国会（常会）で2012年1月24日内閣委員会に付託されたが、これらも衆議院の解散によって廃案となった[8]。

1 地方公務員労働関係法案の基本的な位置づけ

地方公務員労働関係法案は、基本的には国公労法案に準じた内容となっている[9]。すなわち、昔からの「国公準拠」による法案である。

歴史的には、1947年10月に国家公務員法が成立し、その後、1948年12月にはマッカーサー書簡・政令201号を受けて国家公務員法の大改正が行われた。同月、日本国有鉄道と日本専売公社の労働関係について公共企業体労働関係法（公労法）が成立公布され、公労法に定めがないものについては労組法が適用されることとなった。これによって、2公社職員を除く国家公務員につ

339

いては、労組法の適用が排除され、争議権・団体協約締結権が否定され、人事院制度が確立した。1952年7月には、3公社職員及び5現業職員については、公労法が適用され同法に定めがないものについては労組法が適用されることとなった。その後、公労法適用の公社・現業は国有林野事業を除き民営化・独立法人化され、現行特定独労法となっている。

地方公務員関係では、1950年12月、労組法の適用を排除した現行地公法が制定・公布された。国家公務員法に準じ、争議権・団体協約締結権が否定され、人事委員会・公平委員会制度が採用された。1952年7月には地方公営企業労働関係法（地公労法）が制定・公布され、公労法と同様に地公労法に定めがないものについては労組法が適用されることとなった。

このようにして、国においても地方公共団体においても、非現業職員には労組法の適用が排除されて当該公務員法が適用され、他方公社職員・地方公営企業職員・現業職員には当該労働関係法に定めのないものについて労組法が適用されるという2本立ての法制度が取られていた。

今回の公務員制度改革によっても、この2本立ての法制度は変更されない。ちなみに、地方公共団体においては、人件費削減のため特別職非常勤職員が多数を占める非正規職員の採用が増えているところ、特別職には現行地公法は適用されず、労組法が全て適用されるので3本立てともいえる。

そして、現行地公法は制定当初から、現行国公法に準じる内容となっており、今回の地方公務員制度改革も法案の内容について国公準拠が維持されている。

2 地方公務員労働関係法案と労組法

地方公務員労働関係法案は、地公法改正法案の特別法と位置づけられている（地公法改正法案14条の2「勤務条件に関する団体交渉及び団体協約その他の職員の労働関係に関する制度は、法律によつてこれを定める。」なお同旨国公法改正法案6条。）

そして、地公法改正法案では労組法の適用が原則として排除される（地公

法改正法案58条1項、但し、19条から23条まで、24条2項、26条、27条の22から27条の26まで、29条及び30条の規定を除く。なお、地方公務員労働関係法案24条及び国公労法案25条に一部の準用規定がある）。

したがって、地方公務員労働関係法案でいう「労働組合」「団体交渉」「協約締結権」「団体協約」（労働協約ではない）⁽¹³⁾は、労組法にいうそれとは異なる。これらは地方公務員労働関係法案独自のもので、労組法上のものあるいは現行地公労法上のものとは似てあらざるものである。

例えば、「労働組合」は、都道府県労働委員会の認証を受けなければ、団体交渉権、団体協約締結権、不当労働行為救済申立権、労働紛争調整制度の申請権、在籍組合専従就任は保障されない。なお、認証には、同一の地方公共団体の職員が全組合員の過半数である必要がある。

「団体交渉」は、手続が法定される。管理運営事項が交渉対象から排除されることも法定される。

「団体協約」は、その効力に規範的効力はなく、「地方公共団体の当局」に条例提出義務、規則改廃義務などの実行義務（債務的効力）があるだけである。

したがって、地方公務員労働関係法案は、現行地公法の改良（焼き直し）版でしかない。[14]

地方公務員労働関係法案が成立すれば、地方公務員の労使関係法は、地方公務員労働関係法案と現行地公労法の2本立てとなり、地方公務員労働関係法案の労働組合（労組法非適用）と地公労法上の労働組合（労組法適用）が併存する形となる。

ちなみに、いずれの労働組合も労働委員会の不当労働行為救済申立が可能であるところ、労組法では団交拒否の不当労働行為救済申立は労働組合のみが可能であるが、[15]地方公務員労働関係法案では「認証された労働組合の組合員である職員」も可能である（18条1項2号）。この点も国公労法案と同様な仕組みとなっている（19条1項2号）。

第3期　国家公務員法等改正法案の国会上程

3　地方公共団体の当局

（1）その定義

「地方公共団体の当局」とは、地方公務員労働関係法案10条各号に定める者をいうとされている（3条、なお、4条1項ただし書、8条及び9条1項において同じとされている）。

この「当局」という概念は、現行地公法の「地方公共団体の当局は、登録を受けた職員団体から、職員の給与、勤務時間その他の勤務条件に関し、……適法な交渉の申入れがあつた場合においては、その申入れに応ずべき地位に立つものとする。」（55条1項）、「職員団体が交渉することのできる地方公共団体の当局は、交渉事項について適法に管理し、又は決定することのできる地方公共団体の当局とする。」（同条4項）に由来するようである。(16)

現行地公法55条が「当局」という概念を規定した趣旨は、まぎらわしい交渉を避けるとともに、使用者である地方公共団体側の責任体制を明らかにしたものとされ、例えば、職員の退職手当に関する事務を処理するため退職手当組合（いわゆる一部事務組合）を設置した場合は、退職手当に関する交渉の当局は退職手当組合の権限を有する機関であり、教職員の勤務条件は原則として教育委員会が所管するものであるから、それについての交渉の当局は教育委員会であるとされている。(17)

しかし、地方公務員労働関係法案においては、上記のように定義された。そして、例えば「勤務条件に関する事項のうち、条例の制定又は改廃を要するもの」に関する地方公共団体の当局は「当該事項に係る事務を所掌する地方公共団体の長等」、「勤務条件に関する事項のうち、地方公共団体の規則又は地方公共団体の長等の定める規程の制定又は改廃を要するもの」に関する地方公共団体の当局は「当該事項に係る事務を所掌する地方公共団体の長等」となる（10条1項）。(18)

第13章 「地方公務員の労働関係に関する法律案」の内容と課題

（２）地方公共団体の当局の役割

地方公務員労働関係法案において、「地方公共団体の当局」が果たす役割は極めて重要である。

地方公務員労働関係法案において、地方公共団体の当局は、

① 「労働組合との関係において地方公共団体の当局の立場に立って遂行すべき職務を担当する職員」が「管理職員等」とされ、管理職員等以外の職員とは、同一の労働組合を組織することができない（４条１項、なお同旨国公労法案４条１項）。

② 不当労働行為が禁止される（８条、なお同旨国公労法案９条）。

③ 認証された労働組合から団体交渉の申入れがあった場合、その申入れに応ずべき立場に立つ[19]（９条、なお同旨国公労法案10条）。

④ 団体交渉の手続等について労働組合と取り決める主体となる（11条１項、なお同旨国公労法案12条１項）。

⑤ 労働組合と団体交渉を行ったときは、その議事の概要を、インターネットの利用その他の適切な方法により、速やかに公表しなければならない（11条６項、なお同旨国公労法案12条６項）。

⑥ 認証された労働組合と団体協約を締結することができる（12、13条、なお同旨国公労法案13、14条）。

⑦ 認証された労働組合との間で団体協約を締結したときは、当該団体協約の内容を、インターネットの利用その他の適切な方法により、速やかに公表しなければならない（14条２項、なお同旨国公労法案15条２項）。

⑧ 団体協約の実行義務を負う（16条、なお同旨国公労法案17条、但し１号及び２号については内閣の義務とされている。）。

⑨ 労働紛争調整制度の関係当事者となる（33条、なお同旨国公労法案31条）

のである。

第3期　国家公務員法等改正法案の国会上程

4　団結権

（1）消防職員の団結権

消防職員にも、改正地公法案が適用される。しかし、次の職員には、地方公務員労働関係法案が適用されないので（地方公務員労働関係法案2条1項、なお同旨国公労法案2条1項）、消防職員は、地方公務員労働関係法案における労働組合を結成できない[20]。

① 　地方公務員法37条1項に規定する職員（すなわち、警察職員）
② 　地方自治法（括弧内省略）158条1項に規定する普通地方公共団体の長の直近下位の内部組織の長その他の重要な行政上の決定を行う職員として都道府県労働委員会が認定して告示するもの
③ 　消防組織法（括弧内省略）17条1項に規定する消防職員[21]
④ 　地方公営企業等の労働関係に関する法律（括弧内省略）3条4号に規定する職員

そして、消防組織法改正案では、消防職員委員会を定める現行17条が消防職員団体の規定（17条～17条の5）に改められる。

消防職員団体に関する規定は、ほぼ現行地公法の職員団体のそれと同一であり、次のとおりの対応関係にある。

		消防組織法改正案	現行地公法
ア	消防職員団体	17条	52条
イ	消防職員団体の登録	17条の2	53条
ウ	交渉	17条の3	55条
エ	消防職員団体のための消防職員の行為の制限	17条の4	55条の2
オ	不利益取扱の禁止	17条の5	56条

改革素案では、「消防職員について、一般職員と同様、団結権及び協約締結権を付与することとする。ただし、一般職員の施行日から3年後の施行とする。なお、団結権及び協約締結権の付与に伴い、消防職員委員会制度は廃

止することとする（消防組織法の改正）」とされていた。

　改革素案では、現行地公法52条5項から消防職員を削除し、更に消防組織法17条を削除することによって、消防職員にも地方公務員労働関係法案を適用することを想定していたと思われる。

　しかし、全国市長会、全国町村会、全国消防長会、（財）日本消防協会等が、上記の改革素案に反対したため、消防職員を地方公務員労働関係法案の非適用とし、消防組織法17条（消防職員委員会制度）の改正によって消防職員団体制度を創設することとなったようである。

　その結果、消防職員は消防職員団体を結成できるようになり、登録すれば市町村の当局と交渉ができるようになったが、団体協約を締結することはできないとされた（消防組織法改正案17条の3、2項）。現行地公法の非現業職員の職員団体制度が消防職員に適用されるといってよいであろう。

　なお、前述のように消防職員は、地方公務員労働関係法案2条1項にいう職員とされないが、地方公営企業職員と同様に地方公務員労働関係法案の労働組合に加入することは可能と思われる。

（2）管理職員等

　前述のとおり、「地方自治法（括弧内省略）第158条第1項に規定する普通地方公共団体の長の直近下位の内部組織の長その他の重要な行政上の決定を行う職員として都道府県労働委員会が認定して告示するもの（地方公務員労働関係法案2条1項ロ）」には、地方公務員労働関係法案が適用されないので、これら職員は、地方公務員労働関係法案における労働組合を結成できない。

　ところで、現行地公法は、「①重要な行政上の決定を行う職員、②重要な行政上の決定に参画する管理的地位にある職員、③職員の任免に関して直接の権限を持つ監督的地位にある職員、④職員の任免、分限、懲戒若しくは服務、職員の給与その他の勤務条件又は職員団体との関係についての当局の計画及び方針に関する機密の事項に接し、そのためにその職務上の義務と責任とが職員団体の構成員としての誠意と責任とに直接に抵触すると認められる

第3期　国家公務員法等改正法案の国会上程

監督的地位にある職員、⑤その他職員団体との関係において当局の立場に立つて遂行すべき職務を担当する職員（以下「管理職員等」という。）と管理職員等以外の職員とは、同一の職員団体を組織することができず、管理職員等と管理職員等以外の職員とが組織する団体は、この法律にいう『職員団体』ではない。」（52条3項）としている。すなわち、①の職員も、管理職員等以外の職員と職員団体を結成できないが、管理職員等だけでは職員団体を結成できる。その意味で、①の職員にも団結権が認められていた。[24]

しかし、地方公務員労働関係法案では、①の職員は、「管理職員等」からはずれて労働組合を結成・加入することはできないこととなる。結局、地方公務員労働関係法案は①の職員の団結権を奪うわけで、都道府県労働委員会の認定・告示は慎重になされるべきであろう。

地方公務員労働関係法案では、②〜⑤の職員が「管理職員等」とされ、現行地公法と同様に、それ以外の職員とは同一の労働組合を組織することができない（4条1項ただし書き）。もし②〜⑤の職員が認証された労働組合に加入した場合は、その認証された労働組合は労働組合と認められないこととなり、その結果、認証は取り消される（5条7項）。

したがって、具体的な職が、管理職員等に該当するかが大きな問題となる。管理職員等に該当するか否かは、現行地公法では人事（公平）委員会規則で定めることとされているが（52条4項）、地方公務員労働関係法案では都道府県労働委員会がその範囲を認定し告示することとなる（4条2項）。[25]

結局、地方公務員労働関係法案では、都道府県労働委員会が①〜⑤の範囲を認定し告示することとなる。[26]

このため、「地方公共団体の長等（括弧内省略）は、職を新設し、変更し、又は廃止したときは、速やかにその旨を都道府県労働委員会に通知しなければならない」とされている（4条3項、なお同旨国公労法案4条3項）。

これまで少数ながら、ある職が管理職員等に該当するか否か判断した裁判例があり、都道府県労働委員会の認定においても参考とされるであろう。[27]

（3）認 証

　地方公務員労働関係法案では、現行地公法における人事（公平）委員会による職員団体の「登録」と同じような労働組合の認証制度が取り入れられた。⁽²⁸⁾但し、認証は人事（公平）委員会ではなく、都道府県労働委員会が行う。⁽²⁹⁾そして、現行地公法の登録職員団体と同じように「認証された労働組合」（以下、認証労働組合ともいう）には、次のような権限・地位が与えられる。もちろん、未認証労働組合も職員が主体となって自主的に勤務条件の維持改善を図るものであれば（地方公務員労働関係法案２条２号）、労働組合であって、それなりの権限・地位が認められる。

①専従役員就任

　　職員は、労働組合の業務に専ら従事することができないが、地方公共団体の規則で定めるところにより、任命権者の許可を受けて、認証労働組合（認証をされていない連合体である労働組合であって、認証労働組合のみから構成されるものを含む。）の役員として専ら従事することができる（７条、なお同旨国公労法案７条）。⁽³⁰⁾

②ながら条例の適用

　　職員は、給与を受けながら、労働組合のためその業務を行い、又は活動してはならないが、認証された労働組合の業務に専ら従事する場合以外の場合であって条例で定める場合には、この限りでない（７条６項、なお同旨国公労法案８条）。⁽³¹⁾

③団体交渉

　　地方公共団体の当局は、認証労働組合から９条１項各号に掲げる事項について適法な団体交渉の申入れがあった場合においては、その申入れに応ずべき地位に立つ（９条、なお同旨国公労法案10条）。

④団体協約の締結

　　認証労働組合は、地方公共団体の当局と、９条１項各号に掲げる事項に関し団体協約を締結することができる（12条、なお同旨国公労法案13条）。

⑤不当労働行為救済申立

地方公共団体の当局が、8条の各号に掲げる規定に違反したときは、認証労働組合は、労働委員会に対し、その旨を申し立てることができる（18条、なお同旨国公労法案19条）。

⑥労働紛争調整申請

認証労働組合は、労働紛争調整（あっせん、調停及び仲裁）の関係当事者とされ、労働委員会に対し、あっせん、調停及び仲裁を申請することができる（第6章、なお同旨国公労法案第6章）。

⑦法人格取得

認証労働組合は、当該認証をした都道府県労働委員会に申し出ることによって法人となることができる（公務員労働組合等に対する法人格の付与に関する法律案3条1項2号、なお認証国家公務員労働組合については同1号）。

⑧労働者委員の推薦

都道府県労働委員会の労働者委員は、労働組合又は認証労働組合の推薦に基づき都道府県議会の同意を得て都道府県知事が任命する（労組法改正案19条の12、3項）。

（4）過半数要件と混合組合

地方公務員労働関係法案では、「前項に定めるもののほか、労働組合が認証されるためには、第1項に規定する一の地方公共団体に属する職員（括弧内省略）が全ての組合員の過半数を占めることを必要とする。」（5条4項、なお同旨国公労法案5条4項）とされる。

現行地公法が職員団体の登録要件について「当該職員団体が同一の地方公共団体に属する前条第5項に規定する職員以外の職員のみをもつて組織されていることを必要とする。」（53条4項）とするよりは、制限が緩和された。

しかし、この過半数要件に関わっては多くの問題がある[32]。まず、民間労働者、消防職員及び企業職員は、地方公務員労働関係法案2条の職員ではない

が、現業職員は職員であることを確認しておくことが必要であろう。したがって、同一地方公共団体の非現業職員と現業職員の数が全組合員の過半数を占めている労働組合は認証労働組合となれる。また、現業職員が主体になって現行地公労法における労働組合を結成することも可能となる（現行地公法で、現業職員は登録職員団体を結成・加入することも、現行地公労法による労働組合を結成・加入することも可能であるとされていることと同じである。）。[33]

　思いつくままに、問題となるケースを指摘すれば次のとおりである。
① 地方公務員労働関係法案適用職員だけで組織された労働組合について
　ア　A市の労働組合（組合員数100名＝長部局非現業職員20名＋教育委員会非現業職員20名＋学校給食職員20名＋その他の任命権者職員40名）は認証労働組合となることができ、市長及び教育委員会と交渉可能であろう。しかし、学校給食職員の勤務条件について、地公労法上の労働組合として教育委員会と交渉が可能かどうか。現行地公労法においては、多くの非現業職員と少数の現業職員との混合組合にも、労組法上の団体交渉権・不当労働行為救済申立権が認められる。[34]

　　しかし、地方公務員労働関係法案では、現行地公法とは異なり認証労働組合にも団体交渉権及び不当労働行為救済申立権が認められるので、地公労法上の労働組合としての団体交渉を認める意義は少なくなるであろう。[35]

　イ　B市の労働組合の連合体（a行政職労働組合＋b教員労働組合＋c学校給食職員労働組合）も、一の地方公共団体に属する職員が連合体の全組合員数の過半数を超えていれば認証を受けられる。したがって、現存の市労連の多くは認証を受けられ、市労連として市長部局または教育委員会と交渉が可能となろう。

　ウ　なお、自治労県本部は複数の地方公共団体の労働組合の連合体であるから、一の地方公共団体に属する職員が組合員数の過半数という要件を充たさず、認証は不可能である[36]（但し、認証労働組合だけの県本

第3期　国家公務員法等改正法案の国会上程

部を新たに組織すれば在籍専従先とはなりうる（地方公務員労働関係法案7条1項括弧書き、なお同旨国公労法案7条1項））。

現在の自治労県本部であっても要件を充たせば、労組法上の労働組合（連合体）として不当労働行為救済申立が可能であろう。⁽³⁷⁾

②地方公務員労働関係法案非適用職員も加入した労働組合について

　　ア　C市の労働組合（組合員数100名＝非現業職員51名＋病院局職員（あるいは市の受託業者の労働者）49名）は認証労働組合として市長と交渉可能であるが、認証労働組合として病院局（あるいは市の受託業者）との交渉は可能かどうか⁽³⁸⁾。地公労法上の労働組合として病院局と、あるいは労組法上の労働組合として市の受託業者と交渉が可能かどうか。現行法では可能と思われるが、地方公務員労働関係法案のもとではどうなるか不明である。

　　イ　D市の労働組合（組合員数100名＝非現業職員49名＋病院局職員（あるいは市の受託業者の労働者）51名）は認証されない。したがって、認証労働組合として長との交渉はできないが、地公労法上の労働組合として病院局と、あるいは労組法上の労働組合として受託業者と交渉が可能であろう。

　　ウ　E市の労働組合（組合員数100名＝非現業職員51名＋消防職員49名）は認証され長との交渉はできるが、認証労働組合として消防長と交渉はできないのではないか。

　　エ　F市の労働組合（組合員数100名＝非現業職員40名＋消防職員60名）は、認証されないので長との交渉はできない。他方、消防職員団体とはいえるが、登録されないので消防長との交渉もできない。⁽³⁹⁾

（5）非認証労働組合の位置づけ

次に、非認証労働組合の権能を明らかにしておく必要があろう。非認証労働組合は、上記の権能（3．（1）〜（8））を享受できない。しかし、地方公務員労働関係法案における労働組合ではある。⁽⁴⁰⁾そこで、

第13章 「地方公務員の労働関係に関する法律案」の内容と課題

　第1に、非認証労働組合は、地方公共団体の当局に対し義務的団交を主張することはできないが、任意の交渉によって勤務条件の維持向上を目指すことができる。⁽⁴¹⁾

　第2に、非認証労働組合に対する不当労働行為も禁止される。但し、団交拒否が禁止されるのは認証労働組合との団体交渉に限られる（8条、なお同旨国公労法案9条）。

　第3に、非認証労働組合の組合員に対する不利益取扱等の不当労働行為について、非認証労働組合自体は不当労働行為救済申立はできないが、その組合員が不当労働救済申立をできる（団交拒否を除く、18条、なお同旨国公労法案19条）。

5　団体交渉

（1）団体交渉事項

　地方公共団体の当局は、認証労働組合から次に掲げる事項について適法な団体交渉の申入れがあった場合においては、その申入れに応ずべき地位に立つとされる（9条1項、なお同旨国公労法案10条）。ちなみに、現行地公法では、団体交渉ではなく「交渉」という言葉が使われている。⁽⁴²⁾

　1　職員の給料その他の給与、勤務時間、休憩、休日及び休暇に関する事項
　2　職員の昇任、降任、転任、休職、免職及び懲戒の基準に関する事項
　3　職員の保健、安全保持及び災害補償に関する事項
　4　前3号に掲げるもののほか、職員の勤務条件に関する事項
　5　団体交渉の手続その他の労働組合と地方公共団体の当局との間の労使関係に関する事項（以下「労使関係事項」という。）

　1、3、4、5号が、「職員の給料その他の給与、……に関する事項」とされているのに対し、2号は「職員の昇任、降任、転任、休職、免職及び懲戒の基準に関する事項」とされているのに留意する必要がある。⁽⁴³⁾

　ところで、労組法上の義務的団交事項とは、一般に、①団体交渉を申し入れた労働者の団体の構成員たる労働者の労働条件その他の待遇（労働条件事

項)、②当該団体と使用者との間の団体的労使関係の運営に関する事項(労使関係事項)であって、使用者に処分可能なものをいうとされる(44)。

現行地公労法に比べ、労使関係事項が追加されたのが注目される(45)。

(2) 誠実交渉義務

「その申入れに応ずべき地位に立つ」ということは、会見して折衝に応じるだけでなく、誠実に折衝すべきことを意味する(46)。そして、誠実交渉には、交渉事項に関して妥結権限がある者の出席が前提となる(47)。

(3) 管理運営事項

「地方公共団体の事務の管理及び運営に関する事項」は、団体交渉の対象とすることができないとされる(9条2項、なお同旨国公労法案10条2項)。

この点について、裁判例は、管理運営事項と①労働者の団体の構成員たる労働者の労働条件その他の待遇との関係では、管理運営事項であっても職員の待遇に関連するものであるときあるいは管理運営事項の処理によって勤務条件が変更されるときは交渉の対象となるとしている(48)。

しかし、管理運営事項と②当該団体と使用者との間の団体的労使関係の運営に関する事項(労使関係事項)の関係についても同様な問題が生じよう。例えば、行政財産(市庁舎)における組合事務所の使用許可をめぐる事項は、管理運営事項であるとともに労使関係事項でもあるが、交渉の対象となるかという問題である。このような点は、今まで労働委員会でも裁判所でも取りあげられたことはないようである(49)。これについても①の場合と同様に、管理運営事項であっても労使関係事項であれば、その面から団体交渉の対象となるとされよう。

(4) 団体交渉の議事概要などの公表

「地方公共団体の当局は、労働組合と団体交渉を行ったときは、その議事の概要を、インターネットの利用その他の適切な方法により、速やかに公表

第13章 「地方公務員の労働関係に関する法律案」の内容と課題

しなければならない。」（地方公務員労働関係法案11条6項、なお同旨国公労法案12条6項）とされ、更に「地方公共団体の当局は、認証された労働組合との間で団体協約を締結したときは、当該団体協約の内容を、インターネットの利用その他の適切な方法により、速やかに公表しなければならない。」（地方公務員労働関係法案14条2項、なお同旨国公労法案15条2項）とされている。

公表主体は「地方公共団体の当局」で、公表されるのは、「団体交渉の議事の概要」または「団体協約の内容」である。

6 団体協約の承認

「認証された労働組合と地方公共団体の当局は、第9条第1項各号に掲げる事項に関し団体協約を締結することができる。」（12条、なお同旨国公労法案13条）。すなわち、勤務条件事項と労使関係事項について、認証労働組合は地方公共団体の当局と団体協約（労働協約ではない）の締結ができる。

このことを捉えて、地方公務員労働関係法案は「自律的労使関係制度を措置するため」のものであるといわれるが、後に述べるように、地方公務員の勤務条件は団体協約によって直ちに決定されるわけではない。勤務条件が改廃されるのには、地方議会による条例の改廃ないし地方公共団体の当局による規則等の改廃が必要であり、団体協約はその改廃を行う原因でしかない。

地方公務員労働関係法案では明言されていないが、地公法改正案、地方公務員労働関係法案などの法律事項については、団体交渉の対象とはならず、当然ながら団体協約の締結も想定されない。[50][51]

また、「地方公共団体の長でない者が同号に掲げる事項について団体協約を締結しようとするときは、あらかじめ、地方公共団体の長に協議し、その同意を得なければならない。」（地方公務員労働関係法案13条2項）とされている。これも、「（団体協約を締結できる当局）は、それぞれ当該各号に掲げる事項について団体協約を締結しようとするときは、あらかじめ、内閣の承認を得なければならない。」（国公労法案14条2項）に準拠するものである。[52]

353

第 3 期　国家公務員法等改正法案の国会上程

　これは、条例制定改廃の提案権が任命権者ではなく地方公共団体の長にあることによる。例えば教育委員会が、認証労働組合と団体協約を締結する場合は、まず地方公共団体の長の同意が必要であり、長が同意した場合に初めて団体協約が締結できる。そして、締結された団体協約に基づき、長が条例制定改廃の議案を議会に提出しなければならない。そして、議会が議決して初めて勤務条件の変更が実現する。すなわち、教育委員会職員の勤務条件は、教育委員会との交渉によっては決まらず、長と議会という 2 重の関門を乗り越えなければならない。これでは、自律的労使関係の措置とはほど遠いといえよう。

（1）団体協約の効力

　労組法上の労働協約には、使用者と組合との合意であり組合員個人との合意ではないにも関わらず、使用者と組合員個人との関係を規律する規範的効力が認められている。すなわち、労組法では「労働協約に定める労働条件その他の労働者の待遇に関する基準に違反する労働契約の部分は、無効とする。この場合において無効となつた部分は、基準の定めるところによる。労働契約に定がない部分についても、同様とする。」（16条）とされている。[53]

　しかし、地方公務員労働関係法案における団体協約（労働協約ではない）には規範的効力は認められない。組合員個人の勤務条件は団体協約によって規律されるのではなく、条例・規則等によって規律される。これは、職員の勤務条件は、どの労働組合に加入しているかに関わらず、あるいは労働組合に加入しているかいないかに関わらずに、一律かつ平等に決めるべきという勤務条件条例主義・平等取扱いに基づくものである。[54] この点は、現行地公法と地方公務員労働関係法案とで変更はない。

　地方公務員労働関係法案では、地方公共団体の長は、
　① 条例の制定又は改廃を要する事項について団体協約が締結されたときは、「速やかに、当該団体協約の内容を適切に反映させるために必要な条例の制定又は改廃に係る議案を当該地方公共団体の議会に付議して、

第13章 「地方公務員の労働関係に関する法律案」の内容と課題

【勤務条件に関する事項】

	団体交渉及び団体協約を締結する当局	実施義務を負う者	実施義務の内容
勤務条件を定める条例の制定改廃を要する事項	当該事項に係る事務を所掌する地方公共団体の長等（長以外の当局は団体協約の締結の前に長への協議及びその同意が必要）	地方公共団体の長	条例案の議会付議
勤務条件を定める地方公共団体の規則又は地方公共団体の長等が定める規程の制定改廃を要する事項	当該事項に係る事務を所掌する地方公共団体の長等	左に同じ	地方公共団体の規則又は地方公共団体の長等の定める規程の制定・改廃
法律又は条例、地方公共団体の規則若しくは地方公共団体の長等の定める規程に基づき、地方公共団体の長等又はその委任を受けた補助機関たる上級の地方公務員が定める勤務条件	地方公共団体の長等又はその委任を受けた補助機関たる上級の地方公務員	左に同じ	当該勤務条件の決定又は変更
上記以外の事項	当該事項について適法に管理し、又は決定することのできる者	左に同じ	団体協約の内容を実施するために必要な措置を講ずること

【労使関係の運営に関する事項】 略

その議決を求めなければならない。」（16条1項）

② 地方公共団体の規則又は地方公共団体の長等の定める規程の制定又は改廃を要する場合は、「速やかに、当該団体協約の内容を適切に反映させるために必要な地方公共団体の規則又は地方公共団体の長等の定める規程の制定又は改廃のための措置を講じなければならない。」（16条2項）

③ 地方公共団体の長等又はその委任を受けた地方公務員若しくは当該地方公共団体の長等の管理に属する行政庁が定めるものについて団体協約が締結された場合は、「速やかに、当該団体協約の内容を適切に反映させるために必要な勤務条件の決定又は変更をしなければならない。」（16条3項）などとされている（**表**参照）。

第3期　国家公務員法等改正法案の国会上程

　すなわち、団体協約の効力は、地方公共団体の当局に一定の義務の実行を課すに過ぎない。⁽⁵⁵⁾

　しかも、国の場合は議院内閣制により多数党が内閣を構成するため、内閣総理大臣提出の法案（閣法）は多くの場合国会で議決されようが、地方公共団体の場合は、長も議員もともに住民の選挙によって選出され、長と議会が対立する状況が少なくない（二元代表制）。そのような状況であれば、長が議会に条例案を提出しても議決されないことも少なくないであろう。そうすると、労使の交渉によって団体協約が締結され、その効力に従い長が条例改正案を議会に提出するという「自律的労使関係制度を措置する」手続が行われても、労使では勤務条件を決定できないこととなる。⁽⁵⁶⁾

　ちなみに、国の場合「政府は、この法律及び国家公務員の労働関係に関する法律の施行の状況を勘案し、国家公務員法第2条に規定する一般職に属する職員の給与に関し、法律の委任に基づき政令で定める事項の在り方について検討を加え、その結果に基づいて必要な措置を講ずるものとする。」（国家公務員法等の一部を改正する法律案附則31条2項）とされ、職員給与について勤務条件決定を法律から政令に委任することが検討されることとなっている。しかし、地方公務員労働関係法案では、地方公共団体における給与条例から規則に委任することには触れられていない。

　地方公共団体においては、多くの勤務条件が条例で詳しく定められており、それらが規則に委任されなければ、「自律的労使関係制度を措置する」ことは画餅に帰するであろう。

（2）複数組合併存の場合

　認証労働組合が複数ある場合の団体交渉の在り方、団体協約の締結の在り方が問題とされている。⁽⁵⁷⁾

　問題は、認証労働組合が他の認証労働組合と平等な交渉権を持つことと、勤務条件を統一的に設定しなければならないことの調和であるが、その問題状況は国際公法における二国間条約交渉に似ている。

そして、国際条約においては、この問題は最恵国待遇条項によって解決されている。最恵国待遇とは、ある国に特別の権利を与えると、最恵国条項のある条約を結んでいる他の全ての国は自動的にそれと同じ待遇にあずかれるというものである。A国とB国が関税率などについて最恵国待遇条項を含む条約を締結すると、その後A国がC国とそれを上回る関税率の通商条約を結ぶと、その関税率がB国にも適用されるのである。例えば、「A国とB国は、輸出入について第3国の産品に与える最も有利な待遇を同種の産品に対して即時かつ無条件に相互に与える」旨の条項が考えられる。

そこで、認証労働組合が複数ある場合は、それぞれの認証労働組合が地方公共団体の当局と団体協約を締結する場合、「本団体協約で締結した特定の勤務条件事項及び労使関係事項について、他の認証労働組合と別に合意した場合は、全ての労働組合にとって最も有利な内容を本団体協約による合意とみなす。」旨の規定を設けることが検討されるべきであろう。(58)このような取扱いは、使用者側にとっても不利益なものではなく、かえって各認証労働組合の交渉権の尊重という要請と規律の一律性の要請を充たし、労使ともに望ましい結果を招くであろう。

(3) 実施義務違反の救済方法

団体協約が締結されても、団体協約は地方公共団体の当局に一定の義務の実行を課すに過ぎない。しかも、その実行義務は、「速やかに」行われなければならないとされるだけである。(59)

もし、速やかに実行されない場合は、団体協約の一方当事者である認証労働組合はどのような救済を求めることが可能であろうか。同じ問題が、仲裁裁定が実施されない場合にも生じる。(60)

まず、地方公共団体の当局に実施義務違反があった場合、認証労働組合は国家賠償法によって損害賠償を請求することが可能である。(61)

次いで、「抗告訴訟（義務づけ訴訟）や当事者訴訟の可能性が考えられる」という。(62)行政事件訴訟法における義務づけ訴訟若しくは団体協約の実行

357

第3期　国家公務員法等改正法案の国会上程

義務があることの確認あるいは実行義務を履行しないことが違法であることの確認を求める訴訟などが指摘されている。

　前者は「行政庁が一定の処分をすべきであるにかかわらずこれがされないとき」などに、行政庁がその処分又は裁決をすべき旨を命ずることを求める訴訟である（行訴法3条6項1号）。これは非申請型の義務づけ訴訟といわれるが、「一定の処分がされないことにより重大な損害を生ずるおそれがあり、かつ、その損害を避けるため他に適当な方法がないときに限り、提起することができる。」（行訴法37条の2）とされている。

　しかし、ここでいう「処分」とは、「行政庁の処分その他公権力の行使に当たる行為（次項に規定する裁決、決定その他の行為を除く）」（行訴法3条2項）とされており、地方議会に対する議案提出あるいは規則等の改廃行為はこれにはあたらないであろう。

　後者は、「公法上の法律関係に関する確認の訴えその他の公法上の法律関係に関する訴訟」（行訴法4条後段の実質的当事者訴訟）である。この訴訟類型は、行政庁の公権力の行使とはいえない行政の行為を争うもので、団体協約の実行義務があることの確認を求めるあるいは実行義務を履行しないことが違法であることの確認を求める訴訟が考えられる。例えば地方公共団体を被告として、「長が原告組合との平成＊年＊月＊日付団体協約の内容を適切に反映させるために必要な条例の制定又は改廃に係る議案を当該地方公共団体の議会に付議してその議決を求める義務があることを確認する。」あるいは「長が原告組合との平成＊年＊月＊日付団体協約の内容を適切に反映させるために必要な条例の制定又は改廃に係る議案を当該地方公共団体の議会に付議してその議決を求めないことは違法であることを確認する。」旨の判決を求めることが想定される。

　このような確認の訴えは、他により適切な訴えによってその目的を達成することができる場合には確認の利益を欠き不適法となるところ、地方議会に対する議案提出あるいは規則等の改廃行為を義務づけ訴訟によって実現することはできないので、他により適切な訴えはないこととなろう。そうであれ

第13章 「地方公務員の労働関係に関する法律案」の内容と課題

ば、団体協約の実行義務があることの確認あるいは実行義務を履行しないことが違法であることの確認を求める訴訟は可能と思われる。

しかし、このような訴訟で認証労働組合が勝訴しても、単に地方公務員労働関係法案16条の実行義務を具体的な事件で確認する意味しかなく、実益がないようにも思われる。

7 不当労働行為制度の導入

（1）不当労働行為の禁止

地方公務員労働関係法案では、地方公共団体の当局は、次に掲げる行為、すなわち不当労働行為をしてはならないこととなった（8条、なお同旨国公労法案9条）。現行地公法では、1項の不利益取扱いが禁止されているだけであるが（56条、なお同旨現行国公法108条の7）、労組法7条が規定する全ての不当労働行為が禁止される。

1項 職員が労働組合の組合員であること、労働組合に加入し、若しくはこれを結成しようとしたこと若しくは労働組合の正当な行為をしたことを理由として、その職員を免職し、その他これに対して不利益な取扱いをすること（不利益取扱い）又は労働組合に加入せず、若しくは労働組合から脱退することを職員の任免の条件とすること（黄犬契約）。

2項 認証された労働組合と団体交渉をすることを正当な理由がなく拒むこと（団交拒否）[63]。

3項 職員が労働組合を結成し、若しくは運営することを支配し、若しくはこれに介入すること、又は労働組合の運営のための経費の支払につき経理上の援助を与えること（支配介入）。ただし、第11条第4項の規定により行われる勤務時間中の団体交渉に参加する職員に対し給与を支給すること、及び労働組合に対し最小限の広さの事務所を供与することを除くものとする。

4項 職員が労働委員会（括弧内省略）に対し地方公共団体の当局がこの条の規定に違反した旨の申立てをしたこと若しくは中央労働委員会に対

第3期　国家公務員法等改正法案の国会上程

し第21条第1項の規定による命令に対する再審査の申立てをしたこと又は労働委員会がこれらの申立てに係る調査若しくは審問をし、若しくは当事者に和解を勧め、若しくは第13条第1項に規定する者と認証された労働組合との間に発生した紛争の調整をする場合に職員が証拠を提示し、若しくは発言をしたことを理由として、その職員を免職し、その他これに対して不利益な取扱いをすること（報復的不利益取扱い）。

なお、黄犬契約について、労組法7条1号は、「労働者が労働組合に加入せず、若しくは労働組合から脱退することを雇用条件とすること。ただし、労働組合が特定の工場事業場に雇用される労働者の過半数を代表する場合において、その労働者がその労働組合の組合員であることを雇用条件とする労働協約を締結することを妨げるものではない。」として、ただし書きにおいてユニオンショップ制を認めているが、地方公務員労働関係法案にはただし書きはない（国公労法案にもない）。すなわち、民間と違い、地方公務員労働関係法案ではオープンショップ制がとられている（4条本文、同旨国公労法案4条本文、現行地公法52条3項、現行国公法108条の2、3項参照）。

（2）不当労働行為の主体たる「当局」

労組法の場合、禁止される不当労働行為の主体は、「使用者」であるのに対し、地方公務員労働関係法案では、「当局」である。そして、当局とは、「第10条各号に定める者をいう。次条第1項ただし書、第8条及び第9条第1項において同じ。」とされている（3条1項、なお同旨国公労法案3条1項）。

地方公務員労働関係法案8条にいう「当局」は、現行地公法55条とは異なり、交渉の主体としてだけではなく不当労働行為の主体として位置づけられている。そうすると、ここでいう「当局」とは、10条各号に定める者で組合員等に対し不利益取扱い、黄犬契約、団交拒否などをする権限を有する機関を指すということになろう。

（3）不当労働行為救済の個人申立

地方公共団体の当局に不当労働行為の事実があった場合、労働委員会に救済を申し立てられるのは労働組合としては、認証された労働組合に限られる。

しかし、これまでの法律にはなかったことであるが、地方公務員労働関係法案18条は、「労働組合の組合員である職員」及び「労働組合に加入し、若しくはこれを結成しようとした職員」にも救済申立資格を与えた。

先に指摘したように、地方公務員労働関係法案では、「労働組合」と「認証された労働組合」が書き分けられている。8条2号の団交拒否は、認証労働組合との団体交渉のみが対象であるが、不利益取扱禁止、黄犬契約禁止、支配介入禁止は、非認証労働組合にも適用される。18条でも、団交拒否（2号）に対して救済を申し立てることができる組合員は、「認証された労働組合の組合員である職員」に限られるが、その他（1号、3号、4号）については、「労働組合の組合員である職員」、すなわち非認証労働組合の組合員である職員も救済申立が可能である。

ちなみに、認証労働組合が申立人になる場合であろうが、「労働組合の組合員である職員」などが申立人になる場合であろうが、救済を求める内容は同じとなり、審理の対象も同じとなろう。例えば、不利益取扱禁止に反する不当労働行為があった場合、認証労働組合が申し立てようが組合員個人が申し立てようが、「（地方公共団体の当局は）組合員Aに対する不利益取扱いはなかったものとして取り扱え」となろう。

そこで、非認証労働組合には不当労働行為救済申立資格はないが、その組合員が申し立てることによって、非認証労働組合も地方公共団体の当局による不当労働行為から、事実上保護されることになる。

（4）不当労働行為救済申し立ての相手方

不当労働行為が禁止されるのは、地方公共団体の当局とされている（地方公務員労働関係法案8条）。そうすると、不当労働行為があった場合に地方公務員労働関係法案18条により労働組合側が行う救済申立の相手方及び同21

条の規定による救済命令の名宛人は、地方公共団体の当局であろうか。

労組法では「労働組合法27条の規定による救済命令の名宛人とされる『使用者』は、不当労働行為を禁止する同法7条の規定にいう『使用者』であり、かつ、法律上独立した権利義務の帰属主体であることを要し、企業主体である法人の組織の構成部分にすぎないものを名宛人とする救済命令は瑕疵があることとなるが、不当労働行為救済制度の趣旨、目的からみて、右構成部分を名宛人とする救済命令は、実質的には右構成部分を含む当該法人を名宛人とし、これに対し命令の内容を実現することを義務付ける趣旨のものと解するのが相当である。」（要旨、最判昭60.7.19済生会中央病院事件『労働判例』（455）4頁）とされている。

そこで、地方公務員労働関係法案に基づく都道府県労働委員会への救済申立の相手方は、労組法の場合(65)と異なり、法人たる地方公共団体ではなく「地方公共団体の当局」すなわち行政機関かという問題である。

先に述べたように地方公務員労働関係法案は、労組法と別な法体系であるからそのように解することも可能である。

ところで、平成16年改正前行政事件訴訟法は、取消訴訟の被告を処分などをした行政庁としていたが、住民たる原告にとって被告たる行政庁の特定はかならずしも容易ではなかった。そこで、原告が被告を特定する負担を軽減するため、改正行政事件訴訟法は被告を当該処分等を行った行政庁の所属する国又は地方公共団体とした（行訴法11条1項）。

翻って考えるに、地方公務員労働関係法案での不当労働行為救済申立の相手方を「地方公共団体の当局」とした場合、労働組合側にとってその特定は困難といわざるを得ない。例えば、団交拒否（8条2号）の場合、相手方となる「地方公共団体の当局」は多種多様である（10条）(66)。

また、地方公務員労働関係法案は中労委への再審査申立について、「地方公共団体は、都道府県労働委員会の救済命令等の交付を受けたときは、15日以内（括弧内省略）に中央労働委員会に再審査の申立てをすることができる。」（27条1項）としており、再審査申立人は地方公共団体とされている

(この場合、後述する地自法96条1項12号の適用があろう)。

そして、都道府県労働委員会の救済命令について、取消し訴訟を提起する場合も、地方公共団体が原告になるとされている（30条1項）。

そうすると、「地方公共団体の当局」は、不当労働行為の禁止の名宛人として単に使用者である地方公共団体側の内部の責任体制を明らかにしたものに過ぎず、救済命令申立の相手方は、法人格ある地方公共団体と考えるべきと思われる[67]。したがって、救済申立において被申立人は地方公共団体とされ、救済を求める趣旨において、「（地方公共団体の当局たる）長は、組合員Aに対する不利益取扱いはなかったものとして取り扱え」となるのではなかろうか[68]。

(5) 懲戒処分と救済命令

例えば、地方公務員労働関係法案8条1号に反する不利益処分は、公務員の場合、懲戒処分によってなされることが想定される[69]。

ところで、救済命令は法律関係を確認・給付・形成するものではなく、不当労働行為が発生した場合に行政処分として、使用者に対し当該行為の禁止、必要な具体的措置、再発防止措置などの事実行為を命じるものである。そして、救済命令は、使用者の事実上の履行によって実現される。このような前提において、「使用者の多様な不当労働行為に対してあらかじめその是正措置の内容を具体的に特定しておくことが困難かつ不適当であるため、労使関係について専門的知識経験を有する労働委員会に対し、その裁量により、個々の事案に応じた適切な是正措置を決定し、これを命ずる権限」がゆだねられている（最大判昭52.2.23第2鳩タクシー事件（民集31巻1号93頁））。

そうすると、労働委員会は、その権限において懲戒処分そのものを取り消すことはできないが、被申立人に懲戒処分を取り消す措置をなすことを命じ、更には当該組合員に生じた具体的な不利益（賃金の不支給・減額支給など）について事実上の是正措置を命ずることができる[70]。

（6）採用と救済命令

　地方公務員労働関係法案は、不利益取扱いの場合、「……これ（労働組合）を結成しようとした職員（労働組合に加入し、若しくは加入しようとしていること又は労働組合から脱退しようとしていないことを理由として、職員として採用されなかった者を含む。）」も不当労働行為救済申立の申立人となるとしている（18条１項１号、なお同旨国公労法案19条１項１号）。

　したがって、組合を結成・加入しようとしたことなどを理由に職員としての採用が拒否された場合、その者は、都道府県労働委員会において採用拒否は不当労働行為であるとして採用行為自体を争うことが可能である。[71][72]

　ところで、最判平15.12.22国労・全動労組合員採用差別（北海道）事件上告審判決（『判例時報』1847－8）は、労組法における不利益取扱い救済申立について、「労働組合法７条１号本文は、『労働者が労働組合の組合員であること、労働組合に加入し、若しくはこれを結成しようとしたこと若しくは労働組合の正当な行為をしたことの故をもって、その労働者を解雇し、その他これに対して不利益な取扱をすること』又は『労働者が労働組合に加入せず、若しくは労働組合から脱退することを雇用条件とすること』を不当労働行為として禁止するが、雇入れにおける差別的取扱いが前者の類型に含まれる旨を明示的に規定しておらず、雇入れの段階と雇入れ後の段階とに区別を設けたものと解される。そうすると、雇入れの拒否は、それが従前の雇用契約関係における不利益な取扱いにほかならないとして不当労働行為の成立を肯定することができる場合に当たるなどの特段の事情がない限り、労働組合法７条１号本文にいう不利益な取扱いに当たらないと解するのが相当である。」としている。雇入れの拒否、すなわち採用拒否は、特段の事情がない限り、労働組合法７条１号本文にいう不利益な取扱いに当たらないというのである。

　地方公務員労働関係法案は、この最判とは異なり、採用拒否を同法案８条１号本文にいう不利益取扱いとした。

　しかし、「職員の採用は、競争試験によるものとする。ただし、条例で定

める場合には、競争試験以外の能力の実証に基づく試験（以下「選考」という。）の方法によることを妨げない。」（地公法改正法案 2 条による改正後の17条の 2）とされているので、救済申立書の「求める救済の内容」、そして救済命令も、この規定を満足する内容とする必要があろう。この場合、競争試験の合格と職員としての採用は別な次元の問題であることにも留意が必要であり、競争試験に合格したのに組合活動を理由に採用されなかった場合は、それを前提に「採用の措置を講じる」ことを求めることができよう。問題は、組合活動を理由に競争試験が不合格とされた場合であろう。この場合は、国労・全動労組合員採用差別（北海道）事件の中労委命令のように競争試験または選考のやり直しを命じることになるのであろうか。

（7）議会の議決

前述のとおり、地方公務員労働関係法案では「地方公共団体は、都道府県労働委員会の救済命令等の交付を受けたときは、15日以内（括弧内省略）に中央労働委員会に再審査の申立てをすることができる。」（27条 1 項）とされ、「地方公共団体が都道府県労働委員会の救済命令等について中央労働委員会に再審査の申立てをしないとき、又は中央労働委員会が救済命令等を発したときは、地方公共団体は、救済命令等の交付の日から30日以内に、救済命令等の取消しの訴えを提起することができる。この期間は、不変期間とする。」（30条 1 項）とされている。

地自法は、地方公共団体の議会は「普通地方公共団体がその当事者である審査請求その他の不服申立て、訴えの提起（括弧内省略）、和解（括弧内省略）、あつせん、調停及び仲裁に関すること。」[73]について議決しなければならない（地自法96条 1 項12号）としている。この規定の趣旨は、審査請求その他の不服申立などが地方公共団体の利害ないし権利義務に影響を及ぼすおそれがあるため、執行機関だけでの判断だけではなく住民代表の議会の意思にかからしめることにある。

そこで、この再審査申立及び救済命令取消し訴訟の提起には、議会の議決

が必要となる（地自法96条）。この点は地方公共団体における統治の二元代表制の現れであり、国公労法案の場合とは異なる。

（8）救済命令の不履行

労組法の場合、「救済命令等の全部又は一部が確定判決によつて支持された場合において、その違反があつたときは、その行為をした者は、1年以下の禁錮若しくは100万円以下の罰金に処し、又はこれを併科する。」（28条）、「使用者が第27条の20の規定による裁判所の命令（緊急命令）に違反したときは、50万円（括弧内省略）以下の過料に処する。第27条の13第1項（括弧内省略）の規定により確定した救済命令等（救済命令等の確定）に違反した場合も、同様とする。」（32条）とされている。しかし、これらの規定は地方公務員労働関係法案24条（なお同旨国公労法案25条）で準用されていない。

したがって、救済命令等が確定判決によって支持された場合に、それを履行しなかった場合においても、地方公共団体の当局が刑事罰を受けることはない。

そして、救済命令等が確定判決によって支持された場合の履行を確保するためには、行政訴訟による方法しか考えられない。

労働委員会による救済命令は、被申立人に対し事実行為を命じる行政処分と位置づけられている。救済命令が例えば「戒告処分を取り消し、処分の日以降、当該処分がなかったものとして取扱わなければならない。」というものであった場合[74]、地方公共団体の当局は、戒告処分を取り消すという事実行為、すなわち戒告処分取消の辞令交付（戒告処分を取消す処分の発令行為）が命じられたこととなる。これが履行されなかった場合は、「行政庁が一定の処分をすべきであるにかかわらずこれがされないとき（次号に掲げる場合を除く。）。」（行件訴法3条6項1号）にあたるとして、行政庁（地方公共団体の当局）に対し、その処分をすべき旨を命ずることを求める訴訟（「義務付けの訴え」）が可能と思われる。上記の内容の救済命令が確定判決によって支持された場合には、認証労働組合又は当該組合員が原告となって、地方

公共団体を被告とし（行政事件訴訟法38条、11条）、「戒告処分を取消す処分をせよ」との義務付けの訴え提起が可能と思われる。

しかし、「第3条第6項第1号に掲げる場合において、義務付けの訴えは、一定の処分がされないことにより重大な損害を生ずるおそれがあり、かつ、その損害を避けるため他に適当な方法がないときに限り、提起することができる。」（行訴法37条の2第1項）とされており、原告となる認証労働組合又は労働組合の当該組合員がこの要件（本案前の要件）を充たす必要がある。この要件を充たせば、「その義務付けの訴えに係る処分につき、行政庁がその処分をすべきであることがその処分の根拠となる法令の規定から明らかであると認められ又は行政庁がその処分をしないことがその裁量権の範囲を超え若しくはその濫用となると認められるときは、裁判所は、行政庁がその処分をすべき旨を命ずる判決をする。」（同条5項）とされているので、原告の訴えは認容されよう。

8　労働紛争調整制度（あっせん、調停、仲裁）

（1）あっせん、調停、仲裁の申請人

あっせん、調停、仲裁の労働組合側の申請人は、認証された労働組合に限られる。不当労働行為救済申立と異なり、労働組合の組合員には申立資格がない。

地方公共団体側の申請人は、地方公共団体の当局とされている（地方公務員労働関係法案33、37、38、43条、なお同旨国公労法案31、33、34、39条）。

結局、地方公務員労働関係法案におけるあっせん等は、同法案9条に定める認証労働組合との団体交渉から生じた紛争に限られることとなり、非認証労働組合と地方公共団体との交渉（任意的団交）から生じた紛争はその対象とならない。

（2）あっせん、調停、仲裁の対象事項

あっせん、調停、仲裁の対象事項は、関係当事者の間に発生した紛争であ

って12条1項の規定に基づき団体協約を締結することができる事項に係るもの(「団体協約の締結に係る紛争」)である(地方公務員労働関係法案34条、37条、38条、43条)。

労調法においては、「労働関係の当事者間において、労働関係に関する主張が一致しないで、そのために争議行為が発生してゐる状態又は発生する虞がある状態」(6条)とされており、その対象事項は団体協約の締結に係る紛争より広い。

なお、「職員の昇任、降任、転任、休職、免職及び懲戒の基準に関する事項」(9条1項2号)は地方公務員労働関係法案の労働紛争調整の対象となるが、個別の昇任、降任などは「基準に関する事項」ではないので、その対象とならない。

(3) 労働紛争調整の開始要件

あっせんは、関係当事者の双方若しくは一方の申請又は労働委員会の決議により開始される(地方公務員労働関係法案37条1項)。このようにあっせんは当事者一方の申請で開始されるが、調停と仲裁は原則として当事者一方の申請では開始されない(同法案38条1号、43条1号)。[78]

調停と仲裁では、当事者の申請については、次のとおりとされている。

一 関係当事者の双方が労働委員会に調停(仲裁)の申請をしたとき。
二 関係当事者の一方が団体協約の定めに基づいて労働委員会に調停(仲裁)の申請をしたとき。[79]

そして、当事者申請に一定の要件が加わって開始される場合として、調停では、「三 関係当事者の一方の申請により、労働委員会が調停を行う必要があると決議したとき。」、仲裁では「三 労働委員会があっせん又は調停を開始した後2月を経過して、なお紛争が解決しない場合において、関係当事者の一方が労働委員会に仲裁の申請をしたとき。」がある。

一方、あっせん、調停及び仲裁は、当事者の申請以外でも開始される。委員会決議調整(地方公務員労働関係法案37条1項、38条4号、43条4号)と

第13章 「地方公務員の労働関係に関する法律案」の内容と課題

地方公共団体の長が公益上特に必要があるとして労働委員会に請求した場合の調停（同法案38条5号）・仲裁（同法案43条5号）である。(80)

労使の紛争は、その当事者の解決に任されるべきであって（労調法2～4条）、当事者以外による労働紛争調整開始は例外的な場合を除き、回避されるべきであろう。

（4）議会の議決

前述のように、地方公共団体の議会は「普通地方公共団体がその当事者である審査請求その他の不服申立て、訴えの提起（括弧内省略）、和解（括弧内省略）、あっせん、調停及び仲裁に関すること。」について議決しなければならない（地自法96条1項12号）。

そこで、①地方公共団体の当局が、都道府県労働委員会に対し、地方公務員労働関係法案が定めるあっせん、調停及び仲裁を申し立てる場合、②認証労働組合が都道府県労働委員会に対し、あっせん、調停及び仲裁を申し立て、地方公共団体の当局がこれに応じる場合に、地方議会の議決が必要となるかが問題となる。

もし、労働紛争調整の当事者である地方公共団体の当局が、地方公共団体ではなく行政機関だとすると、①の場合も②の場合も議決は必要がないこととなろう。

逆に、地方公共団体の当局が、不当労働行為救済申立の相手方と同様に地方公共団体の意味であれば、①の場合も②の場合も必要となろう。(81) そして、あっせん、調停及び仲裁の手続が開始され、その後に和解が成立する場合、あるいは労働委員会のあっせん案・調停案を受諾する場合も、議会の議決が必要とされよう。

しかし、地方公務員労働関係法案が定めるあっせん、調停及び仲裁について、そこまで議会の関与を認めることは、「自律的労使関係制度を措置するため」という提案理由を否定することとなろう。したがって、地方公務員労働関係法案が定めるあっせん、調停及び仲裁については、地自法96条1項12

号から除外すべきであろう。(82)

（5）仲裁裁定の効力
①団体協約の効力と同一

「仲裁裁定があったときは、当該仲裁裁定の定めるところにより、関係当事者間において有効期間の定めのない団体協約が締結されたものとみなして、第15条第3項及び第4項、第16条並びに第17条の規定を適用する。」（地方公務員労働関係法案45条、なお同旨国公労法案41条、労調法34条）とされる。国公労法案41条では、同旨の本文に続いて後段で、内閣は、法律の制定又は改廃を要する仲裁裁定があったときは、速やかに、当該団体協約の内容を適切に反映させるために必要な法律案を国会に「提出するようできる限り努めなければならない」とされる。この点については多くの批判がある。

しかし、地方公務員労働関係法案では、このような後段の規定はなく「地方公共団体の長は、……団体協約が締結されたときは、速やかに、当該団体協約の内容を適切に反映させるために必要な条例の制定又は改廃に係る議案を当該地方公共団体の議会に付議して、その議決を求めなければならない。」（16条1項）との規定が適用される。

②争議権否認の代償措置

現行法における仲裁裁定は、地方公営企業職員ないし現業職員についての争議権否認の代償措置とされる。最判昭63.12.8北九州市交通局事件（『労働判例』（580）6頁）は、「労働委員会によるあっ旋、調停、仲裁の途を開いたうえ、一般の私企業の場合にはない強制調停（地公労法14条3号ないし5号）、強制仲裁（同法15条3号ないし5号）の制度を設けており、仲裁裁定については、当事者に服従義務を、地方公共団体の長に実施努力義務を負わせ（同法16条1項本文）、予算上資金上不可能な支出を内容とする仲裁裁定及び条例に抵触する内容の仲裁裁定は、その最終的な取扱いにつき議会の意思を問うこととし（同法16条1項た

第13章 「地方公務員の労働関係に関する法律案」の内容と課題

だし書、10条、16条2項、8条）、規則その他の規程に抵触する内容の仲裁裁定がなされた場合は、規則その他の規程の必要な改廃のための措置をとることとしているのである（同法16条2項、9条）。これらは、地方公営企業職員につき争議行為を禁止したことの代償措置として不十分なものとはいえない。」としている。

しかし、ILOは、争議権否認の代償措置の要件として、「当事者が各段階で参加することができ、かつ、裁定が全ての場合において両当事者を拘束する――裁定が下された場合には、完全かつ迅速に実施されるべきである――適切、迅速かつ公平な調停及び仲裁の手続」が必要としており（結社の自由委員会第187次報告135パラ）、上記最高裁判決の指摘はこれを満足しない。

ところで、地方公営企業職員ないし現業職員について、最判が代償措置とした仲裁裁定は、「双方とも最終的決定としてこれに服従しなければなら」ないものである（現行地公労法16条1項）。この点だけを取りあげれば仲裁裁定を代償措置と位置づけることは、全く理由がないわけではないかもしれない。

しかし、地方公務員労働関係法案における仲裁裁定は、最終的決定とは認められず、地方公共団体の当局に実行義務を課するに過ぎない。条例の制定又は改廃を要する仲裁裁定については、地方公共団体の当局の義務は、それらを実現するための議案を議会に付議してその議決を求めるだけでしかない。議会がどのような議決をするかは、地方公共団体の当局のあずかり知らぬことである。すなわち、仲裁裁定がなされても、その内容が実現される保障はない。

そうであれば、地方公務員労働関係法案における仲裁裁定は、現行地公労法におけるそれとは異質であり、ILOがいう代償措置とはなり得ない。

結局、地方公務員労働関係法案における仲裁裁定制度は、非現業職員の争議権を否認する代償措置たり得ない。

③仲裁の歴史的経過

ところで、地方公務員労働関係法案が定める紛争調整制度は、昔の公労法のそれとほぼ同じである。公労法が３公社５現業に適用されていた時代の給与決定について、「三公社五現業においては、争議権が禁止されたものの、協約締結権を含む団体交渉権が認められており、給与については労使交渉によって決定されるのが制度上の建前であった。しかし、実際には毎年の賃上げ交渉が自主決着することはなく、公労委による調停を経て公共企業体等の経営状況にかかわらず一律的に仲裁裁定によって決着するという実態にあった。」とされている。[87]

このような歴史的経過には、それなりの歴史的理由があったであろうが、地方公務員労働関係法案による新たな団体交渉制度もこれと同じような結果を招く可能性がある。

公労委の場合、給与比較については、「改定前における職員の賃金の妥当性について、賃金構造基本統計調査等を用い、性別、学歴、年齢によるラスパイレス方式によって、公共企業体等と民間の規模100人以上全産業との賃金水準の比較を行い、併せて人事院資料による国家公務員給与水準との比較を行っていた。」という。[88]

地方公務員労働関係法案における給与紛争における調停・仲裁の場合は、人事委員会が調査研究し公表した資料（地公法改正法案２条による改正後の26条）、内閣総理大臣が調査研究し公表した資料（国公法改正法案58条）などが参考とされることになりそうである。

9　その他

（１）企業職員・現業職員

企業職員及び現業職員の労働関係についての改正はなく、現行法どおりである。[89]すなわち、「職員に関する労働関係については、この法律の定めるところにより、この法律に定めのないものについては、労働組合法（括弧内省略）及び労働関係調整法（括弧内省略）の定めるところによる。」（現行地公

第13章 「地方公務員の労働関係に関する法律案」の内容と課題

労法4条)。

　したがって、地方公務員労働関係法案における労働組合と現行地公労法すなわち労組法上の労働組合が併存するため、混合組合の問題が生じる。

(2) 人事委員会の存置

　国公法改正法案では、人事院が廃止されるが⁽⁹⁰⁾、地公法改正法案では人事委員会・公平委員会は存置される。

　人事院の廃止にともない、国家公務員に関する給与調査勧告制度は廃止され、不服申立の処理は人事公正委員会が所掌することとなる。

　国家公務員の給与調査について、国公法改正法案では「内閣総理大臣は、職員の給与に関する制度について、随時、調査研究を行い、その結果を公表するものとする。」(58条)とされている。

　そして、新たに設置される公務員庁は、「国家公務員の人事行政に関する事務、行政機関の機構、定員及び運営に関する事務その他の公務の能率的な運営に資する事務を総合的かつ一体的に遂行することを任務とする。」ともされ(設置法案3条2項)、この任務を達成するため、「国家公務員の給与、勤務時間、休日及び休暇に関する制度に関すること。」(設置法案4条2項2号)「前各号に掲げるもののほか、国家公務員の人事行政に関すること」(設置法案4条2項6号)が所掌事務とされている⁽⁹¹⁾。しかし、国公法改正法案で「職員の給与に関する制度についての調査研究」(58条)という概念が明示されたにもかかわらず、公務員庁設置法案ではこの概念が用いられていない。そうすると、いずれの機関が民間給与調査研究を行うかが法文上明らかとはいえない。したがって、法文上でその実施主体を明らかにすべきであろう⁽⁹²⁾。

　一方、地公法改正法案では、その所掌事務に変更があるものの、人事委員会及び公平委員会は存置される。そして、現行地公法の「人事委員会は、毎年少くとも1回、給料表が適当であるかどうかについて、地方公共団体の議会及び長に同時に報告するものとする。給与を決定する諸条件の変化により、給料表に定める給料額を増減することが適当であると認めるときは、あわせ

て適当な勧告をすることができる。」(26条)が、「人事委員会は、給与改定の円滑な実施に資するため、職員及び民間事業の従事者の給与について、随時、他の人事委員会と緊密に連携して調査研究を行い、その結果を公表するものとする。」(地公法改正法案2条による改正後の26条)と変更される。

そこで、人事委員会は、給与勧告はしないが、給与の調査研究と公表を行うこととなる。すなわち、国家公務員については使用者機関が行い、地方公務員については第三者機関が行うこととなる。

ところで、これまでの民間給与実態調査は、人事院と人事委員会が共同して実施していた。[93]改正が実現した場合は、果たして国と地方の共同実施となるのか、別々の実施となるのか必ずしも明らかでない。

(3) 等級別基準職務表の条例化

現行地公法で、給与条例で定めなければならない事項として、給料表をはじめ7項目が列挙されている(25条3項)。地公法改正法案によれば、この条項が整理され、「等級別基準職務表」が新たに列挙される(地公法改正法案1条による改正後の25条3項2号)。これは、職務給原則の徹底のためとされる。

現在、等級別基準職務表は、各地方公共団体の「初任給、昇格、昇給等の基準に関する規則」において、(等)級別標準職務表として給料表別に定められているのが一般である。

次に地方公共団体におけるその一例(東京都特別区)を示す。ちなみに、国における行政職俸給表(一)級別標準職務表は1〜10級まであり、人事院規則9-8(初任給、昇格、昇給等の基準)に定められている。なお、現行国家公務員給与法で人事院規則で定めることとしている事項については、政令で定めることとされる。

地公法改正法案は、規則で定められたものを条例化するというものである。これは、「自律的労使関係制度を措置するため」とは逆方向である。

ところで、地方公務員の給料は、[94]職務の種類ごとに給料表が作成され、各

第13章 「地方公務員の労働関係に関する法律案」の内容と課題

行政職給料表（一）級別標準職務表

職務の級	標 準 的 な 職 務
1級	2級から8級までの職務の級に属さない職員の職務
2級	相当高度の知識又は経験を必要とする業務を行う職務
3級	1　主任主事の職務 2　高度の知識又は経験を必要とする業務を行う職務
4級	1　係長、担当係長又は主査の職務 2　特に高度の知識又は経験を必要とする業務を行う主任主事の職務
5級	1　総括係長の職務 2　困難な業務を処理する係長、担当係長又は主査の職務
6級	課長の職務
7級	1　統括課長の職務 2　極めて困難な業務を分掌する課長の職務
8級	1　部長の職務 2　重要な業務を所掌する統括課長の職務

給料表に職務の級が設けられその級ごとに下限と上限の号給が定められる。そして、これを前提に各職員の採用にあたり、級と号給が決定されて初任給が決まる。その後、職務の級の昇格と号給の昇給の格付けによって、給料が決まる。[95]

すなわち、職員にとって給料表の内容は重要であるが、それと同等ないしそれ以上に級及び号給の格付けが重大関心事である。級が異なれば、最高給料月額も異なる。

この格付けは、これまで「初任給、昇格、昇給等の基準に関する規則」に基づき行われてきたのであるが、地公法改正法案では、昇格については条例に定められる等級別基準職務表によって行われることとなる。

これは、職員にとって最も重大な勤務条件である給料が、現在よりも自律的に決定されないことを意味する。従来は、労使の合意によって等級別基準職務表の改正が可能であったのに、地公法改正法案では議会による条例の改正までが必要とされ、ハードルが上がったからである。

地公法改正法案は、職務給原則を自律的労使関係の埒外と捉えているとも評価できようが、昇格が「自律的労使関係制度」の対象外とは考えがたい。

(4) 非正規職員（特に特別職非常勤）の勤務条件決定

地公法改正法案及び地方公務員労働関係法案は、いわゆる正規職員を対象としたものである。

しかし、最近の地方公共団体では、「臨時・非常勤の比率を団体区分でみると、都道府県は16.6％、政令市・特別区は31％、一般市は36.9％、町村は38％である。」とされている。非正規職員の勤務条件にかかる自律的労使関係制度の措置も喫緊の課題である。

非正規職員は、一般職として採用される場合もあるが、特別職として採用される例も多い。特別職の場合は、地公法が適用されず労組法が適用される。そこで、労働者である特別職によって組織された労組法上の労働組合は、地方公共団体と団体交渉の上、労働協約を締結することができる。また、特別職には地公法24条6項の給与条例主義が適用されない。

しかし、地自法は「普通地方公共団体は、その委員会の委員、……その他普通地方公共団体の非常勤の職員（短時間勤務職員を除く。）に対し、報酬を支給しなければならない。」（203条の2）としており、その反対解釈として、地自法上、非常勤職員には手当が支給できないとされている。「普通地方公共団体は、いかなる給与その他の給付も法律又はこれに基づく条例に基づかずには、これをその議会の議員、第203条の2第1項の職員及び前条第1項の職員に支給することができない。」（204条の2）とされているが、非常勤職員に手当を支給できる旨の条例を制定すること自体ができないのである。

そうすると、手当の支給は地自法によって禁じられているから、特別職の労働組合は地方公共団体に対しその支給をめぐる団体交渉は求められないこととなるのであろうか。これは、結局、非常勤特別職の手当支給は、自律的労使関係の埒外であることを意味する。

（5）争議権

　国公労法案では「政府は、団体交渉の実施状況、あっせん、調停及び仲裁に関する制度の運用状況その他この法律の施行の状況並びに自律的労使関係制度の運用に関する国民の理解の状況を勘案し、国家公務員の争議権について検討を行い、その結果に基づいて必要な措置を講ずるものとする。」（附則11条）とされているが、地方公務員労働関係法案では争議権に触れた条項はない。

　かなり昔から、公務員から一律にストライキ権を奪うことは憲法28条に違反するとの見解が引き継がれている。最高裁判決も、第１期は、一律禁止を、公共の福祉や全体の奉仕者という抽象的な理由のみにより合憲としていたが、第２期は合憲の条件としての４要件を挙げ限定解釈によって初めて合憲となるとした。(99) しかし、第３期は、財政民主主義などを根拠に一律否認を合憲とした。(100) そして、現在も第３期のままである。

　そして、最高裁は合憲の一つの根拠として、争議権否認に対する代償措置が完備されていることを挙げている。

　国公労法案及び地方公務員労働関係法案は、労働紛争調整制度を採用したが、これが争議権否認に対する代償措置と位置づけられるのであろう。しかし、前述のとおり、仲裁の効力からして労働紛争調整制度は代償措置とはいえない。

　そして、警察職員には地方公務員労働関係法案が適用されない結果、労働紛争調整制度の適用もない。一方、人事委員会勧告も廃止される。そうすると、警察職員から団結権、交渉権及び争議権を剥奪することに対する代償措置はないこととなり、少なくとも警察職員との関係で憲法28条違反の批判は免れない。(101)

10　まとめ

　今回の国家公務員制度改革及び地方公務員制度改革は、画期的な改革であると評される。(102) 労働組合に団体協約締結権が付与されたことが大きく評価さ

第3期　国家公務員法等改正法案の国会上程

れるからであろう。しかし、非現業職員への不当労働行為救済申立制度が採用されたことを除けば、現状の勤務条件詳細法定（条例）主義のままでは、自律的労使関係制度の措置がそれほど実現するようには思えない。

そこで、自律的労使関係制度が措置される条件整備について触れて、コメントを終わることとする。

まず繰り返しになるが、第1に勤務条件詳細法定（条例）主義からの脱却である。このためには、地方公務員の場合は、給与条例、退職手当条例、勤務時間・休暇等に関する条例などを改正し、法律で条例事項とされている部分は条例に残し、その余は規則などに委任することが必要であろう。

第2に、組合サイドから見れば、賃金闘争における人事院（人事委員会）勧告完全実施闘争からの脱却である。公務員組合は人事院勧告完全実施を闘争の目標としていた長い歴史がある。交渉においてそれを求め、ストライキを実施してそれを求めてきた。[103] しかし、国家公務員では人事院が廃止されそれにともなって人事院勧告がなくなり、地方公務員についても人事委員会が存置されるものの給与勧告は廃止される。

これに代わって、内閣総理大臣が職員の給与に関する制度について調査研究し、その結果を公表する（国公法改正法案58条）、あるいは人事委員会が給与改定の円滑な実施に資するため、職員及び民間事業の従事者の給与について、調査研究を行い、その結果を公表する（地公法改正法案2条による改正後の26条）こととなる。労使は、公表された結果を参考にして賃金交渉を行うこととなるが、労働組合としては、内閣総理大臣あるいは人事委員会の調査結果への批判能力を獲得する必要がある。

そうでないと、その調査結果の獲得が労働組合の目標になる可能性がある。人事院（人事委員会）勧告完全実施闘争から人事委員会調査結果妥結闘争になりそうなのである。

第3に、国民・住民への労使関係の透明性の向上であろう。民間の労使関係が透明であるということはないであろう。例えば、民間企業に対し各種賃金調査が行われているが、民間企業が全てをオープンにして回答していると

の保障はない。これは民間企業における賃金分配の原資はその企業の儲けであるからであろう。しかし、公務員の給与の源泉は、国民・住民からの税金である(104)。そうであれば、原則的には、公務員の労使関係は、国民・住民に対し公開されるべきであろう。この点について、労使関係制度検討委員会の「自律的労使関係制度の措置に向けて（2009年12月15日）」の次の提言が、国公労法案及び地方公務員労働関係法案に取り入れられた（地方公務員労働関係法案11条6項、14条2項、なお同旨国公労法案12条6項、15条2項）。

「○公表・公開が義務付けられる範囲を労使交渉によって定めることは適当でなく、協約の公表、申入書・回答書の公表、交渉の概要録の公表については、これらを義務付けることが適当である。

○その一方で、会場等の関係から常に実施できるとも限らないことから困難であること、また、実質的な交渉が水面下で行われることを助長するおそれがあるから、交渉自体の公開の義務付けは適当でない。」

一方で、住民から職員団体との交渉記録等について情報開示請求が行われるとともに、2012年7月30日に成立した大阪市労使関係に関する条例では、

「2　交渉は、放送機関、新聞社、通信社その他の報道機関（報道を業として行う個人を含む。）に対し公開する。

　3　本市の当局は、交渉（前条第1項の規定により交渉に必要な事項を取り決めるために行う協議等を含む。以下この項において同じ。）を行ったときは、速やかに議事録を作成し、当該交渉に係る労働組合等に当該議事録の内容の確認を求めた上、これを1年間公表する。」（同条例6条）とされている。

このように国民・住民の公務員労使関係への関心は増大しており、労働組合としても実質的な交渉を確保しながら、これに適切に対応する必要がある。労働組合の主張をインターネットで公開することも検討されてよいであろう。

第4に、労働組合の存在意義を再度確立し、優秀な役員を確保養成することであろう。最近の職場では、組合役員のなり手がいないというのが実態の

第3期　国家公務員法等改正法案の国会上程

ようである。そのような状況では、「自律的労使関係制度を措置するため」の地方公務員労働関係法案が成立しても「仏作って魂入れず」となる可能性が少なくない。

　大きな観点からいえば、我が国の人口（就労人口）は今後減少の一途であり経済成長はあまり期待できない。公務員の職場でも、すでに大幅な合理化が進行し職場環境は劣化している。このような中では、自己の担当業務をこなしつつ、仲間を結集して使用者と勤務条件について交渉することは困難であろう。更に進んでいえば、争議権が認められた場合でも、最近の職場環境からして果たして争議行為を実施できるか疑問がないわけではない。(105)

　争議権が保障されている民間では、争議行為は殆ど行われていない。(106)

注
（1）国家公務員法等の一部を改正する法律案、国家公務員の労働関係に関する法律案、公務員庁設置法案、国家公務員法等の一部を改正する法律の一部を改正する法律等の施行に伴う関係法律の整備等に関する法律案の4つである。http://www.gyoukaku.go.jp/koumuin/23houan/index.html
（2）http://www.soumu.go.jp/main_content/000159027.pdf
（3）http://www.soumu.go.jp/main_content/000159030.pdf
（4）http://www.soumu.go.jp/main_content/000159034.pdf
（5）http://www.soumu.go.jp/main_content/000184561.pdf
（6）http://www.soumu.go.jp/menu_hourei/k_houan.html
（7）本章は、荒木尚志外「座談会・転機を迎える国家公務員労働関係法制」『ジュリスト』(1435) 2011・12・15、8頁以下、下井康史「地方公務員制度における新たな労使関係の構築に向けて（覚書）」『地方公務員月報』2012・6、2頁以下などから大きな示唆をうけた。
（8）2012年6月1日に180回衆議院本会議で提案理由の説明と若干の質疑があり、その後衆議院内閣委員会で3回の審査があった。
（9）なお、多くの論者から、国公労法案（及び地方公務員労働関係法案）は、公務員にも憲法28条の労働基本権を保障しようとの趣旨で立法されたものではないことが指摘されている。
（10）現行国公法附則16条。なお、労基法も適用されない。
（11）職員に関する労働関係については、「この法律の定めるところにより、この法律に定めのないものについては、労働組合法（括弧内省略）の定めるところによる。」とされた（公労法3条）。

(12) 労基法は、国家公務員には適用されない（現行国公法附則16条）が、地方公務員には一部例外を除いて適用される（現行地公法58条3項）。
(13) 労組法では「労働協約」（14条など）とされ、現行地公労法では「協定」（8条など）とされている。
(14) 道幸哲也「国家公務員労働関係法案の団交・協約規定」『法律時報』（1043）2012・2、29頁以下は、（国公法改正法案は）自律的であることを強調しているが、基本的には国家公務員法システムの中に団交・協約法制がビルトインしていると評価する。根本到「『国家公務員の労働関係に関する法律案』で提示された制度の内容と課題」『労働法律旬報』（1755）2011・11・1は、国公法改正法案について「公務労働者にも相応の責任を負わせ、勤務条件をこれまで以上に削減することが志向されている。」と評価する。
(15) 菅野和夫『労働法10版』弘文堂、2012年、842頁、『新基本法コンメンタール労働組合法』日本評論社、2011年、261頁
(16) 現行国公法においては、「当局」とされ（108条の5）、「交渉の当事者である『当局』は、交渉事項を分担管理する『当局』となる。」とされている（中村博『特別法コンメンタール国家公務員法』第一法規出版、1987年、678頁）。
(17) 橋本勇『逐条解説地方公務員法第2次改訂版』学陽書房、2009年、924頁、なお今枝信雄『逐条地方公務員法第3次改訂版』学陽書房、1967年、729頁は、「『適法に管理し、又は決定することのできる』というのは、交渉事項について調査研究し、企画し、立案することが法令、条例、規則その他の規程によってその任務の範囲内にあると解され、または交渉事項について、法令の規定によりなんらかの決定をすることが認められている機関である」とする。
(18) 355頁の表参照
(19) これら当局は、一般には担当職員を指名して団体交渉を行うこととなる。長部局以外の「地方公共団体の当局」も、長部局の担当職員を指名することとなろう。
(20) なお、消防組織法において「消防職員に関する任用、給与、分限及び懲戒、服務その他身分取扱いに関しては、この法律に定めるものを除くほか、地方公務員法（括弧内省略）の定めるところによる。」（16条）とされ、消防組織法は、消防職員の身分取扱いに関して地公法の特別法と位置づけられ、消防職員には消防組織法がまず適用される。
(21) 地方公務員法等の一部を改正する法律16条による地方公務員労働関係法2条の改正案による。
(22) 消防職員団体の登録のためには、「当該消防職員団体が同一の市町村に属する消防職員のみをもつて組織されていることを必要とする」（消防組織法改正案17条の2、4項）。
(23) 但し、消防職員及び地方公営企業職員の両者を除く一つの地方公共団体の職員が、全ての組合員の過半数でなければ認証を受けられない（地方公務員労働関

第3期　国家公務員法等改正法案の国会上程

係法案5条4項)。
(24) 現実には、そのような職員団体は存在しない。
(25) 市町村公平委員会が定めるより、都道府県労働委員会が定めた方がその範囲が統一され、公平性が担保されよう。
(26) 現行地公労法5条2項は、「労働委員会は、職員が結成し、又は加入する労働組合（以下「組合」という。）について、職員のうち労働組合法第2条第1号に規定する者の範囲を認定して告示するものとする。」としている。
(27) ①大阪高判平16.5.13『労働法律旬報』(1579) 2004・7、61頁（原審：奈良地判平14.12.11裁判所ウェブサイト)、②さいたま地判平19.7.13『判例タイムズ』(1260) 2008・4、276頁、③東京高判平22.8.25『判例地方自治』(338) 2011・3、36頁（原審：さいたま地判平21.4.22『判例地方自治』(338) 2011・3、43頁)
(28) 認証のための規約の条件として、「会計報告は、組合員によって委嘱された公認会計士（外国公認会計士を含む。）又は監査法人の監査証明とともに少なくとも毎年一回組合員に公表されることとされていること。」（地方公務員労働関係法案5条2項2号）があるが、これは労組法5条2項が「規定を含まなければならない」としているのと同趣旨である（職員団体等に対する法人格の付与に関する法律5条3号も「公表されることとされていること」としている）。現実に実施されているか否かは組合自治の問題である。したがって、現実に実施されているか否かについての報告又は資料の提出を求めること（地方公務員労働関係法案5条14項）は、「この条の規定による事務」ではない。

　なお、「規約の作成又は変更、役員の選挙その他これらに準ずる重要な行為が、全ての組合員が平等に参加する機会を有する直接かつ秘密の投票による全員の過半数（役員の選挙については、投票者の過半数）によって決定される旨の手続」については、規約に定められているとともに現実にもその手続が取られている必要がある（同5条3項)。
(29) 市町村公平委員会が登録事務を行うより、都道府県労働委員会が認証事務を行う方が当局による労働組合への干渉は減るであろう。
(30) 大阪地判平4.10.2（羽曳野市事件『判例タイムズ』(815) 193頁）は、専従不許可処分が職員団体に対して不当に干渉する意図でなされる等、裁量権の範囲を逸脱し、又は権利の濫用にわたると認められるときには不許可処分を取り消すべきとしている。
(31) 国公労法案8条はいわゆる短期専従制度であり、ながら条例とは異なる。地方公務員の場合は、短期専従制度に替わるものとして職員の勤務時間、休暇等に関する条例で無給の組合休暇が認められているのが一般である。
(32) 武井寛「国家公務員労働組合の法的性格」『法律時報』(1043) 2012・2、20頁は、国公労法案が成立すれば、①職員が主体となっていない（労組法の適用を受ける）組合、②職員が主体となっており国労法の適用を受けるが認証されない

組合、③国労法の適用を受ける認証された労働組合の3種が存在することになるという。
(33) 現行地公労法附則5項で、現業職員には地公労法及び地方公営企業法37条から39条までが準用される。しかし、地方公営企業法39条1項の準用にあたっては読替規定によって、現業職員には現行地公法の職員団体の規定（52条から56条まで）が適用される。
(34) 中労委平成20年10月15日大阪府・大阪府教育委員会不当労働行為再審査事件命令（中央労働委員会命令・判例データベース）は、「……いわゆる『混合組合』も、労組法の適用される構成員に関わる問題については、労組法上の権利を行使することができ、労組法第7条各号の別を問わず申立人適格を有するものと解するのが相当である。このように解さないと、労組法の適用される組合の構成員は、労働組合加入の自由が保障されているにもかかわらず、自らの労働条件を労組法上の使用者に対する団体交渉により解決する手段を持ち得ないこととなり、不当労働行為救済制度の本来の趣旨である労働者の団結権の保護及び労働組合選択の自由の観点からして著しく妥当性を欠くこととなるからである。」とする。
　しかし、裁判所は、その主体が非現業職員である混合組合は地方公務員法上の職員団体であるとし、その不当労働行為救済申立について1号申立は認めるが、2号及び4号の申立は認めない（大阪高判平14.1.22『労働判例』(828) 2002・9・1、73頁)。
(35) 但し、地方公務員労働関係法案での団体協約には規範的効力は認められないのに対し、現行地公労法の協約は労組法上の労働協約とされるので理念上は規範的効力が認められる（現行地公労法4条によって労組法16条が適用される。なお同旨現行特定独労法3条)。
(36) 自治労県本部も、公務員労働組合等に対する法人格の付与に関する法律案の要件を充たせば法人格を取得できる。
(37) 公報資料センター「労使関係」労働委員会裁判所協議資料Ⅱ899頁は、自治労県本部が非現業職員主体の職員団体が中心である等として否定的である。現在、大阪府労働委員会（大阪市事件、組合事務所使用不許可団交拒否事件）で労働組合などの連合体（労組法適用組合員が過半数）の労働委員会救済申立資格が問題となっている。
(38) 大阪高判平11.11.26『労働判例』(782) 2000・7・15、67頁兵庫地労委（二一世紀ひょうご創造協会）事件は、「地方公務員法上の職員団体は、地方公共団体との交渉を通じてその職員の勤務条件の維持改善を図ることを目的とする団体であり、地方公務員法52条を根拠とするものであるから、右職員団体が地方公共団体以外の団体の職員の勤務条件について明文の定めもなく、当然に、右団体と団体交渉を行うことができると解することは、地方公務員法及び労働組合法の予定しないところであり、相当であるとはいえない。」としている。
(39) 登録消防職員団体になるには、同一の市町村に属する消防職員のみをもって

第 3 期　国家公務員法等改正法案の国会上程

組織されていることが必要である（消防組織法改正案17条4項）。
(40) 地方公務員労働関係法案は、「労働組合」と「認証された労働組合」を書き分けている。特に8条、18条参照
(41) 現行地公法55条2〜10項は、非登録職員団体にも適用されるという（橋本前掲注(17)916頁）。
(42) 現行地公労法7条は、交渉事項を次のとおりとしている。
　　　　　1　賃金その他の給与、労働時間、休憩、休日及び休暇に関する事項
　　　　　2　昇職、降職、転職、免職、休職、先任権及び懲戒の基準に関する事項
　　　　　3　労働に関する安全、衛生及び災害補償に関する事項
　　　　　4　前3号に掲げるもののほか、労働条件に関する事項
　地方公務員労働関係法案では、2号の「先任権」（行政整理分限免職や再採用にあたって先任者が有利に扱われる権利）が削除されている。これは我が国にはそのような権利が認められていないからである。
(43) すなわち、労組法の団体交渉と異なり、組合員個別の昇任などは交渉事項とされていない。これは、組合員個別の人事は当局の管理運営事項とされるからであろうか。
(44) 東京高判平19．7．31根岸病院事件（『労働判例』(946)58頁）、最三小判平23．4．12INAXメンテナンス事件（『労働判例』(1026)2011・8・1-15、27頁）も、「本件団交申入れに係る議題は、CE（カスタマーエンジニア）の労働条件や、組合等とＸの団体的労使関係の運営に関する事項であって、Ｘが決定することが可能なものであるから、Ｘが正当な理由なくこれを拒否することは許されず、Ｘの行為は、労組法第7条2号の不当労働行為を構成するものというべきである。」旨判示している。
(45) 労使関係事項とは、交渉ルールや認証労働組合との交渉手続き、認証労働組合に対する便宜供与（組合専従、組合休暇、組合事務所、組合掲示板、組合費のチェックオフ）等であるが、その一部（予備交渉等（地方公務員労働関係法案11条）、在籍専従等（同7条））は法定化される。
(46) 平成21年6月17日中労委命令太陽自動車事件も「団体交渉において使用者は、単に労働者の代表者との交渉に応ずるだけではなく、自己の主張を労働組合が理解し、納得することを目指して、見解の対立を可能な限り解消させることに努め、労働者の代表者と誠実に交渉する義務があり、使用者が当該義務を尽くさないときは、労働組合法第7条第2号の不当労働行為に該当するというべきである。すなわち、使用者は、労働組合の要求や主張に対する回答や自己の主張の根拠を具体的かつ合理的に説明し、労働組合の要求に応じられないのであれば、その理由を十分に説明し納得が得られるよう努力するべきものである。」としている。
　荒木尚志「公務員の自律的労使関係制度と民間における団体交渉制度—協約締結権付与の意味を考える」『地方公務員月報』(578)2011・9、6頁
　現行地公法55条でも、団交拒否に対し損害賠償が命じられた例がある（神戸地

判昭63．2．19兵庫県教委事件『労働判例』(513) 1988・5・1、6頁)。
(47) 長以外の地方公共団体の当局が、長部局職員を指名して団体交渉を行う場合は、その職員に対し交渉の妥結権を与える必要がある。
(48) 東京地判昭61．2．27『労働判例』(469) 1986・5・1、10頁は、「同条(代理人注、公労法8条)は、管理運営事項そのものは団体交渉の対象とすることはできないけれども、当該事項が管理運営事項であつてもそれが職員の労働条件その他の職員の待遇に関連するものであるときには、職員の労働条件その他の待遇に関連する範囲内においては団体交渉を行うことができることとしたものと解するのが相当である。」とし、神戸地判昭63．2．19『労働判例』(513) 1988・5・1、6頁も「職員の勤務に関する限り、管理運営事項と職員の勤務条件等に関係する事項とは、事柄の性質上密接不可離に関連し、相表裏の関係に立つことが少なくはなく、したがつて、そのような場合、管理運営事項そのものは交渉の対象となりえないとしても、その処理の結果が職員の勤務条件等に関係する事項に影響を及ぼす限りにおいては、影響を受ける勤務条件等に関する事項が交渉の対象になるものと解するのが相当である。」としていた。

最近は、地公法46条(措置要求)と55条1項(交渉)の管理運営事項が争われており、名古屋高判平4．3．31『労働判例』(612) 71頁は、「ある事項が管理運営事項に関するものであると同時に勤務条件と密接に関連する場合がある。具体的には、管理運営事項の処理の結果、影響を受けることのある勤務条件がこれにあたるのであるが、このような場合に管理運営事項に属するという理由だけから、措置要求の対象にならないとすると、前記の代償措置としての措置要求制度そのものの趣旨を没却してしまう結果となるので、勤務条件の側面からの問題として、措置要求の対象とすることは制約されず、その結果、当局が管理運営事項について何らかの措置を執らざるを得なくなったとしても、それは管理運営事項自体を措置要求の対象としたわけではないから、右の原則に反するとはいえないのである。」とし、名古屋地判平5．7．7『労働判例』(648) 1994・6・15、76頁も「措置要求事項が管理運営事項に関連する場合であっても、それが個々の職員の具体的勤務条件に関する側面から、その維持改善を図るためになされたものである限り、措置要求の対象とすることは許されると解するのが相当である。……本件措置要求の対象である社会科教室及びその標本室あるいは準備室の設置は、佐屋高校を所管する愛知県教育委員会(以下「県教委」という。)の管理運営事項に該当することは明らかである。……本件措置要求事項は、原告の具体的勤務条件に関する側面から、その改善を図るためになされたものであるから、地公法46条所定の具体的勤務条件に該当し、措置要求の対象となるといわざるを得ない。」としている。

なお、認証労働組合が団交を申し入れるにあたっては、管理運営事項を理由に団交が拒否されないように、団交事項を「＊＊業務の民間委託によって生じる＊＊業務担当職員の勤務条件の変更」などとする工夫が必要であろう。

(49) 大阪府労働委員会（大阪市事件平成24年（不）21号、組合事務所使用不許可団交拒否事件）で労使関係事項（＝組合事務所使用許可問題）が管理運営事項である場合は交渉できないのかが問題となった。

(50) 清水敏「紛争調整、代償措置および争議行為の禁止」『法律時報』（1043）2012・2、36頁は、立法論として国公労法案7条3項の在籍専従期間を労働紛争調整の対象とすべきというようであるが、地方公務員労働関係法案の場合は、法律事項は地方公共団体の当局の権限外事項となろう。下井康史前掲注（7）11頁
　　したがって、地公法改正案11条（団体交渉の手続等）に定める事項は団体交渉の対象外とされよう。

(51) この点について、国公労法案は、「認証された労働組合と当局は、第10条第1項各号に掲げる事項に関し団体協約を締結することができる。ただし、この法律、国家公務員法、検察庁法（括弧内省略）及び外務公務員法（括弧内省略）の改廃を要する事項に関しては、団体協約を締結することができない。」（13条）とする。法律の制定又は改廃を要するものでも勤務条件に関する事項であれば、団体交渉及び団体協約の締結ができるところ（10条1項1号）、国公労法、国家公務員法等については、団体交渉はできるが団体協約は締結できないとしている。具体的には、団体交渉の手続等を定める国公労法案12条、組合役員専従期間を定める同7条などが問題となると思われる。

(52) 国公労法案の内閣の承認（14条2項）については、渡辺賢「国家公務員制度改革と統治の仕組み」『労働法律旬報』（1755）2011・11上旬、18頁

(53) 規範的効力は労働協約を締結した組合の組合員にのみ適用がある。但し、多くの場合、使用者はその内容に応じて就業規則を改正する。このことによって非組合員にも効果が及ぶ。なお、「使用者が就業規則の変更により労働条件を変更する場合において、変更後の就業規則を労働者に周知させ、かつ、就業規則の変更が、労働者の受ける不利益の程度、労働条件の変更の必要性、変更後の就業規則の内容の相当性、労働組合等との交渉の状況その他の就業規則の変更に係る事情に照らして合理的なものであるときは、労働契約の内容である労働条件は、当該変更後の就業規則に定めるところによるものとする。」（労働契約法10条）とされている。

(54) 晴山一穂「団体交渉と立法措置」『法律時報』（1043）2012・2、32頁参照

(55)「認証された労働組合と地方公共団体の当局との間の団体協約は、書面をもって作成し、両当事者が署名し、又は記名押印することによってその効力を生ずる。」（地方公務員労働関係法案14条1項）。なお、現行地公法で、条例の改廃提案の場合（8条）は議会の議決がないと協約の効力は生じないが、規則等の改廃がなされなかった場合（9条）にどうなるかとの問題がある。裁判例では、「かゝる公法関係にある労務職員の勤務関係において、当該地方公共団体の長は、条例、労働協約、及び労働基準法の定めに反しない限り、就業規則の制定により勤務条件の決定を行うことができるのであつて、この就業規則には私企業におけ

第13章 「地方公務員の労働関係に関する法律案」の内容と課題

　　る就業規則と異なり地方自治法により法的規範としての効力が与えられている」とされているので（福岡高判昭58.3.16『労働判例』(422) 1984・3・15、75頁）、規則などが改廃されなければ効力は生じないであろう。なお、反対の学説がある（清水敏「公務における勤務条件決定システムの転換」『季刊労働法』(235) 2011冬季、113頁。
(56) 晴山一穂前掲注（54）33頁は、国公労法案について「立法論としては、協約内容に即した法案の成立に向けて最大限努力すべき国会の義務を明記することが考慮されてしかるべきであろう。」というが、地方公務員労働関係法案についても同様であろう。
(57) 荒木尚志外前掲注（7）17頁、29頁、山本隆司「地方公務員と団体協約締結権」『地方公務員月報』(583) 2012・2、根本到『『国家公務員の労働関係に関する法律案』で提示された制度の内容と課題」『労働法律旬報』(1755) 2011上旬、14頁、荒木尚志前掲注（46）9頁
(58) この結果、地方公共団体の当局は、複数の認証労働組合に対し条例の提案義務、規則などの改廃義務を負うこととなる。
(59) 現行地公労法では、協約締結後10日以内とされている（8、10条）。
(60) なお、地方公共団体の当局が労働委員会の救済命令を実施しない場合の救済方法も問題となる。
(61) 認証労働組合は、実施義務違反によって実際に組合に生じた損害とともに、団結権・団体交渉権・団体協約締結権否認による無形損害（認証労働組合の慰謝料）を請求できよう。
(62) 晴山一穂前掲注（54）30頁、荒木尚志外前掲注（7）16・17頁。山本発言は、国公労法案について「協約締結権を国公労法案がはっきり認めていることから、異例ではありますが、当事者訴訟として、内閣による法案提出の違法確認訴訟も考えられるのではないでしょうか」としている。
(63) 地方公共団体の当局が「マスコミないし住民の傍聴を認めなければ交渉に応じない。」として団交を拒否することは、地方公務員労働関係法案11条6項が団体交渉について公表を命じているのが「議事の概要」のみであることからしても、正当な理由とはならないであろう。
(64) これは、平等取扱の原則による職員の採用が要請されるからである（現行地公法13、15条、現行国公法27、33条）。
(65) 現行地公労法の場合も、労組法が適用されるので不当労働行為救済申立の相手方は、法人たる地方公共団体である。
(66) そもそも団体交渉を申し入れる際であっても、相手方が自明とは言いがたい。「四　勤務条件に関する事項のうち、前三号に掲げるもの以外のもの」について団体交渉ができる地方公共団体の当局は「当該事項について適法に管理し、又は決定することのできる者」とされているが（地方公務員労働関係法案10条4号）、それが誰であるかは簡単にはわからないと思われる。しかも、ここでいう地方公

第3期　国家公務員法等改正法案の国会上程

　共団体には、退職手当組合のような一部事務組合など（地自法284条）も含まれるであろうから、「地方公共団体の当局」の特定は容易ではないであろう。

(67)　その代表者は、地方公営企業の場合を除き、地方公共団体の長となろう。地方公営企業の場合は、地方公営企業管理者が代表者となる（地方公営企業法8条）。教育委員会は、教育委員会等の処分若しくは裁決等に関する取消訴訟で地方公共団体を被告とする訴訟について、当該地方公共団体を代表する（地方教育行政の組織及び運営に関する法律56条）とされるが、同条は労働委員会への救済申立事件には適用されない。そして、地方公共団体の長以外の任命権者も地方公共団体を代表する権限はない。

(68)　しかし、地方公務員労働関係法案が現行法とは異なり、団交拒否について組合員個人の申立を認めていること、採用差別を不利益取扱いとしていること等からすると、これまでの判例法理とは異なり地方公共団体の当局を相手方とする立場に立っている可能性もないではない。もし、救済申立の相手方が、地方公共団体の当局であるならば、救済申立の趣旨は、「被申立人は、組合員Aに対する不利益取扱いはなかったものとして取り扱え。」となろう。

(69)　人事（公平）委員会への審査請求及び裁判所に対する懲戒処分取消請求において、懲戒処分が地方公務員労働関係法案8条に違反する違法なものである旨の主張は従前どおり可能である。

(70)　北海道労働委員会昭和46年9月10日命令は、「被申立人は、別紙申立人目録記載の申立人のうちX2を除くその余の申立人らに対し昭和43年5月6日付けでなした訓告処分を取消し、右処分の日以後右処分がなかったものとして取扱わなければならない。」とし、北海道労働委員会昭和62年3月27日命令も、「被申立人は、申立人X1及びX2に対し、昭和52年9月12日付けでなした戒告処分を取り消し、処分の日以降、当該処分がなかったものとして取扱わなければならない。」とした。

　なお、北海道労働委員会平成23年6月24日命令は、「使用者の行為が組合員に対して具体的な不利益を与えるものである場合に、当該使用者の行為が支配介入に当たると解される場合においても、当該不利益を是正することをも内容とする救済命令を発することは、労働委員会の裁量の範囲内であって、許されるものと思料する。」として、

　　1　被申立人北海道は、申立人Bになした平成20年2月28日付け戒告をなかったものとして取り扱わなければならない。
　　2　被申立人北海道は、平成20年2月28日付け戒告を申立人Bになすことにより、申立人北海道教職員組合の運営に支配介入してはならない。

　との救済命令を発している。

(71)　救済命令は、例えば「市長は、組合員Aを職員として採用する措置を講じなければならない。」などとなろう。最判平15.12.22国労・全動労組合員採用差別（北海道）事件（『判例時報』(1847) 2004・4・11、8頁）で、中労委は、事業団からの離職を余儀なくされた者であって被上告人（JR北海道）らに採用を申

第13章 「地方公務員の労働関係に関する法律案」の内容と課題

し出た者についての職員採用に関する選考やり直し、選考やり直しの結果採用すべきものと判定した者についての採用取扱い及び同日以降の賃金相当額の60％相当額の支払等を命じている。

(72) 不採用を行政処分と見うるかという問題があるが、水戸地判昭55.11.20（『労働判例』(355) 1981・3・1、49頁）は、「任命権者が職員の採用に当たり、法の要請する能力の実証に基づかず、或は他事考慮し、或は不正、不当な動機ないし目的をもって採否を決した場合等には、右行為（処分）は裁量の範囲を逸脱したか、もしくは裁量権の濫用として違法となり、取消訴訟の対象となる。」としている。一方、再任用に関してではあるが、東京高判平21.10.15（『労働判例』(995) 2010・3・15、60頁）は、「都教委において採用選考の申込者を必ず合格させなければならないわけではなく、また、合格者を必ず採用しなければならないわけでもないのであり、採用選考の申込者に職員としての採用を求める権利があるわけでもないのであるから、そうとすれば、都教委が申込者を不合格として採用しなかったとしても、その申込者の『権利義務を形成しまたはその範囲を確定する』ものではないから、本件不合格に行政処分性を認めることはできないものというべきである。」としている。

(73) 1963年6月の改正前は、「訴訟……に関すること」とされていたが、最判昭34.7.20（『裁判所時報』284-2）は、応訴する場合は議会の議決を必要としないとした。

　なお、括弧内の規定により、普通地方公共団体の行政庁の処分又は裁決に係る普通地方公共団体を被告とする訴訟に係るものについては、議決は不要とされている。最判平23.7.27（『判例地方自治』(359) 2012・10、70頁）も、普通地方公共団体を被告とする抗告訴訟につき、当該普通地方公共団体が控訴又は上告の提起等をするには、地自法96条1項12号に基づくその議会の議決を要しないとしている。

(74) 注(70) 北海道労働委員会昭和62年3月27日命令、なお労働委員会には、裁判所と異なり、処分を取り消す権限はない。ちなみに、裁判所が処分を取り消す場合の主文は、「戒告処分を取り消す」となる。

(75) 当該処分をすべき行政庁を市長などとすることとなる。

(76) 荒木尚志外前掲注(7) 28頁

(77) 労調法における労働紛争調整申請では、組合の資格審査が不要なことはもちろん、労働組合ではない一時的な争議団も申請できる。

(78) 調停、仲裁については、現行地公労法14、15条と同様である（なお、現行特定独労法27条1号、33条1号）。

(79) そこで、認証労働組合は「組合は、発生した団体協約締結にかかる紛争につき、自主解決の努力を尽くしてもなお解決しない場合、労働委員会に調停又は仲裁を申請することができる。」旨の団体協約の締結を検討すべきであろう。この団体協約があれば、組合側の一方的申請が可能である。

第3期　国家公務員法等改正法案の国会上程

(80) 根本到前掲注（14）は、強制仲裁が当局によって利用されることを危惧する。
(81) 地方公営企業の場合、条例で定めるものを除き、地自法96条1項12号の規定は適用しないとされている（地方公営企業法40条2項）。そこで企業職員の労働組合の場合、条例に定めがなければ労働紛争調整にあたり議会の議決は不要である。しかし、現業職員にはこのような例外規定がないので地自法96条1項12号が適用され、議会の議決が必要である。
(82) あるいは、「訴訟……に関すること」が「訴えの提起……に関すること」と改正されたように、「あっせん、調停及び仲裁の申請……に関すること」とする改正も考えられよう。
(83) ドライヤー報告2248パラ20、結社の自由委員会第1165号案件（第222次報告）など
(84) 最高裁判決が指摘するように仲裁裁定の効力には現行地公労法16条2・3項に制限がある。なお、地方公営企業職員ないし現業職員の場合であっても、実際はほとんどの勤務条件は条例又は規則で定められており、仲裁裁定が同条2・3項の制約を受けることが少なくないであろう。
(85) しかも、有効期間の定めのない団体協約とみなされるので（地方公務員労働関係法案45条）、90日前の通告で解約が可能である（同法15条3・4項）。
(86) なお、「法案においては、認証された労働組合が、協約締結に係る紛争に際して、中央労働委員会に仲裁を申請できることとしておりますが、こうした措置が争議権制約の代償措置としての機能を果たす面もあると考えております。」（平成24年6月1日衆議院本会議における国務大臣中川正春答弁）とされている。
(87) 人事院平成21年度年次報告書「第1編《人事行政》【第2部】公務員の労使関係──給与決定過程を中心として──Ⅲ　我が国における三公社五現業の沿革とその給与決定過程（2）三公社五現業の給与決定過程」
(88) 前掲注（87）
(89) 地方公務員問題研究会編集「実務問答企業職員等の労働関係」ぎょうせい、1985年が詳しい。
(90) 根本到「新たな公務労使関係制度の課題」（『労働法律旬報』（1752）2011・9）は、人事院勧告の廃止はともかくとして、人事院そのものの廃止については、人事行政の公正確保及び職員の利益の保護が後退するとして反対する。
(91) 法案起案担当者は、これら規定を根拠に、民間給与調査は、公務員庁が行うとしているようではある。
(92) 下井康史前掲注（7）、山本隆司前掲注（57）
(93) 2012年5～6月の調査は、人事院と47都道府県20政令指定都市、特別区及び和歌山市の69人事委員会が調査先を分担し、職員が直接事業所を訪問して行われた（調査員約1,200人）。
(94) ちなみに、給与とは給料と手当の総称である。
(95) 詳しくは、下瀬謙「地方公務員の給与体系及び給与制度──給料（本

給）──」『地方公務員月報』（578）2011・9、31頁
(96) 自治労が実施した2012年6月1日現在の2012年度自治体臨時・非常勤等職員の賃金・労働条件制度調査による。なお、調査対象は自治労加盟単組のある1,349自治体である。
(97) 新潟地労委命令昭和60年10月12日新潟県巻農地事務所事件（不当労働行為事件命令集78集603頁）
(98) 手当支給を可能とする地自法改正をめざす動きがある。
(99) 最大判昭41.10.26（全逓東京中郵事件）刑集20巻8号901頁、最大判昭44.4.2（東京都教組事件）刑集23巻5号305頁等
(100) 最大判昭48.4.25（全農林警職法事件）刑集27巻4号547頁、最大判昭52.5.4（全逓名古屋中郵事件）刑集31巻3号182頁等
(101) 国家公務員である警察職員及び海上保安庁又は刑事施設に勤務する職員についても同様である。これら職員の勤務条件は、「当該職員の職務の特殊性及び他の職員の勤務条件との均衡を考慮して定めるものとする。」（国公法改正法案127条、なお同旨地公法改正法案52条）とされている。なお、「人事院から指摘のあった、警察職員及び海上保安庁または刑事施設に勤務する職員については、最高裁判決で代償措置の一つとされている法定された勤務条件を享受すること、それから、団結権を制限される職員の勤務条件については、その職務の特殊性及び協約締結権を付与される職員の勤務条件との均衡を考慮して定める旨の原則を新たに規定すること、そして、人事公正委員会に対する勤務条件に関する行政措置要求制度を存置することから、必要な代償措置は確保されていると考えております」（2012年6月1日（金曜日）衆議院本会議における国務大臣中川正春答弁）とされている。
(102) 道幸哲也前掲注（14）22頁は、労働条件不利益変更システムの導入と評価している。この評価は将来の社会経済状況の予想からして正当と思われる。
(103) このストライキに対し懲戒処分が発令され、その取消訴訟において、組合側は人勧完全実施を求めたものであるからストライキは正当なものであるとの主張を行ってきた。
(104) これは虚構であって、国家公務員の場合は国債に、地方公務員の場合は国からの交付税に頼っているのが実態のようである。しかし、理念上、その源泉は税金以外にはない。
(105) 平成24年版高齢社会白書（内閣府）
(106) 例えば、職制等の改廃等により過員等を生じたとして分限免職処分となった人数は、以前と比較して格段に増え2008年度で737人、2009年度で893人となっている（『地方公務員月報』（573）2011・4、74頁）。厚生労働省「労働争議統計調査」によると、争議行為を伴う争議の件数は、1974年で9,581件、2009年で92件とされている。

第14章　2014年の国家公務員制度改革関連法について

稲葉　馨

1　国家公務員制度改革関連法制定までの経緯

(1) 2014年国家公務員法改正

(ⅰ) 国家公務員法（昭和22年法律第120号。以下、「国公法」と略すこともある）は、2014（平成26）年に、3つの法律による改正を受けた。すなわち、①国家公務員法等の一部を改正する法律（法律第22号）、②独立行政法人通則法の一部を改正する法律の施行に伴う関係法律の整備に関する法律（法律第67号）、そして③行政不服審査法の施行に伴う関係法律の整備等に関する法律（法律第69号）によるものである。

　②は、独立行政法人制度改革の一環として、業務の特性に応じ独立行政法人を3つの類型（中期目標管理法人・国立研究開発法人・行政執行法人）に区分して規定することとなり、そのうち行政執行法人の役職員だけに国家公務員の地位が与えられることとなったため、改正前の「特定独立行政法人」を「行政執行法人」に書き換えることを主眼として行われたものである。

　③は、行政不服審査法の全面改正により、改正前の審査請求と異議申立てが新たな「審査請求」に一本化され、直接同法に基づいて提起できる不服申立てが新「審査請求」に「一元化」されたことに伴い、「異議申立て」・「不服申立て」の語を「審査請求」に書き換えることを主たる内容とするものである。

(ⅱ) これに対し、①は、能力本位の任用制度・新人事評価制度を中心とする「能力・実績主義」人事管理方式の導入（2009年4月1日施行）や

再就職規制の見直し等を行った2007（平成19）年６月の国公法改正（法律第108号。以下、「19年法」とする）以来の本格改正といえる。国公法の条文ごとに見ると、新設された条文が19箇条、そして変更を受けた条文が17箇条にも及ぶものであり、加えて、一般職の職員の給与に関する法律（以下、「給与法」とする）や国家公務員退職手当法などの公務員制度関連法律だけでなく、内閣法・国家行政組織法・内閣府設置法・総務省設置法などの主要な国家行政組織関係法律の改正をも含んでいるからである（本章の標題にある「2014年の国家公務員制度改革関連法」とは、この①を指すが、以下では「26年法」とする）。

（２）国家公務員制度改革基本法下の改正法案

（ⅰ）もっとも、第一次安倍内閣の下で行われた前記2007年改正以降の約７年間、関連法律の改正に伴う技術的な修正といった類いのものを超えて、制度のあり方を質的に問い直すような「公務員制度改革」と呼ぶに値する法改正の試みが行われなかった、という訳では決してない。[1]

　むしろ、国家公務員制度改革について示された７つの「基本理念」の下、内閣に国家公務員制度改革推進本部を設置して改革の「総合的推進」を図る旨を定める国家公務員制度改革基本法（平成20年法律第68号）が制定されている。そして、同本部は、「基本法に掲げる改革事項全体について、何をいつまでに実現するかという改革の全体像につき、予め政府として決定することが重要である」との観点から（平成21年２月３日・国家公務員制度改革推進本部決定「公務員制度改革に係る『工程表』について」）、４年度にわたる「工程表」を策定したのである。

（ⅱ）この「工程表」は、１年目に当たる2009（平成21）年の計画として、「幹部職員等の一元管理、内閣人事・行政管理局（仮称）の設置のための法整備を行うほか、幹部職員賞与の傾斜配分化を実施するための法整備を行う」としていたところであり、実際、同年３月31日、「国家公務員法等の一部を改正する法律（案）」が当時の麻生内閣から第171回国

第 3 期　国家公務員法等改正法案の国会上程

会（常会）に提出された。これは、①幹部職員等の一元管理関係（内閣総理大臣による適格性審査・幹部候補者名簿の作成、各大臣等による幹部候補育成課程の設定、幹部職員の公募・降任の特例など）、②内閣人事局関係（内閣官房に内閣人事局を置き、従前より中央人事行政機関としての内閣総理大臣が所掌してきた事務に加えて、国家公務員制度の企画・立案等、行政機関の機構・定員に関する企画・立案・調整〔以上、総務省から移管〕、級別定数の設定・改定、任用、採用試験〔実施を除く〕、研修の一部〔以上、人事院から移管〕を所管する）、並びに③国家戦略スタッフ・政務スタッフ関係（内閣官房に国家戦略スタッフ〔内閣の重要政策の企画・立案につき総理を補佐〕を、各府省に政務スタッフ〔特定の政策の企画・立案および政務につき大臣を補佐〕を置く）という 3 つの柱からなるものであったが、同年 7 月、衆議院の解散により審議（審査）未了・廃案となった（以下、この法律案を「21年法案」とする）。

(ⅲ) 次いで、翌2010（平成22）年にも「国家公務員法等の一部を改正する法律（案）」が、政権交代後の鳩山内閣によって第174回国会（常会）に提出されている（以下、この法律案を「22年法案」とする）。これは、①内閣の人事管理機能の強化（幹部職員人事の一元管理と弾力化など）、②内閣人事局の設置、③国家公務員の退職管理の一層の適正化を内容とするものであるが、内閣人事局の所掌事務は、一元管理関係事務のほか国家公務員制度改革推進本部に関する事務に限られており（22年法案 3 条による改正後の内閣法16条 2 項・附則 2 項）、21年法案に盛り込まれていた人事院・総務省からの事務移管は含まれていなかった。22年法案自体が、別途、政府において国会上程が予定されていた「『政治主導関連法案』との関連が深い幹部人事」に関する部分を「先行提出」したものと位置づけられており、事務移管の問題は、「労働基本権問題を含む抜本的な国家公務員制度改革法案」に委ねられることとなったからである。なお、この22年法案は、衆議院で可決され参議院に送付されたが、

参議院議員選挙を前にしての国会閉会に伴い、審議（審査）未了・廃案となった。

（ⅳ）国家公務員制度改革基本法（以下、「改革基本法」とする）12条は、労働基本権の問題について、「政府は、協約締結権を付与する職員の範囲の拡大に伴う便益及び費用を含む全体像を国民に提示し、その理解のもとに、国民に開かれた自律的労使関係制度を措置するものとする」と定めており、2008（平成20）年10月以降、国家公務員制度改革推進本部に置かれた労使関係制度検討委員会を中心にその課題について検討をすすめてきた。この「自律的労使関係制度の措置」として制定された法案を含む国家公務員制度改革関連4法案（①国家公務員法等の一部を改正する法律（案）、②国家公務員の労働関係に関する法律（案）、③公務員庁設置法（案）、④国家公務員法等の一部を改正する法律等の施行に伴う関係法律の整備等に関する法律（案））が、2011（平成23）年6月に第177回国会（常会）に提出された（以下、「23年法案」とする）。主要な①〜③について、その内容を簡単に述べると、以下のとおりである。

①国家公務員法等の一部を改正する法律案

（a）幹部職員人事の一元管理等人事制度の改革　内閣による人事管理機能強化のため、幹部職員人事の一元管理（内閣総理大臣による適格性審査・幹部候補者名簿の作成・公募の一元的実施、幹部職員の任免に当たっての各府省大臣等任命権者と内閣総理大臣・官房長官との協議制度の創設）を行うと共に、適材適所の幹部人事を柔軟に行えるようにするため「人事の弾力化」を図る。この一元管理等を担う体制として、内閣官房に内閣人事局を置き、幹部人事の適切な実施の確保等のために必要な企画・立案・調整に関する事務を所掌するものとする。また、内閣総理大臣が定める統一的な基準に従い各府省大臣等が設定・運用する幹部候補育成課程を整備する。
（その他略）

（b）退職管理の一層の適正化（略）

第 3 期　国家公務員法等改正法案の国会上程

(c) 自律的労使関係制度の導入に伴う措置　協約締結権の付与および公務員庁の設置に伴い、人事院勧告制度および人事院を廃止する。人事行政の公正を確保するため、公正原則を明文化すると共に、内閣総理大臣の所轄のもとに人事公正委員会を設置する（不利益処分の不服審査、政治的行為の制限、営利企業への従事制限、官民人事交流の基準制定に関する事務などを所掌）。

②国家公務員の労働関係に関する法律案　自律的労使関係制度を措置するため、非現業国家公務員に協約締結権を付与し、団体交渉の対象事項・当事者・手続、団体協約の効力、中央労働委員会による不当労働行為事件の審査および団体協約締結可能事項に関する労使間紛争のあっせん・調停・仲裁等について定める。

③公務員庁設置法案　自律的労使関係制度の導入に対応する新たな人事行政機関＝公務員庁を、内閣府の外局として設置し、次のような事務を所掌するものとする。各行政機関の人事管理・公務の能率的運営に関する方針・計画に関する事項の企画・立案・総合調整に関すること（内閣補助事務）、国家公務員の任免・分限・懲戒・服務・退職管理関係制度に関する事務、国家公務員の給与・勤務時間・休日・休暇関係制度に関すること、国家公務員の人事評価制度に関すること、国家公務員の団体交渉・団体協約に関することなど（以上、行政各部事務）、および、行政機関の機構・定員・運営改善等に関する企画・立案・調整、各行政機関の機構の新設・改廃および定員管理に関する審査など（組織管理事務）。

このように、23年法案は、制限付きではあるが原則として非現業国家公務員に協約締結権を認め（争議権の付与については、今後の課題とされた〔②の附則11条〕）、戦後の国家公務員制度の象徴ともいえる人事院を廃止するなど、重大な制度変更をもたらすものであったが、2012年11月の衆議院解散により審議（審査）未了・廃案となった。

2 「26年法」(国家公務員制度改革関連法)の概要

(1) 制定の経緯・観点と改正の3本柱

(i) 以上のように、改革基本法が定める制度改革「基本方針」を具現しようとする試みが、21年法案(麻生内閣)・22年法案(鳩山内閣)・23年法案(菅・野田内閣)と三度にわたり改正法律案の国会上程という形で行われたものの、二度に及ぶ政権交代など不安定な政治情勢の中で、いずれも頓挫することとなった。このような経緯を経て、第二次安倍内閣によって第185回国会(臨時会)に提出され、ようやく成立を見たのが26年法(同年4月18日公布。施行日は、内閣人事局の設置など 般的には5月30日、幹部人事の一元管理関係は8月30日など、一様ではない)である。改革基本法が、改革のために必要な「法制上の措置」を講ずる目安としていた同法「施行後3年以内」はもとより、具体的な措置を講じる目途としていた同法「施行後5年以内」(同法4条1項)という「目標時期」も既に過ぎた後のことであった。

(ii) 2013(平成25)年11月22日、衆議院本会議において行われた公務員制度改革担当大臣の26年法(案)に関する趣旨説明(以下、単に「趣旨説明」とする)は、次のとおりである。(5)「現在、我が国は、さまざまな課題に直面しており、これらを迅速に解決し、強い日本を取り戻していく必要があります。このためには、内閣の重要政策に対応した戦略的人材配置を実現し、縦割り行政の弊害を排して、各府省一体となった行政運営を確保するとともに、政府としての総合的人材戦略を確立し、職員一人一人が責任と誇りを持って職務を遂行できるようにするための国家公務員制度改革が急務となっております。〔改行〕このような観点から、政府は、幹部職員の人事の一元管理等に関する規定の創設、内閣人事局の設置等に関する規定の整備を行うとともに、内閣総理大臣補佐官及び大臣補佐官に関する規定の整備等を行うこととする本法律案を提出する次第であります。」

第3期　国家公務員法等改正法案の国会上程

そこで述べられている改革の「観点」については、必ずしも明確ではないが、（ａ）内閣主導の「戦略的人材配置」を実現することによって「縦割り行政の弊害」を排除し、もって「各府省一体」の行政運営を確保すること、（ｂ）政府としての「総合的人材戦略」を確立して、各職員が「責任と誇りを持って」職務に打ち込めるようにすること、が示されているといえようか。

そして、このような観点から具体的にどのような改革を行うのかというと、①幹部職員人事の一元管理等の導入、②内閣人事局の設置等、③内閣総理大臣補佐官（職務規定変更）・大臣補佐官（新設）、この３点に関する規定の整備等ということになる。基本的に、①が「戦略的人材配置」に、②が「総合的人材戦略」に対応すると思われる。

(ⅲ) このような３本柱からなる改正案を廃案になった３法案と比較すると、21年法案に最も近似している。第二次安倍政権発足後、担当大臣の下、有識者の意見を聴取するための「今後の公務員制度改革の在り方に関する意見交換会」が開催され、その『中間整理』（2013年５月24日）に当たって、同大臣は、「今回の検討を、第一次安倍内閣において始めた国家公務員制度改革の延長線上に位置づけて」いること、そして、さらに意見交換会を継続しつつ、「甘利法案」（21年法案）について、この５年間の変化も踏まえて「逐条ごとに精査」することを明らかにした。それから間もない2013年６月28日、改革基本法に基づいて設置されている国家公務員制度改革推進本部は「今後の公務員制度改革について」決定した。そこでは、21年法案の位置づけについて、

「この法律案を基本とし、基本法の条文に即し、以下の各項目に関して機動的な運用が可能な制度設計を行う」という更に踏み込んだ言明がなされている。なお、そこでいう「以下の各項目」としては、幹部職員人事の一元管理、幹部候補育成課程、内閣人事局の設置等、国家戦略スタッフ・政務スタッフ、「その他の法制上の措置の取扱い」の５項目が列挙されているが、本章では、21年法案および26年法に関する通常の分

類に習い、上記の3本柱に沿って26年法の概要を紹介することにしたい（なお、21年法案との比較は、後に行う）。

（2）幹部職員人事の一元管理等

（ⅰ）上記の趣旨説明は、国公法改正により「第一に、幹部職員人事の一元管理等に関する措置を講ずる」とし、「具体的」には、①「幹部職への任用は、内閣官房長官が適格性審査を行った上で作成する幹部候補者名簿に記載されている者の中から、任命権者が、内閣総理大臣及び内閣官房長官との協議に基づいて行うこととし」、また、②「幹部職員の任用を適切に行うために必要があり、一定の要件を満たす場合には、直近下位の職制上の段階の幹部職へ降任することができる特例を設けること」、さらに、③「管理職への任用に関する基準を定めて、その運用の管理等を行うとともに」、④「管理職員の職責を担うにふさわしい能力及び経験を有する職員を育成する仕組みとして幹部候補育成課程を設け」、⑤「あわせて、官民の人材交流を推進するために必要な措置を講ずる」と述べている。

（ⅱ）おそらく、幹部職員人事について「一元管理」という文言を用いている条文は、26年法には存在しないのではないか、と思われる。もっとも、26年法に属するものではないが、その基礎にあるともいえる改革基本法には、「政府は、職員の育成及び活用を府省横断的に行うとともに、幹部職員等について、適切な人事管理を徹底するため、次に掲げる事務を内閣官房において一元的に行うこととするための措置を講ずるものとする」（5条4項柱書き）との定めが見られる。ただし、「幹部職員等」に特化したものとしては改革基本法5条2項があり、「政府は、縦割り行政の弊害を排除するため、内閣の人事管理機能を強化し、並びに多様な人材の登用及び弾力的な人事管理を行えるよう、次に掲げる措置を講ずるものとする」と、その柱書きで定めている。そして、そこでいう「次に掲げる措置」として、幹部職員・管理職員（幹部職員等）を対

第３期　国家公務員法等改正法案の国会上程

　　象とする新制度の設立（１号・２号）、幹部職員の任用における適格性審査・候補者名簿の作成・任免協議（３号）、国家行政機関内外からの人材登用（４号）、および処遇の弾力化（５号）が列記されている。
（ⅲ）上記①〜⑤について、26年法による改正後の国公法（以下、単に「法」とも略す）に即して見ると、次のとおりである。

　　①は、「幹部職員の任用等に係る特例」として整理されている（第３章第２節に第６款として追加。法61条の２〜61条の８）。「幹部職員」とは、国公法34条６号にいう「幹部職」すなわち内閣府・各省の外局たる庁の長官、各省の事務次官・内部部局の長（局長・部長）の官職またはそれに「準ずる官職」を占める職員（防衛省の事務次官・局長・次長等を含む）を意味するが、この幹部職員（幹部職員以外の者で、幹部職の職責を担うにふさわしい能力を有すると見込まれる者として任命権者が内閣総理大臣に推薦した者、およびこれらの者に準ずる者として政令で定める者を含む。以下、同じ）の任用については、他の一般職公務員の場合とは異なる特例手続・条件が設けられることとなった。

　　まず、内閣総理大臣（実際には、委任を受けた内閣官房長官）が、「適格性審査」すなわち幹部職に係る「標準職務遂行能力」（法34条１項５号）を有することを確認する審査を公正に行う。そして、当該能力有りと確認した者について氏名等を記載した「幹部候補者名簿」を作成・更新・提示する（法61条の２）。

　　幹部職への任命（選考採用・昇任・転任・降任）を行うときは、任命権者は、幹部候補者名簿に記載されている者の中から、選考・人事評価等に基づき、当該任命をしようとする幹部職について適性を有すると認められる者について行う（法61条の３）。この幹部職員への任命のほか、幹部職員の幹部職以外の官職への昇任・転任・降任、および幹部職員の退職・免職（以下、「採用等」とする）を行う場合、任命権者は、原則として事前に内閣総理大臣および内閣官房長官（以下、「総理等」とする）に協議をした上で、当該協議に基づいて行う（任命権者の任免協議

の義務)。ただし、災害等のため事前協議の「時間的余裕」がないときは、採用等の事実を総理等に「通知するとともに、遅滞なく」協議を行い、それに基づいて「必要な措置を講じなければならない」(任免協議の特例)。他方、総理等が「幹部職員について適切な人事管理を確保するために必要があると認めるとき」は、幹部職員の昇任・転任・降任・退職・免職について、総理等の方から任命権者に対して協議を求めることができる。そして「この協議が整ったときは、任命権者は、当該協議に基づいて昇任等を行うもの」(総理等からの任免協議の求め)とされている(以上、法61条の4)。なお、このような任用の特例は、内閣官房等の内閣に置かれる機関(内閣法制局・内閣府を除く)・人事院・検察庁・会計検査院の官職には一切(また、警察庁の官職には、ほとんど)適用されず、内閣法制局・宮内庁・外局(委員会・実施庁)の官職には総理等からの任免協議の求めの規定が適用されないなど、「特殊性を有する幹部職」については、一定の例外が認められている(法61条の8)。

②は、「幹部職員の降任に関する特例」として国公法78条の2に定められている。国公法78条は「本人の意に反する降任及び免職」(分限)が可能な場合について4つのケース(勤務実績不良、心身の故障、その他官職に必要な適格性の欠如、および廃職・過員)をあげているが、このいずれかに該当しなくても、次の3つの要件をすべて満たせば、人事院規則の定めるところにより、直近下位の職制上の段階に属する幹部職への降任を例外的に認めるというのが「特例」の内容である。3要件とは、(ⅰ)同一の任命権者の下で、当該幹部職員が、同じ職制上の段階に属する他の幹部職員と比べて、勤務実績において劣っていること(1号)、(ⅱ)当該官職に他の特定の者が任命されると仮定した場合に、その者が、当該幹部職員より優れた業績をあげることが十分見込まれること(2号)、(ⅲ)転任させるべき適当な官職がないと認められること、または幹部職員の任用を適切に行うため当該幹部職員を降任させる必要

があること（3号）、である。このような特例措置によって幹部職員に係る「弾力的な人事管理」を一層容易にすることが意図されている。

③の管理職員（各省の課長・室長・これらの官職に準ずる官職を占める職員〔法34条1項7号〕）への任用に関する基準の策定については、「採用昇任等基本方針」（閣議決定）に定められるべき事項として、新たに「管理職への任用に関する基準その他の指針」を加える（法54条2項4号）ことによって対処されている。この「採用昇任等基本方針」とは、職員の採用・昇任・降任・転任に関する制度の適切かつ効果的な運用を確保するために策定されるもので、19年法によって、能力本位の任用制度確立措置の一環として導入された。あらかじめ内閣総理大臣が任命権者と協議して方針案を作成することとされており、任命権者は本方針に沿って職員の採用等を行わなければならない（法54条）。

他方、「管理職への任用に関する運用の管理」については、別途、国公法61条の5で定められており、管理職への任用の状況について、任命権者は、定期的または内閣総理大臣の求めに応じて随時に報告すること（1項）、内閣総理大臣は採用昇任等基本方針に定められた管理職への任用基準に照らして必要があると認める場合には、運用改善等の必要な措置をとるよう任命権者に対して求めることができること（2項）、とされている。

管理職への任用については、さらに、任命権者を異にする管理職への任用の円滑な実施に資するよう、内閣総理大臣が必要な「調整」（情報提供、任命権者間での情報交換の促進など）を行うものとされている（法61条の6）。

④の幹部候補育成課程については、独立の款が設けられている（国公法第3章第2節第7款）。幹部候補育成課程とは、「幹部職員の候補となり得る管理職員」として「その職責を担うにふさわしい能力及び経験を有する職員」を「育成するための課程」を意味し（法61条の9第1項）、いわば、将来の幹部人材を「総合的かつ計画的に育成するための仕組

み」（改革基本法 6 条 3 項）である。同課程を設けるものとされているのは内閣総理大臣・各省大臣・会計検査院長・人事院総裁および政令で定める機関（宮内庁・公正取引委員会・警察庁・金融庁・消費者庁）の長であり、これら各機関の長は、次のような事項を内容とする「内閣総理大臣の定める基準」に従って、当該課程を運用するものと定められている（法61条の 9 第 1 項・ 2 項）。（ⅰ）育成対象者の選定（勤務経験・本人の希望・人事評価により随時行う）、（ⅱ）選定された「課程対象者」につきその扱いを継続するか否かについての定期的判定、（ⅲ）実施主体による研修の実施、（ⅳ）政府全体を通ずるものとして内閣総理大臣が企画・立案・実施する研修の受講、（ⅴ）国の複数の行政機関・国以外の法人での勤務による多様な勤務経験の機会付与。その際および実施主体による研修における、（ⅵ）民間企業・国際機関等での勤務、海外留学の機会付与等の配慮など、がそれである。

　なお、幹部候補育成課程の運用の管理については、前述の管理職への任用に関する運用の管理（法61条の 5 ）と同様な定めがあり（内閣総理大臣への報告・内閣総理大臣による改善措置等の求め＝国公法61条の10）、また、任命権者を異にする官職への課程対象者の任用については、内閣総理大臣の「調整」について定める国公法61条の 6 が準用されている（法61条の11）。ただし、会計検査院長・人事院総裁については、その独立性を尊重する観点から、国公法61条の 5 が適用除外となっている。

　⑤の官民人材交流の推進について、国公法は、先に触れた「採用昇任等基本方針」の規定事項として、新たに「官民の人材交流の指針」を加える（法54条 2 項 7 号）にとどまっているが、具体的な対応は、むしろ「国と民間企業との間の人事交流に関する法律」の改正による人事交流対象法人の拡大（ 2 条改正）、手続の簡素化（ 7 条改正＝交流派遣に当たり人事院事務総局所属とする取り扱いの廃止など）、制度運用の透明化（23条改正＝人事交流制度の運用状況に関する人事院による国会・内閣への報告について、「運用状況の透明化」の観点からの報告事項の拡

第3期　国家公務員法等改正法案の国会上程

大など)を通じて行われた。⁽⁸⁾

(3) 内閣人事局の設置等

(ⅰ) 前記の趣旨説明は、国公法改正の第2の柱について、以下のように述べる。「第二に、内閣官房に内閣人事局を設置することとします。〔改行〕内閣人事局は、幹部職員人事の一元管理等に関する事務を担うとともに、政府としての人材戦略を推進していくため、人事管理に関連する制度について、企画立案、方針決定、運用を一体的に担うこととします。具体的には、国家公務員制度の企画及び立案、中央人事行政機関たる内閣総理大臣の所掌する事務、行政機関の機構及び定員に関する審査等に関する事務をつかさどることとします。〔改行〕このような制度設計に当たっては、職員の適正な勤務条件の確保及び人事行政の公正確保に配慮し、採用試験及び研修等に関する政令等を定めるに当たっては、人事院の意見を聞いて定めることとしており、特に、各府省等の職員の職務の級の定数の設定及び改定等に当たっては、人事院の意見を十分に尊重することとしております。〔改行〕なお、内閣総理大臣は、人事院に対し、人事院規則の制定及び改廃を要請することができることとしております」と。⁽⁹⁾

(ⅱ) 26年法による改正前はもとより、改正後においても、「内閣人事局」という文言を国公法の規定中に見いだすことはできない。もっとも、改革基本法は「内閣人事局の設置」という条文見出しをもつ11条の柱書きにおいて、「政府は、次に定めるところにより内閣官房に事務を追加するとともに、当該事務を行わせるために内閣官房に内閣人事局を置く」ものとすると定めていた。そして、この「追加」される事務を、同法5条4項に掲げる事務およびその関連事務(1号事務)と現に他の機関(総務省・人事院等)が所掌している事務の「移管」(2号事務)とに分けて規定していた。前者の大半は、前節で扱った「幹部職員人事の一元管理等」関係の事務であり、当該事務の管理機関としては、基本的に内

閣総理大臣があげられていた。この点から見ると、中央人事行政機関としての内閣総理大臣の所掌事務規定における変化に注目すべきこととなる。

　この所掌事務規定に当たる国公法18条の2について、26年法による改正対象となった第1項の改正前後の規定を比較対照すると、（ⅰ）採用試験関係事務（対象官職・種類・採用試験により確保すべき人材〔法45条の2〕）、（ⅱ）幹部職員の任用等に係る特例および幹部候補育成課程に関する事務、（ⅲ）給与法6条の2第1項による「指定職俸給表の適用を受ける職員の号俸の決定の方法」並びに同法8条1項による「職務の級の定数の設定及び改定」に関する事務、そして（ⅳ）「研修」に関する事務が、新規に加わっていることが分かる。このうち、（ⅱ）が1号事務、それ以外が2号事務ということになろうが、これだけでは、なお、全貌を知ることはできない。

（ⅲ）内閣人事局について定めている法律は、26年法による改正後の内閣法である。

（a）同法21条1項は、「内閣官房に、内閣人事局を置く」とし、その所掌事務につき、「内閣人事局は、第12条第2項第7号から第14号までに掲げる事務をつかさどる」と定めている（21条2項）。

　　さらに、内閣人事局の組織については、「内閣人事局に、内閣人事局長を置く」とし（同条3項）、「内閣人事局長は、内閣官房長官を助け、命を受けて局務を掌理するものとし、内閣総理大臣が内閣官房副長官の中から指名する者をもつて充てる」と定めている（同条4項）。なお、内閣官房組織令（昭和32年政令219号）によれば、内閣人事局には、2名の「人事政策統括官」（5条の2）および所定数の内閣審議官・内閣参事官が置かれる（8条3項、9条3項）。

（b）内閣人事局の所掌事務とされる内閣法「第12条第2項第7号から第14号までに掲げる事務」とは、次の8項目の事務を指す。[10]

①　国家公務員制度の企画・立案に関する事務

第3期　国家公務員法等改正法案の国会上程

　　　② 国公法18条の2（独立行政法人通則法54条の2第1項において準用する場合を含む。）に「規定する事務に関する事務」。すなわち、中央人事行政機関としての内閣総理大臣がつかさどる「事務に関する事務」である。
　　　③ 国家公務員の退職手当制度に関する事務
　　　④ 特別職の国家公務員の給与制度に関する事務
　　　⑤ 国家公務員の総人件費の基本方針および人件費予算の配分方針の企画・立案・調整に関する事務
　　　⑥ 第7号から前号（①から⑤）までの事務のほか、国家公務員の人事行政に関する事務（ただし、他の行政機関の所掌に属するものを除く）
　　　⑦ 行政機関の機構・定員に関する企画・立案・調整に関する事務
　　　⑧ 各行政機関の機構の新設・改廃、定員の設置・増減・廃止に関する審査事務
（c）これら8項目の事務のうち、基本的に⑤を除く7項目の事務が、26年法による改正以前の総務省設置法4条（所掌事務）に規定されていたものであり、その意味では同省からの「移管」事務ということができる。ただし、②については、「中央人事行政機関たる内閣総理大臣の所掌する事務について、内閣総理大臣を補佐する」という特徴的な定め方（この点については、後に取り上げる）が②のように改められた。また、⑦については、改正前の総務省設置法4条10号は、機構・定員に加え「運営」も含めていたが、「行政機関の運営」に関する企画・立案・調整事務は同省に存置されたため、内閣人事局の事務としては機構・定員に関するものに限られることとなった。

　　　他方、⑤については、財務省（主計局給与共済課）からの移管事務ではなく、新設の事務ととらえられているようである[11]。
（d）しかし、上記②の事務を総務省からの移管事務と性格づけるに当たっては、重要な留保が必要である。先に見たように「中央人事行政

機関たる内閣総理大臣」の所掌事務について定める国公法18条の２の規定（ただし、１項のみ）自体が、26年法によって改正を受けたからである。しかも、新規の４つの事務のうち、採用試験関係、指定職の号俸決定方法および級別定数の設定・改定関係、「研修」関係の３事務が基本的に人事院からの移管事務であることは、26年法による改正前後の国公法３条２項（人事院の所掌事務規定）を比較対照することによって明らかである。先に本章（１）で引用した趣旨説明は、内閣人事局について、「幹部職員人事の一元管理等に関する事務を担う」とともに、「人事管理に関連する制度について、企画立案、方針決定、運用を　体的に担う」とした上で、さらに、「具体的には、国家公務員制度の企画及び立案、中央人事行政機関たる内閣総理大臣の所掌する事務、行政機関の機構及び定員に関する審査等に関する事務をつかさどる」と述べていた。既にこの説明から、内閣人事局が「中央人事行政機関たる内閣総理大臣」の所掌事務のみを担当するものではないことが明らかであるが、さらに、この「中央人事行政機関たる内閣総理大臣」の所掌事務については、26年法による改正以前からのものと、改正後に付加されたもの、さらに後者においても、新設された事務（その代表例が、幹部職員人事の一元管理等事務）と人事院から移管された事務とがあることに注意しなければならない。

（ｅ）趣旨説明は、第２の柱に関する前記引用文の後半で、以上の「制度設計」に当たり、「職員の適正な勤務条件の確保及び人事行政の公正確保に配慮し、採用試験及び研修等に関する政令等を定めるに当たっては、人事院の意見を聞いて定めることとしており、特に、各府省等の職員の職務の級の定数の設定及び改定等に当たっては、人事院の意見を十分に尊重することとしております」と述べている。26年法によって人事院から（一部）移管された採用試験・研修・級別定数の設定等の事務については、元来、人事院の任務である職員の勤務条件の適正と人事行政の公正の確保に密接に関わるものであるからこそ人事

院が担ってきたのであり、当該事務が他の機関に移管されることになってもそのような視点の重要性が失われるものではないから、採用試験・研修に関する政令の制定に際して人事院の意見を聴取し（法45条の2第4項、70条の5第2項）、級別定数の設定等に当たっては人事院の意見を「十分に尊重する」（給与法8条1項）ことを求めるなど、一定の調整規定が置かれることになった、といえよう。

　他方、上記引用文につづく、「なお、内閣総理大臣は、人事院に対し、人事院規則の制定及び改廃を要請することができることとしております」との説明は、国公法23条の2の定めを指しており、同法の「目的達成上必要があると認めたとき」に行うことができ、この要請をした場合、「速やかにその内容を公表する」こととされている。

（4）内閣総理大臣補佐官・大臣補佐官に関する規定整備

（ⅰ）前記の趣旨説明は、26年法の第3の柱について、次のように述べる。「第三に、内閣総理大臣補佐官の所掌事務の変更及び大臣補佐官の制度の創設を行うこととします。〔改行〕具体的には、内閣総理大臣補佐官の所掌事務は、内閣総理大臣の命を受け、内閣の特定の重要政策に係る内閣総理大臣の行う企画及び立案について、内閣総理大臣を補佐することに変更することとします。〔改行〕また、大臣補佐官は、特に必要がある場合に、各府省に置くことができることとし、大臣の命を受け、特定の政策に係る大臣の行う企画及び立案並びに政務に関し、大臣を補佐することとするとともに、内閣総理大臣補佐官と同様、国会議員が兼ねることを可能とすることとします。」

　改革基本法は、「議院内閣制の下での国家公務員の役割等」という見出しをもつ第5条において、幹部人事の一元管理等のほか、「国家公務員が内閣、内閣総理大臣及び各大臣を補佐する役割を適切に果たすこととするため」に「国家戦略スタッフ」・「政務スタッフ」を置くと定めていた（1項）。これを具体化したのが、両補佐官制度である。

第14章　2014年の国家公務員制度改革関連法について

（ⅱ）このうち、内閣総理大臣補佐官については、同名の官職が1996（平成８）年の内閣法改正ですでに導入されていたところであるが（ただし、当初は定数３人以内）、26年法により、従前の役割（内閣の重要政策に関し、内閣総理大臣に「進言」し、またその命を受けて「意見を具申する」）を上記の趣旨説明のとおりに変更することによって（内閣法22条２項）、改革基本法の要請に応えることとしたものである（定数５人以内、内閣官房設置、特別職〔国公法２条３項６号〕、国会議員との兼任可〔国会法39条〕などは従来どおり）。

他方、大臣補佐官については、26年法によって新たに内閣府設置法14条の２、復興庁設置法10条の２および国家行政組織法17条の２が定められ、内閣府においては原則６人以内、復興庁および各省においては「特に必要がある場合に」一人に限り置くことができるものとされた（なお、内閣府設置法附則３条の３に「兼職復興大臣補佐官」に関連する特例が定められている）。ただし、内閣府に置かれる大臣補佐官は、内閣官房長官または特命担当大臣を補佐するものである。

3　「26年法」の分析・検討

（１）主要な資料について

以上が26年法の概要であるが、以下、その内容について、いくつかの視点から、分析・検討を加えてみたい。その際、主たる資料として、国会の会議録、および森園幸夫＝吉田耕三＝尾西雅博編『逐条国家公務員法〈全訂版〉』（学陽書房、2015年）を用いることとする（以下、本文中で引用する場合には、単に「逐条」とする）。後者は、いわば人事院の叡智を集めて編纂された同名の初版本発刊（1988年）以来『四半世紀余』を経て、ようやく刊行されるに至った待望の改訂版である。しかも、26年法にいたり「ここ十数年来、課題とされてきた公務員制度改革も、一段落したといい得る状況に至った」との認識のもとに改訂の作業が開始されたもの（序文１頁）で、19年法・26年法による改正により「本法制定以来、柱の一つと位置づけられてきた職階

法が廃止されたこと、人事評価及びそれに基づく新たな制度設計が行われていること、幹部職員の人事の仕組みに大きな改正が行われていること、内閣人事局の設置により中央人事行政機関の構成に変更がなされていること、相当の箇所に修正が行われたことなどを考慮し、全面改訂することとした」とされている（序1～2頁）。26年法の考察を試みるに当たり、必読の文献といえよう。

国会の会議録については、26年法案の趣旨説明・質疑が行われた、衆議院・参議院の本会議および内閣委員会の会議録を対象とするが、該当する会議録を列挙すると次のとおりである。

まず、衆議院については、第185回国会に係る、①衆議院会議録13号（平成25年11月22日）、②内閣委員会議録8号（平成25年11月22日）、③内閣委員会議録9号（平成25年11月27日）、④内閣委員会議録10号（平成25年11月28日）、⑤内閣委員会議録11号（平成25年11月29日）、そして、第186回国会に入ってからの、⑥内閣委員会議録5号（平成26年3月12日）、⑦衆議院会議録8号（平成26年3月14日）である。

次に、参議院については、いずれも第186回国会に係る、⑧参議院会議録13号（平成26年4月2日）、⑨内閣委員会会議録7号（平成26年4月3日）、⑩内閣委員会議録8号（平成26年4月8日）、⑪内閣委員会会議録9号（平成26年4月10日）、および、⑫参議院会議録16号（平成26年4月11日）ということになる（以下、これらの会議録を引用する場合、例えば、「①会議録○頁」のように、①～⑫の番号をもって行う）。

（2）21年法案との比較

（ⅰ）先に簡単に触れたように、26年法は、21年法案を「基本」にして立案されたと説明されているところから、国会の審議においても両者の相違点および相違する理由が問われることとなった。26年法の理解を深める一助として、まず、この論点からとりあげることとしたい。

21年法案と「相違している事項」に「どのようなものがあるのか」と

いう質問に対して、川淵政府参考人（内閣官房行政改革推進本部国家公務員制度改革事務局次長〔職名は当時のもの。以下同じ〕）は、次のような３点の「見直し」を行ったと答えている。①東日本大震災の経験に由来する「迅速かつ機動的な人材配置の必要性の高まり」を踏まえ、「緊急時における任免協議の特例に係る規定を追加したこと」。②「内閣人事局の（ママ）移管」について、「近年の労働基本権をめぐる議論の状況等」を踏まえ、「職員の勤務条件への配慮や人事行政の公正確保について配慮をより明確にする方向で修正を行った」こと。③「過去に多数の政治的任用が行われ批判があったこと」を踏まえ、「国家戦略スタッフ」について「内閣総理大臣補佐官として５名以内を置くこととしたこと」、また、「政務スタッフ」について「大臣補佐官として大臣が特に必要な場合に限り各大臣に１名を置くことができる」としたこと（以上、⑩会議録23頁）。

（ⅱ）これらのうち、①は「任免協議の特例」として事後的な協議を認めるものである（法61条の４第２項・第３項）。東日本大震災のような「大災害等が発生し、至急幹部職員を補充する必要が生じた」ときのように「真に必要な場合に限られる」もの（逐条455頁）と理解すれば、特に問題はないと思われる。ちなみに、事後的な協議において当該任免が不適当とされた場合、「必要な措置」として、幹部職を含む他の官職への異動等「新たな任用行為を行う」ことになるとされている（逐条455～456頁）。ただし、本条が定める任免協議について、当該協議が不調に終わった場合、「任免を行うことができない」との理解がそのような見解の前提とされている（逐条455頁）ことに留意する必要があろう。[12]

（ⅲ）次に、②は、人事院・総務省からの（新設される）内閣人事局への事務・権限の移管問題に関する21年法案の見直しを指すものであるが、国公法の問題としては、「中央人事行政機関」の改編（役割分担の見直し等）に関わるきわめて重要な問題であるから、後にあらためて検討することとしたい。

第3期　国家公務員法等改正法案の国会上程

（ⅳ）そして③は、21年法案における「国家戦略スタッフ・政務スタッフ」制度について、見直しを行ったことを意味する。変わった点としては、（ⅰ）名称が変更されたこと、（ⅱ）定数について、21年法案では、いずれも政令で定めるものとされていた（内閣法改正案20条2項、内閣府設置法改正案14条の2第2項、国家行政組織法改正案17条の2第2項）のに対し、上限の法定がなされる（内閣総理大臣補佐官につき5人以内〔内閣法22条1項の維持〕、内閣府大臣補佐官につき原則6人以内〔内閣府設置法14条の2第1項〕、各省の大臣補佐官につき1人〔国家行政組織法17条の2〕）と共に、大臣補佐官については「特に必要がある場合においては」との利用抑制的ともとれる文言が付加されていること、(13)（ⅲ）補佐の対象となる特定政策の企画・立案等の行為について、「内閣総理大臣の行う」（内閣法22条2項）とか、「政策に係るその省の長である大臣の行う」（国家行政組織法17条の2第1項）といった（少なくとも、表現の上で）絞り込みがされていること、をあげることができる（ちなみに、復興庁については、21年法案の後で設置されたものであるが、以上のことは、復興庁に置かれる大臣補佐官にも当てはまる〔復興庁設置法10条の2参照〕）。

　政府は、「国家戦略スタッフの体制」見直しについて、「現に内閣総理大臣補佐官の制度が活用されていること、行政の肥大化防止やいわゆる政治任用の濫用をめぐりさまざまな議論があることを踏まえ」て行ったと説明している（①会議録6頁〔稲田国務大臣答弁〕）。つまり、21年法案における国家戦略スタッフ案は、内閣総理大臣補佐官の廃止を前提とするものであったが、「現行の総理補佐官が現在の政権において活用されている状況等に鑑み」、むしろ「内閣総理大臣補佐官という名称」自体は、これを維持する方が現実的と判断したものと思われる。そして、その結果、この「こととの関連から」政務スタッフも大臣補佐官という名称に変更されたのである（⑨会議録29頁〔川淵政府参考人答弁〕）。

　26年法による改正前後の内閣総理大臣補佐官制度を比較したとき、変

更が加えられたのは所掌事務に関する規定だけである（重要政策に関する進言・意見具申から企画・立案の補佐へ。この変更は、新たな総理補佐官の「機能」の「拡大」を意味するとされている（⑨会議録17頁〔稲田国務大臣答弁〕）。21年法案の国家戦略スタッフと比較した場合には、前述のように、「内閣の重要政策のうち特定のものに係る内閣総理大臣の行う企画及び立案について、内閣総理大臣を補佐する」との所掌事務記述において、同法案にはなかった下線部の文言が加えられたことが気になるが、そもそも内閣総理大臣を補佐するのであるから「内閣総理大臣の行う」企画・立案となるのが当然で、基本的には、確認的意味をもち得るにとどまると解することもできよう。

（ⅴ）内閣総理大臣補佐官・大臣補佐官について国公法が定めているのは、両者が「特別職」に属するということのみである（法2条3項6号・7号の3）。「政治（的）任用」という文言の確たる定義はないようであるが、（ⅰ）自由任用（資格要件を設けない任用）のうち被任用者が任用者と進退を供にするもの、(14)（ⅱ）「政」による「官」のコントロールのため、職業公務員群に比して、より強固な共通意識・一体性をもつ公務員層の形成・維持を目的とし、身分保障がなく、かつ、（多くの場合）メリット・システム（成績主義）が適用されない任用、あるいは、(15)（ⅲ）「一般的には、行政府の組織あるいは執行機関のトップ層のポストにある者を、政治家である任命権者が……、その裁量により、専門的な政策能力や政治的忠誠心などを理由として任命・罷免することができる制度(16)」といった説明・理解が示されている。①資格任用制（ないし成績主義）の不採用、②一般職員並の身分保障の不存在、③行政組織の要職に係る任用、④政治職たる任用者と進退を供にすること、といった要素にまとめることができようか。

　これら4要素の充足を要するとした場合、内閣総理大臣補佐官・大臣補佐官のいずれについても、副大臣・大臣政務官のような内閣総辞職に伴う失職規定（国家行政組織法16条6項、17条6項）の定めがなく、少

なくとも形式的には、上記④の要素を欠くことになると思われ、これを政治任用の官職とは言い難いことになろう。しかし、そもそも「政治任用」に係る理解が一様ではないことに加え、前述のように、内閣総理大臣補佐官・大臣補佐官をめぐる問題が、国会審議では「政治任用」の問題（その濫用防止）として議論されていることに照らしても、少なくとも、①～③の要素が認められれば「政治任用」と呼んでも語の通常の理解から遊離することにはなるまい。これに対し、後述する幹部職員人事の一元管理制度は、②については、若干の留保が必要ではあるものの幹部職員には基本的に当てはまらず、①（および④）の要素も幹部職員には認められないから、「政治任用」の問題とは区別して扱うべきこととなろう。

(3) 中央人事行政機関の改編と内閣人事局
①21年法案との比較—事務・権限移管問題

前述のように、26年法と21年法案との重要な相違点として、内閣人事局の新設に伴う、既存関係機関からの事務・権限移管問題を逸することはできない。この点に関連して政府関係者の解説であげられている変更点[17]を参考に筆者なりに敷衍すると、次のとおりである。

（ⅰ）任用（の基準）に関する事務　21年法案では人事院から中央人事行政機関たる内閣総理大臣（従って、その「事務に関する事務」を所掌する内閣人事局。以下、本章では、この意味で「総理＝人事局」と表示する）へ移管されることになっていたが、26年法では、公正の確保のための機能は人事院が引き続き担うこととされ、総理＝人事局は「行政需要の変化に対応するために行う優れた人材の養成及び活用」の「確保に関する」事項を担当することと整理された（法3条2項、18条の2第1項、33条2項・4項。また、人事院規則の具体的所管事項を定める例として、59条、60条などがある）。

（ⅱ）採用試験に関する事務　従前、人事院の所管であったものが、21年

法案では人事院は「採用試験の実施」のみを担当し、それ以外の「採用試験」関係事務（企画事務）が総理＝人事局に移管されると共に、若干の例外（試験の公告・試験機関の指定・試験機関に対する報告要求）を除き、「実施」も含め採用試験については人事院規則ではなく政令で定める（ただし、「人事院の意見を聴いて定める」）ことが予定されていた（21年国公法改正法案36～53条）。これに対し、26年法では、「採用試験」に関する事務は、一般的には人事院に存置される規定ぶりとなり、総理＝人事局は「採用試験の対象官職及び種類並びに採用試験により確保すべき人材に関する事務」を担当するという役割分担が示された（国公法3条1項・18条の2第1項）。これに準じて人事院規則と政令の所管事項も再整理されることとなったが、「政令」については「委任範囲の明確化の観点」から対象官職・種類・人材に関する「大枠」を国公法で直接定める（法45条の2）こととした[18]。なお、国公法42条は、「採用試験は、この法律に基づく命令で定めるところにより、これを行う」と定めている。そこにいう「命令」とは、人事院規則・政令の両者を含むもので受任機関の明記を欠くものであるから、同条が直接の委任根拠規定となるわけではなく、委任の根拠規定としては国公法45条の2（政令）・45条の3（人事院規則）が定められている。

（ⅲ）研修に関する事務任命権者である各府省の長等によって行われる研修を別にすると、従前、「研修」は人事院所管とされていたところ、21年法案では、人事院は「研修の実施」のみを担当することとなった（ただし、同改正法案18条の2〔総理＝人事局の所掌事務〕では、「研修」の文言はなく、従前と同様に「能率」に含まれるものとして扱われている〔同改正法案73条など参照〕）。これに対し、26年法は、総理＝人事局は「人事院の所掌に属するものを除く」研修を担当し、人事院は「第70条の6第1項第1号の観点に係るものに限」って「研修」に「関する事務をつかさどる」とされている（法3条2項、18条の2第1項）。26年法は、「研修」と題する節（第3章第4節の2）を新たに起こし、人

第3期　国家公務員法等改正法案の国会上程

事院・内閣総理大臣・「関係庁の長」が、そこに明記された各々の「観点」から研修計画を樹立し、実施に努めることと定め（法70条の6第1項）、一方では、研修の根本基準の実施のために必要な事項に関する定めを政令の所管（ただし、人事院の意見を聴いて定める）としつつ（法70条の5第2項）、他方では、人事院に各計画の樹立・実施に係る監視権、研修の実施状況に係る報告要求及び是正指示の権限を付与する（法70条の6第5項、70条の7）など、企画は総理＝人事局、実施は人事院という21年法案と「同様の考えに立ちつつ」も、両者が担う「研修の範囲を明確化する等の規定内容の適正化を図っている」との説明ではなお十分に捉えがたい、複雑かつ微妙な両者の役割・機能分担を定めているように思われる。

(ⅳ) 級別定数の設定等

指定職俸給表の適用を受ける職員の号俸の決定方法、および俸給表に定める職務の級の定数の設定・改定について、従前は、人事院の所管事項である「給与」に含まれるものとされてきたところ、21年法案・26年法ともにこれを総理＝人事局に移管するという点では共通している。しかし、前者が「人事院の意見を聴いて」政令で定める（または設定・改定する）としていたのに対し、26年法（給与法）では、「適正な勤務条件の確保の観点からする人事院の意見」を「十分に尊重」して行うものと改められた（給与法6条の2第1項、8条1項）。両者の違いや改変の理由等については、国会審議において、しばしば議論の対象となり、次のような注目すべき発言が見える。

①まず、総論的なものとして、「級別定数を含む内閣人事局と人事院との間の役割分担については、法案の検討に際して、政権交代等の経験も踏まえ、各方面から人事行政の公正確保や職員の勤務条件の確保の重要性に関する指摘が多くなされたところから、これらに対する配慮を法律上明確化するため」に、「21年法案を基本としつつ必要な変更を加えた」（①会議録6頁。また、②会議録10頁も参照）とする稲田

第14章 2014年の国家公務員制度改革関連法について

国務大臣答弁がある。

　周知のように、21年法案については、人事院から強い反発があったにもかかわらず、結局、未調整のまま国会に提出された。提出前から国会（予算委員会）においても論争が繰り広げられたが、人事院の反対論の骨子は、国会上程日と同日（2009〔平成21〕年3月31日）に内閣総理大臣に対して提出された「意見書」に見ることができる。すなわち、第一に、21年法案は、中央人事行政機関のあり方に「根本的な」変更（人事院の中立・第三者機能の著しい低下等）をもたらすもので、改革基本法の枠をこえるものであること、第二に、人事院の任用（基準）・採用試験・研修・級別定数の設定等の機能を「使用者たる内閣総理大臣」に移管することによって、人事院の人事管理の中立・公正機能、「労働基本権制約の代償機能」が損なわれること、第三に、幹部職員の任用基準等・幹部候補育成課程対象者の選定方法・基準等について人事院の関与が一切設けられていないため、中立・公正の観点から問題があること、である。このような「政府と人事院の対立」の経験と反省等を踏まえて、これまで見てきたような21年法案の「変更」が行われたことを、上記国務大臣答弁は物語っているといえよう。換言すれば、26年法は、「人事院と綿密な調整を行い、合意の上、法案提出に至っている」という点で、いわば見切り発車であった21年法案との顕著な違いがあるといえる。

②それでは、「意見」を「聴いて」行うのと「十分に尊重して」行うのとでは、どのような違いがあるのであろうか。a）後者の意味について、川淵政府参考人は、級別定数の設定等に当たり「勤務条件の確保の観点から行われる人事院の意見を、現行の各種の意見以上に尊重する」ことを意味するとし、仮に、結果的に「人事院の意見の趣旨とは異なった対応をせざるを得ないこととなった場合は、この法律の規定に」より、「特に重い説明責任を負うことになる」との見解を表明している（⑨会議録6頁）。

b）他方、政府特別補佐人として出席した原人事院総裁は、「十分」な「尊重」を求める当該規定の「運用」という視点から、「各種要求に始まる予算編成過程」において「人事院が労使双方の意見を聴取し策定した設定、改定案を意見として内閣人事局に提出し、内閣人事局はそれに基づいて級別定数の設定、改定を行っていただくことが基本になる」と述べ、そうすることによって「代償機能が確保される」との考えを表明している（⑤会議録27頁）。

c）この2つの見解は、必ずしも矛盾するものではなかろう。a）は、先に人事院が設定・改定の案を作成すること自体を否定するものではなく、b）も、結果的に人事院の案が通らないことがあっても、それをもって直ちに違法な設定・改定になるとまでは考えていない（「基づいて」、「基本になる」という文言に注目）ようにも思われるからである。もっとも、この点に関連して、人事院の関係者は、「人事院の意見は、憲法上保障された労働基本権の制約の代償機能として、職員の適正な勤務条件を確保する観点から内閣総理大臣に提出するものであり、国会及び内閣に対してその完全実施を要請している人事院勧告と同様の性格のもの」と述べている。給与等の勤務条件に関する人事院勧告は、その受け手において「政治的、道義的な意味で最大限尊重」されるべきであるというにとどまらず、それを尊重しないことが労働基本権制約の憲法適合性判断に影響を与え得るという意味で「憲法の要請による拘束力がある」とされている（逐条302頁）ことに照らすと、級別定数の改定等に関する人事院意見にも同様な「拘束力がある」ということになるのであろうか。給与問題と異なり、級別定数問題には、勤務条件と組織管理の「両方の側面がある」ことは、人事院関係者・人事院総裁（⑤会議録7頁〔原政府特別補佐人発言〕）も否定していないことからすると、両者を同格に扱うことができるか、疑問なしとしない。しかし、政府においては、労働基本権が制約された現状を変革することに極めて消極的であることが、26年法（案）の

第14章　2014年の国家公務員制度改革関連法について

国会審議の過程においても明らかになっている（⑩会議録25頁参照）。したがって、級別定数（設定・改定）制度の運用状況が労働基本権制限の憲法適合性判断に多少とも影響を与えてしかるべきである、とはいえよう。⁽²⁵⁾

③上記ｂ）のような「運用」を前提にすると、「基本的には現在〔26年法施行前―稲葉〕とほぼ同様の体制」で級別定数の設定等に関する人事院意見が作成されることとなり（⑤会議録27頁〔古屋政府参考人・人事院事務総局給与局長答弁〕）、級別定数に関する要求を各省等が行おうとする場合、新設の内閣人事局に加えて、人事院に対しても従前とほば同様なレベルの説明等を行わなければならず、かえって負担が重くなる（⑤会議録7頁）、「二度手間」・「調整コストが倍近くかかる」（④会議録15頁）といった危惧が生じるのも頷けるところがあるといえよう。したがって、26年法案の審議過程において、「級別定数関係事務の合理化」問題が浮上し、提出資料・データのフォーマット化等による事務の簡素化、事務手続の改善等について、政府（国家公務員制度改革事務局・人事院・財務省）において検討を開始したことが報告されていたところであり（⑪会議録10頁〔稲田国務大臣答弁〕）、その後、「各府省の事務の簡素化・効率化」のための措置（人事院・内閣人事局・財務省主計局の3機関に共通する提出資料のうち、重複するものの様式の共通化、共通化できなかったものの廃止または提出時期の分散化、および総括的なヒアリングの共同実施）が講じられているようである。⁽²⁶⁾

②総理＝人事局と人事院の相互関係

（ⅰ）上記の研修および級別定数の設定等にも見られたように、26年法（国公法）は、総理＝人事局と人事院との間に、意見聴取・報告要求など、様々な関与手段を定めている。それによって、両者は一層入り組んだ関係になることが予想される。以下、国公法上の主要列をあげ、それらについて一応の検討を加えておこう。

419

第 3 期　国家公務員法等改正法案の国会上程

　①政令制定にあたり「人事院の意見を聴いて」定めるとする例がいくつかある。人事評価に関する事項（基準・方法など〔法70条の3第2項〕）については、2007（平成19）年改正で導入されたものであるが、そのほか、26年法によるものとして、採用試験の対象官職・種類および採用試験で確保すべき人材に関する事項（法45条の2第4項）、幹部公務員の任用等に係る適格性審査・幹部候補者名簿の作成・名簿の提示と更新に関する事項（法61条の2第6項）、上記の研修のところで触れた、研修の根本基準の実施に関する事項（法70条の5第2項）をあげることができる。

　②他方、人事院規則の制定・改廃に係る内閣総理大臣の関与として、人事院に対する人事院規則の制定・改廃「要請」の制度が新設された（法23条の2）。

　③また、内閣総理大臣は、自らおよび関係庁の長が行う研修の「総合的企画」に関連して、人事院に「必要な協力を要請することができる」との定めもある（法70条の6第4項）。

（ⅱ）周知のように、他の国家機関に向けられた代表的な人事院の権限としては、いずれも国会・内閣に対して行われる、（a）勤務条件（とりわけ俸給表の改定）に関する勧告権（法28条）、および（b）法令の制定・改廃に関する意見の申出権（法23条）をあげることができるであろう。そこで先ず、①の所定事項に係る政令の制定等についての意見聴取制度について見ると、（b）の「法令」に政令も含まれる以上、人事院が意見をいえること自体に新規性があるわけではない。そうすると、①の特色は、第一に、意見の聴取を（必要的）手続要件としたこと、第二に、当該意見の尊重要請の度合いの違いにあるのではないかとの推定がはたらく。逐条446頁・580頁も、「事前」すなわち閣議決定前に意見聴取しなければならないことを強調し、また、「公正の確保」・「労働基本権制約の代償性の確保」という観点から、人事院の意見の「最大限尊重」を説いている。もっとも、他方で、逐条278頁は、国公法23条に基

づく「意見の申出の効力」について、「中立専門機関としての人事院の正式な見解の表明であり、法的拘束力は有しないが、政府及び国会は、政治的、道義的な意味で最大限に尊重すべきであることは当然」と述べている。これによると、（ｂ）に対する①の独自性は、第一の手続要件化の点にかろうじて見られる、ということになろうか。

（ⅲ）①の意見聴取制度について、より興味深いのは、採用試験関係および任免関係（幹部職員特例）のように、意見を求められる対象事項の中には、26年法によって人事院から内閣総理大臣に移管され、人事院の所掌事務規定において明示的に同院に属さないとされている（法3条2項）事項がある点である。これは、（イ）所掌事務外の事項について意見を聴かれ、意見を述べるということを意味するのであろうか。あるいは、（ロ）人事院がなお所管する事務のうち対象事項と関連性のある事務との関係で意見を述べるということなのであろうか。それとも、（ハ）意見聴取制度が及ぶ限りにおいて当該事項を依然として所管するものと解すべきか。

　この点、逐条390頁は、前者の採用試験関係について、「公正性確保の観点から」人事院の意見を聴くこととされていると述べるにとどまり、逐条442頁も、「メリット・システムの下、公正な審査基準及び手続等に基づいて適格性審査が行われる必要があり、このため、政令の制定に当たっては、人事行政の公正の確保を担う人事院の意見を聴くものとされている」と説明している。これを、人事院の所掌事務の観点から見ると、おそらく、それを総括的に表現している「職員に対する人事行政の公正の確保及び利益の保護等に関する事務」（法3条2項）を意味しているのではないかと思われ、そうであるとすれば、基本的には上記の（ハ）に該当するといえようか。

（ⅳ）これに対し、③の協力要請については、26年法によって人事院から内閣総理大臣に移管された研修の「総合的企画」に関し、「研修について高い専門性を有する人事院との協力が必要な場合があることから」定

められたものとされている(逐条599頁)。そのような理解を前提とすると、基本的に対等な行政機関相互の間において行われる(職務)共助(情報提供・応援など)について、明文化をはかったものといえよう。

(ⅴ) 最後に、②の内閣総理大臣による人事院規則の制定・改廃要請の制度は、「政府全体と人材戦略を推進する使用者としての内閣総理大臣」に関するもので、「これに対応する形で職員の代表としての職員団体が、人事院に対して人事院規則の制定改廃の要請を行う仕組み」も新設され(法108条の5の2)、これらによって「人事院が労使双方から話を聞いた上で人事院規則について検討を行うというバランスのとれた仕組み」が整備されたと説明されている(⑩会議録23～24頁〔川淵政府参考人答弁〕)。もっとも、職員団体による要請が「職員の勤務条件」についてのみ認められているのに対し、内閣総理大臣の要請にはそのような制約はない(本法の「目的達成上必要があると認めるとき」という要件になっている〔法23条の2第1項〕)。この点から見ると、本法の「目的達成上必要」な場合に認められる人事院の法令制定・改廃に関する意見申出権に対抗する側面もあるように思われる。

③中央人事行政機関の変容

(ⅰ) 26年法によっても、人事院と内閣総理大臣が「中央人事行政機関」として並存している状況に表層上の変化は見られない。しかし、行政組織法上の位置づけにおいて、中央人事行政機関としての内閣総理大臣にきわめて重要な変容がもたらされたことを見逃すことはできない。

2014年5月に公布・施行された「国家公務員法等の一部を改正する法律等の施行に伴う関係内閣府令の整備等に関する内閣府令」(平成26年内閣府令43号)の立法資料である「国家公務員法等の一部を改正する法律等の施行に伴う関係内閣府令の整備等に関する内閣府令について」(2014〔平成26〕年5月、総務省人事・恩給局)は、次のようにいう。

「国家公務員法上の中央人事行政機関たる内閣総理大臣の事務は、これまで、内閣府の主任の大臣として整理し(ママ)、その下位法令は

第14章　2014年の国家公務員制度改革関連法について

内閣府令とされてきた。〔改行〕しかし、今般の改正に伴い、中央人事行政機関たる内閣総理大臣は内閣官房の主任の大臣として整理し、その下位法令は、新たに創設される内閣官房令となる」と。

（ⅱ）26年法による改正前、中央人事行政機関としての内閣総理大臣は、「内閣の首長としてのそれではなく、『行政事務を分担管理する主任の大臣』としてのそれ」であると言われてきた。このことは、国公法をはじめとする関係法令の明文上必ずしも明確ではないが、その歴史をたどることによって、確認することができる。

　すなわち、内閣総理大臣が「中央人事行政機関」として位置づけられるようになったのは、1965（昭和40）年の国公法改正によるものであるが、当時においては、内閣総理大臣を主任の大臣（長）とする総理府（人事局）が中央人事行政機関としての事務を所掌するものとされていた。この体制は、1984（昭和59）年に総務庁が設置され、同庁の人事局が事務部局となってからも基本的に変わることはなかった（ただし、総理府時代には総理府総務長官が内閣総理大臣を「助け」て府務を整理すること等とされていた〔旧総理府設置法19条3項〕が、総務庁になってからは、総務庁長官が「実務をと」るものとされていた）。

　2001（平成13）年1月をもって断行された「中央省庁等再編」により、基本的に、総務庁（人事局）の事務は総務省（人事・恩給局）に引き継がれることとなったが、総務大臣＝内閣総理大臣システムは採用されず、内閣総理大臣が主任の大臣となることとされていた府省は内閣府のみであった。しかも、当時において、内閣府設置法の所掌事務規定中に中央人事行政機関としての内閣総理大臣の事務について明記するものを見出すことはできなかった。かえって、総務省設置法の所掌事務として、「国家公務員法（昭和22年法律第120号）第2章〔中略〕に規定する中央人事行政機関たる内閣総理大臣の所掌する事務について、内閣総理大臣を補佐すること」という定め（総務省設置法4条2号）が置かれることとなった。これは、何を意味するものであったか。

中央人事行政機関としての内閣総理大臣の事務は、いわば形式的には内閣府に属さざるを得ないが〔所掌事務規定としては、「前各号に掲げるもののほか、法律……に基づき内閣府に属せられた事務」という一般規定〔内閣府設置法4条3項62号〕による〕、実質的には総務省が「補佐」機能を通じて所管する、そのための技巧を意味するものであったといえよう。⁽³⁰⁾

（ⅲ）26年法によって、このような分かりにくい法状態そのものは解消された。総務省所管の人事行政関係事務は、いわゆる自前の事務・補佐事務のいずれも、新設の内閣人事局に移管されたからである。⁽³¹⁾しかし、内閣人事局は、一体として「内閣補助部局」としての性格を有する内閣官房に置かれる、いわばその「内部組織」（内閣法25条参照）であり、⁽³²⁾この移管によって、中央人事行政機関としての内閣総理大臣の事務は、従前の分担管理事務（行政各部事務）から「内閣補助事務」へと変容をとげたこととなる。⁽³³⁾そして、中央人事行政機関としての内閣総理大臣は、内閣の首長としてのそれではなく、内閣人事局を包含する内閣官房の「主任の大臣」として位置づけられる（内閣法26条）こととなった、といえよう。

（ⅳ）26年法による内閣法の改正により、「内閣官房に係る事項については、この法律にいう主任の大臣は、内閣総理大臣とする」と定める改正前の同法25条が26条1項となり、新たに、同条に2項から6項が付加され、あわせて内閣官房・内閣人事局の事務の一部（行政組織管理事務）に関する調査および資料の収集・整理を、総務省の地方支分部局である管区行政評価局・沖縄行政評価事務所に「分掌」させることができるとする条文（内閣法27条）が新設された。⁽³⁴⁾新たな26条2項は主任の行政事務に係る内閣総理大臣の閣議請議権、3項は同じく内閣官房令制定権、4項はその限界（法律の委任がなければ、罰則・義務賦課・権利制限規定を設けることができない）、5項は告示の発出権、そして、6項は訓令・通達の発出権について定めるものであるが、これらの規定は、基本的に、

424

国家行政組織法が「主任の行政事務」につき各省大臣の権限として定めているところ（同法11条・12条・14条）に匹敵する。ここから、何を見て取ることができるであろうか。

　26年法による改正によって、中央人事行政機関としての内閣総理大臣の事務は―総務省から移管された事務と共に―内閣補助事務に変容したが、総務省の支分部局による「分掌」という便法も含め、その事務の遂行・処理に当たっては、行政各部事務を処理する場合と極めて類似したスタイルが採用された、ということである。このような見方が当を得たものであるとすると、処理すべき所掌事務の性質のみならず、その処理の道具立ての点でも、人事（管理）行政機関（任命権者を除く）における内閣補助事務と行政各部事務の区別が相対的なものであることを改めて認識させられることとなろう。

④内閣人事局論

26年法によって新設される内閣人事局については、所掌事務を中心に、その概要について既に述べた。ここでは、国会における同局をめぐる論議にしぼって、若干の言及を加えておきたい。

（ⅰ）最もとりあげられた論点は、内閣人事局長の人事をめぐるものであった。26年法（内閣法改正）案は、「内閣官房長官を助け、命を受けて局務を掌理する」という重要な役割を担う「内閣人事局長」について、「内閣総理大臣が内閣官房副長官の中から指名する者をもって充てる」と定めていた（内閣法案21条4項。なお、この点、21年法案も同様である）。

　「内閣人事局長を内閣官房副長官から選ぶ理由」については、内閣官房副長官は「内閣において重要政策を担う」ものであり、今度は、その任務を「人事の面から、組織の面から支えるという一体的な体制」の構築を目指すものであるとの説明が見られる（③会議録37頁〔稲田国務大臣答弁〕）。しかし、内閣官房副長官は、実態上（慣例として）、「政務」2名、「事務」1名の構成になっているため、政務・事務のどちらから

選任するのかという点が問題となったのである。質問者の主たる関心は、事務方の内閣官房副長官では「政治主導」という改革目的にそぐわないのではないか、という点にあった（③会議録6頁、26〜27頁など）。

　このような疑義に対し、政府側は、「政務、事務を問わず考えている」とか、「任命権者は総理大臣」であるから「総理大臣が、3人の副長官の中から、みずからの考えに基づいて」指名するといった回答を行っており（③会議録6頁〔菅国務大臣答弁〕）、運用に含みを持たせていることが窺える。もっとも、「省庁の縦割りを排して、政治主導のもとに……政府が一丸となって」動くことができる「体制」の構築という26年法案の提示する「観点」から総理が「考えていく」との、やや突っ込んだ答弁も見られた（③会議録27頁〔菅国務大臣答弁〕）ところであり、少なくとも、事務方の副長官の「指定席」となるような運用は避けるべきであろう。[37]

（ⅱ）上記の点に関連して、「専任の局長があってしかるべき」との「問題意識」から、そもそも官房副長官が多忙であるため、「官僚の判断の追認」にならないかとの質問があったが、この点については、「内閣人事局において適切な体制を整備するとともに、業務運営方法を工夫することによって」、内閣人事局長の「過重な負担」を招かないようにするとの答弁がなされている（③会議録37頁〔稲田国務大臣答弁〕）。

　ちなみに、発足（2014〔平成26〕年5月30日）の約一月半前に行われた政府側の説明によると、内閣人事局は、定員161名であり、総務省人事・恩給局から109名、同省行政管理局から20名、人事院から10名、内閣府・内閣官房から22名の「内部振りかえ等」により「国家公務員の人事管理に関する戦略的中枢機能を担う組織として必要な体制」を確保することとされていた（⑥会議録4頁〔稲田国務大臣答弁〕）ところであるが、設置から1年後に当たる2015（平成27）年6月1日現在、定員160名、うち、総務省出身者115名、人事院出身者11名となっている（同年7月28日付け内閣人事局総務係回答）。

(ⅲ）最後に、内閣人事局の所掌事務の中で、その「目玉」とも言うべき、いわゆる「幹部職員人事の一元管理」（適格性審査・幹部候補者名簿・任免協議から成る幹部職員の任用等に係るシステム）を巡る国会論議について、一瞥しておきたい。

(a) 適格性審査について

①審査の公正・客観性等を期すために「客観的な基準あるいは根拠」を明確にする必要があるのではないか、という問題が主として論じられた（②会議録6頁）。この点について、政府は、適格性審査においては、「人事評価の結果など客観的な基準により、その対象者が幹部職としての標準職務遂行能力を有しているかどうかを審査」するものとし、さらにこれを敷衍して、「能力・実績主義の人事管理を行うため導入したこの人事評価の結果を踏まえ」て、内閣官房長官が、「採用年次や採用試験の種類にとらわれない登用」など「政府全体の人事方針との整合性の観点からチェックを行うことを考え」ていると答えている（②会議録6～7頁〔川淵政府参考人答弁〕）。

また、資料として用いられる「任命権者から提出される人事評価は、複数の者による調整を経て確定されるもの」で「本人の能力や実績を客観的に示している資料」であり、「適格性審査において確認する標準職務遂行能力とは、職制上の段階に応じ職務を遂行する上で発揮することが求められる能力として内閣総理大臣が定めて公表している」もので、これを「共通の基準」とすることによって「客観的な審査を行うことが可能」となると述べている（⑨会議録23頁〔稲田国務大臣答弁〕）。

幹部職員の任命（任用）については、「幹部職に属する官職に係る標準職務遂行能力を有することを確認するための審査」を意味する（逐条442頁）適格性審査（および当該能力有りと確認された者の幹部候補者名簿への記載）と幹部候補者名簿に記載された者の中

から任命の対象者を決める際に行われる「個々の具体的な官職についてそれが務まるかの能力」（⑤会議録25頁〔川淵政府参考人答弁〕）を意味する「適性」の審査という、いわば二段階の審査が行われることになっている。後者の適性審査は、それぞれの場合に応じ、「選考」、「人事評価」または「人事評価以外の能力の実証」に基づいて行うと定められている（法61条の3）が、適格性審査についてはそれに対応する明文規定を欠いていたため、成績主義の観点等からの疑義が表明されていた（④会議録5頁〔下井康史参考人発言〕）。言うまでもなく、幹部職も一般職に属するもので、成績主義の原則に服する点では他の一般職と基本的にかわるものではないからであり、その意味で、重要な指摘であったといえよう。

　もっとも、上述したように、立案者側も適格性審査の段階から、人事評価の結果を資料として用いることを審議の比較的早期から明言しており、その後に定められた「幹部職員の任用等に関する政令（平成26年政令191号）」においても、その旨の規定が置かれている（同令3条1項）。

②適格性審査については、さらに、標準職務遂行能力の審査だけでは「専門的な能力」が評価されないのではないか、という疑問も提起された。これは、おそらく、標準職務遂行能力が「それぞれの職制の段階」における「代表的な官職、これの能力」とも言われる（⑤会議録24〜25頁〔川淵政府参考人答弁〕）ことに起因するのではないかと思われる。これに対し、標準職務遂行能力の中には「豊富な知識、経験に基づく判断」といった「専門性に着目した項目」が含まれており、また、「職務を通じて発揮された専門性を人事評価の結果を通じて確認」していくことになる、との説明が政府側からされている（⑩会議録21頁〔稲田国務大臣答弁〕）。しかし、人事評価を重視するとしても、基本的に、専門性の評価は適格性審査の段階で行うべきではなかろうか。

第14章　2014年の国家公務員制度改革関連法について

③適格性審査の対象者について、「自薦者」が含まれていないことを指摘し、有為な人材の幅広い登用という視点から、その理由を問うものがあった。これに対する回答は、「平成21年度から本格実施されている人事評価制度が着実に運用されている中で、幹部職員の適格性を有すると考えられる職員が自薦を待つまでもなく任命者により適切に推薦される環境が整備された」と考えているから（③会議録22頁〔稲田国務大臣答弁〕）、というものであった。この点においても、人事評価制度と適格性審査との密接な関係を見ることができるように思われる。

（b）任免協議について

①「各府省にまたがる600人プラス候補者の中からそれぞれ能力をどういうふうに判断するのか」、「そんなたくさんの方」を判断しきれるのかという質問があった（なお、600人というのは、国会審議時点における「幹部職」の概数である）。これに対する答弁は、「官房長官、総理に上がる前に」人事局長のところで「整理がされてくる」というものであった（⑨会議録24頁〔菅国務大臣答弁〕）。すでに触れたように、人事局長は内閣官房副長官の中から指名されるもので、専任職ではない。したがって、同局の組織的対応が予定されていることは言うまでもないが、併せて、いわばメリハリの効いた「協議」の運用が求められることとなろう。この点、「総理、官房長官から任免協議ができるということは」、それが「硬直的な人事」であったり、「能力・実績主義ではない」と判断したとき、また、「同期ばかりを採用」したり、「同じ省から同じポストというようなことがないように」、内閣人事局において、総理・官房長官が「検証する」ことを意味するとの説明（③会議録30～31頁〔稲田国務大臣答弁〕）が参考となろう。

②任免協議制度が設けられる結果、「官僚」が総理・内閣官房長官の方に「目を向けて」しまい、「大臣が各省の役人をコントロール」

する「グリップが弱くなってしまう」のではないか（⑤会議録30頁）、「大臣の任命権の尊重」ということも「大事」ではないか（②会議録13頁）という危惧等も表明された。これに対し、政府側は、次のように答えている。「任免協議は大臣が出してきた人事案をもとに協議を行うということがまず大前提」であり、「任命権者の任命権が形骸化する」ことがないように（⑤会議録30頁〔後藤田副大臣答弁〕）、「各任命権者の機能が引き続き発揮されるような適切な仕組み」にする必要がある（⑤会議録30頁〔川淵政府参考人答弁〕）。そして、その延長線上において、次のように言う。

「今回の改革でも大臣の任命権はそのまま残して」おり、適格性審査対象者を各大臣が推薦できること、審査に当たり各大臣による人事評価の結果等が「活用」されること、これらに関連して「説明もしなければならない」こと等から、「各大臣の人事に関する機能は増すのではないか」というふうにも考えられる（②会議録14頁〔稲田国務大臣答弁〕）、と。

幹部職員の「一元管理」と言っても、それを所掌する総理＝人事局に任命権まで付与されたわけではなく、その意味では、当初から、一定の限界をもった制度として設計されているように思われる。もっとも、明文上は必ずしも明確とは言い難い協議不調の際の法的処理、総理等からの任免協議の求め等が、実際にどのように運用され、機能するか（しないか）によって、「一元管理」の内実も変わり得る、といえよう。

4 むすびにかえて

以上、「26年法」の制定経緯と内容を概観し、「21年法案」との比較も交えつつ、同法の分析・検討を試みた。幹部候補育成課程、幹部職員の特例降任制度、公募による任用の推進、等々、(より詳細に) 言及すべき事項はなお残っているが、それらについては、今後の運用状況にも目配りした上で、あ

第14章 2014年の国家公務員制度改革関連法について

らためて考察を加えることとしたい。

　先に引用したとおり、26年法をもって、この間の十余年に及ぶ公務員制度改革も「一段落した」との認識が示されている。筆者も、そのような面があることを否定するものではないが、稿を閉じるに当たり、なお残された大きな課題として、労働基本権問題（自律的労使関係の構築）があることに、あえて触れておきたい。

　先に簡単に言及したように、「23年法案」（国家公務員制度改革関連4法案）における非現業国家公務員への協約締結権の付与は、改革基本法12条が定めていた「国民に開かれた労使関係制度を措置する」という規定の具体化を図ろうとするものであった。26年法の制定後も、この規定は生きており、現に、衆議院・参議院の各内閣委員会において、26年法案の可決に際し、次のような「附帯決議」を付すこととされたところである。「二 労使関係制度について、国家公務員制度改革基本法第12条の規定に基づき、〔国民の理解を得た上で＝参院追加部分〕、職員団体と所要の意見交換を行いつつ、合意形成に努めること。」（⑥会議録16頁、⑪会議録29頁）。政府側は、26年法案で「自律的労使関係制度」が「措置されなかった理由」を問う質問に対して、23年法案が廃案となった経過、「その後の状況、環境の変化等」（政権交代・与党からの慎重対処の申し入れ等）、および、公務員制度改革担当大臣のもとに設けられた「意見交換会」における有識者意見等によって「多岐にわたる課題」の存在が指摘されていること等を踏まえると、未だ「便益及び費用を含む全体像を示して国民の理解を得る段階」ではなく、「引き続き慎重に検討していく必要がある」といった答弁を行っている（⑩会議録24〜25頁〔稲田国務大臣答弁・川淵政府参考人答弁〕）。先に「級別定数の設定等」問題に関連して述べたように極めて消極的な態度表明との印象を拭うことはできない。議会審議における参考人意見でも、「自律的労使関係制度の実現を置き去りにした改革」は「バランスに欠ける」との重要な指摘がされており（④会議録4頁〔島田陽一参考人発言〕）、この点でも、改革基本法に基づく公務員制度改革の推進を所掌することとなった内閣人事局（内閣法附則3

431

第3期　国家公務員法等改正法案の国会上程

項）の責任は重いといえよう。

注
（１）「日本における公務員制度改革の出発点」を「橋本内閣の行革会議以後」にもとめ、民主党・菅内閣までの経緯を論じるものとして、村松岐夫（編著）『最新・公務員制度改革』学陽書房、2012年、5頁以下（村松執筆）を参照。
（２）法案の内容を含め、さし当たり、政木広行「内閣による人事管理機能の強化」『立法と調査』（292）2009・5、3頁以下を参照。
（３）22年法案の概要については、さし当たり、政木広行「内閣による人事管理機能の強化と国家公務員の退職管理の一層の適正化のために」『立法と調査』（302）、2010・3、11頁以下を参照。
（４）臼井康隆「ISSU BRIEF国家公務員制度改革をめぐる近年の動向」『調査と情報』（694）2011・1・27、3頁・4頁。
（５）第185回国会衆議院会議録13号（2013年11月22日）1頁。
（６）田上陽也＝伊藤秀夫＝片柳成彬「内閣による人事管理機能の強化」『時の法令』（1959）2014・8・15、8頁以下、政木広行「国家公務員制度改革基本法に基づく内閣による人事管理機能の強化」『立法と調査』（350）2014・3、6頁以下参照。
（７）衆議院会議録・前掲注（５）1頁。
（８）田上ほか前掲注（６）13頁参照。
（９）衆議院会議録・前掲注（５）1頁。
（10）なお、内閣法附則3項は、内閣人事局の所掌事務について、同法21条2項に規定する事務のほか、「当分の間」、改革基本法2章の「基本方針」に基づいて行う国家公務員制度改革の推進に関する企画・立案、および「当該国家公務員制度改革に関する施策の実施の推進に関する事務をつかさどる」と定めており、内閣人事局は、当面、改革基本法に基づく国家公務員制度改革の推進に関する事務をも担任することになった。
（11）田上ほか前掲注（６）17頁、政木前掲注（６）10頁参照。
（12）他方、次の2つの引用文に見られるように、国会における政府側の答弁・説明では、任免協議が不調に終わることは想定されていないかのごとくである。「この度の幹部人事の任免協議は、任命権者と内閣総理大臣及び内閣官房長官の合意を形成するプロセス」であり、「何か内閣官房が拒否権のようなものを持っているというものではございません」（⑤会議録30頁〔後藤田正純内閣府副大臣答弁〕）。また、「任免協議は内閣総理大臣、官房長官、各省の大臣が行うものでありまして、最終的には一つの結論に協議の中でなっていくものというふうに考えております」（⑨会議録24頁〔稲田国務大臣答弁〕）。ただし、「任免協議」においては、「個々の人事案についての官職への適性」とともに、「政府全体の人事方

第14章 2014年の国家公務員制度改革関連法について

針との整合性の観点からの協議が行われまして、各大臣がこの協議に基づきまして幹部職員の任免を行うこととなる」との説明（②会議録7頁〔川淵政府参考人答弁〕）もされており、この「当該協議に基づいて行う」という法61条の4第1項の文言は、「協議が整わない場合には、任免を行うことができないことを明らかにする」という意味を有するとされている（逐条455頁）。
（13）この文言については、「大臣が政策判断を行うに当たって、みずからを補佐させる必要が高いと判断した場合」を意味するとされている（③会議録40頁〔稲田国務大臣答弁〕）。
（14）宇賀克也『行政法概説Ⅲ第3版』有斐閣、2012年、170頁（そこでは、西尾勝「公務員制度改革の道筋」UP 36（8）（2007年）5頁が参照されている）。
（15）人事院『平成15年度年次報告書』73頁（これは、英米独仏の制度を比較するに当たって「最大公約数的」特徴として提示されたものである）。
（16）森田朗「イギリスとドイツにおける政治任用の実態」人事院『平成16年度年次報告書』61頁。
（17）田上ほか前掲注（6）16頁。
（18）田上ほか前掲注（6）16頁。
（19）田上ほか前掲注（6）16頁。
（20）第171回国会衆議院予算委員会議録14号（2009年2月17日）3～5頁（人事院からは政府特別補佐人として、谷公士総裁が出席）。
（21）以上、人事院『平成20年度年次報告書』43～44頁。なお、井田敦彦「内閣人事局をめぐる経緯と論点」『レファレンス』63（10）2013・3、131頁以下をも参照。
（22）田上ほか前掲注（6）9頁。
（23）植村隆生「級別定数等に関する人事院の意見」『人事院月報』（789）2015・5、33頁。なお、逐条505頁にも同様の説明が見える。
（24）植村前掲注（23）33頁。
（25）これら「代償」措置といわれる制度等の内容と限界については、稲葉馨「人事院の『代償』機能論について」『法学』66（3）2002・8、280頁以下を参照。
（26）植村前掲注（23）35頁。なお、平成26年度の級別定数等の設定・改定に関する運用状況につき、人事院『平成26年度年次報告』10～11頁を参照。
（27）行政組織法（論）における「共助」については、さし当たり、宇賀前掲注（14）80頁を参照。
（28）鹿児島重治＝森園幸男＝北村勇『逐条国家公務員法』学陽書房、1988年、221頁、浅井清『新版・国家公務員法精義』学陽書房、1970年、135頁、鵜飼信成『公務員法〔新版〕』有斐閣、1980年、342頁参照。
（29）浅井前掲注（28）135頁。
（30）本書第2章2（2）①では、「内閣補助事務」と「分担管理事務」（行政各部事務）の両者を担当するという内閣府の「二面性」に対応して、中央人事行政機

433

第 3 期　国家公務員法等改正法案の国会上程

関たる内閣総理大臣の事務も二種類の事務で構成されるようになった旨を述べたが、内閣府設置法 4 条 3 項は、もっぱら後者（分担管理事務）にのみ関わるものであるから、本文のように改める。
(31) もっとも、19年法によって新設された「官民人材交流センター」（国公法18条の 7 第 2 項）および「再就職等監視委員会」（法106条の 5 以下）に関する所掌事務規定（内閣府設置法 4 条 3 項54号の 4 ）は変更されておらず、その意味では、全面移管とは言いがたい。
(32) 塩野宏『行政法Ⅲ第 4 版』有斐閣、61頁、藤田宙靖『行政組織法』有斐閣、2005年、119頁参照。
(33) 田上ほか前掲注（ 6 ）15頁参照。
(34) これに対応して、26年法による改正後の総務省設置法においても、管区行政評価局および沖縄行政評価事務所の分掌事務規定に「内閣法27条の規定により……属させられた事務」が追加され、さらに、この分掌事務については、「内閣総理大臣の指揮監督を受ける」ものとされている（総務省設置法25条 1 項・ 3 項）。
(35) ちなみに、逐条241頁は、26年法によって「内閣官房に係る主任の行政事務についての内閣総理大臣による閣議請議の規定や法令の形式として内閣官房令が新設されたことなどを踏まえれば……実質的には内閣総理大臣が主任の大臣として分担管理する事務ともいえなくはない」とする。
(36) 国会（委員会）審議においても、内閣人事局の所掌事務を定める内閣法12条 2 項 7 号から14号のうち、とりわけ13号・14号に定める「総務省の行政管理局の機構・定員に関する事務」のように「現行では明確に分担管理事務」であるものが、「それを内閣官房に移すことによって、分担管理事務から内閣補助事務に、やっている内容は同じだけれども性質が変わるという説明を事務方から受けている」が、そうすると「内閣補助事務というものは一体何だろうか」との疑問が提起された。これに対する稲田国務大臣の答弁は、「内閣補助事務」には「内閣の重要政策にかかわる機能、企画立案、総合調整、そのもの」のほかに、情報収集・法律案等の審査のように「内閣の重要政策に関する機能と連携し、これを支援強化する機能」も含まれ、内閣人事局は後者の機能を担うものであること、また、改革基本法の国会修正で（内閣補助事務と分担管理事務の双方を担当する）内閣府ではなく「内閣補助事務のみを担う内閣官房に置くこととされたこと」から、これを「内閣補助事務と位置づけ」ている、というものであった。
《内閣の重要政策にかかわる機能（企画・立案・総合調整）との連携・支援》というメルクマールの吟味・検討が必要であるが、いずれにせよ、それが両事務の境界を一層グレーにする傾向をもつものであることは否定できないように思われる。
付言すると、第189回国会で成立した（2015〔平成27〕年 9 月11日公布）「内閣の重要政策に関する総合調整等に関する機能の強化のための国家行政組織法等の

第14章 2014年の国家公務員制度改革関連法について

一部を改正する法律」は、内閣官房・内閣府の事務の見直し（整理・移管等）の観点から、各省等（各省・国家公安委員会・金融庁・消費者庁）に、その任務に関連する一定の内閣の「事務を助け」、そのために「内閣官房を助け」るという「任務」を課すと共に、当該任務を達成する上で「行政各部の施策の統一を図るために必要となる総合調整」権限を付与することとしている。ここでは、「内閣補助事務」の内容ではなく、その事務担当機関のボーダーレス化を見ることもできよう。

(37) ちなみに、紆余曲折はあったようであるが、初代の内閣人事局長には政務（衆議院議員）の官房副長官が指名されており、総理における「政治主導」の意図を示したものと報じられたところであった（朝日新聞2014年5月31日掲載記事「いちからわかる！内閣人事局って何するところ」参照。朝日新聞デジタル版2014年5月20日の関連記事には、「内閣人事局長に加藤勝信官房副長官、初代に官僚起用案、政治主導に転換へ」との見出しが付されている）。

(38) 改革基本法は、幹部職員・管理職員について数値目標を設定して「公募による任用の推進」を図る（同法5条4項10号・6条4項2号）としていたが、26年法は、これに慎重な立場をとり、「段階的な検証と実施を行った上で」取り組んでいくとの理由から（③会議録40頁〔稲田国務大臣答弁・川淵政府参考人答弁〕参照）、わずかに、採用昇任等基本方針に盛り込むべき事項として「職員の公募」に関する「指針」を明記する（国公法54条2項6号）にとどまった。

(39) もっとも、改革基本法12条自体について「将来的には削除を検討」すべきとの与党議員の発言に対しては、賛意を表明してはいない（⑩会議録28頁〔稲田国務大臣答弁〕）。

第15章　国家公務員制度改革をめぐる動向
——1990年代半ばから基本法案成立まで——

鎌田　　司

はじめに—なぜ公務員制度改革か

　幹部公務員人事の内閣一元管理などを目指した国家公務員制度改革基本法が、国会で成立した。政府提案の基本法案の内容は野党の主張と隔たりがあり、ねじれ国会での成立はまず困難と見られていたが、与党と民主党の協議が大幅修正で急転合意に達したためだ。これまで国会は、道路特定財源問題などで与野党が激突し「参議院で政府案否決」「衆議院で再可決・成立」するという「対決の府」と化した状態が続いてきた。しかし閉会間際になって与野党ともようやく「言論の府」であることに気づいたようだ。多くの国民は「やればできるじゃないか」と思ったのではないだろうか。

　国家公務員制度をめぐる議論には長い歴史がある。極論すれば戦後間もなくから続いていると言っていい。公務員から労働基本権をはく奪している問題に絡めて、また政権与党と官僚機構による「政官癒着」に絡めて、I種試験合格者だけが次官や局長に昇進する「キャリアシステム」の弊害に絡めて、あるいは天下り問題に絡めてと、さまざまな論議が行われてきた。今回の公務員制度改革基本法の成立は、そうした長い論議に一つの区切りをつけ、新たな改革の方向性を示したということでは、それなりに意義はある。

　もちろん基本法は枠組みを決めただけにすぎず、今後の制度設計次第では現状とあまり変わらないということもあり得る。また憲法に規定した議院内閣制や国家統治機構に関連した「政」と「官」をめぐる根本的な制度改革にはほとんど手が付いていないなど、残された課題が少なくない。

　経済のグローバル化、人口減少や超高齢化などで日本は大きな曲がり角に

ある。新たな「国のすがた・かたち」の構想が求められていると言っていい。しかし国を揺るがす大きな諸課題に対応する新たな国の構想を、高度成長期には効果的だった問題解決型の霞が関の官僚機構に任わせるわけにはいかなくなっている。それだけでなく、社会保険庁のずさんな年金記録管理や業者との癒着で元防衛省事務次官が収賄容疑で逮捕・起訴されるなど、制度疲労による官僚機構の「自滅」も目立つ。天下り問題を含めた国家公務員に対する国民の目は厳しいものがある。

　こうした中で、戦略的思考や行動力に富んだ能力のある人材を確保し、新たな「国のすがた・かたち」に対応できる公務員制度を構築することが急務となっている。ともあれ基本法の成立で、公務員制度改革は論議の段階から実施の段階に一歩を踏み出すことになるのは間違いない。今回の改革論議は、1990年代半ばに当時の橋本龍太郎首相が主導した、「橋本6大改革」の行政改革からの論議を積み重ねた結果と考えることができるだろう。橋本行革では省庁再編や内閣機能の強化など、公務員制度に密接に関連した改革が実施された。その当時の検討状況から基本法成立までの十年あまりの改革論議をたどるとともに、今後の公務員制度改革のあり方について考えてみたい。

1　1990年代半ば以後の公務員制度改革の動き

（1）橋本内閣の「6大改革」

①行政改革会議

　1996年1月、自民、社会、さきがけ3党連立の内閣を率いていた村山富市首相（社会党〈当時〉）の退陣に伴い、自民党総裁の橋本龍太郎が後継首相に就任した。1998年7月まで2年半の間、橋本内閣の下で行われたのが有名な「橋本6大改革」と呼ばれる一連の改革である。これは行政、財政構造、経済構造、金融制度、社会保障制度、教育の計6改革を指す。

　1996年10月に小選挙区比例代表並立制による初の衆院選挙で自民党が第1党となり、11月に自民単独の第2次橋本内閣が発足した。一連の改革は2次内閣後に着手され、財政構造改革法による大幅な歳出削減を目指した財政構

第3期　国家公務員法等改正法案の国会上程

造改革、大蔵省による金融機関の護送船団方式を見直し新たな金融システムをつくる金融制度改革（金融ビッグバン）などが行われた。
　中でも行政改革は、首相が衆院選挙で最重要課題と訴えたテーマである。2次内閣発足直後の1996年11月、行政改革会議が発足した。メンバーは経済界や学者を中心に武藤嘉文総務庁長官、水野清首相補佐官らで構成し、官僚や官僚OBを排除した。また橋本首相が会長を務め、自ら審議した結果を自ら受け取るという異例の熱の入れ方だった。
　1997年12月、行政改革会議は、22省庁を「1府12省」に半減する省庁再編、首相権限強化のための内閣機能見直し、郵政3事業の一体公社化そして公務員定数の1割削減などを盛り込んだ最終報告をまとめた。
　報告を基に1999年6月、中央省庁等改革基本法が成立、さらに翌年中央省庁等改革関連17法が成立し、2001年1月に省庁再編による新体制がスタートした。
　行革会議報告に盛り込まれた、内閣・官邸機能の強化方針は、今日まで続いている官僚主導から政治主導への転換を促す一連の制度改革のベースになっていると言っていい。報告では首相のリーダーシップや内閣官房（首相官邸）の権限強化が打ち出された。
　首相官邸は「戦略の場」と位置づけられ、内閣と内閣官房を支える機構として「内閣府」が設けられた。また内閣府に事務局を置く経済財政諮問会議や総合科学技術会議など、首相または官房長官を議長に関係閣僚と経済界代表や学者らの民間議員で構成する「重要政策会議」が「知恵の場」として設置された。
　省庁再編をきっかけに、官僚主導から政治主導への転換を目指す具体策として行われたのが、政務次官の廃止と「副大臣」「政務官」の導入である。政務次官は「盲腸」とやゆされたように、権限が小さい上に役割が明確でなく省内外の儀式などで大臣の代わりにあいさつをする役目程度の存在でしかなかった。
　これに対し副大臣は「大臣の命を受けて政策および企画をつかさどる」、

政務官は「大臣を助け、特定の政策および企画に参加し政務を処理する」とされ、それぞれ各府省に1人〜3人配置された。この結果政務次官時代32人だった省庁配置の国会議員は、副大臣、政務官計48人に増えた。

公務員制度改革では、人材の一括管理システムの導入に踏み出す方針が示された。同時に内閣官房や内閣府を支える人材確保策、首相と人事院の機能分担の見直しなどを審議するため、2007年9月に公務員制度調査会が設置された。

ただ橋本首相の強いリーダーシップで進められた6大改革は、道半ばで終わったものが少なくない。財政構造改革法による歳出削減と消費税引き上げによる増税によって、上向きかけていた景気が再び減速するなどして国民世論の批判を浴び、1998年夏の参院選で自民党は惨敗した。その責任を取って橋本内閣は総辞職した。

②公務員制度調査会

公務員制度調査会は2年半の審議結果を基に1999年3月、「公務員制度改革の基本方向に関する答申」をまとめたが、提出した相手は小渕恵三首相に交代していた。

答申には、本省課長級以上の任用、選考などを任命権者である各省大臣が行うことを打ち出した。ただし、公務員の労働基本権を制約している代償として給与改定勧告などを担う人事院の機能維持を前提にしていた。また人材の一括管理をめぐっては、委員の意見が割れたこともあり、慎重な姿勢を示した。人事管理をめぐる機能分担では、首相官邸は人事に関する政府基本方針の作成と最終調整などを行い、総務省は公務員制度の企画立案と人事管理方針・計画に関する総合調整を行うとした。また独自に実施してきた外交官採用のための外務公務員試験を廃止し、一般公務員試験と同じ扱いにすることも提言した。

答申を受けて1999年4月、政府の中央省庁等改革推進本部は本省課長以上の幹部職員の人材情報の総合的な管理システムを構築するほか、採用試験の際の人物評価重視、年功序列の横並び昇進を改めるため、年次が下でも優秀

な人材の昇進を早める年次逆転による人事の弾力化などを決定した。

天下りのあっせん窓口の一本化を目指し、総務省に人材バンクを設置することも決めた。しかし人材バンクは、各府省の非協力に遭い、2008年段階で、実績がわずか1人という惨めな状況にある。

③森内閣の行政改革大綱

小渕首相が突然の病気で退陣し、後を継いだ森喜朗首相による森内閣は2000年12月、行政改革大綱を決定している。この中で年功序列の横並び昇進や年齢給による昇給の仕組みを、民間企業並に成果主義・能力主義に基づく仕組みに改めることを打ち出した。

官僚の再就職には所管大臣の承認が必要としたほか、特殊法人の役員を渡り歩いて高額報酬や退職金を受け取っているという批判にこたえるため、定年制を設けることにした。さらに官民人材交流の促進や大臣スタッフの充実を含め、公務員管理のあり方を人事院主導から所管大臣が主導して組織・人事制度を整える仕組みに転換する考えを打ち出した。

行政改革大綱の決定を受けて同月、首相を本部長とする行政改革推進本部を設置した。また翌2001年3月には内閣行政改革推進事務局と公務員制度等改革推進室が行政改革大綱の方針に沿った検討材料として「公務員制度改革の大枠」をまとめている。

この中では「責任ある人事管理体制の確立」がうたわれ、大臣を「人事管理権者」とすることや各府省の組織・人事管理の自由度の拡大を打ち出した。府省ごとの総定員・総人件費などの枠内であれば、課・室の改編や給与設定ができるようにするなど「各府省が自らの判断と責任において、組織・人事制度を設計・運用できる仕組みを整備する」ことを盛り込んだ。

現行制度は、総定員法で各部署の定数が細かく定められ、人事院勧告に基づく給与表で職員の給与は厳密に決められている。各府省が新たな政策に対応するため組織や人員を柔軟に変更したいという願望があるのは分からないでもない。ただし組織・人事管理の自由度の拡大は、運用の仕方によっては行政改革の骨抜きになりかねない。将来的な課題として慎重な検討が必要と

思われる。

（2）小泉内閣の構造改革
①公務員制度改革大綱

2001年4月に内閣を発足させた小泉純一郎首相は、2006年9月に自民党総裁任期満了で退陣するまでの5年5カ月間と、在任期間では戦後3番目に長い長期政権を維持した。国民の高い内閣支持を背景に「官から民へ、国から地方へ」のかけ声による構造改革を推進し、郵政事業民営化や道路関係公団の民営化などを実現させた。

公務員制度改革では、首相就任の年の12月に公務員制度改革大綱を閣議決定している。これは行政改革推進事務局などがまとめた「公務員制度改革の大枠」と、小泉内閣発足間もない6月の行政改革推進本部で決定した「公務員制度改革の基本設計」を基に、政府内での検討内容をまとめたものである。

この中では「政府全体による適切な人事・組織マネジメントの実現」を打ち出したことが特徴といえる。国家的見地からの総合的・戦略的な政策の企画立案や機動的・効率的な行政サービスを実現するには、行政運営に責任を持つ内閣と各府省が適切に人事・組織マネジメントを行うことが不可欠とし、そのための新たな枠組みの構築を掲げた。

具体的には、人事管理権者である各所管大臣の責任と権限の明確化、内閣は人事行政の企画立案機能、総合調整機能を強化するとした。一方で人事院による職員の利益保護と人事行政の中立性・公正性の確保、人事院の救済機能の充実・強化などの役割にも一定の配慮をし、勤務条件に関連する事項は人事院が適切に関与すること等を挙げた。

こうした方針の下で、新たな公務員制度として、能力等級制度の導入、幹部職員の計画的な育成、上級幹部職員の年俸制導入、民間からの人材確保と公募制の活用、公務員の再就職を人事管理権者である大臣の承認制と内閣による承認についての総合調整、特殊法人などへの再就職に対する監督強化、役員退職金と報酬の大幅削減、を盛り込んだ。

また首相官邸に、内閣の重要政策を企画立案する職員を機動的に配置する「国家戦略スタッフ」を創設することも打ち出した。こうしてみると、後で詳しく述べる公務員制度改革基本法の主な考え方が盛り込まれているのが分かる。

②公務員純減による総人件費抑制

ただし、これまで人事院が行っていた早期退職公務員の再就職の承認を所管大臣の承認制としたことに対しては、「むしろ天下りを助長するものだ」という厳しい批判がマスコミなどから上がった。また各所管大臣を人事管理権者として責任と権限を明確化することや内閣の人事行政の企画立案機能、総合調整機能の強化についても、これまで第三者機関として人事行政の中枢を担ってきた人事院の役割を弱体化させるとして、賛否の論議が起きた。

そうした課題を抱えながらも、内閣と所管大臣が公務員の人事行政に主体的に責任を持って取り組むことと、そのための枠組みをつくることを鮮明にした。これまでの人事院頼みの人事行政からの方向転換へ、大きくかじを切ったことになる。

小泉内閣では巨額の財政赤字を解消するための財政再建の一環として、2005年12月の「行政改革の重要方針」で公務員の総人件費削減が盛り込まれた。具体的には国の行政機関の定員33万2,000人を5年間で5％以上純減することにした。このために増員を厳しく抑えるだけでなく、農林統計や食糧管理などに携わる公務員の他省庁への配置換えや社会保険庁やハローワークの包括的な民間委託を実施することになった。2006年6月、こうした方針を盛り込んだ行政改革推進法が成立した。

2 「安倍改革」と「福田改革」

（1）天下りの規制

①「公務員制度改革について」

小泉政権の後継者として2006年9月に就任した安倍晋三首相は、小泉改革の継承を表明した。公務員制度改革については、天下り防止を優先事項とし

て取り組んだことが挙げられる。背景には、同年1月防衛施設庁の発注工事をめぐり、同庁ナンバー3の技術審議官らが官製談合の容疑で逮捕されたことがある。技術審議官らが工事発注を施設庁OBの天下りを実績に業者に割り当てていたことが判明し、天下りに対する世論の批判が一挙に高まった。

こうした批判にこたえる形で安倍内閣は2007年4月、各省がばらばらに行っている天下りのあっせんを厳しく規制することを柱とした「公務員制度改革について」を閣議決定した。この中で21世紀にふさわしい行政システムを支える公務員像の実現を目指すとし、採用から能力開発、昇進、退職までの関連した人事管理制度全体の改革を「パッケージで進める」ことを明らかにした。

天下り規制では、各府省が独自に営利企業に再就職をあっせんすることを禁止し、内閣府に設置する「官民人材交流センター」に一元化する方針を明らかにした。一元化までの移行期間中は、「再就職等監視委員会」の承認を受けた場合に限り、各府省による再就職あっせんを認めるとし、2008年中に官民人材交流センターを設置、3年以内に一元化を実施するとした。

またパッケージとして行う改革の具体策として、専門能力を活かして長期間在職が可能になる「専門スタッフ職」の早期導入、多様な人材を確保するため幹部職員について他府省や民間などから募る「公募制」導入などを列挙し、こうした制度を含めた採用から退職まで公務員制度の総合的な改革を推進するための基本方針を盛り込んだ国家公務員制度改革基本法案を、次期通常国会に提出する方針を打ち出した。

②官民人材交流センター

天下り規制に関しては、各府省による再就職あっせんを禁止し、官民人材交流センターに一元化することを柱とした国家公務員法改正案を閣議決定直後に国会に提出した。

しかし天下り規制の法案化をめぐっては、官民人材交流センターへの窓口一本化を嫌う各省庁や自民党内から強い異論が出た。また法案提出後は、天下りの全面禁止を主張する民主党など野党も、天下りの容認にすぎないとし

て法案に反対の姿勢を強く打ち出した。

　こうしたことから法案審議は難航し会期末まで成立しなかった。与党は政府の強い意向を受けて法案成立のため会期を延長し、6月30日未明、委員会での採決を省略し参議院本会議で中間報告の形で直接採決するという異例の手段で可決、成立させた。

　そして7月には官房長官の下に、有識者による「官民人材交流センターの制度設計を検討する懇談会」が設置された。

　2007年7月の参院選挙で自民党は歴史的大敗を喫した。敗北にもかかわらず続投した安倍首相は内閣を改造し9月の臨時国会に臨んだが、突然退陣した。このためセンターの制度設計は、福田康夫首相による福田内閣に引き継がれた。

　官民人材交流センターは今年10月に発足する予定で、総務省内に設立準備室が設置されている。また2008年度予算に、求人開拓業務委託費2億1,000万円など計9億6,400万円が計上された。センターの組織は定員49人。官房長官をセンター長とし、副センター長は外部の人材を予定している。北海道など7カ所に支所を設置することにしている。再就職あっせんを受けると見られる公務員の70～80％が地方に在住しているためという。(1)

　内閣行政改革推進室の試算によると、センターの年間利用者を2,490人と見込んでいる。これは年間3,800人に上る本省課長・企画官以上の勧奨退職（肩たたき）者のうち、65.5％が各府省による仲介で再就職をしている実態から算出したという。ちなみに、国家公務員全体では年間退職者1万7,000人。内訳は定年4,400人、勧奨退職3,800人、自己都合退職7,200人、その他1,600人となっている。

3　国家公務員制度改革基本法

（1）公務員制度の総合的な改革に関する懇談会報告

　「公務員制度の総合的な改革に関する懇談会」は、国家公務員制度改革基本法案に盛り込む内容を検討してもらうため2007年7月、安倍首相直属で設

第15章　国家公務員制度改革をめぐる動向

置された有識者懇談会である。しかし安倍首相の突然の退陣により、官民人材交流センターの制度設計と同じく、懇談会も福田首相に引き継がれた。

安倍首相と親しい議員で閣僚を固めた安倍内閣は「お友だち内閣」と言われ、官僚との融和を嫌い、むしろ官僚を敵に回すことで国民世論の支持を得ようとした。しかし小泉内閣時代に官房長官の在任記録保持者の福田首相は、官僚と一緒に政策を練り官僚機構を使いこなすことで役割を果たしてきたタイプである。

懇談会がキャリアシステム廃止の方向を打ち出したとき、福田首相は国会答弁でキャリアシステムの存廃を「決めていません。決めかねる問題だ。民間と異なり公務員は業績評価はできないという根本的な違いがある」と述べて、キャリアシステムの廃止に慎重な考えを示した。

また政官接触をめぐり、新たに設ける「政務専門官」以外の公務員が政党などに法案の説明や政策の説明などで接触することを原則禁止するとした報告書原案が明らかになると、自民党内と官僚から「現実に合わない」と強い反発を招いた。このときも福田首相は、記者団の質問に「政策決定できるレベルの人が接触してはいけないということで、本当に正しい判断ができるのか」と、接触禁止に疑問の考えを示している。

このため報告書では、国会議員との接触を「政務専門官」以外の「公務員も大臣の命令がある場合に限るなど厳格な接触ルールによる集中管理を行う」という文言に修正された。

こうした前内閣とは対照的な官僚との距離感の違いに、懇談会は困惑したようだ。懇談会は2007年11月に予定していた報告を先に延ばし、福田内閣の姿勢を見極めながら報告書をまとめる方針に転換した。この結果報告書の提出は2008年2月にずれ込んだ。

〈従来型自民党との主導権争い〉

官僚との融和を重視し報告書の内容から「角を丸くする」姿勢を示す福田首相や首相官邸をあずかる町村信孝官房長官と一歩距離を置いて、報告書の取りまとめに動いたのが渡辺喜美行革担当相である。渡辺担当相は自民党内

第3期　国家公務員法等改正法案の国会上程

で「政策新人類」とされた一人。

　党内から厳しい批判を浴びながら報告書原案の維持に務め、さらに法案の作成過程でも首相官邸と党内の多くを「敵に回す」立場に置かれた。渡辺担当相は、もっぱらマスコミを動員し国民世論に訴えて、ほかの閣僚や党内の逆風をかわす作戦をとった。公務員制度改革をめぐる一連の党内対立は、官僚機構と一体で政策をつくってきた従来型の自民党と、官僚に依存しないで政策をつくろうとする党内の政策新人類グループとの激しい主導権争いと見ることもできる。そして、こうした「路線対立」は激しくなる一方だった。

　有識者懇談会の報告書は、公務員の役割を「議院内閣制にふさわしいものにする」ことを掲げ、「政務専門官」と内閣の国家的重要政策の企画立案を担う「国家戦略スタッフ」の創設のほか、大臣人事権を確立し次官、局長などの指定職以上の幹部は所管大臣が首相の認可を受けて任命するとした。

　また各府省横断的な人材育成・活用を行うため内閣一元管理システムを導入するほか、内閣に新たに「内閣人事庁」を設置し、内閣人事庁が本省管理職以上への任用に当たって人事の調整を行い、指定職以上への任用の際は適格性審査を行うとした。

　このほか採用試験で現行のⅠ種、Ⅱ種、Ⅲ種試験を廃止し、Ⅰ種試験合格者だけが幹部への昇進を固定するようなキャリアシステムを廃止するとした。代わって総合職、専門職、一般職の3種類の試験を導入、総合職の志願者を内閣人事庁が一括採用し、各府省に配属するとした。

(2)「公務員の労働基本権のあり方について」

　公務員は長年スト権をはく奪され、団結権や団体交渉権も厳しく制限されてきた。その代償措置として人事院が給与勧告などを行ってきたが、労働基本権問題の解決抜きに、公務員制度改革が進まないことは明らかである。

　労働基本権のあり方を専門的な立場から検討するため行政改革推進本部に学者らで構成する専門調査会が2006年7月、設置された。この調査会は小泉内閣時代に、政府と連合による「政労協議」を受けて発足した。背景には小

第15章　国家公務員制度改革をめぐる動向

泉内閣が進めた行革で公務員純減や人件費削減が打ち出されたのに伴い、連合との協議の場が設定されて、労働基本権問題の解決機運が高まったことが挙げられる。専門調査会は5年の期限付きで設置された。

　その後内閣の交代に伴い担当大臣が代わり、渡辺行革担当相が就任、審議のピッチが急に早まった。

　報告は、「責任ある労使関係構築が必要」と強調。しかし現行システムは、非現業について協約締結権を制約し、一方で使用者（政府）を基本権制約の代償措置である第三者機関（人事院）の勧告により拘束する。このような労使双方の権限を制約するシステムでは「労使による自律的な決定は望めない」と厳しく指摘した。

　その上で一定の非現業職員に対して、協約締結権を新たに付与するとともに人事院による勧告制度の廃止を提言した。こうして労使双方の権限の制約を取り払い、使用者が組織能力向上の観点から勤務条件を考えるなど、職員の意見を聞いて機動的かつ柔軟なシステムを確立すべきだとした。一方で労使交渉に伴い人件費の増加を招くのではないかという指摘もあるとして、慎重に決断する必要があるとしている。

　このほか争議権と団結権については賛否両論併記とし、国の内外から強い意見が上がっている消防職員や監獄職員に対する付与も先送りした。

（3）公務員制度改革基本法政府案

　政府の公務員制度改革基本法案は、有識者懇談会の報告をベースにつくられた。計23条と付則から成り、公務員制度改革についての基本理念と基本方針などを盛り込んだ枠組み法である。基本法成立後のスケジュールとして、内閣人事庁の設置法を1年以内をめどに制定し、その他の改革は5年以内をめどに実現するとした。

　政府案作成に当たっての党内調整などで焦点になったのは、新たに創設する「内閣人事庁」がどこまで人事権限を握るかだった。報告書では、総合職試験の合格者を一括採用し、各府省へ配属するほか、各府省横断的な人材登

第３期　国家公務員法等改正法案の国会上程

用に活用するため幹部・幹部候補の履歴管理と幹部人事の調整、指定職への任用に当たっての適格性審査など幅広い役割を担うとされていた。

　人事庁が機能すれば、現行の各府省縦割り行政を解消し垣根を越えた配置が可能になり、忠誠心を府省から内閣に移すことができ、内閣主導を実現できる。しかし、人事庁に主導権が移ると、業務の執行責任と人事管理権がかい離する恐れがある。果たして内閣人事庁が的確な人事評価が可能なのかどうか。的確な人事評価のために情報管理などを組織的にやろうとすると、内閣人事庁が大きな官庁になる恐れも考えられる。

〈内閣人事庁は必要に応じ幹部候補作成〉

　結局法案では、「各府省が幹部職員の人事原案を作成し、内閣人事庁は適格性の審査を行い、必要に応じ候補者名簿を作成することができる」「幹部職員は内閣人事庁および各府省に所属するものとする」と、あいまいな表現に落ち着いた。

　また懇談会報告では、内閣人事庁が総合職試験合格者からの採用と各府省への配属をするとしていたが、政府案では内閣人事庁の役割は「採用および各府省への配置の調整」と役割があいまいになった。このほか幹部候補育成課程対象者の府省横断的な配置換えの際の役割なども「調整」とされた。

　一方、労働基本権については、「協約締結権を付与する職員の範囲の拡大に伴う便益および費用を含む全体像を国民に示してその理解を得ることが必要不可欠であることを勘案して検討する」という規定になり、専門調査会の報告より後退した内容になった。

　また定年延長についても、「将来における定年の引き上げについて検討すること」という表現にとどまった。

（４）民主党の「霞が関改革・国家公務員制度等改革重点事項」

　政府、与党の国家公務員制度改革基本法案に対して、民主党は2008年４月、「霞が関改革・国家公務員制度等改革重点事項」と題した文書を、中間報告として公表した。

政府法案との対比で見ると、内閣一元管理の幹部職制度の創設は同じだが、内閣人事庁ではなく、内閣に官房長官を主任大臣とする「内閣人事局」の設置を打ち出した。本省指定職を対象に幹部公務員職、本省企画官・課長を対象に準幹部公務員職とする制度を創設する。幹部職は首相、官房長官、内閣人事局長が配属先各府省と協議の上、配属先大臣が任命するとした。

政官接触制限には反対し、政策立案過程などでの国会議員とのやりとりは、文書に記録を残し、保存、管理し情報公開を徹底することで対応すべきだとした。

またキャリアシステムは廃止し、総合、一般、専門、院卒、中途採用の各試験を実施するとした。労働基本権については、非現業　般職国家公務員に協約締結権を認め、今後3年程度でその範囲や具体的課題などを検討するとした。

このほか天下り（再就職あっせん）の禁止や、今後5年間の間で段階的に65歳定年を実現することも盛り込んだ。

一方で民主党の重点事項では、政治主導強化のため政治任用職（特別職）の拡充を掲げている。具体的には官房副長官、首相補佐官、副大臣、大臣政務官の増員と大臣補佐官を設置するとし、政治任用職をおおむね100人程度まで拡大するとした。国会議員の兼職制限を緩和し、官房副長官補、大臣補佐官にもつけるようにするとしている。

さらに行政の無駄遣いなどをチェックするため国会に「行政監視・評価院（日本版GAO）」を設置することや、内閣の意思と責任で縦割りの弊害を克服するため各省設置法体系の見直しにまで踏み込んでいる。

（5）与野党修正合意

政府の国家公務員制度改革基本法案は、政府内と与党との調整が難航したため、2008年4月の中盤国会にようやく提出された。ちょうど道路特定財源問題で与野党対決がピークに達していた時期だった。このため審議入りは大幅に遅れ、5月9日にようやく衆議院本会議で法案の趣旨説明と質疑が行わ

第3期　国家公務員法等改正法案の国会上程

れた。

　会期末まで1カ月しかなく、天下り全面禁止や65歳までの定年延長などを掲げた民主党が強く反対し、与野党協議でも対立が解けなかったため、今国会での成立は絶望視されていた。ところが5月27日の協議で、与党側が民主党の主張を大幅に取り入れた修正案を提示したことをきっかけに、自民、公明の与党と民主党が基本合意。翌28日の3党幹事長・国会対策委員長会談で最終合意した。

　これを受けて28日中に、衆議院内閣委員会で政府案の修正案が賛成多数で可決。29日の衆議院本会議でも3党と社民党の賛成多数で可決した。参議院でも内閣委員会の審議と採決を経て6月6日の本会議で可決、成立した。

　3党合意の背景には、福田首相が法案成立に向け、民主党の主張の「丸のみ」を指示したことが挙げられる。福田内閣は支持率が20％を割るなど、不人気にあえいでいる。「失うものはない」という開き直りが、首相にあったのだろうか。民主党も修正案を受け入れず拒否し続けると、改革に後ろ向きと批判される恐れがあると判断し、妥協に踏み切った。

　民主党はもともと公務員制度改革の積極推進論に立っている。組織肥大化の懸念から政府案の内閣人事庁ではなく、内閣人事局の設置を提案したが、幹部職員の候補者名簿を各府省から切り離し官房長官の下で作成し、首相と各大臣が協議し任免するという主張だった。

　これは公務員制度の総合的な改革に関する懇談会の報告とほぼ同じ考えだ。自民党内の巻き返しでできあがった政府案は各府省主導の内容であり、「生ぬるい」と見ていた。修正案では、民主党の主張どおり幹部候補者名簿は官房長官主導で作成することになった。

　キャリアシステム廃止でも一致した。試験区分も総合、一般、専門などの実施では同じだが、政府案では内閣人事庁が総合職の合格者から一括採用し、各府省に配置するとしていたのを、民主党案に沿って、総合職からの一括採用はせず、各府省が個別に採用することになった。

　民主党が強硬に反対していた政官接触制限については、政府案を削除し、

民主党の主張どおり国会議員の接触状況を記録し、保存の上、情報公開をすることで透明性を確保することになった。政府案では、国会議員との接触は所管大臣の許可が必要だった。しかし大臣が野党議員との接触を許可しないなど野党に不利に行使される恐れがあっただけに、民主党にとっては譲れない項目だった。

このほか労働基本権問題については、「協約締結権付与拡大の全体像を提示して措置する」と修正され、政府案より明確になった。定年延長についても、段階的に65歳に引き上げることを検討するとした。

ただ、天下り規制については政府案どおりになった。民主党は組織としての再就職あっせん禁止を主張してきた。しかし昨年（2007年）の改正国家公務員法に基づいて官民人材交流センターの設置などが動いていることから、今回は全く手をつけず、政権交代が実現した際には、民主党の方針に沿って対応するとしている。公務員制度改革をめぐり、将来に大きな対立の火種が先送りされた形だ。

まとめ

1990年代半ばの橋本行革から今日まで10年あまりの公務員制度改革を概観してきた。いずれの内閣も、公務員制度改革を内閣の重点事項として取り組んできたことが分かる。橋本内閣では中央省庁再編などに合わせて、官僚主導から政治主導がうたわれ、内閣機能の強化策として、副大臣、政務官による各府省配置の国会議員の増加などを実現した。その後は小泉内閣から安倍内閣にかけて「政府全体による人事・組織マネジメント」「パッケージによる改革」など、人事院に任せてきた人事行政を転換し、政府が主体的に担う方向を目指してきたということができる。

そうした改革の一つの区切りが国家公務員制度改革基本法ということになる。ただし、政府案では「政」と「官」関係の再構築や、政治主導のための改革がほとんど手が付いていないことが指摘できる。

安倍内閣が推進した官民人材交流センター設置のように、天下り批判が高

第3期　国家公務員法等改正法案の国会上程

まったことへの対応策として出てきたにすぎず、官僚機構の欠陥を当面埋める手段ばかりが並べられた印象が強い。労働基本権問題や定年延長に対する消極的な姿勢と合わせると、当面の人気取りのための改革ではないかという思いを一層強くする。同時に今後の制度設計次第では、骨抜きによりこれまでと実態が変わらないということも十分考えられる。

　そうしたことを考え合わせると、国家公務員制度改革基本法案の成立は、本格的な改革に手が付くかどうかのスタートラインに立ったにすぎないことになる。

〈政治主導の実をいかに上げるか〉

　一方では、これまで不十分とされてきた政治主導をどう回復するかが今後の大きな課題だろう。政治主導を掲げて導入された副大臣、政務官制度は現在どのように機能しているのだろうか。まずそこから検証が必要だろう。

　橋本行革で導入された副大臣、政務官制度は、国会議員を約100人も政府内に送り込み政治主導を実現している英国をモデルにしたものである。英国では官僚と国会議員の接触は禁止されている。政党や国会議員への説明や折衝はすべて、各省に配置された与党国会議員が政府の一員として対応している。

　日本の各府省に配置されている国会議員の数が少ないために政治主導の効果が薄いのなら、民主党が主張するように100人程度の国会議員を政府に送り込むことを検討してもいいのではないだろうか。

　このように政治主導と「政」と「官」の関係をめぐっては、日本では「英国型」を目指すことが暗黙の合意になっているようだ。ところが、公務員の人事管理や処遇となると、米国型の市場主義、能力・成果主義一辺倒に陥っているところがある。まるで「木に竹を接ぐ」ような違和感を覚えてならない。公務員制度についても、英国型の政治主導を念頭に置きながら、あり方を考えていくべきだろう。

　制度疲労が原因とはいえ、社会保険庁のずさんな年金記録問題や元防衛省次官の汚職事件などを背景に、官僚機構に対する国民の不信感は根強い。こ

うしたことが国家公務員志願者の減少と関連している可能性がある。今後は公務員が生き甲斐をもって存分に活躍できる舞台をどう用意するかについても、しっかり議論する必要があるだろう。

　これまでの官僚機構は、一党長期政権を前提に組み立てられてきた面が否めない。それが政官癒着や制度疲労につながったことが考えられる。政権交代が取りざたされている現在、公務員制度改革を議論する場としては、国会が最もふさわしいと思われる。公務員に対し与党としてどうかかわるか、野党としてどのようにかかわるか。あるいは英国のように接触しない仕組みをつくるのか。公務員制度に最も利害を持つ政党が、真剣な議論を重ねながら新たな制度をつくってもらいたい。

参照文献
山口二郎（2007年）『内閣制度』東京大学出版会
大森彌（2006年）『官のシステム』東京大学出版会
経済開発機構編著（2006年）『世界の行政改革』明石書店
川手摂（2005年）『戦後日本の公務員制度史』岩波書店
田中一昭・岡田彰編著（2000年）『中央省庁改革』日本評論社
共同通信配信記事（1996年1月—2008年6月）
首相官邸行政改革推進本部、内閣官房行政改革推進室、旧民主党各ホームページ

注
（1）官民人材交流センターは2008年12月31日に内閣府に設置した。

第16章 「失われた15年」となる公務員制度改革
―― 民主党政権下の公務員制度改革をめぐる動向を中心として ――

岩岬　修

　2012年11月16日の衆議院解散によって、国家公務員制度改革関連4法案、地方公務員制度改革2法案は、いずれも廃案になった。

　本章では、これまでの公務員制度改革の流れを概括しながら、衆議院解散によって公務員制度改革関連法案が廃案になるまでの、民主党政権下の公務員制度改革の取組み経過を中心に解説することとしたい。

1　公務員制度改革は「失われた15年」

(1) 公務員制度改革の「失われた15年」と時期区分

　現在取り組まれている公務員制度改革は、1997年の「橋本六大改革」―当時の橋本政権が教育、金融、行政、財政構造、経済構造、社会保障制度など六つの「改革」課題を掲げ、日本の社会経済構造を「グローバル基準」に沿って見直そうとしたもの―に出発点を置いており、その中の"行政改革の一環としての公務員制度改革"としてスタートしている。それから足かけ15年、公務員制度改革は、時の政権の重要課題として位置づけられ、国会や行政内外のあらゆる場面で議論が行われ、取り組まれてきた。しかし、自民党政権下では、様々な方針案が閣議決定されたり法案が国会提出されたが、人事評価に基づく人事管理の考え方を盛り込んだ2007年の国公法改正を除いてことごとく失敗してきた。また、民主党政権下においても、公務員制度改革関連法案が廃案となり、またしても公務員制度改革は頓挫することとなった。

　その意味で、公務員制度改革にとって、この15年間は、「失われた10

第16章 「失われた15年」となる公務員制度改革

年」ならぬ「失われた15年」ということになる。

ところで、今回の公務員制度改革の15年は、1990年代末の公務員制度調査会時代を除き、大きく3段階に区分できる。

その第1段階は、2001年12月の公務員制度改革大綱の閣議決定から、2004年12月の新行革方針の閣議決定によって、この方針を放棄するに至る経過である。この公務員制度改革大綱は、バブル崩壊以降、政・官・財癒着構造や官僚主導政治に対する批判が高まったことに対して危機意識を持った一部のキャリア官僚が中心（経産省の若手官僚が中心といわれてきた）となってまとめたものである。しかしその内容は、①労働基本権制約政策を維持したまま人事院の権限を縮小して内閣・各府省当局の人事管理権限を拡大すること、②天下りについての人事院の事前規制を撤廃し大臣承認制と行為規制に移行して事実上天下りを容認すること、などに見られるように、基調としては新自由主義的な色合いを帯びているが、その本質は、公務員制度改革に便乗した、いわゆる「霞が関キャリア官僚」の既得権擁護の「お手盛り改革案」ともいうべきものであった。そのため、連合や公務員組合、人事院や野党から強い反発を受けるとともに、ILOからも結社の自由違反の勧告（ILO第329次報告・2002年11月）が出され、政府・与党は2003年の通常国会への法案提出を断念し、2004年12月の閣議決定で正式にそれまでの方針を転換することとなった。

第2段階は、2005年12月の「行政改革の重要方針」の閣議決定から、2009年の8月の総選挙によって自民党政権下の公務員制度改革が終わりを迎えるまでの経過である。この段階は、官僚主導の公務員制度改革の失敗により、自民党政権下の新自由主義者が主導する乱暴で整合性のない公務員制度改革案が横行し、公務員人件費の削減や市場化テストなどの小さな政府作りのための行政改革に関心が移行し、より新自由主義的な色彩の強いものとなっていった時代である。2007年6月には、能力・実績主義に基づく人事管理の推進と再就職規制の強化を中心とした国家公務員制度改革関連法案が与党の強行採決により成立しているが、再就職等監視委員会の人事に民主党が同意せ

ず、天下りの事後チェックは長い間機能しないままであった。そして、2008年6月には、今後の公務員制度改革のプロセスを盛り込んだ自・公・民3党による修正公務員制度改革基本法が成立している。以後この基本法に基づいて2009年2月には「公務員制度改革に係る工程表」が閣議決定され、3月に内閣人事局設置の国公法改正法案が国会提出されたが、労働基本権の課題に触れないまま人事院の権限を内閣等に移管しようとするものであったために連合や野党、人事院の強い反対により廃案となり、2009年8月の総選挙を迎えている。

　第3段階は、2009年9月に発足した民主党を中心とした政権のもとでの公務員制度改革の動向と、2012年11月16日の解散・総選挙によってそれが頓挫するまでの流れである。民主党中心の政権は、基本法に基づいて2010年の通常国会に労働基本権に抵触しない範囲での、幹部人事の内閣一元化を行うための小さな内閣人事局設置の国公法改正法案を提出したが、その法案が審議未了・廃案になった後、それまでの自民党政権時代の失敗を総括し、2011年6月、国家公務員に協約締結権を付与することを中心とした労働関係法案や幹部職員の内閣一括管理のための国公法改正法案など国家公務員制度改革関連4法案を国会に提出した。しかし、それは国家公務員の給与を平均7.8％削減する臨時特例法案とセットであった。ねじれ国会の中で、この国家公務員の給与を削減する法案は、民・自・公3党の議員立法によって人事院勧告を実施する給与改定も含めた特例法案として成立したが、公務員制度改革関連法案はほとんど審議されないまま、解散によって廃案となったのは周知の事実である。

（2）強まる新自由主義的な「改革」の流れ

　このように、1990年代後半から始まった今回の公務員制度改革を大きな流れの中で見ると、97年の橋本六大改革を含め、基調としては総人件費削減や公務員給与の削減、「官」から「民」への規制緩和など、小さな政府作りという新自由主義的な「改革」の流れの中に位置づけられてきたことは間違い

ない。一貫して追求されてきたのは、戦後の日本の公務員制度の最大の特徴である人事院による人事行政の厳格な事前規制を緩和ないしは撤廃し、使用者＝当局が弾力的な組織・人事管理を行えるようにするための事後チェック方式への転換である。そのために幾度となく人事院の権限を内閣・各府省大臣に委譲する公務員制度改革案が時の政府・与党によって試みられてきたのである。公務員制度の規制緩和を行い使用者＝当局の権限を強化するのであれば、労働者の権利制限を緩和することもまた当然の理である。しかし、自民党政権時代の公務員制度改革においては、この労働基本権制約政策が見直せず、最大の隘路となって失敗を繰り返してきたのである。

　こうした新自由主義的な公務員制度改革の特徴として、公務員の中立・公正性を担保するための仕組みなど、歴史的に確立されてきた近代公務員制度の諸原則がなおざりにされ、公務員バッシングとポピュリズム的な政策議論に終始する傾向が強いことが指摘できる。それは、与野党共通した特徴であった。

　公務員制度の新自由主義的な改革の流れは、民主党政権になっても変わらないばかりか、ますます強まってきた。マニフェストで公務員の総人件費2割削減を謳った民主党政権では、国家公務員の大幅な新規採用抑制や定員削減、そして公務員給与の引下げ政策を強力に推し進めるために労働基本権を付与しようという議論まで浮上することとなった。民主党政権の中で進められてきた自律的労使関係制度の整備の取組みは連合や公務員組合の要求を受け止めた側面もあるが、公務員制度改革それ自体の基底には総人件費削減政策など新自由主義的な政策の推進と偏った「政治主導」の理解に基づく政治家の官僚人事への介入の意図があったこともまた事実であろう。

2　第174回通常国会での国公法等改正法案の提出と廃案

（1）麻生政権時の公務員制度改革

　2008年6月に自・公・民3党によって修正国家公務員制度改革基本法が成立した。その12条では、「政府は、協約締結権を付与する職員の範囲の拡大

第3期　国家公務員法等改正法案の国会上程

に伴う便益及び費用を含む全体像を国民に提示し、その理解のもとに、国民に開かれた自律的労使関係制度を措置する」ことが謳われた。それに基づいて、麻生政権は、2008年10月、労使関係制度検討委員会（座長＝今野浩一郎学習院大学教授）を発足させ、自律的労使関係制度を措置するとした場合のパターンの検討などに入った。その一方で、時の麻生政権は2009年2月に公務員制度改革の「工程表」を閣議決定。それに基づいて3月31日に内閣人事局設置のための国公法等一部改正法案を閣議決定し、国会に提出した。しかし、この改正法案は、懸案となっていた労働基本権問題には一切手を付けず、総務省人事・恩給局に加え行政管理局の組織・定員管理の機能、人事院が所管していた級別定数管理や任用・研修・試験の企画立案機能まで新たな内閣人事局に移管し、労働基本権制約下で使用者の権限のみを一方的に強めようとするものであった。そのため、野党や連合がこの法案に強く反対したことに加え、人事院の反発も招き、結局、解散・総選挙により審議未了・廃案となった。

（2）民主党政権下での第174回通常国会への法案提出と廃案

こうして公務員制度改革の主導権は政権交代を実現した民主党政権に移ることとなったが、民主党は、2009年の総選挙向けのマニフェストで次の通り公務員制度改革の政策課題を提起していた。

○　2008年に成立した「国家公務員制度改革基本法」に基づき、内閣の一元管理による新たな幹部職員制度や能力・実績に応じた処遇などを着実に実施する。

○　定年まで働ける環境を作り、国家公務員の天下りの斡旋は全面的に禁止する。

○　地方分権推進に伴う地方移管、国家公務員の手当・退職金などの水準、定員の見直しなどにより、国家公務員の総人件費を2割削減する。

○　公務員の労働基本権を回復し、民間と同様、労使交渉によって給与を決定する仕組みを作る。

第16章 「失われた15年」となる公務員制度改革

　総選挙での圧勝を受けて2009年9月に発足した鳩山政権は、公務員制度改革を重要課題と位置づけ、仙谷大臣を国家公務員制度改革担当としてそのあり方の検討を進めた。仙谷大臣は、2009年末、前政権のもとで任命された国家公務員制度改革推進本部事務局の幹部を事実上更迭し、大島内閣府副大臣を実質的な事務責任者とする新たな事務局体制を作り、新政権のもとでの公務員制度改革の推進体制を整えた。その検討方向は、前政権が閣議決定した「工程表」を廃棄し、基本法とマニフェストに沿って新たに公務員制度改革の進め方や内容をとりまとめようとするものであった。しかし、同年中は補正予算や新年度予算案の編成で手一杯の状態で、実質的には2010年の年明けからようやく本格的な検討作業に着手した。

　そして、予算関連法案の締め切り日である2月12日の閣議決定を目指して国家公務員制度改革関連法案の作成作業を進めた。その内容は、政治主導体制確立の一環としての公務員制度改革と位置づけられ、そのために当面必要とされる、①内閣の人事管理機能の強化、②国家公務員の退職管理の見直し、の二つの内容に限定され、法案が準備されることとなった。また、内閣人事局は、この二つの機能を担う小さな組織として位置づけられた。国公法等一部改正法案は、2月上旬には、いったんその内容が固まったかに見えたが、閣内から、より弾力的な幹部人事の運用が可能となる仕組みが必要との意見が出たため、再度調整が行われ、2月19日にようやく国家公務員制度改革推進本部決定を経て、閣議決定、国会提出の運びとなったのである。

　仙谷大臣は推進本部会議で、「今後、これに続く改革として、公務における適切なマネージメントを強化する観点から、使用者機関のあり方を含む公務員の労働基本権のあり方についての検討を進めるとともに……公務員制度の全般的かつ抜本的な改革を加速していく必要がある」と発言し、この国公法等一部改正法案を公務員制度改革の「第1弾」と位置づけ、引き続き抜本的な改革を進めていくとの見解を示した。こうした経過の中で、労働基本権の確立や権限ある使用者機関の設置等の本格的な公務員制度改革の検討は、2010年秋以降に先送りされることとなった。

第3期　国家公務員法等改正法案の国会上程

　政府は、同法案を予算関連法案と位置づけ、3月中の成立、4月1日施行を目指したが、予算案審議や「政治と金」問題をめぐる国会の混乱の影響を受けて、4月6日にようやく衆議院内閣委員会で審議入りした。一方、野党の自民・みんなの党は政府提出法案は中途半端だとして、幹部職員を特別職として位置づけ内閣の人事管理権限を強化する「国公法改正法案」と「幹部国家公務員法案」を共同で提出した。これらの法案のうち政府原案は、5月12日に衆議院・内閣委員会を通過、翌13日に衆議院本会議で可決され、参議院に送付された。参議院では、5月19日に本会議趣旨説明、20日から内閣委員会の審議が行われたが、鳩山首相の退陣、菅首相選出などの政治空白もあり、結局は6月16日までの会期内に成立せず、廃案扱いとなった。

　この法案の廃案にあたり、仙谷官房長官は、労働基本権問題も含め次期通常国会に抜本改革案を提出する、との意向を記者会見（2010年6月11日）で示した。しかし、7月11日に行われた参議院議員選挙の結果、民主党が過半数割れで大敗、衆参のねじれ状態が生まれた。このことによって、与党の政権運営は見通しがつかない混沌とした状況に陥った。この参議院選挙で「霞が関改革」を標榜するみんなの党が躍進し、公務員制度改革もこれまでの民主党案がそのまま成立することは極めて困難な情勢となり、労働基本権の扱いも、自・公両党が賛成しなければ法案が成立しないという局面となった。

（3）マニフェスト「総人件費2割削減」の呪縛

　一方、もう一つのマニフェストで公約した国家公務員総人件費2割削減については、政権発足後、野党自民党やみんなの党からその実現を強く迫られることとなった。

　2009年については、原口総務大臣の下、人事院勧告通り月例給与・一時金を両方とも引き下げる給与法改正法案が成立したが、5年間（2006年度から2010年度）で5.7％以上の純減を目指す国家公務員定員削減方針がさらに徹底して進められることとなった。そして、2割削減については向こう4年間で達成するものとして位置づけられ、地方分権改革で国家公務員の総人件費

を削減することが強調された。また、新規採用が大幅に抑制されることとなり、2010年5月には、2011年度の国家公務員の新規採用者を2010年度採用者数の6割程度に止める方針等が閣議決定された。

しかし、これらの政策の実現の困難性が次第に明らかになったり、内外からの批判が高まることにより、政府・与党内では、総人件費2割削減を実現するためには"人事院勧告を深掘りして公務員給与を削減すべき"との意見や"労働基本権を付与して労使交渉で大幅に公務員給与を引き下げるべき"との意見が次第に強まることとなった。

3　国家公務員制度改革関連4法案の国会提出と廃案に至る経過

（1）国家公務員の給与削減とセットにされた労使関係制度の改革

先に述べたように、2009年9月の民主党中心の政権発足後、自民党政権時代には公務員制度改革にとって最大のネックであった公務における労働基本権問題や労使関係制度の改革に向けて、本格的な作業が進められてきた。

麻生政権時代に発足した労使関係制度検討委員会は2009年12月に報告書をとりまとめ、非現業国家公務員に協約締結権を付与する場合の三つのパターンを提示し、どれを選択するかは政府が決定するよう求めた。また、争議権や消防職員の団結権の課題については、別途検討するよう求めた。この労使関係制度検討委員会の報告書は、政府の審議会として初めて協約締結権付与を前提とした自律的労使関係制度の具体的制度設計を提示したものであった。

そして、2010年1月には、総務省に「消防職員の団結権のあり方に関する検討会」（座長＝逢坂総務大臣政務官）が発足し、検討を開始した。同検討会は、同年12月に団結権を付与するとした場合の五つのパターンと付与しないとしたパターンを提示する報告書をまとめ、具体的な選択は政府にゆだねた。また、2010年11月には、「国家公務員の労働基本権（争議権）に関する懇談会」（座長＝今野浩一郎学習院大学教授）が発足し、公務員の争議権のあり方についての検討が開始され、12月には、争議権を付与するとした場合

第 3 期　国家公務員法等改正法案の国会上程

の規制のあり方や強制仲裁等の仕組みを提示し、「団体交渉の実態や課題を踏まえた上で争議権付与の時期を検討することも一つの選択肢」として労働基本権の段階的な付与を提言する報告を行った。

　こうした公務における労使関係制度の様々な検討が行われている中、2010年 8 月に月例給与0.19％、一時金を0.2月引き下げる人事院勧告が行われた。その取扱いをめぐって政府・与党内では、総人件費 2 割削減のために人事院勧告を深掘りして公務員給与を引き下げるべきとの意見が強まってきた。結局、政府は、11月 1 日の閣議でその年の人事院勧告を勧告通り実施する方針を決定したが、同時に「国家公務員の給与改定については、次期通常国会に、自律的労使関係制度を措置するための法案を提出し、交渉を通じた給与改定の実現を図る。なお、その実現までの間においても、人件費を削減するための措置について検討し、必要な法案を次期通常国会から、順次、提出する」との方針を決定した。この閣議決定は、連合や公務労協が強く求めてきた自律的労使関係制度を措置するための法案提出を約束する替わりに、人事院勧告制度のもとでも総人件費削減のための公務員給与の引下げを行う方針を明確にしたものであった。

（2）第177回通常国会への国家公務員の給与特例法案と国家公務員制度改革関連 4 法案の提出

　2011年 3 月11日に東日本大震災が勃発し、菅政権はその対処に忙殺された。その最中の 4 月 5 日、政府の公務員制度改革推進本部は「国家公務員制度改革基本法等に基づく改革の『全体像』」（以下「全体像」と略）を決定し、開会中の第177回通常国会に国家公務員制度改革関連 4 法案を提出する方針を明確にした。その「全体像」では、①非現業国家公務員に協約締結権を付与し自律的労使関係制度を措置することとし、人事院勧告制度を廃止すること、②人事院を廃止して新たに中立・公正な人事行政を行う人事公正委員会を置くとともに、統一的な使用者機関としての公務員庁を設置すること、③幹部職員人事の一元化を行うための内閣人事局を設置することや退職管理の監視

機能を強めること、などが明らかにされた。また、国家公務員の争議権のあり方については引き続き検討すること、地方公務員の労使関係制度については国家公務員の制度との整合性を持って検討することとなった。

　政府は、全体像に基づいて国家公務員制度改革関連４法案の作業を進めるとともに、2010年の人事院勧告取扱いの閣議決定に基づいて、５月上旬には関係公務員組合に対して具体的な国家公務員給与の引下げ提案を行い、労使交渉に入った。この交渉は、政府が労働基本権制約下において人事院勧告に基づかない一方的な給与引下げを行うことになれば憲法上の問題も生ずることから、「極めて異例ではあるが、自律的労使関係制度が措置されるまでの間においても、その移行を先取りする形」（片山総務大臣）で行われるものとして位置づけられた。そして、５月23日の片山総務大臣と連合加盟の公務員組合で構成する公務員連絡会との交渉では、①国家公務員の給与を2013年度末まで平均7.8％引き下げる特例法案と国家公務員制度改革関連４法案を同時に開会中の通常国会に提出し、同時成立に努力すること、②地方公務員には波及させないこと、などについて政府側が回答し、決着を見ることとなった。しかし、全労連系の労働組合との交渉は決裂した。

　政府は６月３日、国家公務員の給与を10〜５％引き下げる「国家公務員の給与の臨時特例に関する法律案」（以下「給与特例法案」と略）と国家公務員制度改革関連４法案を同時に閣議決定し、開会中の第177回通常国会に提出した。国家公務員制度改革関連４法案とは、①幹部職員の内閣一元管理の推進と天下り規制の強化を内容とする国家公務員法等の一部改正法案、②非現業国家公務員に自律的労使関係制度を措置するための国家公務員の労働関係に関する法律案（以下「国公労法案」と略）、③統一的な使用者機関を設置するための公務員庁設置法案、④関係法律の整備法案、である。

　以下では、公務員制度改革の流れを明確にするのに必要な範囲で法案の特徴と問題点をコメントしておく。

（3）国家公務員制度改革関連4法案の特徴と問題点

　国公法等の一部改正法案は、幹部人事の一元管理の強化や退職管理の適正化を図るためのものであり、自律的労使関係制度の整備に伴って人事院及び人事院勧告制度を廃止して人事公正委員会を設置するとしたことを除いて、2010年の第174回通常国会に政府が提出した国家公務員法の一部改正法案とほぼ同じ内容であった。

　幹部人事の内閣による一元管理は、各省割拠体制を打破し政治主導を実現することが目的であった。そのために、①内閣総理大臣は標準職務遂行能力の有無を判断する適格性審査を行い、合格した者によって幹部候補者名簿を作成、②任命権者はその名簿の中から幹部職に任命するが、内閣総理大臣と内閣官房長官は、必要に応じて任命権者と任免協議を行える仕組みとし、③これらを実施するために内閣官房に内閣人事局を置く、④また、事務次官から部長までの官職を同一の職制上に属するものと見なして幹部人事を弾力的に行えるようにする、ことなどが主な内容であった。しかし、これらの仕組みには、政治家による恣意的な人事を阻止するための担保が設けられておらず、「政治」に対する公務員の中立・公正性が損なわれる危険性があることが指摘されていた。公務員の中立・公正性を担保する仕組みは成績主義と身分保障であるが、幹部職の任用における成績主義を体現する仕組みとしては、適格性審査だけではあまりに不十分であり、乱暴である。少なくとも、局長クラス、事務次官クラスへの任用にあたっては、第3者で構成する「選考委員会」を設置し、その機関が客観的基準に基づいて個別に審査すべきだと考える。また、任用上、事務次官から部長までを同一の官職として見なすことにより、例えば事務次官から部長への官職の異動も降任ではなく転任として行えるようにされたが、これも極めて乱暴で問題のある仕組みであった。たとえ任用上は転任と位置づけられても、給与制度上は官職の複雑・困難度が下がることに応じて給与が大幅に下がることとなり、それが本人の意に反する「降給」として不利益処分に当たるおそれも生じてくる。政治家が、そうした人事を頻繁に行うようなことがあれば幹部職員の身分保障は無きに等し

いものとなり、政治家に媚びを売る官僚を大量に生み出しかねない。今回の幹部職員の一元管理制度が政治任用制度の導入を目指したものではなく、職業公務員制度を前提とした一般職公務員制度内での制度改正であることを踏まえれば、政治家による人事の恣意性を排除し、公務員の中立・公正性を担保する仕組みを維持することは当然である。この幹部人事の一元管理の仕組みは、公務員の政治への応答性と中立・公正性のバランスを欠いたものといわねばならない。

　退職管理の適正化は、いわゆる天下り斡旋を根絶することを目的にしたものであった。民主党は政権交代以前から官僚の天下りを強く批判していたが、新政権発足直後の2009年9月29日、鳩山首相が各閣僚に指示する形で、各府省毎に行われていた国家公務員の再就職斡旋を全面的に禁止した。そして国公法等一部改正法案により、2007年の国公法改正で設置された官民人材交流センターを廃止し、新たに設置される人事公正委員会のもとに再就職等監視・適正化委員会を設置し、いわゆる天下り斡旋を全面的に禁止し、現職職員の利害関係企業等への求職活動や退職職員の働きかけなどの行為規制を強化しようとしたのであった。ところが、この国公法等一部改正法案が棚晒しになり、かつ長い間、現行の再就職等監視委員会が機能しない間(1)に、表向きはともかく、公務員OBからの裏の再就職の働きかけ等によって、より陰湿な形で天下りが行われ続けている実態も浮かび上がってきている。しかし、こうした脱法的天下りがいつまでも続くわけがないし、天下りに対する国民的批判が高まり、かつ民間企業も旧来のように安易に天下りを受け入れる余裕がなくなっていることを考えれば、これまでの天下りを前提とした人事管理や退職管理が大きく見直されていく情勢には変わりないであろう。その流れに棹さすためには、法律や規則による行為規制だけでなく、事前規制も強めながら、定年まで勤務することを前提とした複線型人事管理システムを早急に確立するなど、天下りを行わなくても良いような勤務環境を整備することが重要である。そのうえで、2013年度から年金支給開始年齢が段階的に引き上げられることに合わせて、公務員の定年を段階的に引き上げることも早

急に実現する必要がある。民主党政権は、段階的に定年を延長すべきとの人事院の意見の申出を無視し、再任用の義務化で対応するとの方針を閣議決定したが、これは、政策的にも問題であることに加え、労働基本権制約の代償措置を無視したことにもなり、2重の意味で大いに問題である。天下り問題を解決し、社会経済情勢の大きな変化に対応していく人事行政を行うのであれば、こうした方針は一刻も早く見直すべきである。

　また、国公労法案には、労組法・労働基準法の適用を除外し、団体協約の効力を債務的なものに止め、引き続き勤務条件詳細法定主義を維持するなど多くの問題があるが、使用者が明確となり、団体交渉制度や不当労働行為救済制度が整備されることなどを通して公務における労使関係を大きく転換する契機になりうるものであった。なお、検討課題となっていた国家公務員の争議権については国公労法案附則で「自律的労使関係制度の運用に対する国民の理解の状況を勘案し」て検討すると規定され、事実上先送りされた。

（4）議員立法による国家公務員の給与引下げ特例法案の成立

　これらの国家公務員の給与引下げ特例法案や国家公務員制度改革関連4法案は、第177回通常国会、野田内閣発足後の第178、179回臨時国会でいずれも継続審議となった。一方で人事院は、2011年9月30日、東日本大震災で遅れていた同年の給与勧告（月例給与の0.23％引下げなど）や段階的に定年延長を行う意見の申出を行ったが、政府は10月28日、給与特例法案を優先させる立場から2011年給与勧告を実施しないことを閣議決定した。これに対して、人事院が強く反発するとともに、自・公両党やみんなの党は、2011年の勧告を実施したうえで給与の特例的引下げも実施すべきとして、臨時国会で激しい論戦が行われた。

　こうした経過の中で、民・自・公3党は、2011年の臨時国会終盤段階から人事院勧告の取扱いや公務員給与の引下げ問題で政調会長会談や実務者の協議を断続的に行ってきたが、2012年2月17日の政調会長会談で、①人事院勧告を実施し、さらに平均7.8％まで国家公務員の給与を削減する法律案を基

本とする、②地方公務員の給与については、地方公務員法及び「臨時特例法案」の趣旨を踏まえ、各地方公共団体での対応のあり方について、国会審議を通じて合意を得る、③「公務員制度改革関連4法案」については審議入りと合意形成に向けての環境整備を図る、という3点で合意した。そして、2月23日には、3党共同の議員立法による「国家公務員の給与の改定及び臨時特例に関する法律案」が第180回通常国会に提出され、衆参の審議を経て同月29日に成立した。これは、労使交渉を踏まえた内閣提出の給与特例法案では自・公両党の賛成が得られないことから、東日本大震災に対する予算措置や消費税率の引上げを最優先させる政府・与党が全面的に譲歩して人事院勧告の実施と給与の特例引下げを実施しようとしたものであり、実質的に公務員制度改革を先送りし、国家公務員給与の削減だけを先行させるものであった。また、労使交渉の結果に拘束される政府に代わって3党による議員立法で公務員給与の引下げを強行したことは、労働基本権制約の代償措置や自律的労使関係制度の措置を先取りする形の労使交渉を踏まえなくても、国会による法改正さえ行われれば国家公務員の勤務条件の変更（たとえ不利益変更であっても）は可能という先例を作ったことになり、今後に大きな問題を残すことになった。

　こうして単独で取り残された国家公務員制度改革関連4法案は、連合や公務労協などの強い要請によって6月1日に本会議趣旨説明と質疑、8月31日に与党単独による衆議院内閣委員会での提案趣旨説明と審議が行われたものの、第180回通常国会では継続審議の扱いに止まった。

（5）解散前日の地方公務員制度改革2法案の国会提出

　地方公務員制度改革、とりわけ労使関係制度の改革作業は、2011年4月の「全体像」を決定する公務員制度改革推進本部で、国家公務員の制度との整合性を持って総務省が検討することとなり、政府全体としては、とりあえず国家公務員の労使関係制度の設計作業を先行させることとなった。

　国家公務員制度改革関連4法案を閣議決定する前日の6月2日、総務省は

第3期　国家公務員法等改正法案の国会上程

「地方公務員の労使関係制度に係る基本的な考え方」（以下「基本的な考え方」と略）を公表し、以後、全国知事会、全国市長会、全国町村会など地方6団体や地方公務員組合などに対する意見聴取作業を進めた。この「基本的な考え方」には、非現業地方公務員に国家公務員と同様に協約締結権を付与し団体交渉制度を整備する考えが盛り込まれていたため、地方6団体側はこれに強く反発した。また、総務省自体も、国家公務員制度改革関連4法案の審議状況を見ながら作業を進めたため、法案策定作業は遅々として進まなかった。

　2012年5月、総務省はようやく「地方公務員制度改革について（素案）」（以下「素案」と略）を提示した。この内容は、①「国家公務員の自律的労使関係制度の措置を踏まえて地方公務員にも新たな労使関係制度を設ける」として、人事委員会勧告制度を廃止して非現業地方公務員に協約締結権を付与し、団体交渉制度を整備するとしたこと、②国家公務員では2007年の国公法一部改正ですでに措置されていた能力本位の任用制度の確立や退職管理を適正化するための地方公務員法の一部改正を行うこと、などが主なものであった。この「素案」で特徴的なことは、①労働組合の認証要件が「同一の地方公共団体に属する職員がすべての組合員の過半数を占めること」とされたこと、②不当労働行為の審査や紛争調整が都道府県労働委員会の役割とされたこと、③消防職員の労働基本権について団結権だけでなく他の非現業地方公務員と同様に協約締結権を付与するとしたこと、などであった。

　この「素案」に基づいて、第180回通常国会への地方公務員制度改革関連法案の提出作業が進められたが、地方6団体の反対姿勢がさらに強まったことや国家公務員制度改革関連4法案の審議が進捗しなかったことを理由に会期中の法案閣議決定は見送られた。そして、さらに法案提出の環境整備を行うとして、2011年9月に、総務省内に「地方公務員の自律的労使関係制度に関する会議」（座長＝渡辺章労委協会理事長）を発足させ、地方公共団体や地方公務員組合からの意見聴取を行い、2012年11月5日には地方公務員に協約締結権を付与する意義などを改めて明記した報告書をとりまとめた。[2]

そして、衆議院解散前日の11月15日に、ようやく地方公務員制度改革2法案（①非現業地方公務員の自律的労使関係制度を措置するための地方公務員の労働関係に関する法律案、②人事委員会勧告制度の廃止や消防職員に団結権を付与するための地方公務員法等の一部改正法案）が閣議決定され、第181回臨時国会に提出されたが、"時すでに遅し"であった。また、この法案で消防職員の労働基本権は最終的に団結権の付与に止まり、協約締結権の付与は見送られた。

（6）国家公務員制度改革関連4法案、地方公務員制度改革2法案の廃案

2011年9月に発足した野田政権は、第180回通常国会では予算案成立後、消費税法案の成立を期すため民・自・公3党の協議と合意を最優先し、公務員制度改革関連などの与野党対立法案の審議は後回しとされた。第181回臨時国会においても、公債発行の特例法案等が優先され、国家公務員制度改革関連4法案、地方公務員制度改革2法案は一度も審議されることなく、2012年11月16日の衆議院解散によって廃案となった。

4　まとめに代えて

2012年12月16日の総選挙によって民主党中心の政権が倒れ、自民党中心の政権が誕生した。この政権交代によって、公務員制度改革の先行きはますます不透明となった。その一方で、公務員制度改革はもはや一刻も猶予ならない喫緊の課題となっている。

公務員制度改革の「失われた15年」の間に、公務員をめぐる状況は著しく悪化している。際限なく繰り返される公務員バッシングによって公務員は萎縮し、なにより仕事に対する自信を失いつつある。また、従来の公務員像が崩壊したまま新たなものが形作られず、公務員労働者としての権利や労働条件が顧みられていないことに対する不満も高まっている。

こうした状態から脱却するためには、公務員制度の改革を党利党略による政争の具とせず、客観的かつ国民的な議論を行いながら、とにかく一歩でも

第 3 期　国家公務員法等改正法案の国会上程

前に進めることが重要である。近代民主主義社会の歴史は、公務員が特定の党派や個人のために存在するのでなく、社会全体のためにあることを教えている。であるが故に、公務員制度は基盤的行政であり、社会的な資本といわれているのである。長期一党支配体制が終焉し、政権交代が常態する時代に入り、今一度この点を確認することが重要である。というのも、政権交代の度に公務員制度が大きく変わることがあってはならないからである。そのためには、ポピュリズム的な政策議論ではなく、公務員制度改革の理念をしっかり打ち立て、公務員制度に対する国民的な共通理解、公務員の役割に対する社会的な合意を再構築していくことが必要であろう。

　自民党政権時代に形作られてきた政官財癒着構造と官僚主導の政治から脱却し、政治主導の統治体制を構築しようとした民主党政権のやり方は、その改革の方向性はともかく、あまりに稚拙で内容の乏しいものであったと評されている。たしかに、今日の時代における政官関係はいまだ試行錯誤中であり、その混乱が公務員制度改革を遅らせている原因の一つでもある。しかし、だからといって官僚主導体制に戻ることは許されないし、キャリア制度やいわゆる天下りを現状のまま放置しておいて良いはずはない。いま必要なのは、スローガンだけの政治主導でも公務員バッシングでもなく、それぞれの役割分担を明確にした適切な「政」と「官」の関係を構築し、政権交代時代にふさわしい民主的な公務員制度を形作っていくことではないだろうか。

　今後の公務員制度改革がどのように展開していくか、いまの段階では全く予想できない。第 2 次安倍政権は、いまのところ夏の参議院選挙までは安全運転に徹するとして、公務員制度改革の方向性を含め様々な懸案事項に対する取組み姿勢を明らかにしていないからである。しかし、第 1 次安倍内閣は、渡辺公務員制度改革担当大臣の下、総人件費削減や規制改革、小さな政府作りなどの新自由主義的な政策を強力に推し進めてきた前歴がある。仮に安倍政権が、公務員の労働基本権の解決をなおざりにしたまま、内閣や各府省大臣の権限だけを強めようとする過去の自民党政権時代の公務員制度改革案に固執するようなことがあれば、公務員制度改革はますます混迷の度を深めて

いくこととなろう。

　たしかに、民主党中心の政権時代の公務員制度改革関連法案にはいろいろな問題点もあるが、過去、15年間の試行錯誤の結果の到達点という意味合いもある。安倍政権には、過去の教訓に学び、公務員制度改革には公務の労働関係制度の改革が不可欠であるとの認識を持ち、関係者と十分協議しながら合意形成していくことを強く期待したい。

　注
（1）2012年3月にようやく国会同意人事案件が採択されたことにより、羽柴駿委員長の下、第1回会合が2012年3月28日に開かれている。
（2）総務省に設置された「地方公務員の自律的労使関係制度に関する会議」の構成メンバーは、座長が渡辺章（（財）労委協会理事長）、座長代理が下井康史（筑波大学大学院教授）、委員が平勝典（元郵政省東北郵政局長）、西村美香（成蹊大学教授）、長谷川真一（日本ILO協議会専務理事）の5名。なお肩書きはすべて当時。

編著者略歴

佐藤　英善（さとう　ひでたけ）

早稲田大学名誉教授、法学博士、名誉法学博士（韓国東亜大学）

早稲田大学第一法学部卒業、同大学大学院博士課程修了、ドイツ・ケルン大学留学

早稲田大学法学部長、副総長など歴任

公益財団法人　地方自治総合研究所　前研究理事

（官民）交流審査会会長、中央労働委員会・公益委員、公務員制度調査会・委員、社会保険新組織の実現に向けた有識者会議・座長、東京都開発審査会・会長などを歴任

主要著書・共著書

『公害法の研究』（日本評論社、1969年、共著）、『行政法総論』（評論社、1977年、著書）、『基本法コンメンタール地方自治法』（日本評論社、1978年、共著）、『基本法コンメンタール地方公務員法』（日本評論社、1978年、共著）、『自治体行政の法と制度』（学陽書房、1980年、共著）、『経済生活と人権』（法律文化社、1981年、共著）、『憲法100講』（学陽書房、1983年、共著）、『行政法総論』（日本評論社、1984年、著書）、『住民訴訟』（学陽書房、1986年、著書）、『経済行政法』（成文堂、1990年、著書）、『概論・論点・図表　地方公務員法』（敬文堂、1990年、著書）、『自治体行政実務　行政手続法』（三省堂、1995年、編著）、『ネットワーク産業の規制改革』（日本評論社、2001年、編著）、『行政法と租税法の課題と展望』（成文堂、2001年、編著）、『自治総研叢書12　新地方自治の思想』（敬文堂、2002年、編著）、『逐条研究　地方自治法Ⅱ　議会』（敬文堂、2005年、編著）、『逐条研究　地方自治法　別巻　新地方自治法』（敬文堂、2010年、編著）など

執筆者一覧（執筆順、◎は編者）

◎佐藤　英善	早稲田大学名誉教授	
稲葉　馨	東北大学教授	
武藤　博己	法政大学大学院公共政策研究科教授	
西尾　隆	国際基督教大学教授	
清水　敏	早稲田大学教授	
奈良間貴洋	内閣官房内閣人事局企画官	
申　龍徹	山梨県立大学准教授	
上林　陽治	公益財団法人地方自治総合研究所常任研究員	
小川　正	弁護士・自治労法律相談所	
鎌田　司	共同通信社編集委員・論説委員（現地方財政審議会委員）	
岩岬　修	元公務公共サービス労働組合協議会参与	

自治総研叢書 36

公務員制度改革という時代

2017年12月25日　初版発行　　　定価はカバーに表示してあります

編著者　佐藤　英善
発行者　竹内　基雄
発行所　株式会社 敬文堂
東京都新宿区早稲田鶴巻町538平成ビル101
東京(03)3203-6161㈹　FAX(03)3204-0161
振替 00130-0-23737
http://www.keibundo.com

©2017, Hidetake Sato
Printed in Japan

ISBN978-4-7670-0224-8 C3331

印刷／信毎書籍印刷株式会社　製本／有限会社高地製本所
カバー装丁／株式会社リリーフ・システムズ
落丁・乱丁本は、お取替えいたします。

既刊・自治総研叢書シリーズ（1～35）

1	澤井　勝　著	変動期の地方財政	3,883円
2	辻山　幸宣　著	地方分権と自治体連合	3,107円
3	古川　卓萬　著	地方交付税制度の研究	4,000円
4	今村都南雄編著 地方自治総合研究所監修	公共サービスと民間委託	3,300円
5	横田　清　著	アメリカにおける自治・分権・参加の発展	3,300円
6	古川　卓萬　編著	世界の財政再建	3,300円
7	島袋　純　著	リージョナリズムの国際比較	3,500円
8	高木　健二　著	分権改革の到達点	3,500円
9	中邨　章　編著	自治責任と地方行政改革	3,300円
10	今村都南雄　編著	自治・分権システムの可能性	3,300円
11	澤井　勝　著	分権改革と地方財政	4,000円
12	佐藤　英善　編著	新地方自治の思想	4,000円
13	高木　健二　著	交付税改革	3,000円
14	馬場　健　著	戦後英国のニュータウン政策	3,000円
15	高木　健二　著	2004年度年金改革	2,800円

16	人見　剛 著	分権改革と自治体法理	3,500円
17	古川　卓萬 著	地方交付税制度の研究Ⅱ	3,300円
18	久保　孝雄 著	〔戦後地方自治の証言Ⅰ〕知事と補佐官	2,500円
19	打越綾子 内海麻利 編著	川崎市政の研究	3,800円
20	今村都南雄 編著	現代日本の地方自治	4,300円
21	佐藤　竺 著	〔戦後地方自治の証言Ⅱ-1〕日本の自治と行政（上）	3,000円
22	島袋　純 著	〔戦後地方自治の証言Ⅱ-2〕日本の自治と行政（下）	3,000円
23	光本　伸江 著	自治と依存	4,000円
24	田村　達久 著	地方分権改革の法学分析	4,500円
25	加藤芳太郎 著	〔戦後地方自治の証言Ⅲ〕予算論研究の歩み	3,000円
26	田中　信孝 著	政府債務と公的金融の研究	4,500円
27	プルネンドラ・ジェイン著 今村都南雄監訳	日本の自治体外交	4,000円
28	大津　浩 編著	地方自治の憲法理論の新展開	4,000円
29	光本　伸江 編著	自治の重さ	4,000円
30	人見　剛 横田　覚 編著 海老名富夫	公害防止条例の研究	4,500円
31	馬場　健 著	英国の大都市行政と都市政策 1945 − 2000	3,000円

32	河上　暁弘　著	平和と市民自治の憲法理論	4,200円
33	武藤　博己　編著	公共サービス改革の本質	4,500円
34	北村　喜宣　編著	第2次分権改革の検証	4,500円
35	佐藤　竺　著	ベルギーの連邦化と地域主義	5,500円

価格は税別です。